KB047063

왕보의 장자 강의

왕보의 장자 강의

왕보 지음
김갑수 옮김

바다출판사

차례

서문

·

장자의 사상 세계

장자는 장자다. 그는 도는 하나로 통한다道通爲一는 깨달음을 얻었다.
그는 「대종사」에서 말하는 대장장이와 같이 자신의 마음을 커다란 용광로로 삼아
온 세계와 인생과 역사를 주조해 냈다. 이 대장장이가
제련해 낸 작품이 우리 앞에 펼쳐진 이 책, 영원한 『장자』 내편 일곱 편이다.

유묵과 장자

일반적으로 장자가 살았던 전국시대 중기는 사상과 학술이 모두 비정상적으로 활기를 띤 시대였다. 유가와 묵가는 이미 성립되어 현실의 정치 · 사회 · 생활 · 사상 등의 영역에서 영향력을 행사하고 있었다. 노자가 세운 전통은 매우 큰 발전을 이루었는데 그것은 '황로黃老' 및 양주楊朱 사상의 유행 등을 통해 알 수 있다. 이 밖에 법가는 경전耕戰을 핵심으로 하는 이론이 군주와 시대의 요구에 부응하였기 때문에 각 제후국의 조정에서 대개 주도적인 지위를 차지했다.[1] 명가名家라는 이름으로 불리는 혜시惠施와 공손룡公孫龍 등도 이 시대에 활약하면서 몇 가지 개념과 명제를 중심으로 자신들의 사변적 지혜를 발휘했다. 이와

---

1) 『史記』「孟子荀卿列傳」: "이때 진秦나라에서는 상군商君을 등용하여 부국강병을 이루었다. 초楚나라와 위魏나라에서는 오기吳起를 등용하여 전쟁에서 승리하고 적국을 약화시켰다. 제齊나라의 위왕과 선왕은 손자 · 전기 등을 등용하여 다른 제후들이 동쪽의 제나라로 와서 조공을 바치게 하였다. 천하는 한창 합종合縱과 연형連衡에 힘써 타국을 공격하는 것을 최고로 생각하였다(當是之時, 秦用商君, 富國彊兵. 楚 · 魏用吳起, 戰勝弱敵. 齊威王 · 宣王用孫子 · 田忌之徒, 而諸侯東面朝齊. 天下方務於合從連衡, 以攻伐爲賢)."

같거나 혹은 조금 늦은 시기에 음양오행陰陽五行 학설의 대표자 추연鄒衍이 나타났다. 이들의 서로 다른 사상의 교차와 충돌은 전국시대 중기의 사상사를 백가쟁명百家爭鳴이라는 번화한 양상으로 만들었다.

그러나 장자 개인을 놓고 볼 때 이런 것들이 그의 머릿속이나 마음속에 들어 있었는지, 그리고 그런 것들이 그의 사상적 배경을 형성하였는지는 아직도 의문이다. 비록 사마천司馬遷이 말했듯이 장자가 당시의 학술에 대해 섭렵하지 않은 것이 없었다 하더라도 그 가운데 중요한 것과 그렇지 않은 것의 구별은 있을 것이다. 오늘날 우리의 경험에 비추어볼 때 유행하는 사조는 매우 많지만, 사람들이 진정으로 받아들이고 또 이해하는 것은 그중의 일부분에 지나지 않을 것이다. 많은 것들이 왕양명王陽明이 말한 산속의 꽃과 같다. 우리가 아직 보지 못했을 때 그것은 오직 혼자 피었다 혼자 지는 것, 즉 존재하지 않는 것과 다름없다. 이 때문에 만약 피상적인 논의에 만족하지 못하고 진정으로 장자의 사상 세계에 들어가고자 한다면, 그가 남긴 저작에서 시작하여 도대체 어떤 사람이 정말로 장자에게 영향을 끼쳤는지를 살펴봐야 할 것이다.

『장자』 내편(총 7편)에 나타난 내용에 따르면, 장자가 가장 주의한 학파는 의심할 것도 없이 유가와 묵가였다.[2] 장자는 「제물론」에서 "도는 작은 성공에 숨고, 말은 화려함 속으로 숨는다"[3]라고 말하면서 특

---

2) 사마천은 장자가 책을 써서 "유가와 묵가를 공격하였다用剽剝儒墨"라고 했는데, 이것도 이 두 학파가 중요한 적수였음을 의미한다. 『사기』 「노장신한열전」을 보라.

3) 『莊子』 「齊物論」: "道隱於小成, 言隱於榮華."

히 "유가와 묵가의 시비 논쟁儒墨之是非"을 그 예로 들고 있다. 유가와 묵가를 언론 · 시비의 예로 든 것은 한편으로는 당시에 이 양대 학파가 가진 영향력을 반영한 것이고, 다른 한편으로는 그것들이 장자의 마음 속에서 특별한 위치를 차지하고 있었음을 반영한 것이다.[4] 특히 유가는 장자가 한층 더 주목하고 비평한 대상이었다. 「소요유」에서 말한 "지식은 한 관직을 맡기에 알맞고, 행실은 한 고을을 다스릴 만하고, 덕은 한 임금의 뜻에 맞아서 한 나라에서 신임을 받고 있는 사람"[5]은 바로 진신선생縉紳先生(의관을 차려 입은 유자를 가리키는 말—역자)의 모습이 아닌가? 장자는 "힘껏 뛰어 겨우 몇 길 올라갔다가 내려와 쑥대밭 사이를 선회하는"[6] 메추리와 "구름을 가르고 푸른 하늘을 등에 진" 대붕大鵬의 경지는 하늘과 땅만큼의 차이가 있다고 생각했다. "요임금이 허유에게 천하를 내주었다"는 우화는 대비의 방식을 통해 유가에서 시조로 떠받드는 성왕을 깎아내리고 있다. 「제물론」에 실린 "큰 인자함은 인자하지 않다大仁不仁"나 "내가 보기에 인의仁義의 논리나 시비是非의 주장이 얽히고설켜 어지럽다. 내가 어떻게 그것들을 분간할 수 있겠는가"[7]라는 말 등은 유가의 핵심적 주장을 직접 겨냥하고 있다. 「양생주」에 나오는 우화 '노담의 죽음'에서는 진일秦失이 세 번 곡하고

---

4) 「천하」는 비록 장자 자신의 저작은 아니지만 분명히 장자 학파의 태도를 반영하고 있다. 「천하」에서 제자諸子를 평론할 때 유가와 묵가를 가장 먼저 언급한 것도, 이것과 부합하는 관점이라 할 수 있다.

5) 『莊子』「逍遙遊」: "知效一官, 行比一鄕, 德合一君, 而徵一國者."

6) 『莊子』「逍遙遊」: "騰躍而上, 不過數仞. 而下翺翔蓬蒿之間."

7) 『莊子』「齊物論」: "自我觀之, 仁義之端, 是非之途, 樊然殽亂. 吾惡能知其辯."

나왔다는 내용을 빌려 유가의 예악제도禮樂制度에 대한 비난의 뜻을 표현했다. 「인간세」, 「덕충부」, 「대종사」 등에는 한 가지 공통점이 있다. 즉 장자가 공자와 그의 뜻을 가장 잘 이어받은 제자 안회를 직접 우화 속에 초대하여 사실과 허구를 뒤섞으면서 유가의 입을 빌려 유가를 비판하고 있다는 점이다. 천하를 조롱하는 이 해학적 수법은 바로 장자의 기이하고 엉뚱한恢詭孟浪 문풍을 표현하는 것이다. 만약 장자가 정말로 공자를 존경했거나 특히 장자가 유가의 문하에서 나왔다면, 그것은 우스꽝스러울 뿐만 아니라 그야말로 황당무계한 것이다.

사마천의 말은 매우 옳다. 장자의 책은 "공자의 추종자들을 비판하고 공격"한 것이다. 물론 태사공(사마천)이 거론한 것은 「어부」나 「도척」 등 외편과 잡편에 속하는 문장이지, 내편의 태도와는 결코 같지 않다고 생각하는 사람이 있을지도 모른다. 그러나 내가 보기에, 만약 같지 않다면 그것은 표현 방식만 다를 뿐이다. 즉 외편과 잡편은 '드러냄顯'의 방식이고 내편은 '숨김隱'의 방식이다. 이른바 '드러냄'이란 것은 표현 방식이 비교적 직접적인 것을 말하는데, 『시경』의 '부賦'와 조금 비슷하다. 이른바 '숨김'은 표현 방식이 비교적 완곡한 것을 말하는데, 『시경』의 '비比'와 조금 비슷하다. '드러냄'의 방식은 당연히 매우 통쾌하지만, '숨김'은 특히 느긋하게 돌아가는 품격의 여지가 있다.

우리는 내편의 공자의 형상을 크게 두 유형으로 나누어 볼 수 있다. 하나의 유형은 조롱이나 훈계를 받는 대상이고, 다른 하나의 유형은 장자의 대변인이다. 전자의 예는 「인간세」의 마지막 부분[8]과 「덕충부」

---

8) 초나라의 광인 접여가 노래를 부르면서 공자의 집 앞을 지나갔다는 부분이다.

에 실린 신도가申徒嘉와의 대화 등이다. 후자에 속하는 예는 전자에 비해 더 많이 찾아볼 수 있다. 이 두 가지 공자의 형상은 한 가지 점에서 분명히 구별된다. 즉 앞의 유형에서 공자의 대화 상대 혹은 우화 속에서 공자와 대비되는 인물은 모두 장자가 자신의 이상을 투영하여 만들어 낸 인물들이다. 이 때문에 공자는 지나치게 겸손하거나 혹은 처음에는 거만하다가 나중에 공손해지는 인물로 설정된다. 둘째 유형에서 대화 상대는 대부분 공자의 제자(특히 안회)이거나 군주(예를 들면 애공) 등이고, 공자는 가르침을 주는 사람으로 나온다. 그러나 그 가르침의 내용은 오히려 장자의 주장으로, 실제의 공자의 도道와는 반대 방향으로 치닫는다. 이 두 가지 형상은 어느 것이든 상관 없이 모두 역사상의 공자를 존경한 것이라 할 수 없으며,[9] 오히려 극히 불경한 것이다.

『장자』에 나타난 공자의 형상은 사실적이기도 하고 허구적이기도 하다. 공자가 안회에게 인내심을 가지고 '심재心齋'의 도리를 말할 때 사람들은 모두 그 뒤에 숨은 장자의 미소를 간파할 수 있을 것이다. 그러나 노담老聃 등이 이러쿵저러쿵 시비를 걸면서 공자는 자신의 질곡으로부터 벗어날 수 없다고 말할 때, 거기에 역사적 사실로서의 공자의 그림자가 없다고 누가 말할 수 있겠는가?

---

9) 이것과 대비해 볼 수 있는 것은 플라톤과 소크라테스이다. 플라톤의 저작에서 소크라테스는 항상 대화의 주인공이다. 이것은 의심할 것도 없이 소크라테스에 대한 존경으로 보이는데, 그들의 사상이 계승 관계에 있었기 때문이다. 이와 유사한 상황은 전국시대의 유자들에게서도 보이는데, 그들은 항상 자신들의 저술에서 '자왈子曰', 혹은 '공자왈孔子曰' 등을 매우 많이 언급했다. 그중에 사실인 부분이 있다는 것을 부인하지 않는다고 해도 대부분은 틀림없이 의탁依託(만들어 낸 것)일 것이다. 이런 의탁은 어느 정도는 존경으로 볼 수 있지만 이것과 장자의 상황은 분명히 다르다.

그러나 이런 불경은 함부로 과장할 수도 없고 특히 절대화할 수도 없다. 이런 불경은 결코 공자 개인을 겨냥한 것이 아님을 알아야 한다. 사상가로서 그가 가장 많이 고려한 것은 결코 육체적인 어떤 사람이 아니라 그 사람이 표현한 생각이었다. 장자의 공자에 대한 불경은 바로 그들의 사상이 엇갈린다는 사실을 반영하고 있다. 이런 엇갈림은 장자 학설의 중요한 배경을 형성하는데, 우리는 이것을 그의 문장을 통해 알 수 있다. 그렇다고 해서 그들이 어떤 공통의 것을 함께 누릴 수 없다는 것은 결코 아니다. 그와는 정반대로, 공통의 것은 바로 엇갈림을 표현하는 가장 좋은 무대이다. 공자는 스스로 "불가능한 것을 알면서도 하는"[10] 사람이라고 불렸는데, 우리는 이 표현을 본떠 장자는 "불가능한 것을 알고서 안 하는" 사람이라고 말할 수 있다. 여기서 비록 "하는"과 "안 하는"이라는 태도상의 구별이 있기는 하지만, "불가능한 것을 알았다"는 데서 결국 공통점을 찾을 수 있다. "불가능한 것을 알"자마자 사상(이상)과 현실의 거리가 불쑥 드러난다. 이 거리는 모든 진정한 사상가들이 느낄 수 있는 것이다. 바로 이 지점에서 사상가들 사이에 서로에 대한 '공감'이 발생한다. 이것은 일종의 진정한 공감으로, 사상 간의 긴장과 충돌을 초월하고 표면적인 상호 공격과 경멸을 초월한다. 이것은 일종의 심층적인 것이고, 오직 사상가만이 이해할 수 있는 것이다. 여기서 비록 겉으로는 절대적으로 대립하는 사상들 사이의 연속성과 계승성을 발견할 수 있지만, 이는 단지 연속성일 뿐이다. 장자가 유가의 어느 유파에서 나왔다고 하는 누군가의

10) 『論語』「憲問」: "知其不可而爲之."

말은 그렇게 간단하지 않다.

장자가 볼 때 공자와 유가의 주장은 꿈 같은 것, 실현할 방법이 없는 꿈과 같은 것이었다. 유가에 대한 장자의 태도를 평가할 때 「제물론」에서 자주 언급한 꿈과 현실의 뒤섞임을 빌려다 쓸 수 있다. 「인간세」에서 초나라의 광인 접여가 공자에게 불러 준 노랫말에도 "천하에 도가 있으면 성인은 나와서 다스린다"[11]라는 구절이 있다. 이 노래에서 장자는 결코 막무가내 도피주의자나 세속적 사업을 반대한 사람이 아니라는 것을 알 수 있다. 「선성」에서 말한 구절과 연결해 보면 좀 더 분명히 알 수 있다. "옛 사람들이 말하는 은사隱士는 몸을 숨겨 드러내지 않는 것이 아니며, 입을 다물고 말을 하지 않는 것이 아니고, 지식을 감춰 나타나지 않게 하는 것이 아니다. 그것은 시대적 운명이 크게 어그러진 것을 말한다. 시운時運을 잘 만나 제 뜻을 천하에 크게 펼 수 있으면 아무 흔적도 없는 경지로 돌아가고, 시운을 만나지 못해 천하로부터 버림을 받으면 하나부터 열까지 모든 것을 깊이 잘 간수하면서 때가 오기를 기다렸다. 이것이 몸을 보존하는 방법이다."[12]

유가에 대한 장자의 비판은 결코 추상적인 부정이 아니라 그것이 당시의 시대에 부적합하다고 생각해서 나온 것이다. 이처럼 천하가 무도한 사회에서 공자를 따르는 사람들은 이상을 실현할 공간이 전혀 없었다. 상황을 고려하지 않는 그런 맹목적 추구는 마치 사마귀가 앞발

---

11) 『莊子』 「人間世」: "天下有道, 聖人成焉."

12) 『莊子』 「繕性」: "古之所謂隱士者, 非伏其身而弗見也, 非閉其言而不出也, 非藏其知而不發也. 時命大謬也. 當時命而大行乎天下, 則返一無迹. 不當時命, 而大窮乎天下, 則深根寧極而待. 此存身之道也."

을 들어 수레를 막으려는 것과 같다. 그들의 용기는 가상하지만 비극적 운명은 이미 결정되어 있었다. 결과를 분명히 알 수 있는 형국에서 한발 물러설 줄 모르니 명지明智에 따르는 방법이라고 할 수는 없을 것이다.

유가와의 대비를 통해 우리는 장자의 냉엄함을 알 수 있다. 우리는 다음과 같은 그 유명한 비유를 생각할 수 있다. 즉 이웃집에 불이 났을 때 아무 도움도 되지 않는 물 한 통을 가지고 가서 뿌려야 하는가, 마는가 하는 것이다. 공자는 물론 뿌려야 한다는 쪽이다. 이것은 하나의 태도일 뿐만 아니라 동정심의 표현이다. 그가 추구하는 것은 마음의 안정이지, 실제의 결과가 아니다. 장자는 그렇지 않다. 물 한 통으로는 아무 도움이 되지 않는다는 사실을 알았을 때 그는 물을 자기 집에 그냥 둘 것이다. 장자는 냉엄하다. 이 차가움은 '무정無情'을 부른다. 이에 비해 유가는 열정적이다. 그 뜨거움은 측은함을 잊지 못하게 하고 아울러 다른 사람에게까지 미치기를 끊임없이 요구한다.

그러나 묵자 및 묵가와 비교한다면 유가의 뜨거움은 따스함에 불과하다. 유가는 시시각각 자기를 생각하고, 친소와 원근을 생각하면서 구별하고 있지만, 묵자는 자기와 다른 사람을 차별하지 않고 똑같이 보려고 한다. 묵자의 주장은 다음과 같다. "남의 나라를 자기 나라처럼 보고, 남의 집을 자기 집처럼 보고, 남의 몸을 자기 몸처럼 봐야 한다."[13] 다른 사람을 자기처럼 볼 때 역시 자기를 다른 사람으로 놓고 생각할 수 있다. 그래서 다른 사람을 사랑한다. 왜냐하면 다른 사람은 자기 자

13) 『墨子』「兼愛中」: "視人之國若視其國, 視人之家若視其家, 視人之身若視其身."

신이기 때문이다. 그러나 자기에 대해서는 박해하고 학대한다. "묵자를 추종하는 후세의 사람들에게 대부분 가죽과 갈포 등으로 만든 허름한 옷을 입도록 하고, 나무나 대마大麻로 만든 신발을 신게 하고, 밤낮으로 쉬지 않고 자신을 고통스럽게 하는 것을 최고로 여기게 하면서, '이와 같이 하지 못한다면 우禹의 도가 아니고 묵가가 되기에 부족하다' 라고 말하게 했다."[14] 자학이 극한에 이르면 물불을 안 가리고 뛰어든다. 묵가는 이상을 추구할 때 목숨은 한쪽에 제쳐 둔다.

이는 당연히 불과 같은 열정이지만, 역시 무정함을 면하지는 못한다. 묵자와 그의 몇몇 제자들은 아마도 이랬을 테지만, 일반 사람들은 어땠을까? 장자는 「천하」에서 묵가의 도를 평가하면서 다음과 같이 말한다. "그것은 아마도 성인의 도가 될 수 없을 것이다. 천하 사람들의 마음에 거슬리는 것이고, 천하 사람들은 그것을 감당할 수 없다. 묵자는 비록 혼자서도 해낼 수 있었다지만, 천하 사람들에게 어떻게 똑같이 하라고 할 것인가?"[15] 이런 고상함은 일반인이 받아들일 수 있는 것이 아니다. 묵자의 도가 실현되지 못했을 것이라는 점도 충분히 짐작할 수 있다. 이런 점에서 묵가는 유가보다 더 이상적인 색채를 띠었다. 이상적일수록 현실과 더욱 멀어지고, 세속의 사람들에 대한 영향력 역시 약해진다는 것을 의미한다. 이 점이 아마도 장자가 묵자와 묵가에 대해 구체적으로 비판한 경우가 드문 이유일 것이다.

---

14) 『莊子』 「天下」: "使後世之墨者, 多以裘褐爲衣, 以跂蹻爲服, 日夜不休, 以自苦爲極, 曰, 不能如此, 非禹之道也. 不足爲墨."

15) 『莊子』 「天下」: "恐其不可以爲聖人之道. 反天下之心, 天下不堪. 墨子雖獨能任, 奈天下何."

장자의 친구와 선배들: 양주, 혜시, 열자, 송영자

그러나 양주楊朱는 오히려 묵자를 비판하는 것을 자기의 임무로 삼았다. 묵자가 겸애兼愛 등을 내용으로 하는 의義를 극단적으로 강조한 것은 사상사에 중물경생重物輕生(물질을 중시하고 목숨을 가볍게 여기는 것)의 매우 좋은 예를 제공했다. 이 점이 양주의 반발을 샀다. 묵자의 겸애와는 반대로 양주는 귀기貴己를 주장했다. 이 때문에 묵자의 사생취의捨生取義(목숨을 버려서라도 정의를 지키는 것)와는 달리 양주는 경물중생輕物重生(물질을 가볍게 여기고 목숨을 중시하는 것)을 주장했다. 그의 가장 유명한 말은 당연히 "터럭 한 올을 뽑아 천하를 이롭게 하는 방법이 있어도 나는 안 한다"[16]이다. 이것은 자주 곡해되는 명제인데, 묵가의 "장딴지에 솜털이 남아 있지 않았고, 정강이에도 털이 없었다"[17]는 말에 빗대어 생명의 중요성을 드러내는 것이다. 철학사에서 양주는 생명을 중시하여 생명과 외물外物의 모순을 돌파하였는데, 이 점이 그를 장자의 선구자로 만들었다. 그러나 장자와는 달리 양주는 여전히 벼슬자리를 찾아다니는 유사遊士였다. 그가 주장한 귀기貴己는 묵자의 겸애와 같이 군주에게 건의한 치국의 방법이다. 그러나 치국이라는 주제는 일찍이 장자의 마음에 없었다. 이 때문에 장자와 양주의 차이가 분명해진다. 장자는 「응제왕」에서 양자거陽子居라는 사람을 언급하고 있는데, 그는 노담老聃에게 밝은 왕明王과 밝은 왕에 의한 다스림明王之治의

---

16) 『孟子』「盡心上」: "拔一毛而利天下不爲."

17) 『莊子』「天下」: "腓無胈, 脛無毛."

문제에 대해 자문했다. 옛 문헌에는 양陽과 양楊 두 글자가 통용되는데, 학자들은 대부분 이 사람이 바로 양주일 것이라고 생각한다. 어쨌든 이 기록은 유사儒士라는 양주의 신분과 딱 들어맞는다. 이 문제는 분명히 장자가 승인할 수 없었을 것이다. 그러나 그의 생명에 대한 강조는 의심의 여지 없이 장자에게 가장 좋은 사상적 기반이 되었을 것이다. 비록 양주라는 이름을 들먹이지 않았지만, 생명은 외물의 강제로부터 벗어나야 한다는 장자의 주장의 이면에서 우리는 양주의 흔적을 발견할 수 있다.

혜시는 장자의 일생에서 가장 중요한 친구이자 사상적 맞수였다. 『장자』에는 혜시를 사정없이 비웃는 부분이 있는가 하면, 진정으로 애도하는 부분도 있다. 외편과 잡편의 어떤 기록에는 결코 사실로 여길 수 없는 것이 있다. 그러나 장자가 혜시의 무덤을 지나면서 "자네가 죽은 뒤로 나는 이야기할 상대가 없네"[18]라고 탄식했다는 것은 사실이라고 볼 수 있을 것이다. 이것은 장자와 혜시가 사상적으로 대립하면서도 한편으로는 지기知己였음을 충분히 설명한다. 예전의 어떤 학자들은 『장자』 내편 전체는 혜시 때문에 쓰인 것이라고도 생각했는데, 이런 논리는 아무래도 장자의 사상적 지평과 구조를 과소평가한 것이라고 하지 않을 수 없다. 그러나 혜시의 영향을 중시하도록 사람들을 일깨웠다는 점에서는 긍정적 의의가 있다. 내편에서 혜시의 이름은 「소요유」, 「제물론」, 「덕충부」 등에 나오는데, 모두 좋은 이미지로 그려졌다고 말하기는 어렵다. 간단하게, 그리고 다른 두 사람들과 함께 언급

---

18) 『莊子』 「徐無鬼」: "自夫子之死也, 吾無以爲質矣."

하고 있는 「제물론」의 문장[19]을 제외하면, 그 밖의 두 편에 기록된 것들은 모두 그와 장자의 대화이다. 이 대화에서 혜시는 항상 질문을 하는 사람으로 나오는데, 장자의 대답을 공손히 들으려 하는 것 같다. 이것은 당연히 글쓰기의 기교이다. 이런 식의 설정 자체가 혜시의 역할을 폄하하는 것이다. 질문을 제기하는 사람으로서, 그리고 다시 등장할 기회가 없다는 점에서 그의 역할의 피동성은 분명하고도 쉽게 알아차릴 수 있다. 이미 어떤 학자는 이런 대화가 모두 이 두 편의 말미에 놓여 있다는 점에 주목했는데, 그 의미야 어떻든 서로 다른 추측을 할 수 있겠지만, 결국 어떤 특별한 의미를 나타내고 있다. 『장자』 속의 무수한 대화와 마찬가지로 이 몇 개의 대화도 당연히 간단하게 우화로 처리할 수 있지만, 혜시는 내편에서 언급된 인물들 가운데 장자와 대화하는 유일한 인물이라는 점을 지적해야만 할 것이다. 이 때문에 다른 일반적인 우화들과는 달리 좀 더 신중하게 다루어야 할 충분한 가치가 있다.

혜시는 명가의 중요한 인물이다. 마찬가지로 「천하」에 나오는, 혜시의 학설에 관한 몇 가지 기록 및 장자 학파의 입장에서 나온 평론에서도 그는 명가이다. "혜시는 학식이 풍부했는데, 그의 책은 다섯 수레나 되었다"[20]라는 기록에서 혜시는 장자와 마찬가지로 매우 박식한 사람이었음을 알 수 있다. 그의 취미는 다른 사람과 논쟁하는 것이었으

---

19) 즉 『장자』 「제물론」의 "그것은 소문이 거문고를 타는 것이고, 사광이 북채를 들어 지휘하는 것이고, 혜자가 책상에 기대어 강론하는 것이다(昭文之鼓琴也, 師曠之枝策也, 惠子之據梧也)"라는 문장이다.

20) 『莊子』 「天下」: "惠施多方, 其書五車."

니, 특히 자신처럼 논쟁을 즐기는 사람들辯者과 논쟁하는 것을 즐겼던 것 같다. 그들 논쟁의 화제는 주로 '사물物'에 관한 것이었다. 예를 들어 '대일大一', '소일小一', "두께가 없는 것은 쌓을 수 없지만 그 크기는 천리에 이른다"[21]와 같은 것으로, 도리어 인간에 관한 문제는 소홀히 했다. 이 때문에 장자 학파에서는 그를 "덕德의 문제에는 취약하지만 사물物의 문제에 대해서는 강하다"[22]라거나 "만물을 끝까지 쫓아갔다가 돌아올 줄 모른다"[23]라고 비판했다. 둘째 구절은 고대 신화에서 태양을 쫓아간 과보夸父가 도중에 목이 말라 죽는 운명을 맞게 되었다는 이야기를 생각나게 한다.[24] 혜시 역시 그랬다. 장자 학파가 볼 때 그의 마음은 이미 외물 속에 빠져 죽었다. 물론 이것은 장자와 다른 점이다. 장자의 세계에서 외물은 영원히 부차적인 것일 뿐이고, 인간의 생명이야말로 가장 중요한 것이다. "사물을 사물로 대하면서 그 사물에 의해 사물화되지 않는다"[25]라는 말은 자신의 주장을 반복 · 강조한 것이다. 이것이 바로 장자와 혜시가 가장 근본적으로 구별되는 지점이다.

---

21) 莊子』「天下」: "無厚不可積也, 其大千里."

22) 『莊子』「天下」: "弱於德, 而强於物."

23) 『莊子』「天下」: "逐萬物, 而不反."

24) 옮긴이: 과보는 『산해경山海經』「해외북경海外北經」, 『열자列子』「탕문湯問」 등에 나오는 거인 남자로 자신의 역량도 헤아리지 않고 태양을 따라가다가 목이 말라 죽었다고 한다. 『산해경』의 기록은 다음과 같다. "과보가 태양을 쫓아가다가 태양 속으로 들어갔다. 목이 말라 마실 것을 찾다가 황하와 위수의 물을 마셨다. 황하와 위수의 물로는 부족하여 북쪽으로 가 대택大澤의 물을 마시려 했으나 도착하기도 전에 길에서 목이 말라 죽었다(夸父與日逐走, 入日. 渴欲得飮, 飮于河渭. 河渭不足, 北飮大澤. 未至, 道渴而死)."

25) 『莊子』「山木」: "物物而不物於物."

혜시는 장자에게 있어 결코 소극적인 사람이 아니라 어쩌면 하나의 표적이었을 것이다. 장자가 비록 분명하게 말하지는 않았지만, 우리는 장자가 혜시와의 논쟁을 매우 즐겼던 것 같다는 점과 또 이 논쟁에서 변자들이 자주 사용하던 말하기 방식을 점차 받아들였다는 점을 알 수 있다. 어떤 학자들은 「제물론」은 바로 한 편의 변자들의 글이라고 생각한다. 우훼이바이伍非百(1890~1965)는 바로 그것을 고대 명가名家의 언론으로 분류했다. 이런 생각이 결코 일리가 없는 것은 아니지만, 장자는 논쟁의 한계를 더욱 잘 알고 있었다.

가령 나와 네가 논쟁을 한다고 할 때 네가 나를 이기고, 내가 너를 이기지 못했다고 해서 너는 정말 옳고 나는 정말 그른 것일까? 내가 너를 이기고 네가 나를 이기지 못했다면 내가 정말 옳고 네가 정말 그른 것일까? 누가 옳고 누가 그른 것일까? 둘 다 옳고 둘 다 그른 것일까? 나와 네가 알 수 없다면 다른 사람들도 정말로 그것을 도저히 알 수 없는 것으로 여길 테니 우리는 누구에게 바로잡아 달라고 할 것인가? 너와 같은 의견을 가진 사람에게 바로잡아 달라고 한다면, 이미 너와 의견이 같은데 어떻게 바로잡을 수 있을까? 나와 같은 의견을 가진 사람에게 바로잡아 달라고 한다면, 이미 나와 의견이 같은데 어떻게 바로잡을 수 있을까? 너와 나 두 사람과는 다른 견해를 가진 사람에게 바로잡아 달라고 하면, 이미 너와 나 두 사람과 의견이 다른데 어떻게 바로잡을 수 있을까? 너와 나 두 사람과 같은 견해를 가진 사람에게 바로잡아 달라고 하면, 이미 너와 나 두 사람과 의견이 같은데 어떻게 바로잡을 수 있을까? 그렇다면 나와 너와 다른 사람은 모두 알 수 없으니 누구를 기다려야 할 것인가?[26]

백이와 숙제가 무왕이 주紂를 친 것을 "폭력을 폭력으로 바꾸면서도以暴易暴" 자신의 잘못을 알지 못했다고 비판한 것처럼, 위에 실린 장자의 변자에 대한 비판에도 분명히 "논쟁으로써 논쟁을 종식시키려는以辯止辯" 색채가 배어 있다. 그러나 만약 장자가 "논쟁에서 승리라는 것은 없다辯無勝"는 논리를 진짜로 끝까지 관철한다면, 그가 어떻게 이런 방식을 빌려 논쟁을 통해 시비를 가리고 승부를 가리려는 변자들의 욕망을 잠재울 수 있었겠는가?[27]

사실 논쟁 여부는 그렇게 중요한 문제가 아니다. 관건은 논쟁의 내용 혹은 논제라고 불리는 것이다. 전국시대의 제자諸子들은 대부분 변자라는 호칭을 좋아하지 않았지만, 논쟁 자체에서 벗어나기란 매우 어려웠다. 『맹자』에는 다음과 같은 맹자의 제자의 말이 기록되어 있다. "남들은 모두 선생님이 논쟁하기 좋아한다고들 합니다." 맹자의 대답은 "내가 왜 논쟁을 좋아하겠냐? 나는 어쩔 수 없어서 그럴 뿐이다"라는 것이었다.[28] 『맹자』에는 맹자가 논쟁한 일을 기록한 것이 매우 많다.[29] 순자 역시 그랬다. 그는 "군자는 반드시 논쟁을 해야 한다君子必

---

26) 『莊子』「齊物論」: "旣使我與若辯矣, 若勝我, 我不若勝, 若果是也, 我果非也邪. 我勝若, 若不我勝, 我果是也, 而果非也邪. 其或是也, 其或非也邪, 其俱是也, 其俱非也邪. 我與若不能相知也. 則人固受其黮闇. 吾誰使正之. 使同乎若者正之, 旣與若同矣, 惡能正之. 使同乎我者正之, 旣同乎我矣, 惡能正之. 使異乎我與若者正之. 旣異乎我與若矣, 惡能正之. 使同乎我與若者正之. 旣同乎我與若矣, 惡能正之. 然則我與若與人, 俱不能相知也. 而待彼也邪."

27) 소요부邵堯夫는 다음과 같이 말했다. "장자의 웅변은 수천 년에 걸쳐 일인자이다"(嚴靈峰편, 『無求備齋莊子集成初編』 권15에 수록된 『藏雲山房南華大義解懸』에 보인다).

28) 『맹자』「등문공하」의 "公都子曰, 外人皆稱夫子好辯, 敢問何也. 孟子曰, 予豈好辯哉. 予不得已也" 참조.

辯"라고 했고, 또 소인의 논쟁, 선비와 군자의 논쟁, 성인의 논쟁 등을 구분하면서 다음과 같이 말했다. "소인들이 논쟁하는 말은 아슬아슬하고 군자가 논쟁하는 말은 인자하다. 논쟁하는 말에 인자함이 없으면, 그 말은 침묵하는 것보다 못하고, 그 (유창한) 논쟁은 한두 마디 더듬거리는 것보다 못하다."[30] 이것은 모든 논쟁을 부정한 것이 아니라 "쓸데없는 논쟁, 불필요한 연구"[31]를 부정한 것이다.

장자에게 논쟁의 가장 중요한 목적은 논쟁은 논쟁 자체만을 위한 것이 아니라는 것, 개념 논쟁名辯에 빠지는 것은 사치스럽고 음탕한 생활에 빠지는 것과 결코 다르지 않다는 것, 그것들은 모두 참된 생명을 말살하고 (그 중요성을) 잊게 한다는 것 등을 폭로하는 데 있었던 것 같다. 따라서 그가 논쟁을 통해 표현하려고 했던 것은 논쟁의 무용성 및 개념이나 말의 무의미성이다. 「제물론」의 "큰 도는 이름이 없고, 큰 말은 뜻이 없다"[32]라는 말은 진심에서 우러난 것이다. 장자는 "알지 못함不知" 혹은 "말 없음無言"이라는 말로 진지眞知의 상태를 표현하기를 더 좋아했다. 도를 터득한 사람들끼리는 「대종사」에서 "서로 바라보면서 웃음을 띠고, 마음에 아무 거슬림이 없다"[33]라고 말한 것과 같아야 한

---

29) 예를 들면 고자告子와는 성性과 인의仁義에 대해 논쟁했고(「고자상」), 허행許行의 제자인 진상陳相과는 군신병경君臣弁耕(임금이나 신하 모두 농사를 지어야 한다는 것)에 대해 논쟁했고, 서벽徐辟을 통해서는 묵가인 이지夷之와 사랑에는 차별이 없다는 주제를 놓고 논쟁했다(「등문공상」).

30) 『荀子』「非相」: "小人辯言險, 而君子辯言仁也. 言而非仁之中也, 則其言不若其默也, 其辯不若其吶也."

31) 『荀子』「非相」: "無用之辯, 不急之察."

32) 『莊子』「齊物論」: "大道不稱, 大言不辯."

다. 이것은 나중에 선종에서 말한 염화미소拈花微笑를 연상케 한다. 생명은 이름이나 말을 초월한다. 이 때문에 개념 논쟁도 초월한다. 이것이 아마 장자가 가장 표현하고 싶었던 내용이었을 것이다.

장자의 시야에 들어온 또 다른 중요한 인물은 열자列子이다. 전국시대 초기 정鄭나라에 살았던 이 철인은, 전하는 바에 따르면 관윤關尹의 제자였다. 그의 학설은 삼진三晉 지역[34]에 아주 큰 영향을 끼쳤는데, 이와 관련된 기록이 『전국책』과 『여씨춘추』에 보인다. 『전국책』의 기록에서 열자의 학설을 "올바름을 중시하는 것貴正"[35]이라고 한 점으로 미루어보아 아마도 형명학形名學과 관련이 있는 것 같다. 『여씨춘추』에는 "열자는 허무虛를 중시하였다"[36]라고 되어 있다. 이 두 가지 설명은 결코 모순되는 것이 아니며, 오히려 도가 사상의 중요한 두 가지 측면을 나타내고 있다.[37] 『장자』 내편에 나오는 열자의 이미지를 분석해 보면

---

33) 『莊子』「大宗師」: "相視而笑, 莫逆於心."

34) 옮긴이: 춘추오패春秋五覇의 하나였던 진晉나라가 기원전 453년에 한韓·위衛·조趙 등 세 나라로 나뉘었다. 이들 세 나라는 전국시대에 이르러서는 전국칠웅戰國七雄에 속했다가 전국시대 말기에 진秦나라에 의해 멸망했다. 이 세 나라는 진晉나라를 모태로 하여 발생했기 때문에 이를 삼진이라 부르는데, 지금도 이들 세 나라가 있던 산서성山西省 지역은 삼진이라고 불린다.

35) 『戰國策』「韓策」: "子疾爲韓使楚, 楚王問曰, 客何方所循. 曰, 治列子御寇之言. 曰, 何貴. 曰, 貴正."

36) 『呂氏春秋』「不二」: "子列子貴虛."

37) 사마담의 「논육가요지」에서 도가를 지칭하면서 "허무를 근본으로 삼고, 그대로 따르는 것을 실천 방법으로 삼는다以虛爲本, 以因循爲用"라고 했다. 허무를 근본으로 삼기 때문에 허를 중시하는 것이고, 그대로 따르는 것을 실천 방법으로 삼기 때문에 형명刑名을 숭상하는 것이다. 『사기』「태사공자서」 참조.

장자가 그에 대해 어느 정도 긍정하고 있음을 알 수 있다. 「소요유」에서는 다음과 같이 말한다. "열자는 바람을 부리고 다녔는데, 경쾌하게 즐기다가 보름쯤 지난 뒤에나 돌아왔다. 그는 복을 바라는 일致福 따위에는 별로 관심을 두지 않았다. 이처럼 그는 걸어 다니는 수고는 면했다 하더라도 여전히 무언가에 의존해야만 했다."[38] 여기서 말하는 "바람을 부리고 다닌다"라거나 "걸어 다니는 수고는 면했다"라는 말 등은 신선가의 언설이라고 믿을 수도 있지만, 오히려 세속의 초탈을 암시하는 것으로 간주할 수도 있다. 세속을 초탈하는 가장 중요한 목적은 본래 독립과 자유로운 생활을 추구하는 것이다. 그러나 열자 식의 초탈은 여기에 도달하기에 부족한 것 같다. 왜냐하면 바람을 타고 다니더라도 여전히 하나의 전제, 즉 바람이 있어야 한다. 여기서 바람은 반드시 의존해야 하는 존재物가 된다. 이런 의존은 세속적 가치에 대한 의존과는 달리 매우 크게 진보한 것이기는 해도, 의존이라는 그 자체만 놓고 볼 때는 같은 것이다. 장자는 여기서 "유대有待"라는 말로 이런 의존을 표현했는데, 그가 열자에 대해 가장 불만스럽게 여기는 부분이기도 하다.

열자를 언급하는 다른 한 곳은 「응제왕」이다. 그것은 분명한 우화이다. 열자와 열자의 스승인 호자壺子, 그리고 신령한 무당 계함季咸 등이 이 우화에 등장한다. 열자는 신령한 무당의 미혹, 즉 우스꽝스러운 광대와 같은 표현에 쉽게 빠져든 것 같다. 그러나 호자의 지시에 따라

38) 『莊子』「逍遙遊」: "列子御風而行, 泠然善也. 旬有五日而後反. 彼於致福者, 未數數然也. 此雖免乎行, 猶有所待者也."

열자는 대도(바람을 타고 다니는 것과 같은 어줍잖은 기교가 아님)로 통하는 길을 찾은 것처럼 보인다. "모든 가식을 버리고 소박함을 회복하여 우두커니 홀로 몸을 세우고 있다"[39]라는 표현처럼, 인위적인 가식을 벗고 타고난 소박한 모습으로 되돌아가 지각없는 사물과 같이 세계에 홀로 서 있는 것, 이것이 바로 장자가 긍정하는 태도이다.

사상적 연관이라는 점에서 고려해 볼 때 열자의 귀허貴虛가 장자에게 끼친 영향은 엄청나게 크다고 해야 할 것이다. 도가의 전통에서 노자가 이미 "허무虛"의 문제에 주목하여, "허무의 경지에 도달하여 고요한 상태를 유지한다"[40] 혹은 "마음을 비우게 하고, 배를 채우게 하라"[41] 등의 말을 하기는 했지만, 그 중요성은 결코 특별한 주목을 받지 못했다. 관윤이 그보다 뒤에 "귀청貴淸(깨끗함을 중시함)"을 주장했는데,[42] 열자의 귀허는 이런 것을 기초로 해서 발전한 것이다. 황로학도 열자와 같은 관념을 공유한 것 같다. 이 때문에 "비어서 형체가 없음虛無形"을 도의 성질로 강조한 것이다.[43] 이런 배경들을 고려해 볼 때 장자가 허무를 중시한 것은 전혀 뜬금없는 것이 아니라 뿌리가 있었던 것이다. 특히 그는 허무란 도에 기인한다虛由道는 것을 사람의 마음속에서 구체화하여 '심재心齋' 설을 제안했고, '좌망坐忘'으로 구체적인 실천의 길을 보여 주었다. 이런 사상적인 연결은 장자가 어느 정도 열자를 긍

---

39) 『莊子』「應帝王」: "彫琢復朴, 塊然獨以其形立."

40) 『老子』 제16장: "致虛極, 守靜篤."

41) 『老子』 제3장: "虛其心, 實其腹. 弱其志, 强其骨."

42) 『呂氏春秋』「不二」: "關尹貴淸."

43) 『馬王堆漢墓帛書(壹)』「經法 · 道法」(文物出版社, 1980) 참조.

정한 데 가장 큰 원인이 있었다고 할 것이다.

장자가 주의한 인물로는 또 송영자宋榮子가 있는데, 일반적으로 송형宋陘 혹은 송견宋鈃으로 불린다. 「소요유」에서 그에 대하여 다음과 같이 말한다. "그렇지만 송영자는 그들을 비웃는다. 온 세상 사람들이 칭송하면서 권하더라도 억지로 할 사람이 아니고, 온 세상 사람들이 비난하면서 못하게 해도 억지로 안 할 사람이 아니다. 안과 밖의 경계를 정해 놓고, 영광스러운 것과 치욕스러운 것의 경계를 구분해 놓았기 때문에 이렇게 할 수 있었던 것이다. 그는 세상을 살아가는 데 서두르지 않았다. 그러나 아직 이루지 못한 것이 있었다."[44] 「천하」에서는 송영자의 학설에 대해 다음과 같이 논평했다. "세속의 일에 얽매이지 않았고, 사물로 자신을 포장하지 않았으며, 남에게 가혹하게 하지 않았고, 뭇사람들의 마음을 거스르지도 않았다."[45] 그리고 "군자는 백성을 가혹하게 감시하지 않으며, 다른 사물로 자기 몸을 꾸미지 않는다"[46]라는 그의 말을 인용했다. 이런 진술들을 종합해 보면 송영자는 자기(몸)와 사물物을 엄격히 구분한 사람으로서 자기 몸을 외물을 추구하는 도구로 삼지 않았다. 이는 바로 앞에서 말한 "안과 밖의 경계를 정해 놓은" 데 따른 것일 터이다. 이 점에서 송영자와 장자의 공통점을 발견할 수 있을 것 같다. 그러나 송영자는 이 내외의 구분에 집착하였다. 그것은 비록 그 자신이 세속과 다르다는 것을 몸소 보여 주는 것이

---

44) 『莊子』「逍遙遊」: "而宋榮子猶然笑之. 且擧世而譽之, 而不加勸, 擧世而非之, 而不加沮. 定乎內外之分, 辯乎榮辱之竟, 斯已矣. 彼其於世, 未數數然也. 雖然, 猶有未樹也."

45) 『莊子』「天下」: "不累於俗, 不飾於物, 不苟於人, 不忮於衆."

46) 『莊子』「天下」: "君子不爲苛察, 不以身假物."

기는 하지만, 한편으로 자기 몸에 대해 훌훌 털어 버릴 수 없었음을 보여 주는 것이기도 하다. 이것은 기껏해야 자기 자신을 억제하고 사물을 도외시하는 방법에 지나지 않는 것으로서 장자의 "사물과 나를 모두 잊어버린다物我兩忘"는 방법과는 여전히 큰 거리가 있다.

노자와 장자

아직까지 우리는 장자 사상에 가장 큰 영향을 끼친 인물이 아마도 노자일 것이라는 점에 대해서는 말하지 않았다. 일반적인 사상사의 서술에서 장자는 노자 사상의 주요한 계승자이고 또 그것을 발전시킨 사람이라고 인정받는다. 이런 관점은 서한西漢 초기까지 거슬러 올라간다. 사마천이 노자와 장자를 같은 전傳에 넣어 함께 묶은 것이나 『회남자』의 노장老莊 병칭[47]은 모두 노자와 장자가 긴밀하게 연관되어 있다는 사람들의 관념을 반영한 것이다. 이러한 연관은 물론 두 사람이 사상적으로 공통성을 갖고 있다는 것을 전제로 한 것이고, 한편으로는 노자에 대한 장자의 진술에 근거한 것이다. 내편에서 노자를 언급하는 곳은 총 세 군데인데, 「덕충부」와 「응제왕」의 기록은 매우 분명하다. 장자의 글 속에 묘사된 노담老聃은 플라톤의 글에 묘사된 소크라테스와 똑같다. 즉 나중에 나타난 사람은 사상적 전통에 대한 존중에서 생

---

47) 『淮南子』「要略」: "考驗乎老嚴之術." 여기서 '엄嚴'은 '장莊'을 뜻하는 글자인데, 피휘 때문에 바꾼 것이다. 이것이 문헌에 나타나는 '노장老莊' 병칭의 시작이다.

겨나는데, 이 때문에 선행자를 자신의 대변인으로 삼는다. 다시 장자의 글에 묘사된 노담의 말을 살펴보자.

> 왜 바로 그에게 죽음과 삶을 한가지로 보게 하고, 가능과 불가능을 한줄기로 보게 하여 그가 질곡으로부터 벗어나도록 하지 않았습니까? 그렇게 하면 좋았을 텐데요.[48]

> 밝은 왕明王의 다스림은 다음과 같다. 그의 공적은 천하를 덮을지라도 자기가 그렇게 한 것처럼 하지 않는다. 만백성에게 영향을 끼치고 은혜를 베풀지만 백성은 자신들이 누리는 혜택이 군왕에 의한 것이라고 믿지 않는다. 왕은 자기 이름을 드러내지 않고 백성들이 스스로 기쁘게 살도록 한다. 밝은 왕은 헤아릴 수 없는 심오한 곳에 서 있으며, 아무것도 없는 곳에서 유유자적하는 자이다.[49]

이상의 문장에서 표현된 것 중 어느 것 하나 장자의 사상이 아닌 것이 없다. 그러나 「양생주」의 한 문장은 해석이 일치하지 않기 때문에 분석해 볼 만한 가치가 있다.

> 노담이 죽자 진일이 조문을 가서는 세 번 곡을 하고 나와 버렸다. 노담의 제자가 물었다. "선생님의 친구가 아닙니까?" "그렇다네." "그런데 문상을

---

48) 『莊子』「德充符」: "胡不直使彼以死生爲一條, 以可不可爲一貫者, 解其桎梏, 其可乎."

49) 『莊子』「應帝王」: "明王之治, 功蓋天下而似不自己. 化貸萬物, 而民不恃. 有莫擧名, 使物自喜. 立乎不測, 而遊於無有者也."

어떻게 이렇게 간단히 하실 수 있습니까? 그래도 됩니까?" "그렇다네. 처음에 나는 그가 세속적인 사람이라고 생각했는데 지금 보니 아니야. 아까 내가 들어가서 조문을 할 때 늙은이는 마치 제 자식이 죽었을 때 곡하듯 곡을 하고, 젊은이는 마치 제 어미가 죽었을 때 곡하듯 곡을 하더군. 그들은 분명히 (노담이) 기려 주기를 바라지는 않았어도 칭송을 하기 위해, 곡해 주기를 바라지 않았어도 곡을 하기 위해 모여든 것이야. 이것은 천리에서 벗어나고 실정에 위배되는 것이며 자연으로부터 받은 천륜을 잊어버린 거야. 옛사람들은 이것을 천리에서 벗어남으로써 받게 되는 형벌遁天之刑이라고 했지. 와야 할 때 선생께서는 때에 따라 태어나셨고, 가야 할 때 선생께서는 순리에 따라 가셨지. 와야 할 때를 편안히 받아들이고 가야 할 순리를 편안히 받아들이면 슬픔도 즐거움도 내 속으로 들어올 수 없지. 이것을 옛사람들은 하느님에 의해 거꾸로 매달렸던 것이 풀리는 것이라고 불렀어."[50]

앞에서 말한 "해석이 일치하지 않는다"는 것은 주로 이 문단의 대화에서 노담은 도대체 어떤 태도를 가지고 있었는가 하는 점을 가리킨다. 곽상郭象은 "처음에 나는 그가 세속적인 사람이라고 생각했는데"에서부터 "곡해 주기를 바라지 않았어도 곡을 하기 위해 모여든 것이야"에 이르는 부분에 대해 다음과 같이 주석했다.

---

50) 『莊子』 「養生主」: "老聃死. 秦失弔之. 三號而出. 弟子曰, 非夫子之友邪. 曰, 然. 然則弔焉若此可乎. 曰, 然. 始也吾以爲其人也. 而今非也. 向吾入而弔焉, 有老者哭之如哭其子, 少者哭之如哭其母. 彼其所以會之, 必有不蘄言而言, 不蘄哭而哭者. 是遁天倍情, 忘其所受. 古者謂之遁天之刑. 適來夫子時也. 適去夫子順也. 安時而處順, 哀樂不能入也. 古者謂是帝之縣解."

진일이 불만스러워한 것은 그가 다른 사람들에게 먼저 은혜를 베푸는 등 자연의 이치에 따라 행동하지 않았기 때문에 이처럼 간절하게 그를 그리워하도록 했다는 점이다.[51]

앞 구절의 "그"는 당연히 노자를 가리킨다. 이 부분에 대한 곽상의 해석에 따르면 진일은 노자를 매우 불만스러워했다. 노자가 다른 사람들에게 먼저 은혜를 베푸는 등 자연의 이치에 따라 행동하지 않았기 때문에 마침내 많은 사람들에게 "자식이 죽었을 때 곡하듯" 혹은 "어미가 죽었을 때 곡하듯" 하게 만들었다는 것이다. 그는 여기서 노자에 대한 비판적인 뜻을 분명하게 드러냈다. 그러나 성현영成玄英은 이점을 바로잡았다.

기蘄는 추구한다는 말이다. 피彼는 많은 사람이다. 성인은 마음을 비우기 때문에 사물에 접촉하면 바로 반응한다. 백성을 사랑하고 백성을 걱정하면서 쉬지 않고 부지런히 그들을 구제하려 하고 그들에게 잘 일러 준다. 그러므로 성인이 죽으면 많은 사람들이 모여들어 어버이나 자식의 죽음을 대하듯 통곡하고 비통해 한다. 이것은 바로 정에 얽매이고, 삶과 죽음에 대해 함부로 생각하고, 성은에 감격하는 것이다. 이것이 그들을 그렇게 애도하도록 한 것이다. 이런 점으로부터 추측해 보면 (그들은) 노자의 제자들이 아님을 알 수 있다.[52]

---

51) 郭慶藩, 『莊子集釋』 제1책(中華書局, 1982) 128쪽: "嫌其先物施惠, 不在理上往, 故致此甚愛也."

여기서 말하는 범인과 성인의 구분은 매우 분명하다. 뭇사람들은 정에 얽매이는데, 노자의 제자들은 그들과 같은 감정에 이르지 못하고, 노자 자신은 당연히 더욱더 비교가 안 된다. 성현영이 노자가 마음을 비웠다고 한 것은 곽상의 주장과 분명히 다르다. 곽상과 성현영의 차이는 물론 해석학적 입장에서 설명할 수 있다. 그것은 해석자가 처한 서로 다른 역사적 배경 혹은 개인의 지식이나 기호에 기인한 것이다. 장자학莊學이 유행한 위진魏晋시대에, 특히 『장자』를 주석한 곽상으로서는 안중에 장자만 있을 뿐 노자는 없었기 때문에 비정상적이라고 말할 수는 없다. 성현영은 도사 신분인 데다가 노자를 존중하던 당대唐代에 살았기 때문에 그에게 노자를 비판하라고 한다면 매우 곤란했을 것이다. 명대明代의 승려 감산憨山 덕청德淸의 해석이 주의해 볼 만하다. 그는 "처음에 나는 그가 세속적인 사람이라고 생각했는데, 지금 보니 아니야"라는 부분에 대해 다음과 같이 주석했다.

> 내가 처음 그를 친구로 삼을 때는 그 사람을 도를 깨달은 사람이라고 했는데, 지금 죽은 뒤에 보니 그는 도를 깨달은 사람이 아님을 알았다는 것을 말한다.[53]

---

52) 郭慶藩, 『莊子集釋』 제1책(中華書局, 1982) 128쪽: "蘄, 求也. 彼, 衆人也. 夫聖人虛懷, 物感斯應, 哀憐兆庶, 憫念蒼生, 不待勤求, 爲其演說, 故其死也, 衆來聚會, 號哭悲痛, 如於母子. 斯乃凡情執滯, 妄見死生, 感於聖恩, 致此哀悼. 以此而測, 故知非老君門人也."

53) 釋德淸, 『莊子內篇憨山注』(臺灣健康書局有限公司, 1956): "言我始與友時, 將謂是有道者也. 今日死後, 乃知其非有道者也."

또 "그것은 자연을 저버리고 사실을 배반하는 것이며 근본을 잊어버리는 것이야. 옛사람들은 이것을 자연을 저버리는 형벌이라고 했어"라는 부분에 대해서는 다음과 같이 풀이했다.

형刑은 다스리는 것이다. 이 구절은 다음과 같은 것을 말한다. 노담이라는 사람은 정을 잊은 채 세상을 살아가지는 못했다. 그러므로 고의로 다른 사람을 친애했고, 그래서 다른 사람은 그를 잊을 수 없게 되었다. 이는 실로 스스로 천진天眞을 외면하는 것이고 자기가 본래부터 가지고 있던 것을 잊어버리는 것이다. 옛사람들은 이러한 사람은 바로 천진을 외면하여 잃어버리고 자기의 본성을 훼손한 자이기 때문에 성인이 아니라고 했다.[54]

이것은 그야말로 장자를 빌려 노자를 배척한 것이다. 승려라는 신분, 그리고 불교와 도교가 서로 다투었던 사실을 고려하면 이런 해석은 물론 충분히 이해할 수 있다. 그러나 후대의 사람이 만약 진짜로 믿는다면, 그것을 장자의 본뜻으로 간주하게 될 텐데, 그것은 바로 주석가들이 파 놓은 함정에 빠지는 것이다.

만약 우화를 던져 버리고 실제 역사로 돌아온다면, 노자와 장자의 사상적 연관은 매우 분명한 사실이다. 두 사람의 차이점을 무수하게 열거할 수 있지만, 이러한 차이는 지엽적인 것이고, 또 그런 것들이 그

---

54) 釋德淸, 『莊子內篇憨山注』(臺灣健康書局有限公司, 1956): "刑, 猶理也. 言聸之爲人, 不能忘情而處世. 故有心親愛於人, 故人不能忘. 此實自遁天眞, 忘其本有. 古人謂此乃遁喪天眞而傷其性者, 非聖人也."

이면에 놓여 있는 본질적인 동일성을 막아버릴 수는 없다. 예를 들어 사마담이 도가에 대해 "허무를 근본으로 삼고 (자연 변화에) 따르는 것을 실천 방법으로 삼았다"[55]라고 개괄했는데, 노자와 장자 모두에게 똑같이 잘 들어맞는다. 비록 『노자』에서는 주로 "군왕의 길爲君之道"로 나타나는 것이라 하더라도 장자에 이르면 기본적으로 처세술이 된다. 장자를 구체적으로 검토해 보면 우리는 많은 곳에서 노자의 존재를 느낄 수 있을 것이다. 노자의 도, 그의 무위, 그의 도를 수련하는 것爲道과 학문을 하는 것爲學, 그의 "있음이 이로운 것은 없음이 그것을 위해 쓰이기 때문이다"[56], 그의 "이름과 몸 중 어느 것이 더 절실한가, 몸과 재물 중 어느 것이 더 중요한가"[57] 등은 모두 『장자』에 깊고 깊은 흔적을 남겼다. 「천하」에서는 노담과 관윤을 박식하고 위대하다는 뜻에서 박대진인博大眞人이라고 불렀는데, 이는 확실히 근거가 있는 것이다.

장자의 사상적 세계는 풍부하지만, 그러나 난잡한 것은 분명 아니다. 장자의 세계 속에는 노자, 열자, 혹은 공자가 들어 있기는 하지만, 장자는 그들이 아니다. 장자는 장자다. 그에게는 도는 하나로 통한다道通爲一는 깨달음이 있었다. 그는 「대종사」에서 언급된 위대한 대장장이와 같이 자신의 마음을 커다란 용광로로 삼아 온 세계와 인생과 역사를 주조해 냈다. 이 위대한 대장장이가 녹여 만들어 낸 작품은 우리들 앞에 펼쳐져 있는 이 책, 즉 「소요유」, 「제물론」, 「양생주」, 「인간세」, 「덕충부」, 「대종사」, 그리고 「응제왕」 등 영원한 『장자』 내편이다.

---

55) 『史記』 「太史公自序」: "以虛無爲本, 以因循爲用."

56) 『老子』 제11장: "有之以爲利, 無之以爲用."

57) 『老子』 제44장: "名與身孰親, 身與貨孰多."

一 · 광인과 광언

중용과 적당함을 추구해 온 민족에게 있어 미친다는 것은
때로는 말로 형용할 수 없을 만큼 매력적이다.
"나는 본래 초나라 광인, 봉황가 부르며 공자를 조롱한다."
아마도 이백 개인의 독백에 그치는 것은 아닌 것 같다. 고래고래 노래를 부르고
술을 마구 마셔 대며 풍류를 즐기던 위진시대 명사의 모습에서 그치는 것도 역시 아니다.
그들은 모두 다른 한 사람, 바로 장자를 생각나게 한다.

광인

중용과 적당함을 추구해 온 민족에게 있어 미친다는 것은 때로는 말로 형용할 수 없을 만큼 매력적이다. 생존의 환경에 구속되어 사람들은 종종 여러 가지 이유로 자신의 미침狂에 대한 추구와 갈망을 덮어 버린다. 그러나 때로 이런 추구와 갈망은 결국 무의식적으로 밖으로 흘러나오게 마련이다. 두보가 아니라 이백을 더 좋아한다거나 가끔 고래고래 노래를 부르고 술을 마구 퍼마신다거나 『장자』만 즐겨 읽는다거나 하는 것 등이 그 예이다. "나는 본래 초나라 광인, 봉황가 부르며 공자를 조롱한다." 아마도 이백 개인의 독백에 그치는 것은 아닌 것 같다. 고래고래 노래를 부르고 술을 마구 마셔 대며 풍류를 즐기던 위진시대 명사의 모습에 그치는 것도 역시 아니다. 그들은 모두 다른 한 사람, 바로 장자를 생각나게 한다.

사실 장자의 일상생활은 '미치다狂'는 글자로 형용하기가 매우 어렵다. 그가 살았던 시대는 지금으로부터 2300여 년이나 떨어져 있기 때문에 그의 삶을 구체적으로 묘사하는 것은 거의 불가능하다. 그러나 그의 저작에 드러나는 그의 처세 방식을 통해 우리는 다음과 같이 추단할 수 있다. 그는 시비를 따지지 않고 세속인들과 함께 산 사람이었고, 조심하고 근신하는 사람이었으며, 입을 다물고 흔적을 남기지 않고 자기 자신을 일반 백성들 속에 숨긴 사람이었다. 이와 같이 눈에 안 띄게 조용히 사는 사람이 어떻게 미칠 수 있을까? 그러나 이런저런 이유로 애써 무언가를 덮어 놓고 있겠지만, 종이로 불을 쌀 수 없는 그런 때가 반드시 오게 마련이다. 중요한 순간에 장자는 항상 독특한 태도를 취함으로써 미친다는 것의 의미를 깨닫게 해 준다. 『사기』「노장신한열전」에 다음과 같은 기록이 있다.

초나라 위왕威王이 장자가 현명하다는 말을 듣고 그에게 사절을 보내 융숭한 폐물을 전하게 했다. 그리고 그에게 재상의 관직을 약속했다. 장자는 웃으면서 초나라 사절에게 말했다. "천금은 큰 돈이고, 재상은 높은 자리입니다. 선생께서는 교제郊祭(천자나 제후가 하늘에 지내는 큰 제사)의 희생으로 쓰이는 소를 보지 못했습니까? 수년 동안 잘 먹이고 수놓은 옷을 입혀 태묘太廟(종묘)에 들입니다. 이때에 이르러서는 보잘것없는 새끼 돼지로나마 살아남고 싶어도 그게 가능하겠습니까? 어서 가십시오, 나를 모독하지 마십시오! 나는 차라리 더러운 개울 속에서 맘껏 즐겁게 살지언정 나라를 다스리는 군주의 속박을 받고 싶지는 않습니다. 평생 벼슬을 하지 않고 내 맘대로 살겠습니다.[1]

---

1)『史記』「老莊申韓列傳」: "楚威王聞莊周賢, 使使厚幣迎之, 許以爲相. 莊周笑謂楚使者曰, 千金, 重利. 卿相, 尊位也. 子獨不見郊祭之犧牛乎. 養食之數歲, 衣以文繡, 以入大廟. 當是之時, 雖欲爲孤豚, 豈可得乎. 子亟去, 無汚我. 我寧游戲汚瀆之中自快, 無爲有國者所羈, 終身不仕, 以快吾志焉."

맨 처음으로 장자의 전기를 쓴 사람인 사마천은 겨우 몇 백 자로 이 위대한 철인을 묘사했는데, 앞에서 인용한 부분은 전체의 거의 반을 차지한다. 그는 분명히 장자의 생활 태도가 일반 사람과는 매우 달랐을 것이라고 생각했고, 이 때문에 굳이 여기에 기록한 것이다. 확실히 권력과 부를 좇는 일에 몰두하는 일반인들에게 장자의 행동은 이해하기 어려운 것이다. 천금이라는 큰 돈과 재상이라는 높은 지위가 눈앞에 놓여 있을 때 그는 거절했다. 사마천의 서술은 『장자』 「추수」의 다음 기록과 비슷한 것이다.

장자가 복수濮水라는 강가에서 낚시를 하고 있었다. 초나라 왕이 대부大夫 두 사람을 보내 장자를 만나 뜻을 전하게 했다. 두 대부가 말했다. "궁으로 들어와 큰일을 맡아 주시기 바랍니다." 장자는 낚싯대를 쥔 채 돌아보지도 않고 물었다. "초나라에 신귀神龜(점치는 거북)가 있는데 죽은 지 이미 삼천 년이나 지났어도 왕은 천으로 싸고 상자에 넣어 묘당廟堂 위에 보관한다고 들었습니다. 이 거북은 죽어서 뼈를 남겨 귀하게 대접 받기를 바랐겠습니까, 아니면 살아서 진흙 속에서 꼬리를 질질 끌고 다니기를 바랐겠습니까?" 두 대부가 대답했다. "살아서 진흙 속에서 꼬리를 질질 끌고 다니기를 바랐을 것입니다." 장자가 말했다. "돌아가십시오. 나는 살아서 진흙 속에서 꼬리를 질질 끌고 다니려고 합니다."[2]

---

2) 『莊子』 「秋水」: "莊子釣於濮水. 楚王使大夫二人往先焉, 曰, 願以竟內累矣. 莊子持竿不顧曰, 吾聞楚有神龜, 死已三千歲矣. 王巾笥而藏之廟堂之上, 此龜者, 寧其死爲留骨而貴乎, 寧其生而曳尾於塗中乎. 二大夫曰, 寧生而曳尾塗中. 莊子曰, 往矣. 吾將曳尾於塗中."

「추수」와 「노장신한열전」을 비교해 보면 뒤의 것이 의심의 여지 없이 좀 더 많은 의미를 포함하고 있다. 거기에서는 재상이라는 지위에 대한 거절이 있을 뿐만 아니라 거절의 이유 가운데 특별히 "맘껏 즐겁게 사는 것"과 "내 맘대로 사는 것"을 들고 있다. 이것은 장자가 실은 매우 제멋대로 사는 사람으로서 속박받는 것을 좋아하지 않았고, 그 속박은 바로 나라를 다스리는 군주有國者로부터 오는 것이었음을 알려 준다. 우리는 여기서 이미 미친 것을 본 것은 아닐까? 재상이라는 지위를 거절한 것만으로도 이미 충분히 광적인데, 거절의 이유가 "맘껏 즐겁게 사는 것"이라니 이는 미친 데다 더 미친 것이다.

아마도 「추수」에 기록된 다른 이야기 하나가 이러한 광의狂意를 한층 더 실감나게 표현해 줄 것이다.

> 혜자가 양梁나라의 재상으로 있을 때 장자가 그를 만나러 갔다. 어떤 사람이 혜자에게 말했다. "장자가 와서 선생님의 재상 자리에 대신 앉으려 합니다." 이 말을 듣고 혜자는 두려움을 느끼고 그를 찾기 위해 사흘 밤낮 동안 온 나라를 뒤졌다. 장자가 가서 그를 만나 말했다. "남쪽 지방에 어떤 새가 있는데, 이름은 원추라고 하네. 자네, 알고 있나? 원추는 남해를 떠나 북해로 날아가는데, 오동나무가 아니면 쉬지 않고 멀구슬나무 열매가 아니면 먹지 않고 감미로운 샘물醴泉이 아니면 마시지 않는다네. 그런데 썩은 쥐를 얻어 물고 있는 솔개 한 마리가 그 위를 지나가는 원추를 올려다보면서 말했지, '썩 꺼져!' 지금 자네는 자네의 양나라 때문에 나에게 '썩 꺼져!' 라고 말하고 싶은 것인가?"[3]

여기서 느끼는 통쾌함은 대부분 다음과 같이 비교하고 있는 데 기인한다. 혜시가 그렇게 중시하는 재상이라는 지위는 장자가 볼 때 한 마리 썩은 쥐에 불과한 것으로 솔개나 좋아할 그런 것이다. 장자는 자기를 원추에 비유한다. 이 새는 "오동나무가 아니면 쉬지 않고, 멀구슬나무 열매가 아니면 먹지 않고, 감미로운 샘물이 아니면 마시지 않고" 썩은 쥐는 오히려 피해 가되 혹시 제대로 피하지 못할까 걱정한다. 그러니 어떻게 그것을 찾아다닌다고 말할 수 있겠는가?

생활 속의 장자에게는 오동나무도, 멀구슬나무 열매도, 감미로운 샘물도 없었다. 이 때문에 정치 권력에 대한 거절은 힘들고 어려운 생활을 지속해 나간다는 것을 의미한다. 장자는 이전에 칠원리漆園吏라는 벼슬을 했었는데, 이것이 도대체 어떤 직위였는지는 학자들 사이에 일치된 견해가 하나도 없다. 어쩌면 칠원은 밑바닥 층에 속한 행정 단위였을 것이고, 그것은 아마도 옻나무 숲이었을 것이다. 그러나 어찌 되었든 매우 미천한 것이었고, 또 아마도 장자가 그 일을 오랫동안 했던 것 같지는 않다. 그의 집안은 매우 가난해서, 그는 "변두리 비좁은 동네 살면서, 가난한 살림에 짚신을 삼아 먹고사는, 목은 가늘어지고 얼굴은 누렇게 뜬 사람"[4]이었다. 이것은 안회의 경우와 비슷했다. 그렇기 때문에 그가 안회에게 의탁하기를 좋아했는지 모르겠다. 그러나 안회는 겸손한 군자였고 인仁과 예禮의 세계에서 생활했지만, 장자는 그

3) 『莊子』「秋水」: "惠子相梁. 莊子往見之. 或謂惠子曰, 莊子來, 欲代子相. 於是惠子恐搜於國中, 三日三夜. 莊子往見之曰, 南方有鳥, 其名鵷鶵. 子知之乎. 夫鵷鶵發於南海, 而飛於北海. 非梧桐不止, 非練實不食, 非醴泉不飮. 於是鴟得腐鼠, 鵷鶵過之. 仰而視曰, 嚇. 今子欲以子之梁國, 而嚇我邪."

4) 『莊子』「列御寇」: "處窮閭阨巷, 困窘織屨, 槁項黃馘者."

렇지 않았고, 또 그렇게 하고 싶지도 않았다. 안회가 유생들과 벼슬을 하기 위해 공부할 때, "학문에 있어 섭렵하지 않은 것이 없었던" 장자는 오히려 자각적으로 정치 권력과 거리를 두었다. "배워서 넉넉해지면 벼슬에 나가는"[5] 것을 생활의 정도正道라고 보는 사회 속에서 장자의 "배워서 넉넉해져도 벼슬하지 않는" 태도는 분명히 엄청난 별종이었다.

장자는 확실히 별종이었다. 이 때문에 그는 '괴짜畸人'라 불리기를 좋아했다.[6] 괴짜로서 그는 정상인과는 다른 생각을 가지고 있었고, 정상인과는 다른 삶을 살고 있었다. 이것은 권력에 대한 거절에서 드러날 뿐만 아니라 다른 방면에서도 드러난다. 예를 들면 생명과 죽음에 대한 이해가 그것이다. 세속적인 눈으로 볼 때 출생과 사망은 삶의 중요한 사건이다. 이 때문에 일련의 의식으로 생명의 탄생을 영접하고, 생명의 마침을 전송한다. 그러나 장자는 달랐다. 사람과 죽음에 대한 자신의 이해에 근거하여 그는 이런 의식을 실컷 멸시했다.

> 장자의 아내가 죽자 혜시가 조문을 갔다. 그때 장자는 가랑이를 벌리고 앉아 대야를 두드리며 노래를 부르고 있었다. 혜시가 말했다. "그 사람과 함께 살았고, 함께 자식을 키웠고, 함께 늙어 왔어. 부인의 죽음에 곡을 하지 않는 것만으로도 (비난 받기에) 충분한데, 게다가 대야를 두드리며 노래까지 부르고 있으니 너무 심하지 않은가?" 장자가 말했다. "그렇지 않아. 그

---

5) 『論語』「子張」: "學而優則仕."

6) 「大宗師」: "畸人者, 畸於人而侔於天."

이가 막 죽었을 때 나라고 어찌 슬프지 않을 수 있었겠나? 그런데 그 맨 처음을 생각해 보니 본래 생명이라는 게 없었더군. 생명이라는 것만 없었던 게 아니라 본래 형체도 없었어. 형체만 없었던 게 아니라 본래 기氣도 없었더군. 흐릿한 것들 속에 무언가가 뒤섞여 있다가 변해서 기라는 것이 생겼네. 기가 변해서 형체가 생겼고, 형체가 변해서 생명이 생겼고, 지금 다시 변해서 죽음으로 돌아간 것이네. 이것은 봄, 여름, 가을, 겨울 등 사계절과 함께 운행되는 것이야. 이 사람은 큰 방 안에서 편안하게 자고 있는데, 내가 꺼이꺼이 하고 다른 사람들을 따라 곡을 하는 것은 내 스스로 이상과 같은 이치命에 대해 알지 못하는 것으로 생각되더군. 그래서 그친 거야."[7]

분명히 세속적인 상례를 치르지는 않았을 뿐만 아니라 대야를 두드리면서 노래를 불렀다. 장자는 아마도 애써 세속을 향해 무언가를 크게 알리려고 했던 것 같다. 이것은 당연히 그 나름의 이유가 있었다. 그러나 문제는 이런 이유에 있었던 것이 아니라 그가 그 이유를 견지하고, 또 그것을 행동으로 나타낸 데 있었다. 많은 사람이 장자와 같은 생각을 가지고 있었을지도 모른다. 그러나 그들은 자신들의 그런 생각을 숨기고, 사람들 혹은 세속과 타협하면서 규범을 따르고 질서를 지

7) 『莊子』 「至樂」: "莊子妻死. 惠子弔之. 莊子則方箕踞, 鼓盆而歌. 惠子曰, 與人居, 長子老身. 死不哭, 亦足矣. 又鼓盆而歌, 不亦甚乎. 莊子曰, 不然. 是其始死也, 我獨何能無槩然. 察其始, 而本無生. 非徒無生也, 而本無形. 非徒無形也, 而本無氣. 雜乎芒芴之間, 變而有氣. 氣變而有形. 形變而有生. 今又變而之死. 是相與爲春秋冬夏四時行也. 人且偃然寢於巨室, 而我噭噭然隨而哭之, 自以爲不通乎命. 故止也."

키면서 살아간다. 그러나 장자는 그렇지 않았다. 그는 가능한 한 진실한 사람, 즉 진인眞人이 되고 싶어 했다. 세상을 살면서 사람들은 어쩔 수 없이 "발길을 돌려 물러나"[8]기도 하는데, 이것 역시 장자의 "옳고 그름을 따지지 않고 세속에서 살아간다"[9]는 말처럼 왜곡된다. 그러나 진실에 대한 추구는 영원히 사라지지 않을 것이고, 반드시 삶 속에서 드러날 것이다.

장자의 이런 원칙은 자신의 죽음을 맞이하는 태도에서도 나타난다. 그리고 그것은 "장자의 아내가 죽었다"는 우화와 비교해 볼 때 만물은 한 몸萬物一體이고, 삶과 죽음은 한가지生死一條라는 의식이 좀 더 분명히 드러난다. 「열어구」에 다음과 같은 기록이 있다.

> 장자가 죽어 갈 때 제자들이 그의 장례를 화려하게 치르려고 준비했다. 그것을 보고 장자가 말했다. "나는 하늘과 땅을 관곽棺槨으로 삼았고, 해와 달을 쌍벽으로 삼았으며, 별들을 주옥珠璣으로 삼았고, 만물을 부장품으로 삼았다. 내 장례 준비에 빠진 것이 있느냐? 왜 이렇게 호들갑이냐?" 한 제자가 말했다. "저는 새나 솔개가 선생님의 시신을 뜯어 먹을까 걱정됩니다." 장자가 말했다. "시체를 위에 두면 새나 솔개의 밥이 될 것이고, 아래 두면 땅강아지나 개미의 밥이 될 것이다. 위에 있는 것들의 먹이를 빼앗아다가 아래 있는 것들에게 주는 셈이니, 왜 그것들만 편애하려고 하느냐?"[10]

---

8) 『莊子』「人間世」: "吾行卻曲."

9) 『莊子』「天下」: "不譴是非以世俗處."

죽음은 결코 두려운 일이 아니다. 그것은 하늘과 땅으로 회귀하는 것이고, 해와 달, 별, 만물 등과 한 몸이 되는 것이다. 이와 같이 이해하고 있는 사람에게 사람들이 말하는 부장품의 많고 적음 따위가 무엇이겠는가? 이미 천지 만물과 한 몸이 되었으니 당연히 새나 솔개 혹은 땅강아지나 개미의 구분도 없어지는 것이다. 이것은 진정한 달관이다. 달관의 '달達'이란 훤히 트였다通는 것을 의미하는데, 달관은 자기와 천지만물이 막힘 없이 한 몸이 되는 것이다. 달관은 어느 정도의 냉혹함을 피할 수 없다. 유가에서 공들여 쌓아 올린 따스하고 묵묵한 인간미가 여기서 조각조각 부서져 버린다. 그러나 오히려 이것이 세계의 진실이고, 진실의 세계이다. 장자는, 임금님은 아무것도 입지 않았다고 말한 어린아이와 같다. 그는 자신의 동심으로 진실을 추구하고, 그 진실을 실천했다.

진실은 바로 미치는 것이다. 거짓으로 왜곡된 세상에서 진인眞人은 종종 광인狂人으로 취급되었다. 혜시가 대야를 두드리면서 노래를 부르는 장자의 행위를 너무 지나치다고 비난한 것도 바로 그런 것이다. 미치는 것에 관한 통일된 정의를 찾기는 매우 어려운 일이기도 하지만, 결국 그것은 어떤 세속적 표준을 비껴가는 것이다. 공자는 중용이라는 표준에 따라 미치는 것狂과 고집스러운 것狷에 대해 말한 적이 있다. "중용을 실천하는 사람을 만나 어울리지 않으면 분명히 광자狂者나

---

10) 『莊子』 「列御寇」: "莊子將死. 弟子欲厚葬之. 莊子曰, 吾以天地爲棺槨, 日月爲連璧, 星辰爲珠璣, 萬物爲齎送. 吾葬具豈不備邪. 何以加此. 弟子曰, 吾恐烏鳶之食夫子也. 莊子曰, 在上爲烏鳶食, 在下爲螻蟻食. 奪彼與此, 何其偏也."

견자狷者(고집스러운 원칙주의자—역자)를 만날 것이다. 광자는 앞으로 나아가 무언가를 하는 사람이고, 견자는 어떤 것은 (결코) 하지 않는 그런 사람이다."[11] 그러나 여기서의 미치는 것과 고집스러운 것은 여전히 중용이 규범하는 인과 예의 영역에 속한다. 아마도 어떤 사람은 조금 지나치고, 어떤 사람은 조금 못 미친다 해도 결국 예로부터 크게 벗어나는 것은 아닐 것이다. 그것은 결국 유가의 척도 안에 있는 것이다. 장자 식의 미치는 것은 완전히 척도 밖에 있는 것이다. 그러나 장자는 세계의 가치, 세계의 규범 및 세속적인 생활 등을 전복하려고 했다. 「대종사」에서 말한 것이 맞을 것이다. 일반 사람들은 세속 안쪽의 세계에서 놀지만 장자는 세속 바깥쪽의 세계에서 놀았다. 안과 밖은 서로 만날 수 없다. 안에서 밖을 보면 밖에 있는 사람은 자연히 미치광이인 것이다.

사실 장자는 어느 정도 광인을 자처했다. 그는 결코 세속적인 눈에 비친 겸손한 군자가 되려고 하지 않았다. 그런 생활은 너무 피곤하고 또 전혀 의미가 없었다. 「인간세」에서 장자는 등장하는 인물의 순서 배치를 통해 자신의 선택을 표현했다. 맨 처음은 공자와 안회이고, 그 다음은 섭공葉公 자고子高이고, 그 다음은 안합顔闔이고, 마지막으로는 초나라의 광인 접여接輿이다. 그는 의식적으로 초나라의 광인과 같은 인물을 만들어 선택했고, 그리고 자기의 이유를 밝히게 했다. 그 이유란 바로 세계에 대한, 그리고 사람과 세계와의 관계에 대한 그의 이해이다. 세계는 피할 수 없는 것이다. 부모와 자식 사이의 사랑과 같은

---

11) 『論語』「子路」: "不得中行而與之, 必也狂狷乎. 狂者進取, 狷者有所不爲."

것은 마음에서 자유로울 수 없고, 군주와 신하 사이의 도리 같은 것은 이 세상 어디든 도망갈 데가 없다. 그러나 세상은 또 어쩔 수 없는 것이기도 하다. "오는 세상은 기다릴 수 없고, 지나간 세상은 돌이킬 수 없다." "지금 이때 겨우 형벌만 면할 뿐이다." 비록 세상으로부터 도망칠 수 없다 하더라도 장자는 자기가 좋아하지 않는 이 무도한 세계에 들어가고 싶지는 않았다. 그래서 그는 사마천이 말한 것처럼 "놀았다遊戱." '노는 것'은 엄숙한 생활을 불가능하게 하기 때문에 「인간세」에서 묘사한 안회의 세상 구하기救世 같은 것은 불가능하다.

노는 것이 바로 미치는 것이다. 미치는 것은 이 세계에 대해 진지하지 않거나 혹은 어찌되든 상관 없다는 태도를 취하는 것과 같다. 그들은 이 세계에 관심을 갖지 않고, 시비是非에 관심을 갖지 않고, 치란治亂에 관심을 갖지 않는다. 그들은 심지어 자기에 대해서도 관심을 갖지 않는다. 그러나 사실 그들이 가장 진지한 사람이다. 진지해야만 미칠 수 있기 때문이다. 그들은 순진무구하게 생활하고 싶어 하지 않았는데, 그런 생활이 더욱더 꿈속을 헤매는 것처럼 보였다. 우리는 최초의 광인 기자箕子를 생각해 볼 수 있다. 기자는 거짓으로 미친 척했지만 광인 생활의 한 단면을 충분히 보여 주었다. 기자는 진지했다. 그는 주왕紂王과 함께 더러운 물에 빠져 드는 것을 원하지 않았기 때문에 거짓으로 미친 척했다. 그는 또 비간比干과 같이 생명을 잃는 것도 원하지 않았다. 그런 것은 조금 무의미하기 때문이다. 여기서 거짓으로 미치는 것은 두 가지 의미가 있음을 알 수 있다. 하나는 세상의 혼탁함에 저항하는 것이고, 다른 하나는 자기의 생명을 보전하는 것이다.

당연히 장자는 거짓으로 미친 척한 것이 아니다. 그러나 저항과 보전의 측면에서 그와 기자의 공통점을 발견할 수 있다. 바로 이와 같은 이유 때문에 많은 경우 미친다는 것은 공자가 말한 진취적인 것을 나타내는 것이 결코 아니다. 오히려 반대로 견자狷者와 비슷하게 어떤 것은 결코 하지 않는 그런 것이다. 공자가 "불가능함을 알고서도 하려고 할" 때 광인 접여는 "봉황이여, 봉황이여. 덕이 어찌 그리 시들었는가? 지나가 버린 일은 바로잡을 수 없고, 다가올 일은 미리 좇을 수 없거늘. 그만두어라, 그만두어라. 지금 정치꾼들은 위험하다네"[12]라고 노래하지 않았던가? 세상의 도가 이미 쇠퇴하고 위험하기 때문에 물러나 은둔할 만한 충분한 이유가 있는 것이다. 선생님(공자를 가리키는 말—역자)은 이미 은퇴할 뜻이 있지 않았던가, 그러므로 "도가 시행되지 않으니, 뗏목이나 타고 바다로 떠다닐까"[13]라고 말했던 것이다. 그것은 어쩌면 실의失意 끝에 찾아온 일시적 감상이었는지도 모르지만, 장자에게는 오히려 일관된 삶의 방식이 되었던 것이다. 당연히 장자는 바다로 떠돌 수 없었고, 사람들 밖으로 물러나 은둔할 수 없었다. 그는 사람들 사이에 숨어 살아야 했다. 이것이 이른바 육지에의 침몰, 즉 '육침陸沈' 이라는 것이다.

> 이 사람은 자신을 사람들 속에 묻어 두고 있고, 자신을 밭두둑 사이에 감추고 있다. 그의 이름은 거의 알려져 있지 않지만 그의 뜻은 끝없이 크고, 그의 입은 말을 하고 있지만 그의 마음은 한 번도 말한 적이 없다. 지금 그는 세상과 다르기 때문에 그들과 함께 살아가는 것을 마음속으로 달갑게

---

12)『論語』「微子」: "鳳兮鳳兮, 何德之衰. 往者不可諫, 來者猶可追. 已而已而. 今之從政者殆而."
13)『論語』「公冶長」: "道不行, 乘桴浮于海."

여기지 않는다. 이 사람은 육지에 침몰해 있는 사람이다.[14]

'육침' 은 사실 「인간세」에서 말한 적이 있는 '좌치坐馳' 를 생각나게 한다. 두 곳에서 묘사한 것은 마음과 몸이 분리된 상태이다. 좌치는 몸은 앉아 있지만 마음은 달려가는 것이고, 육침은 몸은 육지에 있지만 마음이 침몰하는 것이다. 그의 몸은 사람들 속에—이것은 피할 수 없는 운명이다—있지만 그의 마음은 일찌감치 불 꺼진 재와 같았다. 이 때문에 침몰해 간 것이다. 마음이 침몰해야만 몸의 미침이 있을 수 있는 것이다. 이런 미침은 "옳고 그름을 따지지 않고 세속에서 살아간다"는 것과 같이 어떤 것도 개의치 않는다는 태도나 상관 없다는 태도로 표현되고, 한편으로는 "대야를 두드리면서 노래를 불렀다"는 것과 같이 기발하고 새로운 태도로 표현된다.

광언

광인이 있고, 그래서 광언이 있다. 가장 유명한 장자 주석가인 곽상은 장자를 평가할 때 "장자는 근본을 알았다고 할 수 있다. 그래서 광언을 감춘 적이 없다"라고 시작했다. 장자의 문자는 확실히 광적인데, 이는 두 가지 의미를 가지고 있다. 첫째는 형식적인 것으로, 장자의 말

---

14) 『莊子』「則陽」: "是自埋於民, 自藏於畔. 其聲銷, 其志無窮. 其口雖言, 其心未嘗言. 方且與世違, 而心不屑與之俱. 是陸沈者也."

하기와 글쓰기 방식이다. 둘째는 내용적인 것으로, 장자가 문장을 통해 표현하고자 한 의미이다. 둘째 의미의 미침은 이 책 전체에 걸쳐 논의해야 할 문제이다. 그러므로 여기서는 주로 형식적인 측면의 광언에만 집중하기로 한다.

곽상의 '광언'이라는 말은 사실 장자 자신에 근거한 것임에 틀림없다. 「소요유」에 광인 접여와 관련된 일화를 싣고 있다.

> 견오가 연숙에게 말했다. "나는 접여에게서 어떤 말을 들었는데, 엄청나기는 해도 사리에 맞지 않고 끝없이 펼쳐 나가기만 하고 되돌아올 줄 모르는 그런 거야. 나는 그의 말을 듣고 오싹하는 두려움을 느꼈어. 그의 이야기는 마치 은하수처럼 끝이 없었어. 너무 엉뚱하기만 해서 우리의 일반적인 상식에 부합되지 않았어." 연숙이 물었다. "어떤 말인데?" 견오가 대답했다. "막고야藐姑射라는 산에 신인神人이 살고 있대. 그들은 피부가 얼음이나 눈처럼 희고 처녀처럼 부드럽대. 그들은 오곡을 먹지 않고 바람을 들이쉬며 이슬을 마신대. 구름을 타고 비룡을 몰아 세상 밖에 나가 논다는 거야. 그들이 정신을 집중하면 만물은 병들지 않고 그해의 곡식은 풍년이 든다더군. 나는 그게 미친 소리로 들려 믿을 수 없었어."[15]

처음에는 말이었지만 결말에는 미치는 것이다. 여기가 바로 '광언'

---

15) 『莊子』「逍遙遊」: "肩吾問於連叔曰, 吾聞言於接輿, 大而無當, 往而不反. 吾驚怖其言猶河漢而無極也. 大有逕庭不近人情焉. 連叔曰, 其言謂何哉. 曰, 藐姑射之山, 有神人居焉. 肌膚若氷雪, 淖約若處子. 不食五穀, 吸風飮露, 乘雲氣, 御飛龍, 而遊乎四海之外. 其神凝, 使物不疵癘, 而年穀熟. 吾以是狂而不信也."

이라는 말의 출처라고 해야 할 것이다. 그런데 여기서 말하는 광언은 주로 내용을 가지고 말한 것이다. 그래서 "미친 소리로 들려 믿을 수 없었어"라고 말한 것이다. 그러나 내용상의 미침과 짝을 맞추기 위해 형식적 측면도 어느 정도 바꾸지 않으면 안 된다. 사실 내용상 미친 것과 형식상 미친 것을 구분하기는 매우 어렵다. 왜냐하면 그것들은 원래 하나이기 때문이다. 그렇기는 해도 논의의 편의를 위해 내용적 측면은 잠시 한쪽으로 제쳐 두기로 하자.

광언의 구체적 표현은 당연히 장자의 독특한 말하기 방식이다. 『장자』와 선진 제자의 문장을 한번 비교해 보면, 그들 사이의 다른 점이 분명하고도 쉽게 드러난다. 예를 들면 『노자』는 주로 격언의 색채를 띠고 있고, 『논어』는 주로 어록 모음이다. 『묵자』는 설명과 논증이, 『맹자』는 논증과 논쟁이, 『순자』는 논증과 정책 토론이 주를 이룬다. 그러나 어쨌든 모두 '정론正論'에 속한다. 장자의 문장은 모두 부정형參差과 기이함諔詭이라는 특징을 가지고 있다. 「천하」에서 장자는 "천하가 혼탁하여 정중한 말을 할 수 없었다"[16]라고 말했다. 혼탁한 환경 속에서 장자는 점잖고 엄숙하게 말하는 것을 달가워하지 않았던 것 같다. 그러나 '정중한 말莊語'로 말하지 않았다는 것은 그것 말고도 다른 어떤 생각, 예를 들면 언어 자체에 대한 고려도 있었던 것 같다. 이런 생각에 대해 논의하기 전에 장자의 '광언'에 대해 한번 이해해 보기로 하자. 이 방면에 대해서는 결코 많은 노력을 기울일 필요가 없다. 장자의 제자들이 이미 자기 스승의 문장이 특별하다는 점에 주목했고, 아

16) 『莊子』「天下」: "以天下爲沈濁, 不可與莊語."

울러 매우 잘 개괄해 놓았기 때문이다. 이것이 바로 「천하」에서 "치언卮言을 변화무쌍한 표현 수단으로 삼았고, 중언重言을 입증의 증거로 삼았으며, 우언寓言을 널리 알리는 수단으로 삼았다"[17]라고 말한 것이고, 「우언」에서는 좀더 자세하게 설명한다.

> 우언[18]은 열에 아홉이고, 중언은 열에 일곱이고, 치언은 날마다 새롭게 하는 말로 자연의 변화에 호응한다. 우언은 열에 아홉인데, 바깥의 것을 빌려 논증하는 것이다. 친아버지는 자기 아들의 중매를 서지 않는다. 친아버지가 아들을 칭찬하는 것은 아버지 아닌 사람이 칭찬하는 것만 못하기 때문이다. 아버지에게 잘못이 있는 것이 아니라 그의 말을 듣는 사람들에게 문제가 있는 것이다. 사람들은 자기와 생각이 같으면 찬성하고 자기와 생각이 같지 않으면 반대한다. 자기와 같은 것을 맞다고 하고, 자기와 다른 것을 틀렸다고 한다.
>
> 중언은 열에 일곱인데, 논쟁의 말들을 그치게 하는 방법인 것이다. 그 이유는 (중언은 어른의 말을 인용하는 것이고) 어른耆艾은 나이가 많은 선배이기 때문이다. 그러나 일을 처리하는 근본 원칙과 그 실현 방법 없이 공연히 나이만 믿고 어른 대접을 받으려는 자는 선배라고 할 수 없다. 사람에

---

17) 『莊子』「天下」: "以卮言爲曼衍, 以重言爲眞, 以寓言爲廣."

18) 옮긴이: 우리말에서 '우언'은 '우화'와 거의 같은 의미로 쓰인다. 이 책에서는 대개 원작에 '우언寓言'으로 쓰인 말은 '우화'로 번역했다. 왜냐하면 중국에서는 우화보다는 우언이라는 말을 자주 쓰지만, 우리나라에서는 우언보다는 우화라는 말이 좀 더 널리 쓰이기 때문이다. 다만 『장자』에서 장자의 독특한 표현 방법 세 가지 중 하나인 '우언'에 대해서는 '중언', '치언' 등과의 통일성을 유지하도록 했고, 또 나름대로 전문적 용어로서의 의미를 살리기 위해 '우언'으로 번역했다.

게 앞서서 이끌어 주는 선배가 없으면 인도人道가 없다. 사람에게 인도가 없으면 이를 썩어 빠진 사람陳人이라고 한다.

치언은 날마다 새롭게 하는 말로 자연의 변화에 호응한다. 끝없는 변화曼衍를 따르기 때문에 천수를 다할 수 있다. 말을 하지 않으면 만물은 하나로 통일되어 있다. 통일되어 있는 만물과 말은 통일되지 않고, 말은 통일되어 있는 만물과 통일되지 않는다. 그러므로 "아무 생각 없이 말해야 한다"라고 한 것이다. 말을 하되 아무 생각 없이 말하면 죽을 때까지 말을 하더라도 말을 안 한 것이나 마찬가지고, 또 죽을 때까지 말을 안 하더라도 말을 안 하지 않은 것이나 마찬가지다.[19]

왕부지는 「천하」와 「우언」은 모두 『장자』 전체에 대한 해제라고 보았다. 이런 방식의 이해에 관한 한 후자가 더 뛰어나다. 그 이유는 주로 위의 구절 때문이다.[20] 그것은 『장자』의 말하기 방식을 개괄한 것이라고 할 수 있고, 또 앞서 인용한 「천하」의 몇 마디 말의 근거이기도

---

19) 『莊子』「寓言」: "寓言十九, 重言十七, 卮言日出, 和以天倪. 寓言十九, 籍外論之. 親父不爲其子媒. 親父譽之, 不若非其父者也. 非吾罪也. 人之罪也. 與己同則應, 不與己同則反. 同於己爲是之, 異於己爲非之. 重言十七, 所以已言也. 是爲耆艾年先矣. 而無經緯本末以期年耆者, 是非先也. 人而無以先人, 無人道也. 人而無人道, 是之謂陳人. 卮言日出, 和而天倪, 因以曼衍, 所以窮年. 不言則齊, 齊與言不齊, 言與齊不齊也. 故曰無言. 言無言, 終身言, 未嘗言. 終身不言, 未嘗不言." * 옮긴이: 원문의 '無言' 은 '無心之言' 으로 해석한 임희일林希逸의 주석에 따라 번역했다. 마지막 문장 끝 부분의 해당 원문 가운데 "未嘗不言"의 '不' 자는 대부분의 주석가들(林希逸, 馬敍倫, 郭象, 王叔岷, 褚伯秀, 羅勉道, 宣穎 등)의 견해에 따라 잘못 들어간 글자로 간주하여 번역했다. 方勇 · 陸永品, 『莊子詮評』(巴蜀書社, 1998), 764쪽 참조.

20) 王夫之, 『莊子解』(中華書局, 1985. 246쪽): "이 편(「우언」을 가리킴)은 내편 · 외편 · 잡편의 범례이다(此內外雜篇之序例也)."

할 것이다. 여기서 말한 우언, 중언, 치언을 학자들은 통칭 '삼언三言' 이라고 부르는데, 자세히 검토해 볼 만한 가치가 있다.

우언이라는 말의 핵심은 물론 '우寓'라는 글자에 있다. 사실 장자는 이 글자를 매우 즐겨 사용했다. 예를 들면 "보통 사람의 모습에 몸을 맡긴다寓諸庸" 혹은 "아무것도 없는 곳에 몸을 맡긴다寓諸無竟" 등이 그것이다. 이때 사람들의 생각庸이나 아무것도 없는 곳無竟은 결국 하나의 대용품과 같은 것이고, 그것의 배후에 별도의 그 무엇이 있다. 이것은 아마도 우언의 어떤 특징을 말해 주는 것 같다. 우언은 "바깥의 것을 빌려 논증하는 것"이다. "바깥의 것"이란 "안의 것"이 있음을 의미하는데, "안의 것"은 등장하지 않고, 등장하는 것은 "바깥의 것"뿐이다. 이런 설명 방식에 따르면, 이것은 결코 일부러 잔꾀로 술수를 부리거나 지엽적이고 말단적인 데 신경을 쓰는 것이 아니라 세속의 일반적 상황을 고려하여 나온 것일 뿐이다. 친아버지는 자기 아들의 중매를 서지 않는다. 왜냐하면 친아버지는 아들에 관한 이야기를 과장할 것이고, 따라서 분명히 남이 칭찬하는 말보다 훨씬 덜 미더울 것이기 때문이다. 일반 사람들의 심리는 결국 자기 편을 들어주는 쪽으로 기울고, 그 반대쪽에 대해서는 비교적 가혹하다. 그러므로 자기 편에만 서서 말하는 자기 자신에 관한 견해는 다른 편의 사람들에게 받아들여지기가 결코 쉽지 않을 것이다. 그에 반해 상대방이 말하는 나에 관한 이야기, 특히 칭찬하는 이야기는 분명히 객관적이고, 따라서 일반인들에게 쉽게 받아들여진다. 이와 같이 남의 입을 빌려 자기를 이야기하게 하는 것은 일종의 세상의 상황을 따라 말하는 기교이다.

이것은 분명 장자가 자주 공자와 안회 등에 의탁하여 자기의 이야기를 한 것을 가리킨다. 이런 식의 말하기 방식이 가진 장점은 설득력과 감화력을 확대하기 쉽다는 것이다. 그러나 독자를 백치라고 가정하고, 따라서 분별할 수 있는 능력이 전혀 없다고 가정하지 않는 한, 그런 효과가 충분히 있을까라는 의문이 남는다. 이는 아마도 장자의 추종자들이 부린 술수였을 것이다. 우리는 이런 사고방식에만 전적으로 얽매여서는 안 된다.

사실 '우언'은 말하기 방식의 일종이다. 장자 이전과 동시대 사람들의 말하기 방식을 한번 자세히 돌이켜 보면 그것이 거의 다 새로운 것임을 바로 알게 된다. 그 이전에도 의탁의 방식이 있기는 했다. 예를 들면 유가에서 요순에 의탁한 것, 묵가가 대우大禹의 힘을 빌린 것, 황로학파가 황제黃帝나 군신君臣 등에게 도움을 요청한 것 등이 그렇다. 그러나 피의탁자와 그들이 한 말은 항상 한데 어울려 있어도 이해할 수 있는 관계였다. 다시 말하면 그들이 '한' 말은 그들이 했어야 할 말, 할 수 있는 말이다.

그러나 장자의 우언은 다르다. 피의탁자가 한 말은 결코 그들이 했어야 할 말이 아니고, 심지어는 바로 그들이 했어야 할 말과는 반대되기도 한다. 예를 들면 공자와 안회가 공동으로 연출한 '좌망'에서부터 공자가 안회의 구세救世의 열정을 잘라 버린 것 등은 황당한 효과를 만들어 냈다. 이것은 장난이거나 혹은 연극의 한 장면이다. 그 속에서 사람들은 모두 본래의 자기 역할이 아닌 다른 역을 맡고 있다고 생각할 수 있다. 하지만 이것이 연극의 한 장면에 불과한 것인가? 장자는 무엇을 말하려고 했던 것일까? 예를 들면 이 세계는 본래 황당한 것이니 진지하게 상대할 가치가 없다는 것일까, 혹은 말하는 것 자체가 전혀 무의미하다는 것일까? 이러한 말하기 방식을 그의 사상과 연관지어 보면, 그는 이런 황당한 방식을 통해 제물齊物이나 제언齊言과 비슷한 효과를 얻어 내려 한 것은 아닐까 하는 생각이 든다.

어쨌든 우언이라는 말하기 방식은 우리에게 대립적인 인물 혹은 사상들 사이의 관계에 주의하도록 하고, 또 이런 대립의 진실성에 대해 반성하도록 한다. '우언' 이라는 형식에서 대립은 사라지는데, 그 자리를 대신 채우는 것은 "도는 하나로 통한다道通爲一"는 것이지, "노선道이 다르면 함께 정사를 논하지 않는다"[21]는 것이 아니다. 이것은 황당하게 보인다. 공자와 장자가 어떻게 같은 생각을 할 수 있겠는가? 그러나 우언 속에서 그런 일은 틀림없이, 정말로 발생했다. 이것은 우리에게 무엇이 진실이고, 대립하는 것은 또 어떻게 서로 통하는지 등에 대해 생각해 보도록 일깨워 준다. 표면적인 대립을 따라 곧장 내재적으로 상통하는 지점까지 거슬러 올라갈 수 있을 것이다. 공자와 장자 사이에는 원래 가까운 샛길이 있었고, 그들이 이 길을 따라 매우 쉽게 상대방에게 걸어갔음을 발견할 수 있을 것이다. 사실 공자와 장자뿐만 아니라 대립하는 사물들 사이의 관계가 분명 모두 이와 같을 것이다. 이렇게 보면 우언은 말하기(언설)의 한 방식일뿐더러 바로 내용 자체이고, 장자 사상의 표현인 것이다.

중언은 어떤 의미에서는 우언과 정반대이다. 우언은 바깥의 것을 빌려 논증하는 것이지만, 중언은 자기 한쪽에서 출발하는 것이다. 이것은 전통적 의미의 의탁 혹은 차중借重(다른 사람의 권위를 빌려 자기 생각을 표현하는 기법—역자)에 좀 더 가깝다. 그러므로 장난끼는 눈곱만큼도 없다. 「천하」에서 "중언을 입증의 증거로 삼았다"라고 한 것은 대

---

21) 『論語』「衛靈公」: "道不同, 不相爲謀."

개 이런 의미이다. 차중의 대상이 되는 사람은 당연히 어른耆艾(덕망과 학식을 갖춘 스승)에 속하는, 나이가 많은 사람이다. 이는 전통적인 사회에서 매우 정상적인 것이었다. 지혜는 경험이다. 이 때문에 나이나 경험이 결코 지혜를 의미하는 것은 아니지만, 그것은 나이와 연관이 있다. 우리는 거북, 나아가 기초蓍草[22]를 생각할 수 있다. 그것들이 신비로운 능력의 후광을 가질 수 있었던 까닭은 장수와 관련이 있기 때문이다. 도가의 전통 가운데서 장수 역시 득도의 징표로 여겨지지 않았던가?

유가도 아마 이 점에 대해서는 부정하지 않았던 것 같다. 공자가 말한 "나는 열다섯에 배움에 뜻을 두었고, 마흔에는 흔들리지 않았고, 쉰에는 천명天命을 알았고, 예순에는 남의 말을 듣는 데 거슬리는 것이 없었고, 일흔에는 마음대로 하고 싶은 것을 해도 규범을 벗어나지 않았다"[23]라는 것도 지혜가 "세월과 더불어 성숙해 간다"라는 점을 승인한 것이다. 아마도 바로 이 점 때문에 중언에 관한 설명 중에 「우언」은 어른을 긍정한 동시에 아마도 좀 더 많은 곳에서 어른이 결코 필연적으로 지혜를 의미하는 것이 아님을 분명히 한 것 같다. 세계에는 너무 많은 사람들이 괜히 어른으로서의 명성을 누리고 있지만, 그들에게는 사람들이 기대하는 '일을 처리하는 근본 원칙과 그 실현 방법經緯本末' 혹은 '인도人道'가 없다. 이 때문에 관건은 그가 어른인가 아닌가에 있

22) 옮긴이: 고대에 주로 제사를 지낼 때나 점을 칠 때 사용했다는 풀로 상서로운 것이라 하여 중시되었다.

23) 『論語』 「爲政」: "吾十有五而志于學, 三十而立, 四十而不惑, 五十而知天命, 六十而耳順, 七十而從心所欲, 不踰矩."

는 것이 아니라, 그가 도가 있는 어른인가 아닌가에 있다. 장자는 인도가 없는 자를 썩어 빠진 사람陳人이라고 불렀는데, 이는 유가나 묵가가 숭배하는 성인을 빗대어 한 말이 아닐까?

치언은 일반적으로 무심한 말로 해석된다. 설명에 의하면 치卮는 술그릇의 일종인데, 술에 취한 뒤에 하는 말은 거의 계산 없이 직접 마음속으로부터 나온다. 그래서 진실된 것이 더 많고 거짓이 적다. 마음속에 내세우는 것이 없고, 시비의 함정에 빠지지 않기 때문에 이를 끝없는 변화曼衍라고 부른다. 무심한 말이란 어린아이를 대할 때 하는 말과 같다. 사람들은 대개 따지고 계산하지 못한다. 바로 그 때문에 자신을 보존하는 효용성을 갖는다. 그래서 "천수를 다할 수 있다"라고 말한 것이다. 치언은 장자가 「인간세」에서 말한 내직內直이라는 태도와 비슷한 데가 있다.

> 안이 바른 사람은 하늘天과 친구가 됩니다. 하늘과 친구가 된 사람은 천자天子와 자기가 모두 하늘의 아들이라는 것을 알고 있는데, 유독 자기의 말에 대해 다른 사람이 칭찬해 주기를 바라겠습니까? 아니면 다른 사람들이 비난하기를 바라겠습니까? 사람들은 그런 사람을 어린아이라 부르고, 이런 사람이 바로 하늘과 친구가 된다고 합니다.[24]

안內이 가리키는 것은 마음이고 바름直은 당연히 조작이 없다는 뜻이다. 안으로 곧은 태도를 가지고 있는 사람은 자신의 진심에 모든 것

24) 『莊子』「人間世」: "內直者, 與天爲徒. 與天爲徒者, 知天子之與己皆天之所子, 而獨以己言蘄乎而人善之, 蘄乎而人不善之邪. 若然者, 人謂之童子, 是之謂與天爲徒."

을 맡기기 때문에 "하늘과 친구가 된다"고 한 것이다. 이때 귀천貴賤, 선불선善不善의 생각은 모두 한켠으로 버려 두게 되어 사람은 어린아이 같아지고 그가 하는 말도 무심한 말이 된다. 장자가 말한 "하늘과 친구가 된다"는 것은 재앙을 피할 수 있고, 또 "천수를 다할 수窮年" 있다는 의미이다.

어쨌거나 「우언」의 우언, 중언, 치언에 관한 설명은 모두 장자 및 장자 학파가 언어와 말하기의 문제를 중시했음을 뚜렷하게 보여 주는 것이다. 바로 이처럼 중시했기 때문에 장자는 항상 자신의 말하기 방식을 선택하는 데 매우 고심했다. 장자는 기이한弔詭 사람이었다. 그는 논쟁을 반대했지만 논쟁을 잘했고, 말하기를 반대했지만 언어의 대가였다. 이런 기이함의 근원은 아마도 사람과 이 세계의 복잡한 관계에 있을 것이다. 이러한 선택은 한편으로는 사회 상황과 관련이 있고, 다른 한편으로는 언어 자체에 대한 그의 이해를 포함한다.

사실 장자는 언어 자체에 대해 뿌리 깊은 불신감을 갖고 있다. 예를 들어 「제물론」에서 "말은 화려함 속으로 숨는다"[25]라고 말한 것처럼 말은 항상 문자에 의해 차단된다. 이 때문에 적확하게 의미를 표현할 수 없다. 혹은 다른 예로 "말이란 그 말이 나타내고자 하는 뜻이 있다. 그런데 그 말이 나타내고자 하는 것은 매우 일정하지 않다"[26]라는 것을 들 수 있는데, 언어의 대상이 가만 있지 않고 변한다는 것이다. 이 때문에 언어는 항상 의미를 따라갈 수 없다. 대도大道는 이름을 부를

25) 『莊子』 「齊物論」: "言隱於榮華."

26) 『莊子』 「齊物論」: "言者有言. 其所言者特未定也."

수 없는 것이고, 대변大辯은 말할 수 없는 것이다. 이런 말들은 모두 노자와 비슷하다. 여기서 우리는 "미더운 말은 아름답지 않고, 아름다운 말은 미덥지 않다"[27]라든가 "아는 자는 말하지 못하고, 말하는 자는 알지 못한다"[28] 등의 가르침, 혹은 "말할 수 있는 도는 진짜 도가 아니고, 이름 붙일 수 있는 이름은 진짜 이름이 아니다"[29] 등의 말들을 연상하게 된다. 그러나 이러한 언어에 대한 반성은 결코 언어에 대한 포기를 의미하는 것은 아니다. 우리는 결국 사람들과 사회 속에서 생활해야 하고, 언어와 문자는 사람들이 소통하고 이해하는 가장 주요한 방식이다. 여기서 장자는 광언狂言을 선택했다.

『장자』라는 책

이 때문에 광언 그 자체는 장자의 입언立言이라는 한 측면과 파언破言이라는 다른 측면의 태도를 동시에 구현해 내고 있다. 입언은 곧 세속을 따르는 것과 같은 것인데, 우리는 오직 언어를 통해서만 생존할 수 있고, 서로 교류할 수 있고, 서로 이해할 수 있다. 그러나 진정한 이해는 자상호 등의 "서로 더불어 지내면서 말을 잊는다相忘以言"[30] 혹은 "마음에 거슬리지 않는다莫逆於心"와 같아야 한다. 그래서 파언破言이야

27) 『老子』 제81장: "信言不美, 美言不信."

28) 『老子』 제56장: "知者不言, 言者不知."

29) 『老子』 제1장: "道可道, 非常道. 名可名, 非常名."

말로 진실을 추구하는 것이다. 이런 창조立와 파괴破 속에 바로 "말을 하되 아무 생각 없이 말한다"[31]는 논리가 있는 것이다. 무언의 태도란 비록 말을 하더라도 말이 없는 것이다. 이 때문에 종일 말을 해도 아무것도 말한 것이 없다. 이와 같이 만약 무언에 집착한다면, 사실 이것은 또 다른 형식의 발언이 된다. 그러면 종일 말하지 않더라도 실은 반대로 한순간도 말하기를 잊은 적이 없는 것이다.

이런 의미에서 말하면 『장자』라는 책은 세속을 따른 데서 나온 산물이다. 말하기라는 것이 비록 그 자체의 한계를 가지고 있기는 하지만, 그것은 필수적인 것이다. 우리는 어쩔 수 없이 그것을 받아들여야 한다. 그것은 바로 『장자』를 받아들이는 것과 같다. 장자는 당연히 우리가 문자만을 고수하는 것을 바라지 않았다. 부묵副墨의 아들은 가장 표층의 것이고, 우리는 그것을 통해서 '의시疑始'의 상태에 도달해야 한다. 「대종사」에 나오는 다음 문단은 음미해 볼 만한 가치가 있다.

> 남백자규南伯子葵가 여우女偶에게 물었다. "당신은 나이가 많은데도 얼굴이 어린아이 같군요. 어떻게 해서 그런 겁니까?" 여우가 대답했다. "나는 도를 들었습니다." …… 남백자규가 물었다. "당신은 누구에게서 도를 들었습니까?" 여우가 대답했다. "부묵副墨의 아들에게서 들었습니다. 부묵

---

30) 옮긴이: 이 구절을 인용하고 있는 『장자』「대종사」의 원문에는 "서로 더불어 지내면서 말을 잊는다相忘以言" 대신 "서로 더불어 지내면서 삶을 잊는다相忘以生"로 되어 있다. 이 책의 저자가 장자의 이 구절에 착안하여 고의로 변형한 것인지, 아니면 인용 과정에서 잘못된 것인지 분명치 않다.

31) 『莊子』「寓言」: "言無言."

의 아들은 낙송洛誦의 손자에게서 들었고, 낙송의 손자는 첨명瞻明에게서 들었습니다. 첨명은 섭허聶許에게서 들었고, 섭허는 수역需役에게서 들었습니다. 수역은 어구於謳에게서 들었고, 어구는 현명玄冥에게서 들었습니다. 현명은 참료參寥에게서 들었고, 참료는 의시疑始에게서 들었습니다."[32]

이것은 물론 문도聞道(도를 전수 받음)에 대한 노력을 설명한 것이다. 그것은 우리가 『장자』를 읽을 때도 지녀야 할 태도로 보아야 할 것이다. 부묵의 아들이란 바로 문자를 말하고, 낙송의 손자는 말하기이고, 첨명은 세계에 대한 통찰이고, 섭허는 귀를 통해 파악한 세계의 리듬이고, 수역과 어구는 모두 어떤 소리와 관련이 있는 것 같다.[33] 이것들은 「제물론」에서 말한 "시작이라는 것이 있던 적이 없다는 것마저 원래 없다"[34]는 상태를 연상케 한다.

문도聞道의 단계를 이처럼 자세하게 서술한 것은 아마도 천기를 누설한 혐의가 있는데, 장자에게는 심상치 않은 일이다. 장자는 우리에게 무엇을 말하고 싶은 것일까? 그는 우리에게 언어를 통해야 한다는 것을 말하고 있는가, 아니면 그 언어를 잊어버려야 한다는 것을 말하

---

32) 『莊子』 「大宗師」: "南伯子葵問乎女偊曰 子之年長矣, 而色若孺子, 何也. 曰, 吾聞道矣. …… 南伯子葵曰, 子獨惡乎聞之. 曰, 聞諸副墨之子. 副墨之子聞諸洛誦之孫. 洛誦之孫聞之瞻明. 瞻明聞之聶許. 聶許聞之需役. 需役聞之於謳. 於謳聞之玄冥. 玄冥聞之參寥, 參寥聞之疑始."

33) 왕부지는 "수역은 소리다. 소리는 공중에 떠서 무언가 기댈 것(매체)이 있어야 움직인다"라고 했고, 어구에 대해 주석하면서 그것을 "어린아이가 막 소리 내기 시작하는 것이다"라고 했다. 『莊子解』(中華書局, 1985), 64쪽 참조.

34) 『莊子』 「齊物論」: "未始有夫未始有始也者."

고 있는가? 아마도 두 가지 다인 것 같다. 문도聞道의 여러 마디 가운데 언어라든가 언어와 관련이 있는 문자가 맨 처음의 자리에 배치되었다. 우리는 반드시 그것들을 통해야 하지만, 또 반드시 그것들을 초월해야만 한다. 문자를 통해서 언어에 도달해야 하고, 언어를 통해서 눈에 도달해야 하고, 눈을 통해 귀에 도달해야 하고…… 마지막에는 의문이 시작되는 지점, 즉 무하유無何有의 마을에 도달해야 한다.

우리가 『장자』를 읽을 때도 역시 같은 단계를 거쳐야만 한다. 당연히 우리는 글자를 이해해야 하고, 『한서』「예문지」의 기록에 따르면 『장자』가 사실은 52편이었고, 또 사마천이 말한 것은 10여 만 자였다는 것을 이해해야 한다. 현재의 33편은 곽상이 개편한 결과물이다. 이 개편은 매우 상징적인 의미를 가지고 있다. 한 가지는 주석자의 권리를 이해할 수 있다는 것인데, 그들은 경전 앞에서 결코 수동적이지 않았다. 다른 한 가지는 문자의 '성질'이 충분히 드러나기도 한다는 것인데, 문자는 어떤 때는 주인(목적—역자)이 아니다. 그것은 '여관寓(수단—역자)'이다. 이 때문에 필요에 따라 조정될 수 있다. 주석자든 일반 독자든 상관 없이 우리가 찾아야 할 것은 그 안에 머물고 있는 그 무엇이다. 우리는 물론 그것에 의지해야 한다. 그러나 우리는 그것에 영원히 집착해서는 안 된다. 그렇게 해야만 우리는 비로소 장자가 쓴 훌륭한 성과를 저버리지 않는 것이 될 것이다.

『장자』라는 책의 정황에 대해 간단하게 소개할 필요가 있다. 지금까지 전해 오는 것은 33편인데, 우리는 그것이 내편, 외편, 잡편 등 세 부분으로 나뉘어 있음을 볼 수 있다. 그 가운데 내편이 7편, 외편이 11편, 잡편이 15편이다. 이런 구분이 갖는 의의는 주로 해당 글들의 작자와 유래의 복잡성을 표명하는 데 있을 것이다. 학자들이 이미 잘 알고 있듯이 선진의 자서子書는 매우 많은 것들이 다 온전히 한 사람의 저술이 아니라 그 학파의 작품 모음이다. 예를 들면 『묵자』는 묵가의 작품 모음이고, 『순자』에도 순자와 그의 제자의 글이 섞여 있다. 일반적으로 『장자』의 내편 일곱 편은 장자 자신의 작품이고, 외편과 잡편은 장자 후학의 손에서 나온 것으로 알고 있다. 현대의 학자들 가운데 리우샤오간 선생은 이 점에 대하여 상세하게 논의한 적이 있다.[35] 관심 있는 독자는 참고하길 바란다.[36] 우리도 이 책의 마지막 부분에서 이 주제와 관련된 내용을 다룰 것이다.

---

35) 劉笑敢, 『莊子哲學及其演變』, 中國社會科學出版社, 1987.

36) 옮긴이: 리우샤오간이 쓴 이 책은 우리나라에 『장자철학』(1990, 소나무출판사)이라는 제목으로 번역 · 출판되었다.

二 · 인간세

장자 철학에서 가장 중요한 문제는 생명이다. 장자의 사고는 주로 난세 속에서의
생명의 안정을 중심에 두었다. 그가 질서에 관심을 두지 않았던 것은 아니다.
그러나 그것은 그가 관심을 가질 수 있는 문제가 아니거나 혹은 생명이 안정된 뒤에나
관심을 가질 수 있는 것으로 생각했다. 이 때문에 포기하거나 잠깐 동안의
포기를 선택한 것이다. 이러한 포기의 태도는 그가 노심초사하면서 이 세상에 들어가지
않아도 되게 했고, 따라서 이 세상과 적당한 거리를 유지할 수 있게 했다.

세계 내적 존재인 인간

예전에 가의賈誼가 문제文帝에게 「치안책治安策」이라는 글을 헌상했다. 거기에는 "가슴 아파해야 할 것이 한 가지 있고, 눈물을 흘려야 할 것이 두 가지 있고, 길게 한탄해야 할 것이 여섯 가지 있다"[1]라는 말이 있다. 글로 쓴 문장이 사람을 크게 각성시키고 마음 저리도록 감동하게 한다. 실제로 장자의 「인간세」를 읽노라면 그 속에 담긴 "부득이하다", "어떻게 해볼 수 없다", "운명" 등의 말들도 사람의 마음을 착 가라앉게 하고, 글쓴이가 왜 이런 심경에 이르렀는가를 자세하게 몸으로 느끼게 한다. 일반적으로 심경은 한 개인 자신이 생활하는 세계에 대한 이해와 이러한 이해를 바탕으로 발생한 심리적 느낌 및 삶의 경험 등을 표현한다. 똑같은 세계라도 사람들의 마음속으로 굴절되어 들어가는 모습은 서로 다르다는 점을 인정해야 한다. 이는 한편으로는 마음이 민감한가 혹은 둔감한가에 따라 결정되고, 다른 한편으로는 이 세계가 얼마만큼 그 사람의 두뇌 속으로 들어갔고, 그것이 심리적 감

1) 『漢書』「賈誼傳」: "可爲痛惜者一, 可爲流涕者二, 可爲長太息者六."

수성의 소재가 되었는가에 따라 결정된다. 이 때문에 같은 시대를 살아간다고 하더라도 사람마다 심리적 감수성과 생명의 경험에서 매우 큰 차이가 있을 수 있다. 가의에게 있어 그가 가슴 아파하고 눈물 흘렸던 것은 동시대의 다른 사람들은 이해할 수 없었던 거대한 위기, 바로 그것이었다. 그러므로 대부분의 사람들이 모두 즐겁게 노래하고 한가롭게 춤출 때 가의는 오히려 고독하게 경종을 울렸던 것이다.

가의로부터 장자로 넘어가는 것은 매우 쉽다. 가의는 장사왕長沙王의 태부(왕의 스승)로 있을 때 「복조부鵩鳥賦」를 썼는데 이는 『장자』를 생각나지 않을 수 없게 한다. 후자는 분명히 전자의 영감과 깨달음의 근원이었다.[2] 가의는 민감했다. 정치, 권력, 그리고 생명과 운명 등에 대해서, 하늘과 사람에 대해서 민감했다. 이런 민감함 때문에 자신을 스승으로 삼던 양회왕梁懷王이 말에서 떨어져 죽자 내심의 괴로움을 해소할 길이 없어 결국 울분을 이기지 못하고 죽었다. 이런 민감함은 그가 장자를 발견하는 데 어느 정도 기여했고, 또 그가 정치적 뜻을 이루지 못했을 때 정신적 위안이 되었다. 그러나 여러 면에서 그는 장자와 거리가 아주 멀었다. 가의는 처음부터 끝까지 경세經世에 대한 욕망을 버리지 않았고, 분명히 '인간세'의 어려움에 대해 깊이 알지 못했다. 이 점은 그의 생명의 비극적 종말의 주요 근원을 이룬다. 바로 장자가 묘사했던 것처럼, 정치 권력 속에서 생활하는 사람은, 특히 무도한 세상에서 쇠나 나무로 만든 형구로 몸을 괴롭히는 일人道之患이 없더

---

2) 자세한 것은 董治安, 「漢賦中所見老莊史料述略」(『道家文化硏究』 第4輯, 上海古籍出版社, 1994), 93쪽~94쪽을 참조할 것.

라도 마음의 초조함과 긴장陰陽之患 등이 그를 편안하게 두지 않기 때문에 결국 이런 초조함 속에서 생명을 마치게 된다. 『한서』에서 가의에 대해 "스승의 모습이라곤 찾아볼 수 없을 정도로 혼자 슬퍼하면서 늘 상 눈물 흘리며 울더니 일 년쯤 지나 그 역시 죽었다"[3]라고 설명한 것이 바로 그 분명한 예가 아닌가?

「인간세」에서 표현하고 있는 것은 장자가 느낀 세상이다. '인간세'라는 이 세 글자는 몇 가지 내용을 포함하고 있는데, 세속의 개개의 사람에게 (인간세는) 당연히 모두 같지 않다. 장자가 이 세 글자를 이 편의 이름으로 삼을 때, 혹은 그가 이 편의 제목으로 정하고 이 편의 글들을 쓸 때, 그는 무엇을 생각했을까? 아마 아무도 알지 못하겠지만, 우리는 이 편의 문장을 통해 어느 정도 해답을 찾아볼 수 있을 것이다. 내가 이 제목 세 글자로부터 받은 인상은 하나의 전체로 볼 수도 있고, 나누어서 따로따로 음미해 볼 수도 있다. 이 사람, 이 세계, 이 사람과 이 세계의 관계 등 사람이 세계에서 살아갈 때 그는 도대체 어떻게 이 세계와 함께 살아야 하는 것일까? 이런 이해가 적당하든 아니든 상관없이, 그것은 확실히 「인간세」를 파악하는 데 도움이 되는 중요한 실마리이다.

장자에 있어서 '세계'의 의미는 매우 분명하다. 장자가 주목했던 것은 결코 순수한 자연적 세계가 아니었다. 고대 그리스 철학자들처럼 만물의 근원이 물인지 불인지를 탐구하는 것은 아마도 영원히 장자의 흥미를 끌지 못할 것이다. 「제물론」에서 "육합六合의 바깥쪽에 대해서

3) 『漢書』「賈誼傳」: "自傷爲傅無狀, 常哭泣, 後歲餘亦死."

성인은 그냥 가만두고 설명論하지 않는다. 육합의 안쪽에 대해서 성인은 설명하되 평가議하지 않는다"[4]라고 말했다. 여기서 말하는 육합은 하늘과 땅 그리고 동서남북 사방을 가리키는데, 그것들 바깥에 있는 것들은 괄호로 묶어 '봉해 놓고' 토론할 필요가 없다. 토론할 수 있는 것은 육합 안쪽의 사물일 뿐이다. 그러나 여기에도 역시 한계가 있다. 바로 "설명하되 평가하지 않는다"는 것이다. 장자는 '설명'과 '평가'가 어떻게 구별되는지 명확하게 언급하지 않았지만, 자세히 음미해 보면 아마도 다음과 같이 구별할 수 있을 것이다. '설명'은 조리와 질서를 서술하기만 하는 것이고, 평가는 미추美醜와 시비是非 등의 판단까지 포함하는 것이다.

육합의 안쪽이란 사실 우리들 인류가 생활하는 이 세계, 볼 수도 있고 만질 수도 있는 현실 세계이다. 이는 당연히 '사람'의 세계이다. 따라서 사람이 세계의 주체, 혹은 세계라는 무대에서 영원한 주인공이 된다. 그 안에는 한 사람만 있는 것이 아니다. 중요한 것은 이런 사람들은 모두 어떤 관계 속에서 생활한다는 것이다. 일반적인 분류에 따르면 이런 관계는 군신, 부자, 부부, 형제, 친구 등으로 나누어 볼 수 있다.[5] 유가에서는 자연히 이런 관계를 중시하고, 장자도 이것들을 소홀히 생각하지는 않았다. 이는 당연히 그것들이 유가와 장자에게 있어서 같은 의미를 가진다는 것을 말하는 것은 아니다. 결코 그렇지 않다. 유가는 아마도 이런 관계를 음미하거나 이런 관계 속에 도취해 있는

4) 『莊子』「齊物論」: "六合之外, 聖人存而不論. 六合之內, 聖人論而不議."

5) 『中庸』: "天下之達道五, 所以行之者三. 曰, 君臣也, 父子也, 夫婦也, 昆弟也, 朋友之交也. 五者, 天下之達道也."

것 같다. 예를 들면 천륜天倫의 즐거움이라는 말이 그것을 보여 준다. 그러나 장자는 아마도 어쩔 수 없이 받아들였을 것이다. 이는 곧 반드시 받아들여야만 하는 관계만을 용납하도록 결정하는 것이다. 장자에게 있어서는 주로 정치적인 관계, 즉 군주와 신하라는 윤리적 관계를 가리킨다. 이 때문에 그가 논의한 세계도 주로 정치를 중심으로 한 세계였다. 이 점은 「인간세」에서 매우 쉽게 발견할 수 있다.

이것은 당연히 장자에게 있어서 부모와 자식 간의 사랑은 있어도 그만, 없어도 그만인 그런 것이라는 뜻이 아니다. 실제로 그것은 군주와 신하 사이의 도리와 함께 천하의 두 가지 큰 계율大戒로 간주되었다. 그러나 그것이 군신 관계와 다른 점은 부모와 자식 간의 사랑은 결코 생명을 위협하지 않는 데 기초한다는 점이고, 그 때문에 기본적으로 장자의 논의에서 제외되었다. 「인간세」는 군신과 부자에 대해 다음과 같이 묘사했다.

> 천하에는 큰 계율이 두 가지 있습니다. 그중 하나는 운명이고, 다른 하나는 의리입니다. 자식이 부모를 사랑하는 것은 운명이라서, 마음에서 지워버릴 수 없습니다. 신하가 군주를 섬기는 것은 의리인데, 어디를 가나 군주가 없는 곳이 없으니, 천지에서 피할 곳이 없습니다.[6]

매우 많은 사람이 한 가지 오해를 하고 있다. 즉 마치 천마天馬가 하

---

6) 『莊子』 「人間世」: "天下有大戒二. 其一命也, 其一義也. 子之愛親, 命也. 不可解於心. 臣之事君, 義也, 無適而非君也. 無所逃於天地之間."

늘을 날 듯이 장자가 아무런 속박이나 거리낌도 없었고, 대붕처럼 9만 리 상공으로 날아올라 이 세계를 마치 헌신짝처럼 보았다고 생각하는 것이다. 특히 칠원漆園(장자를 가리키는 말)은 이 세계는 버릴 수 없는 것이라는 사실을 아주 분명하게 의식하고 있었다. 그러나 사람들은 이 점을 알지 못한다. 그것은 운명이다. 일찍이 유강공劉康公이 "사람은 천지의 기를 받아 태어나는데, 그것이 소위 운명이다"[7]라고 가르쳤다. 『장자』에는 좀 더 분명한 이해가 있다. 유강공이 말한 천지는 좀 더 구체화되어 군주君主와 양친兩親이 되는데, 이것이 바로 여기서 말한 소위 큰 계율大戒이다.

큰 계율은 인간의 생명 속에 있는 두 개의 커다란 질곡 혹은 족쇄로 볼 수도 있다. 그러나 이 질곡 혹은 족쇄는 자기가 채운 것이 아니라 운명, 즉 하늘에 의한 것이다. 이 세계에 살아 있기만 해도 태어나는 그 순간부터 바로 이 질곡에 묶이게 되어 그로부터 도망갈 수 없다. 이것은 생명과 함께 시작된 것이고, 선택의 여지가 없으며, 이 때문에 저항할 수도 없다. 이 점을 안다는 것은 어쩔 수 없는 엄청난 무력감을 느끼게 하는데, 특히 자유를 추구하는 사람에게는 더한 것이다. 그러나 다른 한편에서 보면 한계를 인식하는 것은 바로 자유의 추구와 획득의 전제이다. 이러한 한계는 장자로 하여금 이 세계에 대해 어느 정도 긍정하도록 결정지었다. 원하든 원하지 않든 상관 없이 우리는 모두 세계 속에서 살아간다. 이 때문에 이 세계는 몸 밖의 사물일 뿐만 아니라 우리의 몸과 핏줄처럼 서로 연관되어 있는 존재이다.

---

7) 『春秋左氏傳』「成公十三年」: "民受天地之中以生, 所謂命也."

따라서 초기 은사隱士들이 보인 세상을 도피하는 그런 행위를 장자는 철저하게 배제했다. 백이伯夷와 숙제叔齊같이 세상을 도피하는 사람은 어떤 이유에서였든 관계 없이 모두 새로운 도덕적 곤경에 맞닥뜨리게 될 것이다. 이런 곤경은 자공이 은자를 평론한 글 속에 나타나 있다. "제 몸을 깨끗이 하기 위해 대륜을 어지럽혔다."[8] 제 몸을 깨끗이 하는 것이 비록 지나친 요구는 아닐지라도 사실 백이는 유가의 성인 가운데 깨끗함淸으로 첫째 자리를 차지한다.[9] 그러나 만약 대륜을 버렸다고 전제한다면, 어찌 되었든 받아들일 수 없는 것이다. 군신, 부자 등 대륜은 무엇을 의미하는가? 사람으로서의 신분을 포기하는 것이고, 따라서 짐승들과 함께 떼를 지어 다니는 그런 존재가 될 것이다. 그러나 공자가 "짐승들과 함께 떼를 지어 다닐 수는 없으니, 내가 이 사람들이 아니면 누구와 함께 살겠는가?"라고 말했듯이 우리는 결국 짐승들과 함께 어울릴 수 없고, 사람의 세계에서 살아야 한다.

유가와 마찬가지로 장자는 사람이 '세계' 속의 사람임을 매우 분명하게 의식했고, 이 점은 장자 사상의 배경을 이룬다. 그러나 유가와 장자에게 있어 세계의 의미는 다르고, 또 그 차이는 매우 크다. 장자와 유자들의 생활 방식을 보면 우리는 부분적인 해답을 얻을 수 있다. 공자가 많은 나라들을 주유周遊한 데서부터 맹자가 제齊나라와 양梁나라를 배회한 데 이르기까지, 유자들은 줄곧 이 세계 속으로 들어가고자 했고, 군주의 힘을 빌려 정치적 이상을 실현하려고 했다. 그들은 이 세

8) 『論語』「微子」: "欲潔其身而亂大倫."

9) 『孟子』「萬章下」: "伯夷, 聖之淸者也."

계에 대해 결코 만족하지는 않았지만 절대로 회피하지 않았고, 따라서 도피한다는 것은 특히 불가능한 것이었다. 이런 불만족 때문에 그들은 비록 한번도 성공한 적은 없지만 그것을 바꾸고 싶었을 것이다.

그러나 장자는 그렇지 않았다. 장자는 의식적으로 세상(예를 들면 권력)의 부름을 거절했다. 우리는 세상으로부터 도피할 수 없다는 사실에서 곧바로, 반드시 적극적으로 세상 속으로 들어가야 한다는 한 가지 결론만을 도출할 수 있는 것은 아니다. 우리에게는 아직 다른 한 가지 방식이 남아 있다. 그것은 도피하는 것도 아니고, 또 들어가는 것도 아니다. 이 세상에 있으면서도 그것과 거리를 유지하는 것이다. 아마도 장자는 이러한 상태를 표현하기에 비교적 적절한 '노닐다', 즉 '유遊'라는 글자를 유난히 좋아했던 것 같다. 이 글자는 사실 가까이 다가가는 것 같기도 하고 멀리 떨어지는 것 같기도 하며, 다가가는 것도 아니고 떨어지는 것도 아니다. 이것은 세상과 함께 살아가기 위해 장자가 선택한 방식인 것이다.

내가 보기에 이러한 선택은 주로 다음과 같은 두 가지 점에 근거하고 있다. 하나는 장자 개인이 느낀 사실적 세계이고, 다른 하나는 유가에서 세계와 관련하여 만들어 낸 것들에 대한 반성이다. 앞의 것이 가장 중요한 것이고 뒤의 것은 조금이라도 빠뜨려서는 안 되는 것이다. 이 두 가지는 구체적인 논술 가운데서는 종종 한데 뒤섞여 나타나기 때문에 분명하게 구분해 내기가 매우 어렵다.

이론적으로 말하면 세계는 의심할 것 없이 질서가 있는有道 세계와 질서가 없는無道 세계로 나눌 수 있다. 우리는 『논어』와 『노자』에서 "세상에 질서가 있다天下有道"와 "세상에 질서가 없다天下無道"는 말을 볼 수 있는데, 이는 세계에 대한 두 가지 이해와 구분 방식을 대표한다. 일반적으로 말하면 노자와 공자가 느낀 세상은 모두 질서가 없는無道 것이었지만 장자는 예외였다. 그러나 노자와 공자에게 있어 이런 '질서 없음無道'은 주로 질서의 상실을 나타내는 말이었지만, 장자에게 있어서는 실질적으로 느끼는 생명의 위협이었던 것이다.

「인간세」 처음에 나오는 다음의 진술을 살펴보도록 하자.

> 저(안회)는 위衛나라 임금은 나이가 젊고 행실이 독선적이라고 들었습니다. 그는 자기 나라를 함부로 다루면서도 자기의 잘못을 모른다더군요. 백성들의 죽음을 대수롭지 않게 여기기 때문에 나랏일로 죽은 자들이 늪에서 베어 낸 풀처럼 많다더군요. 그래서 백성들은 어떻게 해야 좋을지 모른답니다.[10]

「인간세」의 앞머리에 배치한 위의 진술은 인간의 세계에 대해 어떤 기조, 즉 어두운 색의 기조로 정의하려고 한 것 같다. 장자의 시대에는 인간 세계의 색채 중 매우 많은 부분이 군주로부터 도망갈 수 없다는 점으로부터 결정되었다. 여기서 설명한 '위나라 임금'은 틀림없이 '포악한 사람'이다. '나이가 젊고'라는 말은 이런 세상이 앞으로도 계속될 것이라는 점을 암시하는 것 같아 독자들은 세상에 대한 장자의 비관적인 감각을 충분히 이해할 수 있다. 이는 철저한 비관이고, 끝이 보이지 않는 어두운 색채이다. 독자들 역시 이 암흑으로부터 빠져나올

10) 『莊子』「人間世」: "回聞衛君, 其年壯, 其行獨. 輕用其國, 而不見其過. 輕用民死, 死者以國量乎澤若蕉. 民其無如矣."

수 없다. 여기서 생명은 너무 하찮아서 말할 가치도 없고, 도처에 죽음의 그림자가 가득 차 있다. 이런 느낌은 계속 이어지는 진술 속에서 그와는 다른 방식으로 묘사되어 있다. 예를 들면 "천성이 각박한其德天殺" 위나라 영공靈公의 태자 등인데, 이 편의 마지막에서 다시 절정에 이른다. 초나라 광인 접여가 공자의 집 앞을 지나칠 때 다음과 같이 노래 불렀다.

> 봉황이여, 봉황이여, 어찌 그리 덕을 잃었는가?
> 미래의 일은 미리 간섭할 수 없고, 과거의 일은 돌이킬 수 없네.
> 천하에 도가 있으면 성인은 나와서 다스리고
> 천하에 도가 없으면 성인은 자기 생명을 보전한다네.
> 오늘날과 같은 시대에는 형벌만 면해도 다행인 것을.
> 행복은 깃털보다 가볍지만 아무도 그것을 간직할 줄 모르고
> 재앙은 땅보다 무겁지만 아무도 그것을 피할 줄 모르네.
> 그만두어라, 사람들에게 덕을 베푸는 일을 그만두어라.
> 위험하여라, 목표를 정해 놓고 달려가니 위험하여라.
> 납가새풀이여, 납가새풀이여. 내 갈 길 막지 마라.
> 나는 발길을 돌려 물러나니 내 발을 상하게 하지 마라.[11]

이 노래는 장자가 무도한 인간 세상에 직면했을 때 부른 마음의 비

---

11) 『莊子』 「人間世」: "鳳兮鳳兮, 何如德之衰也. 來世不可待, 往世不可追也. 天下有道, 聖人成焉. 天下無道, 聖人生焉. 方今之時, 僅免刑焉. 福輕乎羽, 莫之知避. 禍重乎地, 莫之知避. 已乎已乎, 臨人以德. 殆乎殆乎, 畵地而趨. 迷陽迷陽, 無傷吾行. 吾行卻曲, 無傷吾足."

가悲歌이고, 유가와 나눈 마음의 대화이다. 이 비가의 소재가 되었을 가능성이 매우 큰 『논어』의 간단한 몇 마디 말과 비교해 보면, 어쩔 수 없는 색채의 증가는 분명하고도 쉽게 알 수 있다. 「미자」에서 다음과 같이 말한다.

봉황이여, 봉황이여.
덕이 어찌 그리 시들었는가?
지나가 버린 일은 바로잡을 수 없고,
다가올 일은 미리 좇을 수 없거늘.
그만두어라, 그만두어라.
지금 정치꾼들은 위험하다네.[12]

신의 새로서 봉황은 성군聖君이 있을 때만 비로소 나타난다고 한다. 이 점으로부터 광인 접여가 마음속으로 질서가 있는有道 세계를 갈망했음을 알 수 있다. 그런데 당시 정치인들은 어떤가? 그들은 분명 성군과는 너무나 거리가 멀었다. 천하에 도가 있으면 나타나고, 도가 없으면 숨는다고 했는데, 오늘날과 같은 세상의 도는 바로 은거해야 할 때이지 안절부절못하면서 세상을 구제하러 돌아다닐 때가 아니라는 것이다. 『논어』에서 광인 접여가 표현한 것은 기본적으로 군주와 정치에 실망했기 때문이고, 이 때문에 은퇴를 선택해야 한다는 생각이 싹

12) 『論語』「微子」: "鳳兮鳳兮, 何德之衰. 往者不可諫, 來者猶可追. 已而已而. 今之從政者殆而."

튼 것이다. 『장자』 속의 광인 접여는 여기서 그치지 않는다. 그는 실망했을 뿐만 아니라, 더 중요한 것은 생존의 위기에 처했다는 점이다. "미래의 일은 미리 간섭할 수 없고, 과거의 일은 돌이킬 수 없네"라는 말은 선택의 여지 없이 오직 당장 살아갈 수밖에 달리 어쩔 도리가 없는 처지를 묘사한 것이다.

역사와 미래는 모두 기댈 만한 것이 되지 못한다. 그렇다면 당장 어떻게 해야 할까? "오늘날과 같은 시대에는 형벌만 면해도 다행"이다. 들판 가득히 널브러진 시체를 보면서, 사람을 잔인하게 죽이는 것이 본성이 되어 버린 군주를 보면서, 오갈 데 없는 처지에 빠진 권력의 세계를 보면서, 우리는 무엇을 할 수 있을까? 세상의 잔혹함과 무도함은, 구세救世가 아닌 생존이 사람들의 최고 이상이 되도록 하는 것이다. "천하에 도가 없으면 성인은 자기 생명을 보전한다네"라는 한마디에는 생존의 불가피성이 함축되어 있다. 성인도 오직 생명의 보전만을 주된 관심사로 삼을 수밖에 없다. 이것은 결코 의식적으로 세상에 대한 책임을 회피하는 것이 아니라 극단적인 처지에서 취할 수 있는 부득이한 방법일 뿐이다.

그런데 세속의 사람들은 어떤가? 그들은 여전히 생명을 걸고 이 캄캄한 세상과 도박을 하고 있다. 장자는 그들을 이렇게 그리고 있다. "그들은 깃털처럼 가벼운 행복과 한 가닥 희망을 쟁취할 줄 모른다. 땅처럼 무거운 재앙을 피할 줄 모른다. 이 때문에 생명의 타락, 심지어는 멸망까지도 예견할 수 있다." 노랫말 속에서 장자는 인간의 세상에서 생존할 수 있는 공간을 집요하게 부르면서 찾아다닌다. 이러한 공간을 찾기 위해서 우리는 반드시 "사람들에게 덕을 베푸는 일"과 "목표를 정해 놓고 달려가는" 태도를 버려야 한다. 그리고 우리는 가시로 가득 찬 길에서 몸을 숙여 헤쳐 나가는 방법을 배워야 하고, 자신의 생명이 상처를 입지 않도록 노력해야 한다.

여기서 우리는 장자 철학의 가장 중요한 문제, 즉 생명의 문제와 만나게 된다. 다른 일반적인 철인들이 정치 질서를 사고의 중심에 둔 것과는 달리, 장자의 사고는 주로 난세 속에서의 생명의 안정을 중심에 두었다. 그가 질서에 관심을 두지 않았던 것은 아니다. 그러나 그것은 그가 관심을 가질 수 있는 문제가 아니거나 혹은 생명이 안정된 뒤에나 관심을 가질 수 있는 것으로 생각했다. 이 때문에 포기하거나 잠깐 동안의 포기를 선택한 것이다. 이러한 포기의 태도는 그가 노심초사하면서 이 세상에 들어가지 않아도 되게 했고, 따라서 이 세상과 적당한 거리를 유지할 수 있게 했다. 세상과의 이 거리는 한편으로는 자신의 생명을 위험으로부터 멀리 떨어지도록 보장해 주었고, 다른 한편으로는 벗어날 수 없는 군주와 신하 사이의 도리와, 부모와 자식 사이의 사랑과 같이 꼭 져야만 하는 책임만을 지도록 보장해 주었다.

무도한 세상에서 살아남기

어떤 의미에서 이런 인간 세상은 장자에게 생명을 사상의 핵심 문제로 삼도록 했고, 이 문제는 물론 거꾸로 그가 어떤 관계 속에서 세상을 살 것인가를 선택하게 하는 데 영향을 미쳤다. 사람과 세상의 관계에 대한 사고는 아마도 「인간세」에서 논의하려고 한 중심 문제일 것이다. 여기서 장자는 세 종류의 관계 유형을 제시한다. 첫째 유형은 앞머리의 안회와 같은 유형으로서, 넘치는 열정으로 폭군에게 충고諫하고 난세를 변화시켜 보려는 지식인이다. 그는 바로 지금 막 세상에 들어가고 있거나 들어가려고 하는 사람을 대표한다. 둘째 유형은 섭공葉公 자고子高와 안합顔闔 등이다. 사자使者나 태부太傅 등의 신분은 그들이 이미 정치 권력과 질서 가운데 몸을 맡겼음을 보여 준다. 그들은 이미 이 세상 속에 있는 사람이다. 나머지 한 유형은 초나라 광인 접여와 같은 유이다. 이 세상과 거리를 유지하려고 결심한 사람으로, 차가운 눈으로 방관하고 있는 구경꾼이다.

이 세 종류의 관계는 나란히 갈 수 있다. 세상에는 물론 이런 여러 종류의 사람 혹은 몇 가지 태도가 동시에 존재한다. 그러나 『장자』에서 그 세 종류는 평행적 관계일 뿐이다. 「인간세」의 서술 구조는 바로 지금 막 세상에 들어가고 있거나 들어가길 바라는 지식인에서부터 시작해서 세상 속에서 고통으로 발버둥 치는 몇몇 사람을 거쳐, 마지막으로 세상을 떠나려고 결심하는 사람으로 끝을 맺는다. 이런 서사적 방식은 사실 이 문제에 대한 장자의 사고와 해결의 논리적 과정을 표현하고 있다. 이 과정은 장자와 세상과의 대화로 볼 수 있고, 또 유가와의 대화로 볼 수도 있다. 어떤 의미에서 장자는 유가의 태도가 실행될 수 없는 이유를 설명하고, 따라서 유가는 퇴각을 선택해야 한다는 것을 설명하고 있는 것이다.

앞에서 설명했듯이 사람과 세상의 관계에 대한 사고에서 무도無道한 세상을 제외하면 세계와 관계를 맺는 유가적 방식도 중요한 배경을 구성한다. 「인간세」 앞머리의 중니와 안회의 우화에서부터 맨 뒤의 초나라 광인 접여가 노래를 부르면서 공자의 집 앞을 지나는 데 이르기까지, 「인간세」에서 유가는 항상 장자의 대화 상대이다. 세상을 구제하려는 안회의 욕망, 노래 속에서 말한 "사람들에게 덕을 베푸는 일"

과 "목표를 정해 놓고 달려가는" 태도 등이 표현하고 있는 것은 바로 전형적인 유가의 태도가 아닌가? 객관적으로 말하면 이런 태도는 별로 특별하다거나 우연적인 것이 아니라 상당히 보편적인 것이다. 사실 사람은 맨 처음부터 이 세상에 버려지는데, 자연적이거나 일반적인 논리에 따라 그는 마땅히 이 세상과 어떤 적극적인 관계를 유지하면서 살아가야 한다.

장자 식의 선택은 일반 사람들에게는 비록 일종의 놀이로 선택될 수 있을지는 몰라도 그들의 생활 기조는 아니다. 내 생각에는 놀이는 여분의 생활 방식이지, 기조가 될 수 있는 것이 아니다. 그 기조는 마땅히 유가 식의 사상으로부터 표출되는 것, 예를 들면 이 세상을 긍정하고 적극적으로 이 세상 속으로 뛰어들어 세상의 여러 관계와 책임과 의무 등을 처리하고, 그러는 가운데 자기의 위치를 확립하는 것이다. 이 때문에 세상이 무질서한 상태에 빠져 있을 때(예를 들면 예악의 붕괴) 그것을 구제하는 것이 바로 그들에게는 피할 수 없는 책임이 되는 것이다. 예를 들면 「인간세」 앞머리에서 안회가 폭군의 행위를 이해한 뒤에 예전에 스승으로부터 들었던 "잘 다스려진 나라는 떠나고, 혼란한 나라는 구제해야 한다. 마치 의원의 집에 병든 사람이 많이 모여드는 것과 같이"[13]라는 가르침에 의거하여 구제의 책임을 실행하려고 한

---

13) 『莊子』 「人間世」: "治國去之, 亂國就之, 醫門多疾." * 옮긴이: 저자는 이 부분을 인용하면서 '就'를 '救'자로 잘못 썼다. '就'자가 '救'자로 된 판본은 없다. 현대 중국어에서 이 두 글자는 발음이 같다. 저자가 논지의 전개상 '구제한다'는 점에 초점을 맞춘 나머지 잘못 기억하고 있거나 인용 과정에서 실수한 것 같다. 이 책에서는 『장자』 원문에 따른 것이 아니라 저자가 인용한 대로 번역했다.

것과 같은 것이다. 이는 전형적인 유가 식 태도의 표현이고, 아마도 장자가 이전에 가졌을 법한 태도이기도 하다. 장자는 태어나면서부터 우리가 알고 있는 장자가 아니었다. 그에게 세상을 구제하려는 마음이 아주 없었던 것은 아니다. 그는 이전에 칠원漆園의 작은 관직을 맡았는데, 작기는 하지만 어쨌든 권력을 가졌던 셈이다. 이는 바로 그가 이전부터 품고 있던, 세상을 구제하려는 마음의 신기루였는지도 모른다. 그러나 문제는 다음에 있다. 이 세상은 정말 구제할 수 있는가? 혹은 이 세상은 정말로 한 사람의 개입으로 인해 바뀔 수 있는가?

물론 이것은 복잡한 문제이다. 예를 들어 이 개입의 유효성을 고려하기 전에 개입할 길이 있는가를 먼저 물어야 한다. 전제적이고 민주적이지 않은 사회에서는 어떤 개입도 군주라는 관문을 피해갈 수 없다. 그런데 군주는 개입을 기뻐할까? 장자가 가장 의탁하기 좋아하는 공자를 예로 들어 보자. 공자는 물론 적극적으로 이 세상에 개입하려고 한 사람이었다. 그는 여러 나라를 돌아다니면서 자신의 요순지도堯舜之道를 실행하기를 기대했다. 그러나 결과는 어땠는가? 그는 "노나라에서는 두 번이나 쫓겨났고, 송宋나라에서는 나무가 잘려 죽을 뻔 했고,[14] 위나라에서는 족적마저 지우면서 도망가야 하는 수모를 당했고, 상商과 주周의 옛터에서 궁지에 몰렸고, 진陳나라와 채蔡나라 사이에서는 포위당해"[15] 이레 동안이나 불에 익힌 음식을 먹지 못하면서 상갓

---

14) 옮긴이: 공자가 조曹나라를 떠나 송나라로 가는 도중에 제자들과 큰 나무 아래서 예를 익히고 있었는데, 송나라의 사마司馬인 환퇴桓魋가 공자를 죽이려고 그 나무를 뽑자 공자가 그곳을 떠났다는 기록이 있다(『사기』「공자세가」 참조).

15) 『莊子』「讓王」: "再逐於魯, 伐樹於宋, 削迹於衛, 窮於商周, 圍於陳蔡."

집 개처럼 항상 불안에 떨어야 했다.

공자가 만났던 군주들은 그의 주장에 대해 다들 아마도 큰 흥미를 느끼지 못했던 것 같다. 숭고한 목적을 위해, 공자 스스로 "공자께서 남자를 만나려 하셨다子見南子"라는 연극을 연출했지만 그들은 이 역시 안타깝게 생각하지 않았다. 그 행동은 당시에 제자와 다른 사람들의 비난을 받았고, 공자가 하늘에 대고 맹세하면서 자신은 다른 뜻이 없었음을 밝히기까지 했다.[16] 그리고 그의 후학들도 여러 가지 이유를 찾아서 그를 변호하려고 했다. 물론 이 사건 자체가 대단히 큰 의미를 갖는 것은 아니다. 그러나 그것이 반영하고 있는 지식인의 어색한 만남은 도리어 생각해 볼 만한 가치가 있다.

정치와 사회에 대한 비판은 지식의 책임이고, 지식인은 오직 이 책임을 짊어지는 도구일 뿐이다. 전제적 사회에서 이런 비판의 최종적 대상은 분명히 군주이다. 장자는 이 점에 대해서 가장 분명히 이해하고 있었다. 안회 · 공자와 위나라 군주는 바로 지식인과 군주의 상징이다. 장자가 의식적으로 이 몇몇 역할을 선택하여 무대에 서게 한 것은 사실 정치가 여전히 그의 사고의 배경일 뿐만 아니라, 심지어는 가장 중요한 배경임을 보여 주는 것이다. 일단 사람이 세상에 들어오면 하늘에 태양이 있고, 인간 세상에 군주가 있는 것이다. 이것은 피할 수 없는 운명이다. 이상적인 사회, 혹은 적어도 희망이 있는 사회에서 생

---

16) 『논어』「옹야」의 "공자께서 남자를 만나려 가려고 하자 자로가 좋아하지 않았다. 선생님은 맹세하면서 말씀하셨다. '내가 틀렸다면 하늘이 미워할 것이다. 하늘이 미워할 것이다.' 子見南子, 子路不說. 夫子矢之曰, 予所否者, 天厭之, 天厭之"를 참조하라.

활하는 것은 당연히 일종의 행운이다. 그러나 대개의 경우 사람은 불행하다. 만약 공교롭게도 "나이가 젊고, 행실이 독선적이며, 자기 나라를 함부로 다루면서도 잘못을 모르고, 백성들의 죽음을 대수롭지 않게 여기기 때문에 나랏일로 죽은 자들이 늪에서 베어 낸 풀처럼 많아서 어떻게 해야 좋을지 모르는"[17] 위나라 군주와 마주친다면 어떨까? 나이가 젊다는 것은 무도한 사회가 언제 끝장날지 아득히 멀어 기약이 없다는 것을 암시하는 듯 하다. 행실이 독선적이라는 것은 포악한 군주가 남의 말은 아랑곳하지 않고 자기 고집만 부린다는 것을 나타낸다. 만약 이런 군주와 마주친다면 우리는 처음에는 안회처럼 충동적으로 대할 것이다. 뜨거운 피가 끓어올라 입을 열어 무언가를 말할 것이다. 타락한 사회, 썩어 빠진 권력, 포악한 군주를 젊은이의 이상으로 바꾸고 싶어 할 것이다. 그리하여 성큼성큼 발걸음을 내디뎌 정치 속으로 들어가고 군주를 향해 걸어간다면 운명은 어떻게 될까? 그것은 돌아올 수 없는 길이 아닐까?

장자의 문장 속에서 안회로 대표되는 젊은이의 충동은 스승의 무정한 비난을 받게 된다. 공자의 대답 속의 '희嘻'라는 글자가 주는 인상은 매우 깊다.[18] 그것은 냉소처럼 보인다. 그리고 "네가 가면 형벌밖에

---

17) 옮긴이: 이에 해당하는 원문은 이미 앞에 나와 있다. 다만 문맥에 맞게 하기 위해 앞에서 번역한 것을 약간 수정했다.

18) 옮긴이: 「인간세」의 첫머리에서 안회는 공자에게 위나라에 가서 포악한 정치와 혼란한 사회를 바로잡겠다고 포부를 밝혔다. 그러자 공자는 "하하, 네가 가면 형벌밖에 받을 게 없을 것이다"라면서 비판의 포문을 열었다. 저자는 여기서 "하하"에 해당하는 원문 '희嘻'에 대해 언급하고 있다.

받을 게 없을 것이다"라는 말은 분명히 따끔한 경고로 들린다. 근근이 형벌만이라도 면해야만 하는 시대에, 사람들이 생존의 공간을 찾기 위해 노력해야만 하는 때에, 안회는 반대 방향으로 달려갔다. 여기서 장자는 자기 자신에게 가장 중요한 한 가지 원칙을 공자의 입을 빌려 말하게 한다.

> 옛날의 지인至人은 먼저 자신을 건사한 다음에 다른 사람을 도와주었다. 자기에 대한 건사도 아직 다하지 못했는데, 어느 틈에 포악한 사람의 소행에까지 미치겠는가?[19]

위의 구절을 읽을 때는 항상 진짜 공자(우화에서와는 반대되는 공자)가 말한 "자기가 일어서고 싶으면 남을 일으켜 주고, 자기가 도달하고 싶으면 남이 도달하게 해 준다"[20]라는 말이 떠오른다. 이와 같이 자기를 미루어 남에게 미치는 것, 즉 추기급인推己及人의 사고방식 속에는 적극적으로 세상을 구제하고자 하는 유가의 희망과 이상이 담겨 있다. 자기가 일어서는 것과 자기가 도달하는 것도 필요하지만 남을 세워 주고 남을 도달하게 하는 데 중점을 두는 것이다. 우화 속의 공자는 분명히 이와는 다르지만, "먼저 자신을 건사한 다음에 다른 사람을 도와주었다"라는 말은 추기급인推己及人의 사고방식을 완전히 배제하는 것은

---

19) 『莊子』「人間世」: "古之至人, 先存諸己, 而後存諸人. 所存於己者未定, 何暇至於暴人之所行."

20) 『論語』「雍也」: "己欲立而立人, 己欲達而達人."

결코 아니지만, 중점은 의심의 여지 없이 "자신을 건사하는 것"에 두고 있다. 남을 세워 주고 남을 도달하게 하는 것과 비교하면 이 차이는 중요하다. "자신을 건사하는 것"이 구현해 내는 것은 먼저 자신의 생명에 대한 중시이고, 이 때문에 세상을 구제하는 것은 생명 뒤에 놓여 부차적인 것이 되어 버린다. 이처럼 세상을 구하는 것과 생명 사이에 충동이 발생할 경우 선택은 아주 쉬운 일이다.

"먼저 자신을 건사한 다음에 다른 사람을 도와주었다"라는 원칙은 자기에 대한 관심이 세상을 구제하는 것보다 더 중요하다는 생각을 갖게 했다. 이것은 물론 하나의 원칙일 뿐이지만, 그것이 제기된 뒤에는 증명을 필요로 한다. 세상을 구제한다는 것이 불가능하다는 것을 증명해야 하고, 희생이 무의미하다는 것을 증명해야 하고, 그리하여 그렇게 뒤로 물러나는 것에 대해 사람들을 안심시켜야 한다. 예를 들어 어떤 사람이 안회와 같이 행동하려고 할 때 그를 어떻게 설득할 것인가? 아마도 우화에서 공자가 다음과 같이 한 말을 인용해야 할 것이다.

> 그리고 너는 덕이 어떻게 파괴되고, 지식이 왜 생겨나는지 알고 있느냐? 덕은 명성을 드러내려는 데서 파괴되고, 지식은 다툼 가운데서 생겨난다. 명성이라는 것은 서로 충돌하는 것이고, 지식은 다툼의 도구이다. 이 두 가지가 흉기로서 자신의 행위를 훌륭하게 해 주는 것은 결코 아니다. 너는 덕이 높고 신념이 강하지만[21] 다른 사람의 기분을 꿰뚫는 데까지 이르지

21) 옮긴이: 이 부분에 해당되는 『장자』 원문은 "且德厚信矼"인데, 저자의 인용문에는 '矼' 자가 없다. 이와 관련된 별다른 설명이 없는 것으로 보아 인용 과정에서 실수로 빠뜨린 것 같다. 번역문에서는 빠진 글자를 보충해서 번역했다.

는 못했고, 명성을 다투지 않는다 해도 다른 사람의 마음을 꿰뚫는 데까지 이르지 못했다. 그런데도 인의나 법도와 관련된 말들을 포악한 사람 앞에서 기를 쓰고 말할 테니 그것은 다른 사람의 추함을 드러내 자기를 아름답게 보이려는 것과 같다. 이런 것을 남에게 해를 끼치는 행위라고 부른다. 남에게 해를 끼치면 반대로 남도 반드시 그에게 해를 끼쳐 보복할 것이다. 너는 아마 다른 사람에게서 해를 입을 것이다.[22]

자기의 덕행과 지식으로 다른 사람을 감화시키려고 할 경우 실제로 자기 자신을 선의 상징으로 보면서 동시에 다른 사람을 악의 대표로 보는 것이다. 그리고 그것은 자신의 선으로 다른 사람의 악이 두드러져 보이게 하고, 다른 사람의 악을 통해 자신의 선을 드러내 보이는 것이다. 그렇게 하는 것은 마치 다른 사람의 머리 위에 똥바가지를 쏟아 붓는 것과 같다. 장자의 표현을 빌려 말하면 그것은 바로 "남에게 해를 끼치는 행위"이다. 이것은 함정을 파서 다른 사람을 뛰어들게 하는 것이 아니다. 그런 상황이라면 다른 사람은 뛰어들 것인지 뛰어들지 않을 것인지 선택할 수 있다. 이것은 바로 다른 사람이 앉아 있는 그 자리에 구덩이를 파서 땅이 무너져 내리게 하여 다른 사람에게 선택의 여지가 없게 하는 것이다. 혹시 결코 그렇게까지 할 생각은 아니었다 하더라도 그것은 중요하지 않다. 중요한 것은 다른 사람이 우리에게

22) 『莊子』 「人間世」: "且若亦知夫德之所蕩, 而知之所爲出乎哉. 德蕩乎名, 知出乎爭. 名也者, 相軋也. 知也者, 爭之器也. 二者凶器, 非所以盡行也. 且德厚信矼, 未達人氣, 名聞不爭, 未達人心. 而彊以仁義繩墨之言術暴人之前者, 是以人惡有其美也. 命之曰, 菑人. 菑人者, 人必反菑之. 若殆爲人菑夫."

그럴 생각이 있다고 생각하는가 아닌가이다. 특히 포악한 사람이라면, 그는 우리의 선량한 의도를 이해할 수 없을 것이다. 우리의 덕과 지식은 충돌하고 다투고 싶어 하는 그의 마음에 불을 지르고, 또 거기에 기름을 붓기에 아주 충분하다. 남에게 해를 끼치는 자에게는 남도 반드시 해를 끼쳐 보복할 것이다. 이것은 사람들의 일반적인 감정이다. 특히 우리에게 피해를 입은 사람이 절대 권력을 가진 사람이라면 우리의 운명이 어떻게 될 것인지는 생각해 보면 곧 알 수 있을 것이다.

이것이 바로 사람들에게 덕을 베풀면서 세상을 구제하려는 자가 직면하게 될 상황인 것이다. 이러한 상황에서 이상과 도덕과 명예를 위해 물론 열사가 되는 길을 선택할 수 있다. 걸왕桀王의 조정에서의 관용봉關龍逢이나 주왕紂王의 조정에서의 왕자 비간比干과 같은 이들이 그렇다. 그들의 죽음은 그들에게 영원한 충신이라는 미명을 가져다주었다. 물론 그에 상응하여 걸왕과 주왕의 본래 잔혹한 이미지도 더욱 강화되었다. 그러나 비록 그렇기는 하지만 유가도 이런 행동을 장려하지는 않았다. 세 번 간諫해서 듣지 않으면 떠나는 것으로 충분했다. 왜 굳이 생명을 끊거나 자기를 학대해야만 하는가? 그리고 진정한 충신이라면 어째서 잔인하게도 죽음으로써 자신의 군주의 잔혹성을 세상을 향해 증명한단 말인가? 장자의 말을 빌면 죽음은 여전히 남에게 해를 끼치는 방식이고 최후의, 그리고 가장 극단적인 방식인 것이다.

운 좋게도 대부분의 경우, 지식인은 모두 나아갈 때와 물러날 때를 안다. 여기서 우리는 장자가 묘사한 희극적이면서도 심각한 그림, 진짜와 똑같은 정교한 그림을 보게 된다. "너의 눈은 휘둥그레질 테고, 너의 얼굴은 부드러워질 테고, 너의 입은 변명하기 바쁠 테고, 몸은 한 걸음 뒤로 물러설 테고, 마음속으로는 타협할 준비를 할 것이다. 이것은 바로 불로 불을 끄려는 것이고, 물로 물난리를 막으려는 꼴이니 이름 하여 '보태 주는 것' 이라고 한다."[23] 원래 신념이 충만해서 두려울 것이 없는 자라도 왕에게 간언을 올리다가 왕공의 권세와 생존의 욕망이라는 이중의 압력으로 덜컥 겁을 먹게 된다. 그에 따라 다음과 같은 현상이 나타난다. 즉 눈은 겉모습에 현혹되고, 용모는 부드러워지고, 입은 "네, 네" 하면서 순종적으로 되고, 속마음은 무조건 질질 끌려간다. 그래서 처음의 훌륭했던 포부와는 반대로 군주는 이 싸움을 통해 변화하기는커녕 오히려 더욱더 강력해진다. 세상을 구제하려는 시도는 자기도 모르는 사이에 결국 폭군을 돕는 것이 된다.

바로 장자가 묘사한 안회처럼 간언을 통해 세상을 구제하는 방식을 지지하는 사람들은 여러 가지 방법을 생각해 낼 것이다. 예를 들면, "단정하면서도 속을 비우고, 애쓰면서도 초심을 유지하는 것"[24]이거나 "속으로는 곧으면서도 겉으로는 완곡함을 유지하고, 공인된 주장을 하면서 옛사람들을 예로 드는 것"[25] 등이다. 앞의 구절이 가리키는 것은 겉으로는 단정하고 엄숙하되 속으로는 겸허한 것, 겉으로는 긍지 있는 모습을 보이면서 속으로는 순수함을 간직하는 것, 그러면서도 간언자의 신분을 유지하면서 한편으로는 군주의 심리 상태를 고려해야 한다는 것 등이다. 그러나 장자가 볼 때 이런 행동은 의기양양하고, 표정이 수시로 변하고, 교만하기 짝이 없는 군주에게 아무런 효과도 발

---

23) 『莊子』「人間世」: "而目將熒之, 而色將平之, 口將營之, 容將形之, 心且成之. 是以火救火, 以水救水. 名之曰, 益多."

24) 『莊子』「人間世」: "端而虛, 勉而一."

25) 『莊子』「人間世」: "內直而外曲, 成而上比."

휘할 수 없다.

뒤의 구절은 좀 더 복잡하다. "속으로는 곧다"는 것에 대해 장자가 해석한 말은 "하늘에 속하는 부분與天爲徒"이다. 하늘 앞에서는 천자든 보통 사람이든 모든 사람은 평등하다. 그들은 모두 하늘에서 왔다. 이 때문에 지나치게 감추는 것은 필요하지 않다. 이것은 사람이 하늘에서 얻은 부분을 바로 천진한 어린아이처럼 그대로 보존해야 한다는 생각이다. 사람들은 어린아이가 한 말을 탓하지 않는다. "겉으로는 완곡하다"는 것은 "사람에 속하는 부분與人爲徒"이다. 인간 사회는 항상 자기의 질서와 등급을 가지고 있다. 신하가 군주를 섬기는 예禮는 인간 사회에서 필수적인 것이다. 따라서 간언을 올리는 사람이 마땅히 준수해야 하는 것이기도 하다. 이른바 "공인된 주장을 하면서 옛사람들을 예로 드는 것"은 "옛것에 속하는 부분與古爲徒", 즉 옛날 말과 옛날의 교훈을 주장의 근거로 삼는 것을 가리킨다. 이런 방법의 장점은 다음과 같다. 비록 옛날 말과 옛날의 교훈들이 군주의 마음에 들지 않더라도 군주 역시 그것을 인용한 사람을 곤란하게 할 수 없다. 이처럼 복잡하고 심혈을 기울이는 방법은 간언하는 자에게 몸을 보전해서 물러날 수 있게 해 주지만, 기껏해야 이 한 가지만 이룰 수 있을 뿐이다. 군주를 '변화' 시키려는 생각은 너무 요원하여 미칠 수 없는 것이다.

그러나 만약 군주를 변화시킬 수 없다면 심혈을 기울여 생각해 낸 방법들은 무의미해지고 마는 것이 아닌가? 그렇다면 애초부터 힘들고 결과도 좋지 않는 일은 시도하지 않는 것만 못하다. 만약 시도하지 않는다면 결과가 그럴 것이라는 사실을 어떻게 알 수 있을까? 장자는 단순하게 결과만을 던져 주는 사람이 아니다. 그는 전반적인 사고 과정을 그려 냄으로써 독자들에게 어쩔 수 없이 잠시 그를 따라 걷게 한다

("멋지게 한번 걸어 보는 것"은 그보다 훨씬 나중의 일이다). 물론 간언하는 자는 이미 충분히 어찌해 볼 도리가 없게 되었지만, 더욱 안타까운 것은 아직 그 뒤에 남아 있다.

계속해서 사자使者 한 명의 운명을 살펴보도록 하자. 사자가 맡은 임무는 말을 전달하는 것이다. 보통 사람들 사이에서 말을 전달하는 것은 결코 어려운 일이 아니다. 그러나 나라와 나라 간 군주의 말을 전달하는 것은 어떨까? 특히 적대적인 관계에 있는 두 국가의 군주들이라면 어떨까? "두 나라 군대가 교전을 해도 왕래하는 사신은 죽이지 않는다"[26]는 말이 있듯이 사자의 생명은 형식상으로라도 보장되었을 것이다. 그러나 생명에 대한 위해는 결코 이런 데서만 발생하는 것이 아니다. 예를 들어 장자가 묘사한 초나라의 대부 섭공葉公 자고子高에 대해 검토해 보기로 하자. 그는 제齊나라에 사신으로 가라는 사명을 받은 뒤 온통 진퇴유곡進退維谷과 같은 심정이 되었다. 섭공은 "만약 그 일을 이루지 못하면 인간에 의한 재난이 따를 것이고, 일을 이루어 낸다면 음양陰陽에 의한 재난이 따를 것이다"[27]는 사실을 알고 있었다. 군주가 맡긴 임무를 완수하지 못한다면 징벌이 따른다는 것은 자연스럽게 예측할 수 있으니, 이것이 인간에 의한 재난이다. 만약 다행히 임무를 완성한다면 긴장, 공포, 위축, 완벽 추구 등에 의한 육체의 손상도

---

26) 옮긴이: 인용된 구절의 원문은 "兩軍交戰, 不斬來使"이다. 이 말은 유가나 기타 제자백가서 등에서는 쓰이지 않았다. 그러나 옛날부터 소설이나 민간 전래 이야기 등에서 자주 쓰인 것으로 보인다. 사고전서에서는 유일하게 『탕자유서湯子遺書』라는 책에 "兩國相爭, 不斬來使"라는 구절이 보일 뿐이다.

27) 『莊子』「人間世」: "事若不成, 則必有人道之患, 事若成, 則必有陰陽之患."

피하기 어렵다. 이 때문에 음양에 의한 재난도 결국 벗어날 수 없는 것이다. 확실히 사실이 그렇다. 아직 진짜 사자로 출발하지도 않았는데 음양에 의한 재난이 발생했다. 장자가 묘사한 섭공은 다음과 같이 말했다.

> 나는 오늘 아침 명령을 받고 저녁에 얼음을 먹었는데, 혹시 내 몸에 열이 있는 건 아닐까요?[28]

"몸에 열이 있다"는 말은 매우 상징적이다. 우리는 그 말에서 내심의 초조함과 긴장을 감지할 수 있다. 그 초조함과 긴장은 사명과 생명 사이의 충돌에서 생긴 것이고, 동시에 성공과 실패를 모두 걱정하는 마음에서 생긴 것이다. 만약 삶과 죽음을 완전히 도외시한다면 몸에 열이 나는 상황도 생기지 않을 것이다. 그러나 누가 자신의 생명을 헌신짝처럼 가볍게 버릴 수 있겠는가?

물론 덕이 있는 사람이라면 아마도 이러한 진퇴유곡의 상황에서 벗어날 수 있을 것이다. 그들은 "어찌할 수 없다는 것을 알고 현재의 상황에 만족하고 운명에 따르는"[29] 심정으로 일을 처리한다. 이 때문에 희로애락의 감정이 생명에 끼치는 상해를 최대한 비껴가게 한다. 그들은 또 과거의 경험을 흡수하는 데 노력하여 가능한 한 인간에 의한 재난을 피할 수 있다. 예를 들어 『법언』[30]의 "사실적 상황을 전달하고, 말

---

28) 『莊子』「人間世」: "今吾朝受命而夕飮氷. 我其內熱與."

29) 『莊子』「人間世」: "知其不可奈何而安之若命."

을 부풀려 전달하지 말아야 한다"라는 교훈을 따르는 것이다. 그러나 가장 근본적인 문제는 우리는 왜 꼭 자기를 가시덤불 가득한 구덩이 속에 빠뜨리려고 하는가 하는 점이다.

안회가 위나라 군주를 변화시켜 보려고 하는 우화에서와 같이 『장자』에서는 계속 인간 세상의 어려움에 대해 모든 역량을 다해서 과장하고 있다.

> 제(공자)가 들은 것을 가지고 말씀 드리겠습니다. 대개 외교에 있어 가까운 나라와의 관계는 반드시 실제적인 신용에 의지해야 하고, 먼 나라와의 관계는 성실한 언어에 의지해야 합니다. 언어는 반드시 누군가에 의해 전달되어야 합니다. 쌍방이 모두 즐거워할 만한 말이나 쌍방이 모두 분노할 만한 말을 전달하는 것은 세상에서 가장 어려운 것입니다. 쌍방이 모두 즐거워하도록 하려면 듣기 좋은 말을 많이 첨가해야 하고, 쌍방이 모두 분노하도록 하려면 듣기 싫은 말을 많이 첨가해야 합니다. 첨가하는 말은 모두 진실을 잃는 것이고, 진실을 잃은 말은 바로 이행될 수 없고, 이행될 수 없으면 말을 전달하는 사람이 바로 재앙을 입습니다. 그래서 옛날 『법언』이라는 책에 "사실적 상황을 전달하고, 말을 부풀려 전달하지 말아야 한다. 이렇게 하면 대부분 자기를 보전할 수 있다"라는 말이 있습니다.
>
> 그리고 지력을 가지고 우열을 다투는 자들은 처음에는 정당한 방법으로 시작하지만 종종 음모로 끝을 맺는데, 지나칠 경우에는 모략이 넘쳐납니

---

30) 옮긴이: 아래 인용된 『장자』 원문에서 '법언法言'은 흔히 격언 정도의 의미로 해석된다. 그러나 저자는 책을 나타내는 기호를 사용하여 일반 명사와 구별하고 있다. 따라서 이 책에서는 저자의 견해에 따라 책 이름으로 간주하여 번역했다.

다. 예의를 차리면서 술을 마시는 사람들은 처음에는 좋은 태도로 시작하지만 종종 난잡하게 끝을 맺고, 지나칠 경우에는 광란에 휩싸입니다. 모든 일이 이렇습니다. 처음 시작할 때는 서로 믿지만, 항상 속이는 것으로 끝을 맺습니다. 처음에는 사소했던 것이 끝에 이르러서는 거대하게 부풀려 집니다. 말은 풍파風波입니다. 행동은 득실得失입니다. 풍파는 쉽게 변동하고 득실은 위험에 빠지기 쉽습니다. 그러므로 분노를 폭발하는 데는 다른 원인이 있는 것이 아니라 바로 교활한 말과 편파적인 논리가 그 도화선이 됩니다. 짐승이 죽을 때 듣기 좋은 소리를 골라 내지르지는 않고, 호흡은 갑자기 폭발하듯 빨라지고, 이와 함께 남을 죽이려는 사나운 마음도 발생합니다. 사람을 극한 상황으로 몰아가면 상대방은 필연적으로 악의가 생겨 그에 대응하려고 하는데, 그런 상황으로 몰고 갔던 사람은 상대방이 왜 그런 반응을 보이는지 원인을 알지 못합니다. 만약 왜 그런 반응을 보이는지 원인을 알지 못한다면 어떻게 그 결과를 알 수 있겠습니까? 그러므로 『법언』에서는 다음과 같이 말합니다. "부여 받은 명령을 바꾸지 말고, 임무를 억지로 달성하려고 하지도 말아야 한다. 도를 넘으면 쓸데없는 화를 초래하게 된다." 명령을 바꾸고 임무를 억지로 달성하려 하면 일을 그르칩니다. 좋은 결과는 오랫동안 공을 들이는 데서 나오고, 나쁜 결과는 (성급한 데서 나오지만) 고치려 할 때는 이미 늦습니다. 그러니 신중해야 하지 않겠습니까? 그리고 마음을 사물의 변화에 맡겨 놀게 하고, 인간이 어찌할 수 없는 것은 그대로 내버려 두고 자신의 심성을 수양하는 것이 최고입니다. 왜 꼭 억지로 하는 것만을 임무 수행으로 여기십니까? 사실대로 명령을 전달하는 것이 가장 좋습니다. 그게 뭐 그리 어려운 일이겠습니까?[31]

이백이 "촉 땅으로 가는 길은 험난하구나. 저 푸른 하늘로 올라가는 것보다 더 어렵구나蜀道難, 難於上靑天"라고 한 말이 있다. 그러나 자연의 도전에 비하면 인간 세상에서 오는 위험은 훨씬 더 크다. 촉으로 가는 길이 힘들면 우리는 가지 않거나 돌아갈 수 있다. 그러나 인간 세상에서 어떤 때는 선택할 수 없는 경우가 있다. 사자의 신분이 되면 사명을 거절할 수 있는 선택권은 없고, 사명을 완수하기 위해 노력해야 하며, 사명의 완수와 동시에 자신의 생명을 돌보아야 한다. 아마도 자신의 '지력巧' 으로 그 난관을 헤쳐 나가려 할 테지만, 장자는 그래서는 안 된다고 말한다. "지력을 가지고 우열을 다투는 자들은 처음에는 정당한 방법으로 시작하지만 종종 음모로 끝을 맺는다." 이는 마치 "예의를 차리면서 술을 마시는 사람들은 처음에는 좋은 태도로 시작하지만 종종 난잡하게 끝을 맺는" 것과 같다. 잠깐 동안의 요행으로 최후에 도래할 위험을 저지할 수는 없다. 가장 좋은 방법은 모든 환상을 버리고 어찌할 수 없다는 자각 속에서 자기를 이 세상에 맡겨 버리는 것인지도 모른다. 사명의 성패를 계산할 필요도 없고, 살아서 돌아갈 수 있을 것인지, 혹은 죽음을 맞게 될 것인지를 의식할 필요도 없다. 그러나 이

31) 『莊子』 「人間世」: "丘請復以所聞. 凡交近則必相靡以信, 遠則必忠之以言. 言必或傳之. 夫傳兩喜兩怒之言, 天下之難者也. 夫兩喜必多溢美之言, 兩怒必多溢惡之言. 凡溢之類也妄. 妄則其信之也莫. 莫則傳言者殃. 故法言曰, 傳其常情, 無傳其溢言, 則幾乎全. 且以巧鬪力者, 始乎陽, 常卒於陰. 泰至則多奇巧. 以禮飮酒者, 始乎治, 常卒於亂. 泰至則多奇樂. 凡事亦然. 始乎諒, 常卒於鄙. 其作始也簡, 其將畢也必巨. 言者風波也. 行者實喪也. 風波易以動, 實喪易以危. 故忿設無由, 巧言偏辭. 獸死不擇音, 氣息茀然, 於是竝生心厲. 剋核太至, 則必有不肖之心應之, 而不知其然也. 苟爲不知其然也, 孰知其所終. 故法言曰, 無遷令, 無勸成. 過度益也. 遷令勸成殆事. 美成在久, 惡成不及改. 可不愼與. 且夫乘物以遊心, 託不得已以養中, 至矣. 何作爲報也. 莫若爲致命, 此其難者."

것은 정치가의 최초의 이상과는 거리가 매우 먼 것 아닌가?

태부太傅에 관한 우화가 세 개 더 있다. 태부의 직책은 당연히 미래의 군주인 태자를 교육하는 것이다. 일반적으로 생각할 때 이것은 얻고 싶어도 얻을 수 없는 역할이다. 그러나 실제의 처지는 어떤가? 다시 안합顔闔이 한 말을 살펴보자.

> 여기 한 사람이 있네. 그의 성품은 태어나면서부터 각박하다네. 그가 제멋대로 하게 내버려 두면 우리나라를 위태롭게 할 것이고, 그에게 규범을 익히도록 하자면 내 몸이 위험해질 것일세. 그의 지력은 남의 잘못은 충분히 알아보지만, 자기의 잘못은 알지 못한다네.[32]

이처럼 "태어나면서부터 각박한" 태자를 만날 경우, 조심하지 않으면 자신이 진퇴양난의 처지에 놓이게 된다는 것을 발견할 것이다. 몸을 보존하고 싶다면 반드시 순리에 따르되 심하게 대꾸해서는 안 된다. 그러나 이는 태부로서의 양심과 책임을 포기해야 한다는 것을 의미한다. 한쪽은 이른바 도덕과 정의이고, 다른 한쪽은 생명이다. 어떤 것을 선택해야만 할까? 장자는 당연히 자신을 이와 같은 난처한 상황에 빠뜨리지 않을 것이다. 사실 그는 바로 이런 기이한弔詭 상황, 극단적인 처지를 통해 권력 세계의 위험성을 분명히 드러내 보이려고 했다. 그러나 해학적 효과를 늘리기 위해 장자는 이런 상황에 처했을 경

32) 『莊子』 「人間世」: "有人於此. 其德天殺. 與之爲無方, 則危吾國, 與之爲有方, 則危吾身. 其知適足以知人之過, 而不知其所以過."

우에 대응하는 방법을 찾는 것을 도와주려고 노력한다.

자네는 주의하고 조심하면서 몸을 단정하게 해야 하네. 태도는 순종적인 것보다 좋은 것이 없고, 마음은 온화한 것보다 좋은 것이 없네. 그렇지만 이 두 가지에도 역시 문제는 있어. 순종적이되 그쪽에 말려들지 않도록 해야 하고, 온화하되 한도를 벗어나지 않도록 해야 하네. 순종적 태도를 취하다가 그쪽에 말려들어 버리면, 자기를 파괴하고 괴멸시키며, 손상을 입고 무너지게 된다네. 온화한 마음을 갖다가 한도를 벗어나면, 명성을 추구하게 되고, 결국 재앙을 초래하게 된다네.[33]

공포스러운 상황에서 주의하고 조심하는 것은 당연하다. 매우 조심스럽게 대응해야 할 때 태도는 순종적인 것이 가장 좋고, 마음은 온화한 것이 제일 좋다. 그러나 지나치지 않도록 주의해야 한다. 순종적인 것이 '말려들어 가는 것' 으로 변하면 함께 어울려 나쁜 짓을 하게 된다. 온화한 것이 만약 '방탕' 으로 변하게 되면 평지풍파를 일으킬 수 있다. 그 결과는 같다. 모두 서로 간의 충돌과 다툼이다. 장자는 '순종적 태도와 온화한 마음가짐' 의 상태를 다음과 같이 구체적으로 묘사한다.

그가 또 어린아이가 되면 그와 함께 어린아이가 돼라. 그가 또 스스럼없이

---

33)『莊子』「人間世」: "戒之愼之, 正女身哉. 形莫若就, 心莫若和. 雖然, 之二者有患. 就不欲入, 和不欲出. 形就而入, 且爲顚爲滅, 爲崩爲蹶. 心和而出, 且爲聲爲名, 爲妖爲孽."

행동하면 그와 함께 스스럼없이 행동하라. 그가 또 거침없이 행동하면 그와 함께 거침없이 행동하라. 그렇게 통달하게 되면 아무 탈 없을 것이다.[34]

이것은 분명히 목표를 정해 놓고 달려 나가는 것이 아니며, 어떤 고정된 틀로 자신을 속박하는 것도 아니다. 마음은 아무것도 굳게 지키는 것이 없고, 어떤 외재적 변화도 나의 내재적 마음을 동요하게 할 수 없다. 나의 마음은 비어 있고, 이 때문에 변화에 대응할 수 있다. 그러나 그래봐야 이런 '순종적 태도形就'와 '온화한 마음心和'은 몸을 보존하는 방법, 즉 이른바 "그의 뜻에 따라 과실이 없도록 이끄는 것達之, 入於無疵"에 불과하다. 이것 외에 더 좋은 것은 없다. 아마도 대부분의 사람들은 이런 종류의 방법을 달가워하지 않을 것이다. 그런 것은 너무 억울하다고 생각되기 때문에 그들은 영합하거나 순종하려 하지 않을 것이다. 그들은 장자가 그려 낸 사마귀처럼 자신의 몸을 쭉 펴고 싶어 할 것이다. 결과는 어떻게 될까? 장자는 다음과 같이 말한다.

너는 사마귀 이야기를 모르느냐? 팔을 치켜들고 수레를 막는 사마귀는 자기가 그것을 감당할 수 없다는 사실을 알지 못한다. 이는 자기의 재주가 뛰어나다고 믿기 때문이다. 조심하고 신중해야 한다. 너 자신의 뛰어난 재주를 뽐내다가는 폭군의 미움을 사기 십상이기 때문에 위험하다.[35]

---

34) 『莊子』 「人間世」: "彼且爲無町畦, 亦與之爲無町畦. 彼且爲無崖, 亦與之爲無崖. 達之入於無疵."

35) 『莊子』 「人間世」: "汝不知夫螳螂乎. 怒其臂以當車轍, 不知其不勝任也. 是其才之美者也. 戒之愼之, 積伐而美者以犯之, 幾矣."

이것은 당랑거철螳螂拒轍이라는 고사의 출처이다. 사마귀는 거대한 수레를 저지하기 위해 과감하게 팔을 뻗었다. 결국 사마귀는 팔뿐만 아니라 생명까지도 바쳐야만 했다. 그러나 수레바퀴는 계속하여 앞으로 나아갔다. 그것의 마음가짐은 물론 아름다운 것이었다. 그러나 그것의 아름다운 마음가짐과 똑같이 우리에게 깊은 인상을 남긴 것은 자기 자신을 꿰뚫어 보는 지혜自知之明에 대한 결핍이다. 장자는 지기知己와 지피知彼를 요구하고 있는 것이다. 자기를 이해해야 할 뿐만 아니라 이 세계에 대해서도 이해해야 한다는 것이다. 이렇게 해야만 우리는 비로소 적당한 배역과 위치를 찾을 수 있을 것이다. 여기서 장자는 신중하고 조심하라고 소리쳐 말한다. 그는 덕행이나 지식을 가졌다는 이유로 우쭐대는 사람들에게 재주를 믿고 남에게 오만해서는 안 된다는 점을 일깨운다. 그러다가는 사마귀와 같은 운명을 맞는다는 것이다.

신중하고 조심하는 것은 앞에서 말한 순종하는 것, 즉 "태도는 순종적인 것보다 좋은 것이 없다形莫若就"는 것이다. 정치와 권력의 세계 속에서 사는 것은 사나운 호랑이 근처에서 사는 것과 같다. 이 점은 장자에게 호랑이 사육사를 상기시켰다.

너는 호랑이 사육사를 알지 못하느냐? 그는 호랑이에게 살아 있는 것을 함부로 주지 않는다. 호랑이가 그것을 죽일 때 노기를 띠기 때문이다. 그리고 그는 함부로 호랑이에게 한 마리를 다 주지 않는다. 호랑이가 그것을 찢을 때 노기를 띠기 때문이다. 그는 호랑이가 배가 고픈지 배가 부른지 잘 알고 있어야 하고, 성이 났는지 어떤지를 잘 알고 있어야 한다. 호랑이와 사람은 부류가 다르지만 자신을 길러 주는 사람에게 애교를 부리는 것은 그가 순종하기 때문이다. 그러므로 사육사를 죽이는 것은 그가 거스르

기 때문이다.[36]

총명한 호랑이 사육사는 호랑이의 성난 마음을 자극하지 않는다. 그래서 호랑이에게 살아 있는 동물을 주지 않고, 호랑이에게 온전히 한 마리를 다 주지 않는다. 호랑이 사육사는 호랑이에 대해 항상 순종적인 태도를 취하기 때문에 호랑이와 함께 평화롭게 살 수 있는 것이다. 만약 거스른다면, 그를 기다리는 것은 죽음뿐이다. 군주는 어떤 의미에서는 호랑이다. 우리는 조심해서 그가 성내지 않도록 해야 한다. 우리는 또 그에게 순종해야지, 그와 정면으로 맞서서는 안 된다. 가령 우리가 순전한 충성심에 따라 그와 맞선다 해도 군주는 우리의 마음가짐에 대해 관심을 가질 만큼 한가하지 않다. 말을 사랑하는 사람의 예는 바로 이 점을 나타내고 있다.

말을 사랑하는 사람은 광주리로 똥을 받아 내고, 자개 그릇으로 오줌을 받아 낸다. 그런데 마침 모기나 진딧물이 말의 몸에 붙어 있는 것을 보고 갑자기 찰싹 때리면, 말은 재갈을 끊고 사람의 머리를 깨뜨리고 가슴을 부러뜨릴 것이다. 이는 말을 사랑하는 뜻은 지극하지만 말은 그것을 잊어버리기 때문이다. 조심해야 하지 않겠는가?[37]

---

36) 『莊子』「人間世」: "汝不知夫養虎者乎. 不敢以生物與之. 爲其殺之之怒也. 不敢以全物與之. 爲其決之之怒也. 時其飢飽, 達其怒心. 虎之與人異類, 而媚養己者, 順也. 故其殺者, 逆也."
37) 『莊子』「人間世」: "夫愛馬者以筐盛矢, 以蜄盛溺. 適有蚊虻, 僕緣, 而拊之不時, 則缺銜毁首碎胸. 意有所至, 而愛有所亡. 可不愼邪."

"말을 사랑하는 사람은 광주리로 똥을 받아 내고, 자개 그릇으로 오줌을 받아 낸다"라는 구절에서 말이 누린 융숭한 대우를 짐작해 볼 수 있다. 그래서 모기 등이 말의 몸에 붙어 있을 때 말을 사랑하는 마음에서 손으로 그것을 내려치는 것은 아주 자연스러운 일이다. 그러나 말은 아마도 그렇게 생각하지 않을 것이다. 말은 그것을 자기에 대한 습격이라고 오해할 것이고, 이 때문에 크게 화를 낼 것이다. 말은 자신을 속박하고 있는 재갈과 고삐에서 필사적으로 벗어나 반격을 가할 것이다. 이 때문에 사람은 말발굽에 채여 머리가 깨지고 가슴이 부러진다.

"말을 사랑하는 뜻은 지극하지만 말은 그것을 잊어버리기 때문이다"라는 구절은 자세히 음미해 볼 가치가 있다. 일반적으로 생각할 때 사랑이란 항상 좋은 것이다. 그래서 유가에서는 인애를 말했고, 묵가에서는 겸애를 말했다. 비록 차등이 있는 사랑과 차등이 없는 사랑을 주장했다는 점에서 구분되기는 하지만, 그들이 사랑을 주장했다는 점에서는 같다. 사랑은 대상에 대한 능동적인 베풂이고, 그 방식은 추기급인推己及人하는 것이며, 그 기초는 서로 다른 사물 사이에 공통하는 믿음, 즉 「제물론」의 말을 빌면 "모든 사람이 다 참이라고 인정하는 것同是"에 대한 믿음이다. 예를 들어 맹자가 말한 입은 맛에 있어서 대부분의 사람들이 좋아하는 것同耆이 있고, 마음은 도리理義에 대하여 대부분의 사람들이 긍정하는 것同然이 있다는 것이다. 이것은 일종의 보편성에 대한 승인이다. 대부분의 사람들이 참이라고 하는 것이 있기 때문에 이쪽에서 저쪽으로 미치는 행위는 합리적이다.

그러나 장자는 본질적으로 "모든 사람이 다 참이라고 인정하는 것"의 존재를 믿지 않는다. 그는 또 사람과 사람 사이에 누군가가 더 지혜롭다는 것에 대해서도 믿지 않는다. 이 때문에 그가 이쪽에서 저쪽으로 미치는 사랑을 거절한 것은 논리에 맞는 것이고 또 불가피한 것이었다. 장자로서는 다음과 같은 문제를 내내 떨쳐 버릴 수 없었다. 내가 어떤 사람을 사랑한다 하더라도 이 사람이 나의 사랑을 받아들이고 싶어 하는가, 혹은 나의 사랑을 이해할 수 있는가? 우화 속의 말처럼 자신을 위해 진딧물을 쫓아 주는 사람의 사랑하는 마음과 선의를 이해할 수 없을지도 모른다.

사랑을 거절한다고 꼭 증오를 받아들여야 하는 것은 절대 아니다. 장자의 사상 속에서 증오가 차지할 자리는 없다. 세상은 그 속으로 깊이 들어갈수록 장자에게 온 몸으로 철저하게 냉혹해지도록 했다. 내가 볼 때 사랑을 거절하는 것은 실은 안회 식 구세의 다른 한 표현인데, 이런 거절은 다른 사람이나 세상이 아니라 자기 자신에게로 관심을 돌리도록 한다. 「인간세」에서 우리는 장자가 줄곧 세상에서 물러날 이유와 근거를 찾고 있다는 것을 발견한다. 장자는 인간 세상에 대해 알지 못한 것이 아니라, 반대로 세상 속으로 매우 깊숙이 들어간 사람이다. 「계사전」에는 "(세상 속으로) 깊이 들어가야 한다. 그래야만 세상 사람들의 생각을 훤히 알 수 있다"[38]는 말이 있다. 깊이 들어가지 않으면 이처럼 노련한 필치로 인간 세상의 백태를 묘사해 낼 수 없고, 또 각양각색의 인물들의 내면 세계에 들어갈 수 없다. 안회, 섭공 자고에서부터 안합에 이르기까지 장자가 우리들에게 보여 준 것은 모두 정치적 인물들의 부득이한 모습이다. 그들이 이전에 품었던 웅대한 생각과 커다란 포부는 일찌감치 연기처럼 흩어져 버렸고, 오직 이 세상에 아부

---

38) 『周易』「繫辭傳」: "唯深也, 故能通天下之志."

하는 일만 남아 있을 뿐이었다. 만약 그렇다면 우리는 무엇 때문에 이 세상 속으로 들어가려고 하는 것일까?

심재 – 무심으로 가는 길

왜 이 세상 속으로 들어가려고 하는 것일까? 그것은 우리가 유심, 즉 어떤 의도를 가지고 있기 때문이다. 우리의 마음은 시비와 선악으로 가득 차 있다. 그래서 우리는 우리가 옳다고 생각하는 것은 옳다고 하고, 틀리다고 생각하는 것은 틀리다고 하며, 좋다고 생각하는 것은 좋다고 하고, 나쁘다고 생각하는 것은 나쁘다고 한다. 우리는 아름다운 것을 받아들이고 못생긴 것을 거절한다. 우리는 못생긴 것이 아름답게 되고, 썩은 것이 신비로운 것으로 바뀌기를 바란다. 그런데 우리에게 그런 능력이 있는가? 없다. 장자는 우공愚公이 아니다. 만약 천신天神을 감동시키지 못한다면 산을 옮기는 것은 불가능하다는 것을 장자는 알고 있었다. 천신은 감정이 없다. 따라서 감동을 받을 수도 없다. 그래서 장자는 포기하는 것을 선택했다. 또한 자기의 시비와 선악의 마음이 사라지게 해야 했다. 사라지지 않는다면 또 어떻게 되는 것인가? 고통과 초조함만 늘어날 것이다. 여기서 장자나 독자 모두에게 중요한 '심재心齋'라는 것을 만나게 된다. 「인간세」 앞머리의 안회와 중니의 우화에서 중니는 안회가 제시한 구세救世의 방안을 끊임없이 반대하다가 결국 안회에게 인간 세상에서 몸을 보존하는 방법을 다음과 같이 알려 주었다.

중니가 말했다. "재계에 대하여 너에게 말해 주겠다. 의도를 가지고 (위나라 임금을 변화시키려) 하면 그게 바뀌겠느냐? 바뀌게 할 수 있다면 하늘의 이치에 맞지 않는다."[39] 안회가 말했다. "저희 집은 가난하여 술을 마시지도 못할 뿐만 아니라 훈채를 먹어 본 지도 몇 달이 되었습니다. 이쯤 되면 재계했다고 할 수 있겠지요?" "그것은 제사 지낼 때의 재계지 심재는 아니다." 안회가 물었다. "심재란 무엇입니까?" 중니가 대답했다. "네 마음을 통일해서 귀로 듣지 말고 마음으로 들을 것이며, (가능한 한) 마음으로 듣지 말고 기氣를 통해 들어라. 귀는 소리를 들을 뿐이며 마음은 인상을 받아들일 뿐이지만 기라는 것은 텅 비어서 모든 대상에 부응할 수 있다. 오직 도만 이 텅 빈 곳에 깃드는데, 이 텅 빈 것이 심재이다."[40]

여전히 유심, 즉 의도를 갖는 문제로부터 말을 시작한다. 군주를 변화시켜 세상을 구한다는 행위는 물론 의도를 갖는 데서 비롯된다. 자기를 표준으로 삼아 이 포악한 세상을 변화시키고 싶어 하며, 이 세상을 '바꾸고' 싶어 하는 것이다. 장자가 볼 때 '바꾸는 것'은 저 밝은 하늘도 적당한 행위라고 생각하지 않을 것이다. 하늘이 위대한 것은 그

---

39) 옮긴이: "그게 바뀌겠느냐? 바뀌게 할 수 있다면 하늘의 이치에 맞지 않는다"는 "其易邪. 易之者, 皞天不宜"를 번역한 것이다. 여기서 두 번 나오는 '易' 자는 대개의 주석서 및 번역서에서 '쉽다'의 의미로 번역한다. 그러나 이 책의 저자는 '바꾸다'의 뜻으로 풀이했다. 따라서 인용 원문을 저자의 견해에 따라 번역했다.

40) 『莊子』「人間世」: 仲尼曰, 齋, 吾將語若. 有心而爲之, 其易邪. 易之者, 皞天不宜. 顔回曰, 回之家貧, 唯不飮酒, 不茹葷者數月矣. 若此, 則可以爲齋乎. 曰, 是祭祀之齋, 非心齋也. 回曰, 敢問心齋. 仲尼曰, 若一志, 無聽之以耳, 而聽之以心, 無聽之以心, 而聽之以氣. 聽止於耳, 心止於符. 氣也者, 虛而待物者也. 唯道集虛. 虛者, 心齋也.

것을 따를 수 있기 때문이지, 바꿀 수 있기 때문은 아니다. 사람도 당연히 이와 같아야 한다. 그래서 중니가 '재齋' 라는 글자를 들고 나온 것이다. 물론 그가 말한 '재' 는 단지 형식적으로 "술을 마시지 않고 훈채를 먹지 않는 것" 은 아니었는데, 그것은 집이 가난한 안회로서는 실제로 가장 손쉬운 일이었다.[41] 제사 지낼 때 필요한 이런 종류의 재는 아마도 형식적인 것에 불과한 것으로서 정신과는 무관할 수 있다. 장자가 요구한 것은 심재일 뿐이다.

간단하게 말하면, 심재가 가리키는 것은 마음이 완전히 허정虛靜한 상태인데, 이는 마음속에 아무것도 없다는 것이다. 그러나 우리는 좀 더 깊이 있는 설명이 필요하다. 장자는 여기서 귀, 마음, 그리고 기氣 등을 언급하고, 아울러 그것들을 세 개의 다른 단계로 간주한다. 앞의 두 단계는 아마 다른 것이겠지만 부정되어야 한다는 점에서는 차이가 없다. 장자는 귀로 듣지 말라고 하고, 마음으로 듣지 말라고 하면서 기로 들으라고 한다. 기는 빈 채로 사물을 기다리는 것이다. 그것에는 어떤 욕망이나 고집이나 편견 등이 없다. 그래서 따를 수 있고, 이 세상 속에 노닐면서 세상과 충돌하지 않을 수 있다. 장자는 여기서 기의 다른 한 가지 의미, 즉 소통이라는 의미에 대해서는 언급하지 않았다. 사실 기는 세계 만물을 하나로 통하게 하는 기반이다. 귀와 마음은 같지 않다. 오직 몇몇 소리나 사물만이 듣기 좋거나 마음에 들 뿐이고, 다른

41) 안회의 집이 가난했다는 이야기는 『논어』 「옹야」의 다음 구절에 보인다. "현명하구나, 안회여. 밥 한 그릇에 물 한 잔을 마시고 지저분한 동네에서 살지만 보통 사람은 그 근심을 감당하기 어려울 텐데, 안회는 그 즐거움을 바꾸려 하지 않는구나. 안회는 현명하구나(賢哉, 回也. 一簞食, 一瓢飮, 在陋巷, 人不堪其憂, 回也不改其樂. 賢哉, 回也)."

것들은 그렇지 않다. 이는 바로 분별이 있고, 집착이 있고, 충돌이 있기 때문이다. 이것이야말로 그것들이 부정되어야 하는 이유이다. 귀로 듣고, 마음으로 듣는 단계에서 우리 마음에는 외물이 있고, 지식이 있고, 고집이 있다. 기로 들으면 그와 다르다. 이때 마음은 기와 똑같이 텅 비고 담담해진다. 이것이 심재인데, 마음을 기와 같이 텅 비고 아무것도 없도록 바꿔 준다. 그래서 세상의 가운데 있으면서도 무심하게 변화에 맡겨 버릴 수 있다. 장자는 한 걸음 더 나아가 심재의 신비로운 효과에 대해 다음과 같이 해석한다.

안회가 말했다. "제가 선생님의 가르침을 받기 전에는 실제로 저 자신이 존재하는 것으로 알았습니다. 그런데 가르침을 받고 나니 저라는 존재는 아예 없어져 버렸습니다. 이런 것을 비움이라고 할 수 있을까요?" 선생이 말했다. "충분하다. 내가 설명해 주겠다. 너는 위나라의 울타리 안에서 노닐되 명예 따위에 신경 써서는 안 될 것이다. (위나라 임금이) 네 말을 들어주거든 말을 하고, 네 말이 먹히지 않거든 너는 말을 그쳐라. 병폐가 무엇인지 진단도 하지 말고, 어떻게 고쳐야 할지 처방도 하지 말 것이며, 마음을 한결같이 하고 부득이할 때만 말하면 괜찮을 것이다. 흔적을 없애는 것은 쉽지만 땅을 밟지 않는 것은 어렵다. 인욕에 끌려가면 거짓말을 하기 쉽지만, 자연의 이치에 따르면 거짓말을 하기 어렵다. 날개를 가지고 나는 것에 대해서는 들어 보았겠지만, 날개 없이 나는 것은 들어 보지 못했을 것이다. 지각을 가지고 아는 것에 대해서는 들어 보았겠지만 지각 없이 아는 것에 대해서는 들어 보지 못했을 것이다. 눈앞에 펼쳐진 것들을 허깨비로 보면 텅 빈 마음에 눈부신 빛이 생기고 상서로운 것들이 와서 머문다. 그런데 마음이 한곳에 머물지 못하는 것을 좌치坐馳(몸은 앉아 있어도 마음은 밖으로 내달리는 것)라고 한다. 귀나 눈을 안으로 통하게 하고 마음과 지각을 배제하면 귀신도 와서 머물 터인데, 하물며 사람이야 어떻겠느냐? 이것은 만물이 감화되기 때문인데, 우임금과 순임금이 핵심으로 여긴 것이고, 복희伏戱와 궤거几蘧가 평생 실천한 것이거늘 하물며 일반 사람이야 어떻겠느냐?[42]

"확실히 저 자신이었습니다"와 "저는 아예 없습니다"가 가리키는 것은 바로 유심과 무심의 두 가지 경지이다. 하나는 마음 가운데 주인이 있는 것으로서 '자기'의 존재를 분명히 의식할 수 있다. 이 자기는 우리에게 어떤 일을 하도록 부추기면서 다른 일은 하지 못하게 한다. 다른 하나는 무에 마음을 자리 잡게 하는 것인데, 자기가 없고 외적 대상도 없다. 앞의 것은 찬 것實이고 뒤의 것은 빈 것虛이다. 허심의 상태로 이 세상을 살아갈 때 우리는 세상의 평판에 동요되지 않을 수 있다. 우리에게는 공적이란 것도 없고, 명성이란 것도 없다. 울 수 있을 때는 울고, 울 수 없을 때는 그친다. 시류에 따르는 어떤 고정된 틀도 없고, 어떤 집착해야 할 세상 구제의 방책도 없고, 있는 것이라고는 오로지 시류와 함께 바뀌어 가는 어쩔 수 없음뿐이다.

---

42) 『莊子』「人間世」: "顔回曰, 回之未始得使, 實自回也. 得使之也, 未始有回也. 可謂虛乎. 夫子曰, 盡矣. 吾語若. 若能入遊其樊, 而無感其名. 入則鳴, 不入則止. 無門無毒, 一宅而寓於不得已, 則幾矣. 絶迹易, 無行地難. 爲人使, 易以僞, 爲天使, 難以僞. 聞以有翼飛者矣, 未聞以無翼飛者也. 聞以有知知者矣, 未聞以無知知者也. 瞻彼闋者, 虛室生白, 吉祥止止. 夫且不止, 是之謂坐馳. 夫徇耳目內通, 而外於心知, 鬼神將來舍, 而況人乎. 是萬物之化也, 禹舜之所紐也, 伏戱几蘧之所行終, 而況散焉者乎."

이것은 일종의 무심의 삶이다. 무심하면 비록 흔적이 있어도 흔적이 없는 것이나 마찬가지다. 장자는 앞에서 "장소를 가리지 않고 편안하게 해 드린다"[43]라고 말했다. 이 말은 뜻하는 바가 있다. 예를 들면 어떤 사람이 흔적을 지우고 세상을 피해 산다고 한다면, 그는 장소를 가려 편안하게 한 것이다. 그러나 바로 장자가 "어디에 가나 군주의 것 아닌 곳이 없으니, 천지에 숨을 데가 없다"[44]라고 말한 것과 같이 정말로 그렇다면, 도피는 아무 의미가 없는 것이다. 중요한 것은 장소를 가리는 데 있는 것이 아니라 마음가짐에 있다. 도연명은 자신의 시에서 "마음이 멀어지면 땅은 저절로 외떨어진다心遠地自偏"라고 말했다. 이것은 장자의 의도를 깊이 깨달은 것이다. 마음이 멀어져 버리면 그 땅이 아무리 시끌벅적하든 어떻든 상관 없이 외떨어진 것이다. 반대로 말하면 아주 외떨어진 땅이라 해도 만약 마음이 이 세상에 매우 가까이 있다면 결국 시끌벅적한 것이다.

이 때문에 장자는 결코 세상을 피하는 방식인 흔적을 없애는 것을 주장하지 않았다. 그가 "흔적을 없애는 것은 쉽지만 땅을 밟지 않는 것은 어렵다"라고 말한 것은 바로 이런 의미이다. 세상에서 도피하는 것은 무척 쉽다. 우리는 어떤 외딴 곳, 예를 들면 산속과 같은 곳으로 백이와 숙제처럼 감쪽같이 도망갈 수 있다. 그러나 사람은 결국 땅위에 발을 딛고 걸어야 한다. 장자에게 있어 중요한 것은 몸에 있었던 것이 아니다. 몸의 도피는 결국 상대적이고 제한적인 것이다. 정신의 도피

43) 『莊子』「人間世」: "不擇地而安之."

44) 『莊子』「人間世」: "無適而非君也, 無所逃於天地之間."

만이 진정한 도피인 것이다.

정신의 도피가 바로 심재, 즉 이 세상 앞에서의 부동심이다. 이 부동심은 결코 위장된 것이 아니다. 그것의 기초가 무심이기 때문에 장자는 그것을 '자연의 이치에 따르는 것天使' 이라고 불렀는데, 유심의 작위, 즉 '인욕에 끌려가는 것人使' 과 상대적인 것이다. '인욕에 끌려가는 것' 은 위장할 수 있고 심지어는 또 부동심으로 위장할 수도 있지만, '자연의 이치에 따르는 것' 은 거짓이 없는 것이다. 이 부동심은 우리가 이 세상의 속박을 받지 않게 할 수 있고, 이 세상의 걸림돌이 되지 않게 하고, 그 속에서 초월해 나오게 할 수 있다.

장자는 이러한 초월을 '비행飛' 이라고 불렀다. "날개를 가지고 나는 것에 대해서는 들어 보았겠지만, 날개 없이 나는 것은 들어 보지 못했을 것이다." 이런 비행은 당연히 새가 나는 것과는 다르다. 새의 비행은 날개의 도움을 필요로 하기 때문이다. 그런 비행은 당연히 유심有心의 비행도 아니다. 마음을 가지고 나는 것은 처음부터 끝까지 세속의 인력引力에서 벗어나지 못하고 오히려 세속의 끌어당기는 힘이 클수록 더욱 팽팽해진다. 이것은 날개 없이 나는 것이고 또 정신의 비행이다. 마음은 날개가 없는 것이고 그것이 나는 데는 어떤 것의 도움도 필요로 하지 않는다. 그것이 필요로 하는 것은 무심이다. 무심하면 세속적 세계를 초월하여 하늘의 정원天庭에 도달할 수 있다. 그것은 심재에 든 사람이 도와 합일된 것과 같다.

확실히 무심은 바로 지식의 배제를 의미한다. 유가에서 지식 혹은 지적인 능력은 줄곧 강조된 덕행이었다. 마음의 초월은 지식의 도움을 받아야만 완성되는 것이다. 예를 들면 사람은 반드시 먼저 도덕적 지식이 있어야만 비로소 의식적으로 도덕적인 행위를 하게 된다. 이것이

『대학』의 팔조목 중 '격물치지格物致知'가 가장 앞에 놓인 이유인 것이다. 지식은 아마도 장자가 여기서 말한 '날개'에 해당할 것이다. 유가는 그것에 의지해야만 날 수 있다. 그러나 장자는 아니다. 장자가 볼 때 지식으로는 이 세상에 대처하지도 못할 뿐만 아니라 더욱이 우리가 날도록 도와주지도 못한다. 안회의 지식이든, 섭공 자고의 지식이든, 안합의 지식이든 혹은 다른 어떤 사람의 지식이든 상관 없이 모두 이와 같다. 더 중요한 것은 지식은 일종의 외향적 행위로서 생명을 외부 세계 속에 침몰시켜 버릴 수 있다는 점이다. 지식 속에서 사람의 마음은 외물을 뒤쫓고, 그리하여 외물과 세계의 노예가 되어 버린다.

이 때문에 장자는 확고하고 분명한 태도로 지식을 배척했다. 그러나 결코 모든 앎을 거부한 것은 아니었다. 그는 분명하게 "지각을 가지고 아는 것"과 "지각 없이 아는 것"을 구별했다. 앞의 것은 지식을 빌려 도달하는 앎이고, 뒤의 것은 지식을 잊은 뒤에 얻는 세계에 대한 이해이다. "지각을 가지고 아는 것"은 유한한 것이고 "지각 없이 아는 것"만이 사람들을 초월하게 할 수 있다. 앞의 것은 사물에 대한 지식이고 뒤의 것은 도에 대한 지식이다. 반드시 먼저 이 세상을 잊어야만 다른 세계에 도달할 수 있다. 사물을 잊어야만 도를 향해 나아갈 수 있다. 만물을 잊은 뒤에 마음은 바로 텅 빈 방이 된다. 그 안에는 아무것도 없다.

그러나 바로 이 텅 빈 방 안에 무한한 빛이 생겨난다. 그것은 진정한 지혜의 빛이고, 그것은 만물을 꿰뚫고 만물의 처음에 도달할 수 있다. 그것은 사람을 이끌어 외물로부터 도로 돌아가게 하고, 동시에 생명 자체로 돌아가게 한다. 외물을 뒤쫓던 생명은 편히 쉴 수 없다. 몸이 안정된다 해도 정신은 계속 바쁘고 초조하다. 장자는 그것을 이미

지화해서 좌치坐馳라고 불렀다. 그것과 반대되는 것은 "귀나 눈을 안으로 통하게 하고 마음과 지각을 배제하는" 것이다. 귀와 눈이 더 이상 외물에 집착하지 않고 마음을 향해 열리며, 심지心知는 배제된다. 이때 모든 것은 정적, 즉 고요하고 평온한 상태가 된다. 마음은 고요하고 평온한 것이고, 세계는 고요하고 평온한 것이다.

쓸모없음 – 생명을 보전하는 지혜

바로 이처럼 동요하는 세상에서 장자는 몸을 보존할 곳을 발견했다. 물러나야만 이 몸을 보존할 수 있는 곳에 도달할 수 있으며, 이것 말고 다른 방법은 없다. 우리가 구세와 유위의 마음을 포기하려 한다면 구세와 유위를 위해 준비해 둔 지식과 재능까지도 포기해야 한다. 지식과 재능은 우리에게 무엇을 가져다줄 수 있을까? 초조함, 고통, 그리고 위험뿐이다. 비록 소 잃고 외양간 고치는 것일지언정 늦은 것은 아니다. 그러나 가장 좋은 선택은 처음부터 이 세계에 들어가지 않는 것이다. 우리는 처음부터 쓸모없는 사람이어야 했다. 인간 세상의 많은 어쩔 수 없는 것들과 고통스러운 것들에 대한 묘사를 거친 뒤 장자는 정식으로 그의 쓸모없는 여행길에 올랐다. 그가 이전에 했던 칠 원리와 관계가 있는 것인지 모르겠지만, 장자는 자주 나무를 설명 수단으로 삼았다. 상수리나무 사수社樹에 관한 다음과 같은 우화가 있다.

장석이 제 나라로 가는 길에 곡원曲轅에 이르렀을 때 상수리나무 사수[45]를 보았다. 크기는 소를 덮을 만했고[46] 둘레는 백 아름이었으며 높이는 산을 굽어보고 있을 정도였다. 열 길을 올라간 뒤에 가지가 나 있었는데, 배를 만들 수 있을 만큼 큰 곁가지만도 여남은 개였다. 구경꾼들이 장에 모여들 듯했다. 그러나 대목수는 돌아보지도 않고 계속 가면서 발길을 멈추지 않았다. 그의 제자가 실컷 보고 나서 장석을 좇아와 말했다. "제가 도끼를 들고 선생님을 따라 다닌 이래로 이처럼 아름다운 재목을 본 적이 없습니다. 그런데 선생님께서는 보려고도 않고 계속 가시면서 발길을 멈추지 않으시는데, 그 까닭은 무엇입니까?" "그만둬라. 그 얘기는 하지 마라. 그것은 쓸모없는 나무다. 배를 만들면 가라앉고, 관곽棺槨을 만들면 금방 썩고, 그릇을 만들면 금방 망가지고, 문짝을 만들면 진액이 흘러나오고, 기둥을 만들면 좀이 슨다. 이것은 재목이 안 되는 나무다. 쓸데가 없어. 그래서 이처럼 오래 살 수 있는 거야."

(장석이 돌아와 잠을 자는데) 사당의 신령인 상수리나무가 꿈에 나타났다. "너는 나를 무엇에 비유할 참이냐? 너는 나를 쓸모 있는 훌륭한 나무에 비유하려 하느냐? 산사나무, 배나무, 귤나무, 유자나무 등 과일나무들은 열매가 익으면 빼앗기고 빼앗기면 수난을 겪게 된다. 큰 가지는 꺾이고 작은 가지는 잡아당겨져 찢긴다. 이것들은 자기들의 타고난 재능 때문에 삶이 고통스러운 것이다. 그래서 타고난 수명을 다하지 못하고 중도에 요절하고 마니, 스스로 세속의 공격을 자초한 것이다. 사물들 중 그렇지 않은 것이 없다. 그런데 나는 쓸모 있는 곳이 없기를 추구한 지 오래되었다. 몇 번

---

45) 옮긴이: 사社는 토지신을 제사 지내는 사당을 뜻하는데, 대개 이곳에 그 사신을 숭배하는 사람들의 정신을 상징하는 나무를 심어 사수라고 불렀다.

46) 옮긴이: 원문 '其大蔽牛' 앞에 '數千'이라는 글자가 빠진 것으로 보는 주석가도 있지만, 나무의 줄기가 어찌나 큰지 건너편에 있는 소가 안 보일 정도라고 해석하는 학자도 있다.

이나 죽을 뻔했지만 지금은 목숨을 잘 보존하고 있으니 나에게는 큰 쓰임인 것이다. 만약 내가 쓸모가 있었다면 이처럼 클 수 있었겠느냐? 그리고 나나 너나 모두 사물인데, 어떻게 사물을 평가한단 말이냐? 너는 다 죽어 가는 쓸모없는 사람인데, 어떻게 쓸모없는 나무를 알아보겠느냐?" 장석이 깨어나 그 꿈을 풀이해 보았다. 제자들이 물었다. "쓸모없음에 뜻을 두었다면 왜 사수가 되었을까요?" "쉿! 아무 말 하지 마라. 그것 역시 다만 빌려 쓰고 있는 것뿐이다. 그렇게 함으로써 자기를 모르는 자들이 험담을 하도록 하는 것이다. 사수가 안 되었다면 아마 베였을 것이다. 그리고 그가 보전하고 있는 것은 일반 사람들과는 다른데도 그 겉으로 드러난 의미만 가지고 말하는 것은 사실과 너무 멀리 떨어진 것이 아니냐?[47]

장자는 자기가 보통 사람들과는 다른 아이디어를 제시하고 있음을 알고 있다. 일반 사람들이 모두 유용함을 추구하고 "배워서 넉넉해지면 벼슬에 나가는學而優則仕" 것을 추구하고 있을 때 그는 무용(쓸모없음)을 추구했다. 재목이라는 점에서 볼 때 상수리나무 사수는 쓸모없

---

47) 『莊子』「人間世」: "匠石之齊. 至乎曲轅, 見櫟社樹. 其大蔽牛, 絜之百圍. 其高臨山, 十仞而後有枝. 其可以爲舟者旁十數. 觀者如市. 匠伯不顧, 遂行不輟. 弟子厭觀之, 走及匠石. 曰, 自吾執斧斤以隨夫子, 未嘗見材如此其美也. 先生不肯視, 行不輟何邪. 曰, 已矣. 勿言之矣. 散木也. 以爲舟則沈, 以爲棺槨則速腐, 以爲器則速毁, 以爲門戶則液樠, 以爲舟則蠹. 是不材之木也. 無所可用. 故能若是之壽. 匠石歸. 櫟社見夢曰, 女將惡乎比予哉. 若將比予於文木邪. 夫柤梨橘柚果蓏之屬, 實熟則剝, 剝則辱, 大枝折, 小枝泄. 此以其能苦其生者也. 故不終其天年而中道夭, 自掊擊於世俗者也. 物莫不若是. 且予求無所可用, 久矣. 幾死, 乃今得之, 爲予大用. 使予也而有用, 且得有此大也邪, 且也若與予也, 皆物也. 奈何哉其相物也. 而幾死之散人, 又惡知散木. 匠石覺而診其夢. 弟子曰, 趣取無用, 則爲社, 何邪. 曰, 密. 若無言. 彼亦直寄焉. 以爲不知己者詬厲也. 不爲社者且幾有翦乎. 且也彼其所保, 與衆異, 而以義喻之, 不亦遠乎."

는 것이다. 그래서 "대목수는 돌아보지도 않고 계속 가면서 발길을 멈추지 않았"던 것이다. 대목수가 볼 때 이 나무는 타고난 재질 때문에 "배를 만들면 가라앉고, 관곽을 만들면 금방 썩고, 그릇을 만들면 금방 망가지고, 문짝을 만들면 진액이 흘러나오고, 기둥을 만들면 좀이 슨다." 그래서 아무도 그것을 자르지 않았고, 그 때문에 백 아름이나 되도록 자랄 수 있었고, 장수할 수 있었다.

대목수가 "이것은 재목이 안 되는 나무다. 쓸데가 없어. 그래서 이처럼 오래 살 수 있는 거야"라고 말할 때는 그가 옳았다. 그러나 그가 상수리나무 사수의 불만을 사게 된 까닭은 상수리나무 사수의 독특한 마음가짐을 알아차리지 못한 데 있었다. "그런데 나는 쓸모 있는 곳이 없기를 추구한 지 오래되었다." 이런 쓸모없음은 바로 이 나무가 "추구"해 온 것이고, 바로 자각적인 선택인 것이다. 상수리나무 사수는 쓸모 있는 훌륭한 나무들의 "타고난 재능 때문에 삶이 고통스러운" 참상, 즉 큰 가지는 꺾이고 작은 가지는 잡아당겨져 찢기고, 타고난 수명을 다하지 못하고 중도에 요절하는 것들을 익히 보았던 것이다. 그들은 모두 자기의 재능으로 세속의 도끼를 불러들였다. 이 때문에 상수리나무 사수는 쓸모없음을 선택하여 자기를 보전했다. 쓸모없음이 바로 자신의 큰 쓸모가 된 것이다. 상수리나무 사수는 물었다. "만약 내가 쓸모가 있었다면 이처럼 클 수 있었겠느냐?" 이것은 장자가 세속의 사람들에게 추궁하는 것이다. 이 추궁을 통해 장자는 사람들에게 그가 물러섬을 선택하고 쓸모없음을 선택한 이유와 마음가짐을 보여 주고 있다.

「인간세」를 읽다 보면, 계속 이와 유사한 주제를 보게 된다. 우리는 한 그루의 다른 큰 나무를 통해 장자가 "재목 아닌 것이 진짜 재목이다不材之材"라는 이치를 밝히는 것을 보게 될 것이다.

남백자기가 상商의 언덕으로 여행을 하다가 특이한 큰 나무를 보았다. 말 네 필이 끄는 마차 천 대 정도도 그 녹음으로 가릴 정도였다.[48] 남백자기는 "이것은 무슨 나무일까? 분명히 특이한 재목일 것이다"라고 중얼거렸다. 고개를 들어 가는 줄기를 보니 구부러져 있어 동량이 될 수 없었고, 고개를 숙여 큰 줄기를 보니 뱅글뱅글 돌아가는 무늬를 하고 있어서 관곽이 될 수 없었고, 잎을 핥아 보니 입이 헐어 상처가 생겼고, 냄새를 맡아 보니 사람을 미치게 하여 사흘 동안 그칠 수 없게 했다. 남백자기는 말했다. "이건 정말 재목이 못되는 나무라서 이처럼 크게 자랄 수 있었구나. 아, 신인은 이처럼 재목이 못된다."[49]

이 밖에 또 재능으로 인한 재앙과 불길한 것이 크게 길吉하다는 설명을 볼 수 있다.

송나라에 형씨荊氏라는 마을이 있었는데, 개오동나무, 측백나무, 뽕나무

48) 옮긴이: 이 부분에 해당하는 원문은 "結駟千乘, 隱, 將芘其所藾"로 논란이 많은 구절이다. 대개 隱과 將은 잘못 도치된 것으로 '將隱芘'가 맞다고 보며, '隱芘' 두 글자는 '가리다'는 뜻을 나타내는 것으로 풀이한다. 그리고 저자가 인용한 '藾'라는 글자는 다른 책에는 모두 '籟'로 되어 있다. 저자는 구두점이 일반적이지 않은 점에 대해서나 '籟' 자를 '藾' 자로 바꿔 쓴 데 대해서 아무 설명이 없다. 타자나 조판 과정에서 잘못 바뀐 것 같다. 달리 특별한 의미로 해석하여 이렇게 쓴 것이 아닌 것으로 판단되어 인용 원문은 그대로 옮겨 쓰되 번역은 일반적인 주석에 따른다.

49) 『莊子』「人間世」: 南伯子綦遊乎商之丘. 見大木焉, 有異. 結駟千乘, 隱, 將芘其所藾. 子綦曰, 此何木也哉, 此必有異材夫. 仰而視其細枝, 則拳曲而不可以爲棟梁. 俯而視其大根, 則軸解而不可以爲棺槨. 咶其葉, 則口爛而爲傷. 嗅之, 則使人狂酲, 三日而不已. 子綦曰, 此果不材之木也. 以至於此其大也. 嗟呼, 神人以此不材.

등이 잘 자랐다. 그 나무들이 한 움큼 두께로 자라면 원숭이 말뚝을 구하는 사람이 베어 가고, 네다섯 아름 두께로 자라면 높고 큰 기둥을 찾는 사람이 베어 가고, 일고여덟 아름 두께로 자라면 귀족이나 부자들 중 관을 짤 재목을 구하는 사람들이 베어 갔다. 이처럼 타고난 수명을 다하지 못하고 중도에 도끼에 베어 요절당하니, 이것이 재앙이다. 그러므로 해解[50] 제사를 지낼 때 이마가 흰 소나 코가 들뜬 돼지나 치질을 앓는 사람 등을 재물로 황하에 던져서는 안 된다. 제사를 집행하는 무축巫祝은 이런 것을 이미 다 알고 있기 때문에 불길한 것으로 여긴다. 그러나 이것은 바로 신인神人이 크게 길하다고 생각하는 것이다.[51]

재목의 크고 작음이 다르기는 하지만 모두 사람들에게 쓸모 있는 것이 될 수 있다. 따라서 중도에 도끼를 맞아 요절한다. 장자는 또 불구의 동물과 사람을 언급한다. 그들은 병이 들었기 때문에 제사(의 희생)에 적합하지 않다. 그래서 희생에서 제외되는 행운을 얻은 것이다. 무축이 볼 때 이처럼 불구의 사람은 불길한데, 신령에게 봉헌할 희생은 적어도 완전해야 한다. 그러나 이런 불길은 신인이 볼 때는 오히려 크게 길하다. 이런 불구 때문에 생명의 보존을 보증 받은 것이다.

---

50) 옮긴이: 해解는 옛날에 천자가 죄의 사함과 복을 기원하면서 봄철에 지낸 제사의 이름이다. 이 해解를 지낼 때는 살아 있는 짐승이나 사람을 황하에 던져 재물로 바쳤다고 한다.

51) 『莊子』「人間世」: "宋有荊氏者. 宜楸柏桑. 其拱把而上者, 求狙猴之杙者斬之. 三圍四圍, 求高名之麗者斬之. 七圍八圍, 貴人富商之家, 求禪傍者斬之. 故未終其天年, 而中道夭於斧斤. 此材之患也. 故解之, 以牛之白顙者, 與豚之亢鼻者, 與人有痔病者, 不可以適河. 此皆巫祝以知之矣. 所以爲不祥也, 此乃神人之所以爲大祥也."

장자는 결국 화제를 사람에게로 돌려 놓았다. 이것이야말로 그가 관심을 가졌던 세계이다. 그는 장애인의 형상을 우리에게 다음과 같이 묘사해 보여 준다.

> 지리소라는 사람은 아래턱은 배꼽 속에 파묻혔고, 어깨는 정수리보다 높았고, 상투는 하늘을 가리키고 오관五官은 위에 있었고, 두 넓적다리가 옆구리에 붙어 있었다. (그는) 바느질과 빨래를 해서 먹고 살기에 충분하였고, 키를 까불러 알곡을 고르는 일로 열 식구를 넉넉히 먹여 살렸다. 위에서 병사를 징발할 때 지리소는 사람들 사이에서 어깨를 치켜들고 다녔다. 위에 큰 역사役事가 있으면 지리소는 지병이 있기 때문에 노역의 고통을 받지 않았다. 위에서 병자에게 곡식을 내릴 때는 석 섬의 양식과 열 다발의 땔감을 받았다. 육체가 불구인 사람도 제 몸을 건사하여 천수를 마칠 수 있는데, 하물며 그 덕이 불구인 사람은 어떻겠는가?[52]

이름만 보더라도 우리는 지리소의 생김새를 알 수 있을 것 같다. 목은 배꼽으로 오그라들었고, 어깨는 머리보다 더 높았으며, 상투는 하늘로 향해 있었고, 등은 위쪽에 있었다.…… 그러니 그 누가 지리소보다 못생기고 쓸모없을 수 있겠는가? 아마도 사람들은 이런 폐인을 불쌍하게 생각할 것이다. 그러나 장자는 오히려 그의 쓰임새를 발견했

52) 『莊子』 「人間世」: "支離疏者, 頤隱於齊, 肩高於頂, 會撮指天, 五管在上, 兩髀爲脅. 挫鍼治繲, 足以餬口, 鼓筴播精, 足以食十人. 上徵武士, 則支離攘臂於其間. 上有大役, 則支離以有常疾, 不受功. 上與病者粟, 則受三鍾與十束薪. 夫支離其形者, 猶足以養其身, 終其天年, 又況支離其德者乎."

다. 그렇지 않은가? 그는 병역이나 노역에 복무하지 않아도 된다. 다른 사람들이 모두 소집을 피해 숨을 때 그는 도리어 저잣거리를 한가롭게 걸어 다닐 수 있다. 이뿐만이 아니다. 그는 국가의 도움, 예를 들면 구제 양식과 땔감 같은 것들을 받을 수 있다. 다른 쓸모 있는 사람들이 전쟁터나 노역장에서 죽어갈 때 지리소는 오히려 스스로 제 힘으로 벌어먹고 살 수 있는 것이다. 이것이야말로 쓸모없는 것의 쓰임새가 아닌가?

장자는 물론 모든 사람이 다 장애인이 될 것을 요구하는 것은 아니다. 그는 육체적으로 쓸모없어도 이처럼 좋은 점이 많은데 만약 쓸모없는 마음을 가진다면 어떻겠는가 하는 점을 말하고 싶었던 것이다. 쓸모없는 마음을 가진다면 그의 육체는 비록 완전하다 해도 역시 쓸모없는 것이다. 그에게는 세상에 쓰였으면 하는 바람이 없기 때문이다. 그래서 장자는 육체의 불구보다 더 중요한 것으로 덕의 불구를 제시했다. 그는 마음속을 꽉 메우고 있는 도덕, 지식 등을 해산시켜 모두 무無로 되돌아가게 했다. 그는 쓸모없는 사람散人이 되려고 했지, 재능 있는 사람이 되려고 하지 않았다. 이렇게 되면 쓸모 있는 마음은 완전히 없어지고, 쓸모없는 쓰임새가 홀연히 드러난다. 「인간세」는 다음과 같은 문장으로 전편의 끝을 맺는다.

> 산의 나무는 스스로 재앙을 불러들인다. 기름 등불은 스스로를 태운다. 계수나무는 먹을 수 있기 때문에 베이고, 옻나무는 쓸 수가 있기 때문에 잘린다. 사람들은 모두 쓸모 있는 것의 쓰임새는 알면서도 쓸모없는 것의 쓰임새는 알지 못한다.[53]

이 부분을 읽을 때, 장자의 냉철한 지혜를 감상하면서도 우리들의 마음에는 항상 쓸쓸한 감정이 피어난다. 만약 칼이나 불을 든 사람이 없다면 산의 나무가 베일 수 있겠으며, 기름 등불이 재로 변할 수 있겠는가? 계수나무를 먹을 수 있다고는 하지만 그것을 베지 않을 수도 있고, 옻은 쓸 수가 있지만 그것을 반드시 잘라야 하는 것은 아니다. 이 모든 것은 무도한 세계에 기인하는 것으로 쓸모 있는 사람이 그 재능을 발휘할 기회를 상실하게 만든다. 이 때문에 그들은 오직 지혜를 삼가고, 안으로 움츠러들며, 쓸모 있는 것을 없애 쓸모없는 것으로 만들어 버리기만 한다. 이 때문에 구세는 전생全生(개인의 생명을 온전히 보존하는 것)으로 바뀌고 열정은 냉철함으로 바뀌며 늠름함은 어찌할 수 없음으로 바뀌고 안회는 초나라 광인으로 바뀐다.

「인간세」의 서술 구조를 다시 돌아보아야 할 것이다. 사람이라는 각도에서 볼 때, 이 편은 안회에서 시작하여 섭공 자고, 안합 등을 거쳐 초나라 광인 접여에 이르러 끝맺는 구조이다. 사람과 세계의 관계라는 점에 착안하면 이 편은 적극적으로 이 세상에 진입하려고 하는 사람에서 시작하여 세상의 고난과 어찌할 수 없음을 발견하는 데 이르고, 다음으로 이 세계와 거리를 유지하는 것으로 끝맺는 구조이다. 이 역시 적극적으로 세상에서 쓰여지기를 추구하는 데서부터 쓸모없음을 추구하는 데 이르는 구조로, 뜨거움에서 차가움으로의 전환을 표현하

53) 『莊子』「人間世」: "山木自寇, 膏火自煎也. 桂可食, 故伐之, 漆可用, 故割之. 人皆知有用之用, 而莫知無用之用也."

는 구조이다. 더 중요한 것은 이 편은 장자의 생활과 심리적 궤적을 체현하는 구조라는 점이다.

사士 계층의 일원으로서 장자는 분명히 안회와 같은 방식으로 구세를 결심한 적이 있었을 것이다. 이것은 사실 전국시대 '사' 계층의 주된 의지를 대표한다. 그 시기의 '유사游士' 들을 한번 보기만 해도 우리가 말한 것이 거짓이 아니라는 것을 금방 알 수 있다. 종횡가 집단에서부터 법술지사法術之士에 이르기까지, "신농씨의 말을 하는 사람"[54]인 허행許行에서부터 "주도周道를 등지고 하정夏政을 쓰는"[55] 묵자에 이르기까지, "천하 다스리는 것을 손바닥 뒤집듯 한다"[56]고 일컬어지는 양주에서부터 "하늘이 만약 천하를 다스리려고 한다면 오늘날 나 말고 누가 그 일을 하겠느냐"[57]고 큰소리친 맹자에 이르기까지, 어느 누가 유세를 통하여 군주의 신임을 획득하고 현실 속에서 자신의 도를 행할 기회를 얻으려고 생각하지 않았을까? 비록 상앙이 사지가 찢기는 거열車裂의 형벌을 받았고, 오기가 허리가 잘리는 요참腰斬의 형벌을 받기는 했지만, 이런 일들은 권력의 길로 매진하는 '유사' 들의 결심에 털끝만큼도 동요를 일으키지 못했다. 그들은 이것을 자기들이 반드시 종사해야 할 일로 간주했다. 예를 들면 맹자의 "선비가 벼슬길에 나가는 것은 농부가 농사 짓는 것과 같다"[58]라는 한마디가 표현하고 있는 것

54) 『孟子』「滕文公上」: "爲神農之言者."

55) 『淮南子』「要略」: "背周道而用夏政."

56) 『列子』「楊朱」: "治天下如運諸掌."

57) 『孟子』「公孫丑下」: "(天)如欲平治天下, 當今之世, 舍我其誰也."

58) 『孟子』「滕文公下」: "士之仕也, 猶農夫之耕也."

은 선비가 정치에 종사하는 것은 그들이 하늘로부터 부여받은 책임과 사명으로, 농부가 농사 짓는 것처럼 자연스러운 것이라는 뜻이다. 그러나 섭공 자고와 안합을 통해 표현된 권력 세계의 실제 정황은 장자에게 다음과 같은 문제를 심각하게 생각하도록 했다. 정치 권력은 자기를 포함한 '사'들이 이처럼 추구하고 미련을 가질 만한 가치가 있는 것인가, 정치적 세계 밖에 또 다른 세계가 있는가? 바꿔 말하면 "선비에게 있어서 벼슬길"은 절대적인 명령을 구성할 수 있는가? 만약 아니라면 '사'에게는 아직 다른 선택의 여지, 예를 들면 은둔 같은 것이 있을 수 있다.

공자의 "불가능하다는 것을 알면서도 한다"는 태도와 달리, 장자는 불가능하다는 것을 알고서 안 하는 쪽을 선택했다. 아마도 장자가 볼 때 공자의 정신은 사람들의 존경을 받지만, 반드시 지혜롭다고 할 수 있는 것은 아니다. 산과 같은 고요함(집착)을 가지고 있다고 해서 물과 같은 움직임(융통성)은 더 이상 필요하지 않은가? 눈 앞에 있는 산이 넘을 수 없거나 혹은 무척 넘기 어려운 큰 산이라는 것을 발견했을 때, 우리는 그 큰 산을 포기하고, 일엽편주를 타고 작은 물에 떠서 노는 것을 생각해 본 적은 없었던가? 우리는 오로지 이 한 세계만 있는 것이 아니라 다른 세계가 있음을 믿어야 한다. 적어도 정치적인 세계 바깥에 생명의 세계가 또 있다.

우리는 이백의 「행로난」이라는 시 한 수로 이 편의 검토를 끝마칠 수 있을 것이다.

귀가 있어도 영천의 물에 씻지 말고
입이 있어도 수양산 고사리 먹지 말지니.

혼탁한 세상에서 빛을 품고 무명無名을 귀히 여긴들 무엇하며
고고함을 구름과 달에 비유한들 무엇하리.
내가 보니 예로부터 현자나 달인이라도
일을 이룬 뒤 물러나지 않은 자 모두 몸을 잃었다.
자서子胥의 시신은 오강吳江에 버려졌고
굴원은 상수湘水에 몸을 던졌다.
육기陸機의 용맹이 어찌 제 몸이나 지켰으며
이사李斯는 고통의 멍에를 일찍 벗어나지 못했다.
화정華亭의 학 울음소리 언제 다시 들을 수 있을까
상채上蔡의 푸른 사냥매 어찌 다 말할 수 있으리.
그대는 못 보았는가, 오나라의 장한張翰이 삶에 달관한 것으로 유명한 것을
가을 바람 불어오니 홀연히 강동 길이 그립다.
살아 생전에 한 잔 술을 즐기는 게 낫지
죽고 나서 천년 뒤에 이름 전해져 무엇 하리.[59]

이백이 볼 때 현실 세계 밖에는 술의 세계가 있었다. 이것은 장자가

---

59) 有耳莫洗潁川水, 有口莫食首陽蕨.
含光混世貴無名, 何用孤高比雲月.
吾觀自古賢達人, 功成不退皆殞身.
子胥既棄吳江上, 屈原終投湘水濱.
陸機雄才豈自保, 李斯稅駕苦不早.
華亭鶴唳詎可聞, 上蔡蒼鷹何足道.
君不見吳中張翰稱達生, 秋風忽憶江東行.
且樂生前一杯酒, 何須身後千載名.

원하던 것이 아닐 것이다. 장자는 술에 대해 말한 적이 없었지만, 그에게는 내면의 세계가 있었다.

三 · 양생주

장자가 말하는 양생은 결코 생명을 늘여 오래 사는 것延年益壽 따위가 아니다.
이 때문에 그의 양생의 문제는 근본적인 의미에서 자기와 타인 및 사회의 관계를
어떻게 처리할 것인가, 복잡하게 뒤엉킨 가시밭투성이의 환경 속에서
몸을 보존할 수 있는 안전한 땅을 어떻게 찾을 것인가 하는 데 있다.

생명과 도덕

생명의 문제가 인간 세상의 험악함 때문에 구세救世를 제치고 사상적 관심의 핵심으로 자리 잡을 때 양생을 둘러싸고 진행되는 토론 역시 저절로 그렇게 된다. 이름에서 보면 이 편의 이름이 된 '양생주養生主'는 양생이 위주가 된다고 이해할 수도 있고, 생명의 중심이 되는 것을 기른다는 것으로 이해할 수도 있다. 앞의 이해는 장자 철학이 생명이라는 주제에 관심을 기울이는 것과 완전히 일치하지만, 뒤의 이해는 장자의 양생 문제에 대한 특수한 견해를 도출시킬 수 있다. 확실히 장자가 말한 양생은 결코 팽조彭祖와 같이 오래 살기를 바라는 자들이 좋아하는 숨을 내쉬고 들이쉬는 것吹呴呼吸, 낡은 기운을 뱉어 내고 새 기운을 들이마시는 것吐故納新, 곰처럼 나뭇가지에 매달리거나 새처럼 목을 길게 빼는 것熊經鳥申[1] 등과 같은 기교가 아니다. 이런 기교는 물론 좀 더 오래 살고자 하는 목적을 충족시켜 줄 수는 있겠지만, 장자가 이

1) 『장자』「각의」의 다음 문장을 참조할 것. "吹呴呼吸, 吐故納新, 熊經鳥申, 爲壽而已矣. 此道引之士, 養形之人, 彭祖壽考者之所好也."

해한 양생과는 분명히 관계가 전혀 없다. 팽조 등은 사람을 자연인으로 생각한 것인데, 이런 사고 속에서 한 사람은 다른 사람의 존재나 사회의 존재에 대해 개의치 않을 수 있다. 이 때문에 사람과 사람의 관계는 그들이 처리해야 할 문제의 범위에 포함되어 있지 않다. 이는 「달생」에서 말한 단표單豹와 비슷하다.[2] 그러나 장자는 이와는 다르다. 장자의 문제는 인간 세상에서 발생하는 것이고, 그의 생각 역시 처음부터 끝까지 인간 세상을 떠나지 않는다. 이 때문에 그의 양생의 문제는 근본적인 의미에서 자기와 타인 및 사회의 관계를 어떻게 처리할 것인가, 복잡하게 뒤엉킨 가시밭투성이의 환경 속에서 몸을 보존할 수 있는 안전한 땅을 어떻게 찾을 것인가 하는 데 있다.

이 "몸을 보존할 수 있는 땅"이란 사실 실제의 물리적 공간, 예를 들면 산속이나 조정朝廷과 같은 곳이 결코 아니다. 우리는 차라리 그것을 일종의 생존의 태도라고 이해해야 할 것이다. 사람이 생명을 어떻게 이해하는가, 생명과 외적 대상과의 관계를 어떻게 이해하는가 등은 양생에 있어서 가장 근본적이고 중요한 것인데, 이것이 바로 생명의 중심이 되는 것을 기른다는 것이다. 이 때문에 양생의 뼈대는 결코 양형養形이 아니라 양심養心, 즉 일종의 삶의 태도를 배양해 내는 것이다. 이것이 바로 「양생주」의 근본적인 문제이다. 이 짧은 편의 앞머리에서

2) 『장자』 「달생」의 다음 구절을 참조할 것. "노나라에 단표라는 사람이 있었는데, 바위 동굴 속에서 물을 마시고 살면서 다른 사람들과 이해관계로 얽히지 않았다. 나이가 일흔이었는데도 안색이 어린아이와 같았다. 그런데 불행히도 굶주린 호랑이와 마주쳤는데, 굶주린 호랑이는 그를 잡아먹어 버렸다(魯有單豹者, 巖居而水飮, 不與民共利. 行年七十而猶有嬰兒之色. 不幸遇餓虎. 餓虎殺而食之)."

장자는 다음과 같이 쓰고 있다.

> 나의 삶은 끝이 있지만 지식에 대한 욕망은 끝이 없다. 끝이 있는 것으로 끝이 없는 것을 좇는 것은 위험하다. 위험함에도 지식을 추구하는 것은 더욱 위험하다. 선행을 하더라도 명성이 나도록 해서는 안 되고, 악행을 하더라도 형벌을 받을 정도가 되어서는 안 되며, 도를 따르는 것을 원칙으로 삼는다면 생명을 온전히 보존할 수 있고, 부모를 모실 수 있고, 천수를 다 누릴 수 있을 것이다.[3]

문제는 분명하다. 그가 말한 몸을 보존하는 것, 생명을 보존하는 것, 부모를 모시는 것, 천수를 다 누리는 것, 근원으로 돌아가는 것 등이 결국은 모두 양생인 것이다. 문제에 접근하는 방식 역시 분명하다. 즉 삶(생명)과 지식(욕망)의 관계이다. 장자에게 있어서 생명의 유한성과 지식의 무한성은 선명한 대비를 이루는데, 지식의 무한성이 의미하고 있는 것은 만물 혹은 세계의 무궁무진함이다. 유한한 생명과 무한한 세계가 서로 만날 때 우리는 어떤 태도를 취해야 할까? 어떤 한 사람이 넓고 넓은 큰 바다 한쪽에 서 있다고 하자. 그는 삶의 온 힘을 다해 바다에 도전해야 할지, 아니면 백사장에서 놀기만을 바랄 것인지 선택을 해야 한다. 나중의 태도를 취한 사람은 아마도 바다의 깊고 깊은 수렁이 언제든지 자기의 생명을 삼켜 버릴 수도 있고, 혹은 무한한

---

3) 『莊子』 「養生主」: "吾生也有涯, 而知也無涯. 以有涯隨無涯, 殆已. 已而爲知者, 殆而已矣. 爲善無近名, 爲惡無近刑, 緣督以爲經, 可以保身, 可以全生, 可以養親, 可以盡年."

바다가 끊임없이 자기의 생명을 갉아먹고 있어도 자기는 도리어 영원히 바다를 이해하지 못할 것이라고 생각할지도 모른다. 이 때문에 그는 바다와 일종의 묵계를 맺는다. 두 가지 태도 중 앞의 태도는 매우 분명하다. 사람과 바다는 일종의 대립적인 관계, 즉 도전과 정복 혹은 정복자와 피정복자의 관계에 있고, 생명은 진정한 문제를 형성하지 못한다.

장자의 태도도 명백하다. 필생의 힘을 다하여 지식을 추구하는 사람은 위험하다. 왜냐하면 그것은 사람을 헤아릴 수 없는 세계로 인도할 수 있기 때문이다. 이런 위험을 알면서도 그치지 않는 사람은 물론 어떤 약으로도 구제할 수가 없다. 이 부분을 읽을 때는 늘상 혜시를 떠올리고, 「천하」에서 혜시에 대해 다음과 같이 평가한 것을 떠올리기도 한다.

> 덕에는 취약하고 외물에 대해서는 위세를 부리기 때문에 그의 도는 협소하고 왜곡되었다. 천지의 도라는 관점에서 혜시의 재능을 보면 그것은 한 마리 모기나 한 마리 진딧물의 노력에 불과한 것이다. 그것이 외물에 대하여 무슨 쓸모가 있는가? 하나의 학설로 행세하는 것은 괜찮으나 만약 도보다 더 귀하다고 말한다면 위험하다. 혜시는 이 도에 만족할 수 없었기 때문에 관심을 만물에 분산하면서 싫증내지 않았고, 마침내 달변가라는 이름을 얻었다. 안타깝다. 혜시의 재능은 크고 넓어서 도를 얻을 수 없었고 마침내 만물을 좇아갔다가 되돌아오지 않았다. 이는 소리를 쳐서 메아리를 없애려는 것이고, 몸과 그림자가 경주하는 것이다. 안타깝다.[4]

혜시는 박학과 달변으로 아마도 일찍부터 '지식인'이라는 명예를 얻었을 것이다. 그런데 무엇이 진정한 앎인가? 과연 장자가 "진인眞人이 있고 나서야 진지眞知가 있다"라고 말한 것과 같다면 혜시는 분명히 진인이라고 할 수 없다. 진인은 이 세계의 주인이어야지 노예여서는 안 된다. 그러나 혜시는 만물과 온 세계를 해석하면서도 가장 중요한 것, 즉 자기를 잊어버렸다. "관심을 만물에 분산하면서 싫증내지 않았고," "만물을 좇아갔다가 되돌아오지 않았다"는 표현에서 우리가 보는 것은 만물에 이끌려 한순간도 쉬지 못하는 사람, 태양을 쫓아가는 과보夸父와 같은 인물이다. 그는 항상 목마름을 느끼고 필사적으로 앞을 향해 물줄기를 찾아가면서도 멈추어 서는 것만이 가장 좋은 해갈의 방법임을 알지 못한다. 이것은 마치 물체와 그림자의 경주, 혹은 목소리와 메아리의 시합과 같으니 어떻게 끝나겠는가, 어떻게 끝이 있을 수 있겠는가?

물론 끝이 있다. 그러나 그 끝은 비극적인 것, 즉 과보와 같이 죽는 것이어서는 안 된다. 생명의 마감은 물론 몸과 그림자의 경주가 끝남을 의미한다. 그러나 생존 및 생존에 수반된 모든 '의미'의 마감이기도 한 것이다. 다른 종류의 마감이 필요하다. 이 마감 속에서 생명은 연속되고 아울러 새로운 의미를 드러낸다. 이런 유의 마감은 바로 노자가 말한 "그칠 줄 알면 위험하지 않다"[5]는 말 속의 그칠 줄 아는 것이다. 지식에는 그침이라는 경지가 없다. 그러나 우리의 마음에는 그

---

4) 『莊子』「天下」: "弱於德, 强於物, 其塗隩矣. 由天地之道, 觀惠施之能, 其猶一蚊一虻之勞者也. 其於物也何庸. 夫充一尙可. 曰愈貴道, 幾矣. 惠施不能以此自寧, 散於萬物而不厭, 卒以善辯爲名. 惜乎. 惠施之才, 駘蕩而不得, 逐萬物而不反. 是窮響以聲, 形與影競走也. 悲夫."

5) 『老子』 제44장: "知止不殆."

침의 경지가 있어야 한다. 우리는 지식에 대하여 한계를 그어야 하고, 지식과 생명의 관계에 대해 진지하게 생각해 보아야 한다. 지식은 생명을 위한 것이지 그 반대가 아니다. 이 때문에 생명은 영원히 생명이지 지식 혹은 그것과 관련된 외물이 아니며, 이 생명이야말로 우리가 가장 관심을 가져야 할 대상인 것이다.

이것은 다른 가르침과는 분명히 다르다. 유가든 묵가든 모두 애초부터 생명을 중요한 관심사로 보지 않았고, 더욱이 궁극적 관심사가 아니었음은 말할 나위도 없다. 유가에서 인의와 예악 그리고 도덕과 질서는 처음부터 끝까지 그들 사고의 핵심이었다. 살신성인殺身成仁, 사생취의捨生取義 등은 모두 도덕이 생명에 우선하는 가치이고, 선악과 시비 등의 구분 및 그에 상응하는 실천은 가장 중요한 일임을 선언적으로 보여 주는 것이다. 『맹자』에서 '지智'는 "옳음과 그름을 가리는 마음"으로 정의되지 않는가?[6] 그리고 이 옳음과 그름을 가리는 마음은 모든 사람이 가지고 있는 능력으로 간주되며, 이 능력은 사람을 이끌어 도덕적 생활을 추구하도록 하고 군자와 성인이 되도록 한다.

도덕이 우선인 유가와 생명이 우선인 장자가 서로 만났을 때 그들의 충돌은 불가피한 것이었다. 생명이라는 주제 아래서 도덕은 반드시 부차적이고 종속적인 것으로 자리매김 된다. 도덕은 헤아릴 수 없는 것이다. 유가에는 유가의 도덕이 있고, 묵가에는 묵가의 도덕이 있다. 그러나 생명은 유일한 것으로 각각의 사람이 모두 절실하게 느끼는 것이다. 우리는 양주를 다룬 부분에서, 유가 특히 묵가와 견주어 언급한

---

6) 『孟子』「告子上」: "是非之心, 知也."

'경물중생經物重生'의 주장에 대해 이미 살펴보았다. 이 가볍게 생각해야 할 외물 가운데는 도덕도 포함되어 있다. 천하를 이롭게 하는 것은 의義일 것이다. 그러나 "터럭 한 올을 뽑아 천하를 이롭게" 해야 한다고 한다면 양주도 하지 않을 것이다. 우리는 장자에게서도 그와 똑같이 도덕을 포함한 외물에 대한 멸시의 태도를 발견할 수 있다.

글자상으로 볼 때 "선행을 하더라도 명성이 나도록 해서는 안 되고, 악행을 하더라도 형벌을 받을 정도가 되어서는 안 된다"는 말은 선과 악의 구분에 대한 승인을 유보하고 있는 것 같다. 그러나 이런 견해의 이면에 선악의 구분은 이미 사라져 버렸다. 중요한 것은 선과 악에 있는 것이 아니다. 만약 그것들이 정말로 중요하다면 장자도 유가의 신봉자들과 마찬가지로 "선이 작다고 해서 실천하지 않아서는 안 되고, 악이 작다고 해서 실천해서는 안 된다"라는 말을 신조로 받들 것이다. 명성이 나지 않을 정도와 형벌을 받지 않을 정도가 중요하다. 왜냐하면 그것들은 모두 생명과 관계가 있기 때문이다. 형벌은 당연히 생명에 상해를 끼치는 것이고, 명성 역시 언제 그렇지 않은 적이 있었던가? 여기서 우리는 도덕(예를 들면 선과 악의 구분)이 생명 앞에서 퇴장, 적어도 뒤로 물러났음을 보게 된다.

그러나 이것은 우리가 일종의 부도덕한 생활을 해도 좋다는 것을 말하는 것은 결코 아니다. 도덕적인 생활이 선악의 구분 위에 입각한 선에 대한 추구라고 말한다면 부도덕한 생활은 바로 그와는 반대이고, 선에 대한 파괴 및 그에 상응하는 악의 실천이 되어야 할 것이다. 장자는 선과 악 모두에 비판적이었고 옳음是과 그름非 두 가지 다 긍정하였으며, 요임금이나 걸왕에 대한 구분도 없었다. 만약 유가적 표준에서 본다면 우리는 이것을 비도덕적인 생활이라고 말할 수는 있지만, 부도덕한 생활은 절대 아닌 것이다. '비非'와 '불不'은 비록 한 글자 차이지만 의미는 크게 다르다. '불'은 '아닌'(부정되는) 것과 상대되지만, '비'는 오히려 '아닌'(부정되는) 것과 상대되지 않는다. 그것은 서로 다른 차원에 있다. 만약 장자에게 선택하라고 한다면, 생활에 대한 자기의 이해를 묘사하는 데 도덕을 초월한다는 말의 사용을 더 좋아할 것이다. 어떤 의미에서든 이것은 모두 도덕에 대한 초월이지 단순한 부정이 아니다.

이 점은 노자를 생각나게 한다. 그는 "대도가 사라지고 인의가 있게 되었다"[7]라는 말을 했고, "도를 잃은 뒤에 덕이 생겼고, 덕을 잃은 뒤에 인이 생겼고, 인을 잃은 뒤에 의가 생겼고, 의를 잃은 뒤에 예가 생겼다"[8]라고 말하기도 했다. 그의 도는 언제나 세속에서 말하는 도덕, 예를 들면 인의 등과 같은 것들을 초월하는 것이다. 천지는 인자하지 않은 것이기 때문에 성인도 이와 같아야 한다.[9] 장자와 노자가 처리한 문제는 같지 않았지만, 세속적 도덕을 초월했다는 점에서 그들은 일치한다.

---

7) 『老子』 제18장: "大道廢, 有仁義."

8) 『老子』 제38장: "失道而後德, 失德而後仁, 失仁而後義, 失義而後禮."

9) 『노자』 제5장의 "천지는 인자하지 않고 만물을 개허수아비로 여긴다. 성인은 어질지 않고 백성을 개허수아비로 여긴다(天地不仁, 以萬物爲芻狗; 聖人不仁, 以百姓爲芻狗)." 참조.

연독緣督 – 도를 따르다

장자는 어떤 것에도 집착하려고 하지 않았다. 그것이 좋은 것이든 나쁜 것이든 상관 없이 집착은 생명에 대해 아무 좋은 점도 없다. 그가 원하는 것은 마음을 비우고 세상에서 유유자적하는 것으로, 곧 앞에서 말한 "도를 따르는 것을 원칙으로 삼는다緣督以爲經"는 것이다.

"도를 따르는 것을 양생의 원칙으로 삼는다"는 것은 무슨 뜻인가? 이 구절을 이해하는 관건은 분명히 '독督' 자에 있다. 이 글자의 본래 의미로 보면 '독'은 사람의 척추의 중맥中脈을 가리킨다. 이것은 가운데에 있기 때문에 곽상郭象 등은 '연독緣督'을 곧바로 '순중順中' 즉 '중도를 따르는 것'으로 이해하기도 했다. 그리고 그것은 형질이 없기 때문에 허虛와 연결시킬 수 있었다. 왕선산은 이 두 가지 의미를 결합시킨 것 같다.

> 기경팔맥 가운데 임맥任脈과 독맥督脈은 날숨과 들숨 등의 숨쉬기를 제어한다. …… 몸 앞쪽의 가운데에 있는 맥을 임맥이라고 하고, 몸 뒤쪽의 가운데에 있는 맥을 독맥이라고 한다. 독맥은 가만히 멈춰 있으면서 좌우 어느 쪽으로도 치우치지 않으며, 맥의 위치만 있고 형질은 없는 것이다. 연독緣督이란 맑고 부드럽고 미묘한 기로서 비어 있는 곳虛을 따라 진행하다가 더 나아갈 수 없는 곳에서 멈추는데, 자연스러운 순리에 따라 움직이다가 가장 안정된 평형을 얻는 것이다.[10]

본래의 뜻이나 파생된 뜻으로 설명하는 것이 모두 매우 분명하다. 앞에서 말한 '도를 따르는 것을 원칙으로 삼는다緣督以爲經'는 것은 사실 옳고 그름이나 좋고 나쁨을 따지지 않고 사물의 맥락과 빈틈을 따르고 그 속에서 노는 것이다. 논다고 하는 것은 물론 좀 가뿐하게 하는 것이다. 그렇지만 좋고 나쁨, 옳고 그름을 따지지 않는다는 측면에서 말하면 그것은 오히려 적당한 것이다.

여기서 우리는 포정의 등장을 보게 된다. 그는 가장 잘 노는 사람으로, 소의 몸에서 논다. 장자의 문장은 얼핏 보면 단편적인 것 같지만, 자세히 음미해 보면 모두 핏줄처럼 서로 이어져 있다. 위쪽의 문장에서부터 포정이 소를 잡는다는 문단에 이르기까지도 역시 그렇다. 소를 잡는다는 문단은 주석가들이 이미 말한 것처럼 '도를 따르는 것을 원칙으로 삼는다緣督以爲經' 라는 다섯 글자로부터 이끌어 낸 것이다. 이 우화를 아래와 같이 옮겨 본다.

> 포정이 문혜군을 위해 소를 잡는데, 손이 닿을 때, 어깨로 밀 때, 다리로 밟을 때, 무릎으로 누를 때마다 휙휙, 쩍쩍하고 소리를 냈고, 칼을 놀릴 때마다 석 하는 소리를 냈는데, 음률에 맞지 않는 것이 없었다. 그것은 '상림桑林' 의 무악과도 일치하였고, '경수經首' 의 박자에도 들어맞았다. 문혜군이 말했다. "아, 그것 참 훌륭하구나. 기술이 어쩌면 이런 경지에까지 이를 수 있단 말인가?" 포정이 칼을 내려놓고 대답했다. "제가 좋아하는 것은 도道로서 기술보다는 한 단계 진보한 것입니다. 제가 처음 소를 잡기 시작할 때는 보이는 것마다 소 아닌 것이 없었습니다. 3년이 지난 뒤 저는

10) 郭慶藩, 『老子集釋』 제1책(中華書局, 1982) 117쪽: 奇經八脈, 以任督主呼吸之息 …… 身前之中脈曰任, 身後之中脈曰督. 督者居靜, 而不倚於左右, 有脈之位而無形質者也. 緣督者, 以淸微纖妙之氣, 循虛而行, 止於所不可行, 而行自順, 以適得其中.

소의 전체 모습을 본 적이 없습니다. 지금 저는 신神[11]으로 소를 대하고 눈으로 보지 않습니다. 감관과 지각이 멈추고 신의 작용이 시작됩니다. 자연의 결天理에 따라 큰 틈을 치고 큰 구멍을 따라 칼을 당겨 본디부터 나 있는 길을 따릅니다. 지맥과 경맥이 뼈에 붙어 있고, 살과 근골이 서로 모여 있는 곳에서도 조금의 어려움도 느낀 적이 없었으니 큰 뼈에 대해서 무슨 어려움이 있겠습니까? 훌륭한 요리사는 한 해에 한 번 칼을 바꾸는데 자르기 때문입니다. 보통의 요리사는 한 달에 한 번 칼을 바꾸는데, 부러뜨리기 때문입니다. 지금 저의 칼은 19년이 되었고 잡은 소만도 수천 마리나 되는데 칼날은 마치 방금 숫돌에 갈아 온 것 같습니다. 소의 마디에는 틈이 있고 칼날은 두께가 없습니다. 두께가 없는 것을 틈 속으로 집어넣으면 넓고 넓어서 칼을 놀리는 데 반드시 여지가 있기 마련입니다. 이 때문에 19년이 지났는데도 칼날은 마치 방금 숫돌에 갈아 온 것 같습니다. 그러나 매번 근육과 뼈가 뒤엉켜 있는 곳에 이르면 저는 매우 어렵다는 것을 알고 바짝 긴장하여 시선은 고정되고 행동은 느려지며 칼의 움직임은 매우 미세해집니다. 철퍽 하는 소리와 함께 해체가 끝나면 (뼈와 살이) 흙덩이처럼 땅에 쌓입니다. 칼을 들고 서서 사방을 돌아보고 느긋하고 만족스러워하면서 칼을 닦아 보관합니다." 문혜군이 말했다. "훌륭하다. 나는 포

---

11) 옮긴이: '신神'은 우리가 말하는 정신이 아니라 오히려 그것과 상반될 수도 있는 개념이다. 주석가들이 '신'을 '정신'으로 주석할 때도 역시 오늘날 우리가 말하는 정신의 개념과는 전혀 다르다. 이 문장 등에서 장자가 말한 '신'이나 주석가들이 말한 '정신'은 의식의 간섭을 받지 않은 원초적이거나 본능적인 어떤 능력을 뜻하는 말이다. 이 책의 필자 역시 별다른 설명 없이 그냥 '신'이라는 말을 사용하고 나중에 신기神氣라고 해석한다. '신'을 '신기'로 해석하는 데는 찬성하지만, 그것을 번역어로 쓰기에는 적절하지 못하다. 결국 역자는 '신'에 해당하는 적절한 번역어를 찾지 못하여 '신'이라는 말을 그대로 썼다.

정의 말을 듣고 양생의 방법을 얻었다."[12]

이 우화의 우의寓意는 매우 분명할 것이다. 그런데 우화가 우화인 이유는 바로 그것이 여러 각도에서 분석할 수 있기 때문인데, 이것은 아마도 해석자가 '소를 잡는' 것에 대해 분석하기를 즐겼기 때문일 것이다. 문혜군의 "나는 포정의 말을 듣고 양생의 방법을 얻었다"라는 말은 화룡점정畵龍點睛의 마무리로서 이 우화에서 빠져서는 안 되는 부분이다. 그것은 해석 과정에서 지나친 자의성을 방지하고 사고를 양생의 범위 안으로 제한한다.

소를 잡는 일에는 세 가지 유형적인 요소가 연관되어 있다. 그것은 요리사, 소, 그리고 요리사가 소를 잡을 때 사용하는 도구인 칼 등이다. 당연한 이야기지만 무형적인 요소도 있다. 그것은 요리사의 기술, 경험 및 이해 등을 포함한다. 이 세 가지의 유형적인 요소 가운데서 장자는 칼의 운명에 대해 확실히 더 관심을 가졌다. 똑같은 칼이라도 다른 요리사의 손에 들어가면 다른 방식으로 소를 잡기 때문에 칼들은

---

12) 『莊子』「養生主」: "庖丁爲文惠君解牛. 手之所觸, 肩之所倚, 足之所履, 膝之所踦, 砉然嚮然. 奏刀騞然莫不中音. 合於桑林之舞, 乃中經首之會. 文惠君曰, 嘻, 善哉, 技蓋至此乎. 庖丁釋刀對曰, 臣之所好者道也. 進乎技矣. 始臣之解牛之時, 所見無非牛者, 三年之後, 未嘗見全牛也. 方今之時, 臣以神遇, 而不以目視. 官知止, 而神欲行. 依乎大理, 批大郤導大窾, 因其固然. 技經肯綮之未嘗, 而況大軱乎. 良庖歲更刀. 割也. 族庖月更刀. 折也. 今臣之刀十九年矣. 所解數千牛矣. 而刀刃若新發於硎. 彼節者有閒, 而刀刃者無厚. 以無厚入有閒, 恢恢乎其於遊刃, 必有餘地矣. 是以十九年而刀刃若新發於硎. 雖然每至於族, 吾見其難爲, 怵然爲戒, 視爲止, 行爲遲, 動刀甚微. 謋然已解, 如土委地. 提刀而立, 爲之四顧, 爲之躊躇滿志. 善刀而藏之. 文惠君曰, 善哉. 吾聞庖丁之言, 得養生焉."

곧 다른 결말을 맞게 될 것이다. 조금 괜찮은 요리사良庖는 일 년에 한 번 칼을 바꾸고, 보통의 요리사族庖는 한 달에 한 번 칼을 바꾼다. 그렇다면 우화의 주인공인 포정은 어떤가? 그의 칼은 사용한 지 19년이 되었어도 칼날은 마치 숫돌에서 새로 나온 것 같았다. 즉 금방 숫돌에 갈아서 가지고 온 것과 같았다는 것이다. 그것은 서립산徐笠山이 "보통 요리사의 칼이라도 포정의 손에 들어가면 곧 19년을 쓸 수 있을 것이다"라고 말한 것처럼 결코 칼이 조금이라도 다르기 때문이 아니다. 거꾸로 포정의 칼이 보통 요리사의 손에 들어가면 겨우 한 달 밖에 못 쓸 것이다. 관건은 소를 잡는 기술, 즉 그들이 칼을 어떻게 써서 소를 잡는가에 있는 것이다.

소는 물론 엄청나게 크다. 그 속에는 골격과 관절, 그리고 여러 가지가 복잡하게 얽혀 있는 곳들이 매우 많다. 만약 우리가 소의 구조나 결을 마음속으로 확연하게 이해하고 있지 못하다면 칼은 이런 골절들과 만나 한바탕 싸움을 벌이게 되기 때문에 손상을 입는 것은 불가피하다. "훌륭한 요리사는 한 해에 한 번 칼을 바꾸는데 자르기 때문입니다." 일 년에 한 번 칼을 바꾸는 요리사는 항상 소를 '자른다.' "보통의 요리사는 한 달에 한 번 칼을 바꾸는데, 부러뜨리기 때문입니다." 한 달에 한 번 칼을 바꾸는 요리사는 칼을 가지고 소와 사투를 벌인다. 그렇다면 포정은 어떤가?

> 자연의 결天理에 따라 큰 틈을 치고 뼈마디에 난 큰 구멍을 따라 칼을 당겨 본디부터 나 있는 길을 따릅니다. 지맥과 경맥, 그리고 뼈에 붙은 살과 근골이 서로 뒤엉켜 있는 곳도 아무런 장애가 된 적이 없었으니 큰 뼈에 대해서 무슨 어려움이 있겠습니까? 훌륭한 요리사는 한 해에 한 번 칼을 바

꾸는데 자르기 때문입니다. 보통의 요리사는 한 달에 한 번 칼을 바꾸는데, 부러뜨리기 때문입니다. 지금 저의 칼은 19년이 되었고 잡은 소만도 수천 마리나 되는데 칼날은 마치 방금 숫돌에 갈아 온 것 같습니다. 소의 마디에는 틈이 있고 칼날은 두께가 없습니다. 두께가 없는 것을 틈 속으로 집어넣으면 넓고 넓어서 칼을 놀리는 데 반드시 여지가 있기 마련입니다. 이 때문에 19년이 지났는데도 칼날은 마치 방금 숫돌에 갈아 온 것 같습니다.

이것은 현존하는 문헌 중 '천리天理'라는 두 글자가 발견되는 가장 이른 출처이다. 고대 중국 철학의 개념과 범주의 역사에 관심을 가진 사람이라면 아마도 이 점에 흥미를 가질 것이다. 그러나 우리는 우선 이 점을 접어 두기로 한다. 위의 문장에서 포정은 소를 '철저하게 간파한' 요리사라는 점을 알 수 있다. 철저하게 간파했기 때문에 그는 소의 자연적인 결에 따라 그 틈 사이로 칼을 놀릴 수 있었다. 소를 잡는 것이 가능한 까닭은 먼저 소는 본래부터 분해되는 것이기 때문이다. 그것은 매우 많은 골격을 가지고 있지 않은가? 골격들 사이에는 무척 많은 틈이 있지 않은가? 우리는 이 갈라진 틈이 무척 작을 것이라고 생각할 것이다. 그러나 우리는, 칼날이 지극히 미세하기 때문에 이 미세한 칼날은 갈라진 틈 속에서 충분한 공간을 찾아 여유 있게 움직이며 자르거나 부러뜨리는 운명을 완전히 피해갈 수 있다는 것을 알아야 한다.

이처럼 포정이 자유자재로 소를 잡을 수 있는 경지에 도달할 수 있었던 것은 무엇 때문일까? 이것은 문혜군이 품었던 의문이었고, 독자들의 의문이기도 하며, 저 훌륭한 요리사와 보통의 요리사들의 의문이기도 할 것이다. 우리가 만약 소를 잡는 실제적인 과정을 '손으로 잡기

手解' 라고 부른다면 '손으로 잡기' 이전에 포정은 이미 먼저 '눈으로 잡았고目解' '눈으로 잡기' 이전에는 '마음으로 잡았으며心解' '신으로 잡았다神解.' 포정이 "제가 처음 소를 잡기 시작할 때는 보이는 것마다 소 아닌 것이 없었습니다. 3년이 지난 뒤 저는 소의 전체 모습을 본 적이 없습니다. 지금 저는 신으로 소를 대하고 눈으로 보지 않습니다. 감관과 지각이 멈추고 신의 작용이 시작됩니다"라고 말하고 있듯이 소의 전체 모습을 본 적이 없었다는 것은 눈에 소 한 마리 전체가 들어오지 않았다는 것인데, 실제로 이것은 '눈으로 잡는 것' 이다. 포정의 눈에서 각종 관절과 골격과 결들은 뚜렷하게 드러나고 소는 이미 각각의 부분들로 분해되었다. 그는 마치 투시경을 가진 듯했다. 이때 칼을 움직이는 것은 이미 맹목적인 행위가 아니라 눈에서부터 비롯된 손의 자유를 실천하는 것이었다.

이뿐만 아니라 '눈으로 잡는 것' 위에 '신으로 잡는 것' 이 있다. 문혜군을 위해 소를 잡은 포정에게 그와 소의 접촉은 신에 의한 것以神遇이지 눈에 의한 것不以目視이 아니다. 이른바 "감관과 지각이 멈추고 신의 작용이 시작된다"는 것이 표현하려고 한 것은 일종의 신을 얻어 손이 그에 반응하는 상태인 것이다. 이때 외물에 의존하는 동시에 대상物과 나我를 구분하기도 하는 감관이 이미 퇴장해 버리고 그 자리를 대상과 나를 하나로 관통할 수 있는 신기神氣가 대신한다. 요리사와 소가 혼연일체가 되고, 이 때문에 소를 잡는 것 역시 완전히 외재적 활동인 것만은 아니다. 그것은 일종의 일인 동시에 예술적 표현인 것이다.

손으로 잡기, 눈으로 잡기, 그리고 신으로 잡기 등은 매우 자연스럽게 심재를 떠올리게 한다. 심재에서 귀와 마음과 기氣 역시 듣기에 대한 여러 경지를 구성한다. "귀로 듣기"와 "마음으로 듣기"에도 차원의 높고 낮음이라는 차이가 있기는 하지만, 내가 있고 이 때문에 '대상物'과 '나我'의 구별이 있다는 점에서 그 두 가지는 공통적이다. 여기에는 아직 나의 바깥에 있는 대상이 존재한다. 이 때문에 나와 대상 사이에는 여전히 진정한 '소통'이 없다. 만약 이런 소통이 없다면 나와 대상 사이에 진정한 이해가 있을 수 있겠는가? 내가 그 천뢰 소리를 충분히 이해할 수 있겠는가? 그러나 기로 들으면 그렇지 않다. 이때 나는 비워진다. 나의 비움은 물론 몸 혹은 생명의 소실을 의미하는 것이 아니라 마음의 무하유無何有의 상태를 나타내는 것이다. 이 상태에서 내가 사라짐에 따라 대상과 나의 경계 역시 사라지고 세계는 총체적인 하나로 소통한다. 바로 포정이 소를 잡는 것과 같이 이 과정에서 포정과 칼과 소는 이미 하나로 융합되어 버렸다.

운명과 양생

아직까지 우리는 소를 잡는 우화와 양생의 관계에 대해 언급하지 않았다. 그러나 이제 그것에 대해 이야기해야 할 때이다. 요리사와 칼과 소가 양생이라는 주제 아래서 각각 무엇을 상징하고 있는가? 간단하게 말하면 그것들은 각각 사람, 생명, 그리고 사회를 대표한다. 지인, 신인, 성인, 군자, 속인 등은 등급이 다르지 않은가? 이런 사람들은 마치 서로 다른 등급의 요리사가 있는 것과 같다. 그들은 다른 방식으로 사회를 만난다. 서로 갈등을 일으키면서 대립하는 사람도 있고, 만물을 좇아갔다가 돌아오지 않는 사람도 있고, 육체는 외물의 부림을 받으며 마음은 외물에 빠져 있는 사람도 있고, 그런 사람들 사이에서 소요하는 사람도 있다. 이는 마치 요리사마다 칼을 움직여 소를 잡는 방식이 다른 것과 같다. 이 때문에 그들에게는 서로 다른 운명이 있다. 몸을 수고롭게 하고 마음을 초조하게 하는 사람이 있고, 중도에 요절하는 사람이 있고, 혹은 천수를 다하는 사람이 있다. 그것은 예를 들면 각기 다른 요리사의 손 안에 있는 칼이 어떤 것은 한 달 만에 수명이 다하고, 어떤 것은 일 년 만에 수명이 다하고, 어떤 것은 19년을 사용하고도 새것과 같은 것이다. 소 잡는 우화를 통해 장자가 사람들에게 말하려고 한 것은 이것이다. 우리는 복잡하게 얽혀 있는 사회 관계를 어떻게 처리해야만 우리가 그 속에 몸을 둘 수 있고, 또 상해를 입지 않을 수 있으며, 나아가 유유자적할 수 있는가 하는 점이다.

소는 물론 엄청나게 크다. 우리에게 익숙한 동물 가운데서 방대한 이 사회를 표현하는 데 소만큼 적합한 동물이 없다. 경험이 없는 요리사에게 있어서 소의 방대함은 처음 그것을 대할 때 요리사를 어쩔 줄 모르게 하고 어디서부터 손을 써야 할 줄 모르게 만들기에 충분하다. 애매하고 분명하지 않은 것, 우리는 그것의 결, 골절, 깊이 등에 대해 알지 못하지만 반드시 그 속으로 들어가야 한다. 이때 분명히 전전긍긍하게 될 것이다. 우리는 당연히 한 부분만을 잡고서 전체로 간주하는, 장님 코끼리 만지는 식의 그런 사태가 일어나지 않도록 해야 할 것이다. 우리에게 이 일은 백해무익할 뿐이다. 이 때문에 우리가 먼저 해야 할 일은 소라는 것이 도대체 어떤 놀잇감인가를 분명히 해 두는 것이다. 우리는 그것의 결, 골절, 가죽 등이 우리 눈앞에 선명하게 드러나도록 해야 하고, 포정이 말한 눈에 소 한 마리 전체가 들어오지 않았다는 정도에까지 도달하도록 해야 한다. 이렇게 되면 소에 대한 모든 것이 마음속에 훤하게 드러나게 되어 칼을 움직일 때도 자유자재로 다루게 될 것이다. 사회를 대할 때는 어떤가? 우리는 당연히 이와 같이 해야 한다. 그 속으로 들어가려면 그것에 대해 반드시 먼저 이해해야 한다. 우리가 그것을 훤하게 꿰뚫어 볼 수 있을 때 우리는 그것의 갈라진 틈을 발견하여 그 속에서 유유자적할 수 있을 것이다.

이것 역시 '도를 따르는 것을 원칙으로 삼는다緣督爲經' 이다. 옛사람이 다음과 같이 말했다. "오직 소 잡는 이야기만 말했을 뿐인데 어떻게 나뭇가지에 꽃을 접붙이는 수법을 알았는지[13] 곧바로 '도를 따르는 것을 원칙으로 삼는다緣督爲經' 는 부분으로 귀결시켜 버렸다."[14] 이것은 우화 속의 '살과 근골이 서로 모여 있는 곳' 이라는 것과 딱 들어맞는 말이다. 어느 때 혹은 어떤 대상과 마주치더라도 가운데 빈 곳에서만 우리는 몸을 돌릴 수 있는 여지를 가진다. 우리는 예를 들면 뼈나 근육같이 빈틈 없이 꽉 찬 곳과 맞부딪칠 것인가? 그렇다면 충돌은 불가피하다. 저 일반적인, 혹은 아주 조금 괜찮은 요리사를 생각해 보자. 그들의 칼은 자르기도 하고 부러뜨리기도 한다. 그 때문에 요절의 운명을 벗어나기 어렵다. 우리도 이렇게 되고 싶은 것인가? 물론 아닐 것이다. 장자가 추구한 것은 매우 분명하다. 그것은 생명을 온전히 보존하는 것全生, 몸을 안전하게 지키는 것保身, 부모를 모시는 것養親, 그리

13) 옮긴이: "나뭇가지에 꽃을 접붙인다移花接樹"는 말은 주로 '移花接木' 의 형태로 자주 쓰이는데, 손을 써서 암암리에 사람이나 사물을 바꿔치기 한다는 것을 의미한다. 여기서 장자가 포정의 소 잡는 고사만을 이야기하면서도 어느새 슬쩍 양생의 문제를 말하고 있음을 비유적으로 표현한 것이다.

14) 藏雲山房主人 『南華大義懸解參注』(嚴靈峰 編, 『無求備齋莊子集成初編』 卷15, 臺北藝文印書館): "只道說宰牛故事, 豈知移花接樹, 直歸到緣督爲經部里來."

고 타고난 수명을 다 누리는 것盡年 등이다.

내가 맨 처음에 이미 말했듯이 팽조 등과 다른 점은, 장자의 양생의 문제는 사람과 사회의 관계 속에서 제기되었다는 것이다. 이 때문에 이 관계를 어떻게 처리할 것인가 하는 것이 핵심이다. 그 구체적인 표현이 바로 처세의 기술이다. 처세는 기술을 필요로 한다. 그것은 마치 소를 잡을 때 기술이 필요한 것과 같다. 소를 잡는 기술은 크게 보면 요리사의 소에 대한 이해에서 결정된다. "자연의 결天理에 따라 큰 틈을 치고 큰 구멍을 따라 칼을 당겨 본디부터 나 있는 길을 따라야" 하는 것이 아닐까? 우리는 소의 '자연의 결'이 무엇인지, 그리고 그것에 "본디부터 나 있는 길"은 또 무엇인지 등을 알아야 한다. 그래야만 비로소 우리는 '인因' 할 수 있고, '의依' 할 수 있으며, '연緣' 할 수 있는 것이다.[15] 대상은 따를 수 있는 미묘함을 가지고 있고 사람도 대상의 미묘함을 깨달을 수 있다. 여기서 우리의 지식(대상에 대한 지식)과 태도(대상에 따르는 태도)가 결합되는데, 이런 결합이 바로 기술을 구성할 것이다.

여기서 우리는 지식의 위치를 알았다. 지식은 어떤 의미에서든 모두 부정되는 것이 결코 아니다. 중요한 것은 지식과 생명의 관계이다. 생명은 지식을 추구하기 위한 것일까, 아니면 그 반대일까? 만약 외적

---

15) 옮긴이: 인因, 의依, 연緣은 여기서 모두 '따르다'라는 우리말로 번역된다. 앞의 포정 우화에서도 역시 이 글자들은 모두 '따르다'로 번역했다. 이 세 글자는 문맥에 따라 조금씩 다른 뉘앙스를 갖기는 하지만 달리 더 좋은 번역어를 찾기 어렵고, 특히 이것들을 구별해서 번역하기는 더욱 어렵다. 그래서 이 문장에서는 원문의 글자를 그대로 씀으로써 독자들이 원문으로부터 의미를 짐작해 보도록 했다.

대상에 대한 지식이 우리들을 외적 대상에 대한 통제物物에 도달하도록, 혹은 그것을 실현하도록 돕는다면, 지식은 바로 긍정적으로 받아들여질 수 있을 것이다. 반대로 만약 생명의 의미가 겨우 지식을 추구하는 데로 귀결되고 이 때문에 외적 대상을 좇는 것이 생명의 전부가 된다면, 그것은 바로 장자 말한 한계가 있는 것을 가지고 한계가 없는 것을 추구하는 것에 해당되는 것으로 위험하기 짝이 없다.

우리는 또 기술의 위치를 알았다. 포정이 소를 잡는 기술은 문혜군을 감탄해 마지않게 했다. "기술이 어쩌면 이런 경지에까지 이를 수 있단 말인가?" 이런 기술은 마치 예술처럼 보인다. "손이 닿을 때, 어깨로 밀 때, 다리로 밟을 때, 무릎으로 누를 때마다 휙휙, 쩍쩍하고 소리를 냈고, 칼을 놀릴 때마다 석 하는 소리를 냈는데, 음률에 맞지 않는 것이 없었다. 그것은 '상림桑林' 의 무악과도 일치하였고, '경수經首' 의 박자에도 들어맞았다." 이 때문에 그것은 이미 기술을 초월하여 도의 경지에까지 이른 것으로 보이기도 한다. 기술이 아무리 정교해도 여전히 인위의 산물이고, 따라서 인간의 유한성을 수반한다. 그러나 도는 자연에 모든 것을 맡겨 버린다. 장자에게 있어서 자연의 조화—천공天工—에 비해 인간의 기술은 너무 하찮아서 말할 가치도 없다. 「소요유」에서 "해와 달이 나왔는데도 횃불을 끄지 않고 들고 있어 본들 그것이 빛을 발하기는 어려운 것 아닌가"라고 말한 것처럼, 혹은 3년 동안 온 힘을 다해 잎사귀 하나를 만들어 진짜 잎사귀와 헷갈리게 할 수 있었던 기술을 가진 장인처럼 기교가 뛰어나기는 했지만,[16] 만약 천지가 이와 같다면 세상은 어떻게 될 것인가? 이 때문에 문혜군이 "기술이 어쩌면 이런 경지에까지 이를 수 있단 말인가?"라고 포정을 칭찬할 때, 포정이 "제가 좋아하는 것은 도입니다. 기술이 아닙니다"라고 대답한 것은 가장 자연스러운 것이었다. 도와 기술의 구별은 한편으로는 자연天과 인간의 차이(유심과 무심)이고, 다른 한편으로는 신神과 눈의 차이("저는 신으로 소를 대하고 눈으로 보지 않습니다")이다.

장자는 확실히 독창적으로 예술적 구상을 해내는 사람이다. 그는 생명이라는 주제를 도살 이야기로 풀어냈다. 도살 과정에 대한 그의 표현은 미감과 예술적 정신으로 충만해 있다. "손이 닿을 때, 어깨로 밀 때, 다리로 밟을 때, 무릎으로 누를 때마다 획획, 쩍쩍하고 소리를 냈고, 칼을 놀릴 때마다 석 하는 소리를 냈는데, 음률에 맞지 않는 것이 없었다. 그것은 '상림桑林'의 무악과도 일치하였고, '경수經首'의 박자에도 들어맞았다." 이 아름답고 신비로운 도살은 사람들에게 도살 그 자체를 잊게 하고 완전히 예술적 분위기 속으로 빠져들게까지 한다. 그는 아마도 인간 세상은 마치 거대한 도살장과 같다는 것을 암시하고 있는 것 같다. 우리는 도끼를 들고 있는 것이 아니다. 우리는 실제로는 휘두르는 도축용 도끼로부터 몸을 피하고 있는 것이다. 우리는 물론 도끼를 휘두르고 있는 사람이 도끼를 내려놓자마자 부처가 될 것

---

16) 옮긴이: 이 이야기는 『열자』「설부」의 다음 고사와 관련이 있다. "송나라 사람 중에 임금에게 옥으로 닥나무 잎을 조각해 주는 자가 있었는데, 그는 3년에 걸쳐 그것을 완성했다. 끝부분의 자연스러운 곡선, 가는 줄기, 잎과 줄기에 난 솜털이나 가시 등이 살아 있는 것 같았기 때문에 그것을 실제의 닥나무 잎 가운데 섞어 놓으면 구별할 수 없었다. 그 사람은 결국 그와 같은 절묘한 재주를 가지고 송나라에서 먹고 살았다. 열자는 이 이야기를 듣고, '천지의 생물들이 모두 3년 만에 잎사귀 하나씩만 만든다면 잎을 달고 있는 식물은 거의 없을 것이다' 라고 했다(宋人有爲其君以玉爲楮葉者, 三年而成. 鋒殺莖柯, 毫芒繁澤, 亂之楮葉中而不可別也. 此人遂以巧食宋國. 子列子聞之曰, 使天地之生物, 三年而成一葉, 則物之有葉者寡矣)."

이라고는 기대하지 않는다.[17] 그러나 우리는 그것을 피해 도망갈 수는 있다. 「인간세」에 비해 운명과 어쩔 수 없음에 대해 더 많이 강조하고 있는 점이 다른데, 이 때문에 "납가새풀이여, 납가새풀이여 내 발을 상하게 하지 마라"[18]와 같은 무력한 외침과도 다르다. 「양생주」는 더 적극적이고 능동적인 색채를 띠고 있다. 살아남아야 할 사회에 맞닥뜨려 할 수 있는 일이 아무것도 없다고 해서 그대로 두고 맡겨 버려야 하는 것이 결코 아니다. 우리는 살아남을 수 있는 갈라진 틈을 찾아 그 속으로 기어들고 좁은 틈 속에서 생존을 추구할 수 있는 것이다. 그렇다. 장자는 매우 강한 운명론자였고 또 운명을 편안히 받아들일 것安命을 요구했다. 그러나 그는 동시에 운명 속에서 능동적으로 자기의 생명을 파악한 사람이기도 하다. 운명론은 하나의 기조를 이룰 뿐이지 절대 전부가 아니다. 운명 외에 사람들이 자기의 유한한 지식과 기술을 뽐내는 무대가 있다. 이런 뽐내기에서 생명 속의 자유의 한 측면이 전개될 수 있다. 그것은 마치 포정의 손 안에서 넉넉하게 날을 놀리는 칼과 같은 것이기도 하고, 포정이 소를 잡은 뒤 느긋하고 만족스러워하는 것과 같은 것이기도 하다. 그러나 우리는 소를 잡을 때의 거리낌 없는 측면에 관심을 기울이는 동시에 그 과정의 신중함에 대해서도 유의해

17) 옮긴이: 이 부분은 "放下屠刀, 立地成佛"이라는 격언을 섞어 표현한 것을 문맥에 맞게 번역한 것이다. 인용된 격언의 원래 의미는 "백정의 칼을 내려놓으면 바로 부처가 된다"는 것으로, 아무리 나쁜 사람도 잘못을 뉘우치면 선한 사람이 될 수 있다는 의미를 나타내는 데 흔히 사용된다.

18) 옮긴이: 저자가 인용 부호로 묶어 인용한 문장은 "迷陽迷陽, 無傷吾足"인데, 이는 「인간세」의 원문과는 조금 다르다. 「인간세」의 원문은 "迷陽迷陽, 無傷吾行. 吾行郤曲, 無傷吾足"이다.

야 한다. "그러나 매번 근육과 뼈가 뒤엉켜 있는 곳에 이르면 저는 매우 어렵다는 것을 알고 바짝 긴장하여 시선은 고정되고 행동은 느려지며 칼의 움직임은 매우 미세해집니다. 철퍽 하는 소리와 함께 해체가 끝나면 (뼈와 살이) 흙덩이처럼 땅에 쌓입니다." 근육과 뼈가 복잡하게 뒤엉켜 있는 부분을 대할 때 신중하고 긴장하는 것은 필수불가결한 것이다.

그러나 우리가 아무리 신중하고 긴장한다 해도 육체가 손상을 입는다는 것은 때로는 받아들이지 않을 수 없는 사실이다. 기른다는 것은 길러지는 것만 기를 수 있을 뿐이고 기를 수 없는 것에 대해서는 기를 수 없는 것이다. 기를 수 있는 것이란 마음이고, 기를 수 없는 것은 몸이다. 육체는 사람이 통제할 방법이 없는 영역이다. 우리가 어떤 육체를 가질 것인가 하는 것, 예를 들면 우리가 태어날 때부터 불구이거나 혹은 건강하고 아름다운 것, 그것은 우리 자신이 결정할 수 있는 것이 결코 아니고, 우리의 부모가 결정할 수 있는 것도 아니다. 그것은 '하늘'이 하는 일인 것이다. 육체가 비록 후천적으로 상해를 입었다 해도, 예를 들어 형벌을 받아 올자兀者나 개자介者[19] 등 이른바 "형벌로 불구가 된 사람刑餘之人"이 되었다 해도 매우 많은 부분은 여전히 하늘에 의해 결정된다. 잠깐 장자의 주장을 살펴보자.

공문헌이 우사를 보고 놀라서 물었다. "이 어찌된 사람인가? 어떻게 해서

---

19) 옮긴이: 올자나 개자는 모두 월형刖刑이라는 형벌을 받아 한쪽 다리가 잘린 사람을 가리키는 말이다.

외발이가 되었는가? 하늘에 의한 것인가, 사람에 의한 것인가?" 우사가 대답했다. "하늘에 의한 것이지, 사람에 의한 것이 아닙니다. 하늘이 이 사람을 낳을 때 외발이가 되도록 한 것입니다. 사람의 모습은 하늘에 의해 주어진 것입니다. 이 때문에 그것이 하늘에 의한 것이고 인간에 의한 것이 아님을 알 수 있습니다.[20]

위에서 말한 외발이介는 한 발로 서 있다는 의미이다. 우사가 불구가 된 것은 공문헌을 포함한 세속인에게 의문을 가지게 했을 것이다. 이 사람은 어떤 사람인가, 그는 어떻게 하다가 한쪽 발만 남게 되었을까, 그것은 하늘에 의해 계획된 것인가 아니면 자신의 어리석음 때문에 그렇게 된 것인가? 장자에게 있어 대답은 매우 분명한 것이다. 그것은 하늘에 의한 것이지 사람에 의한 것이 아니다. "사람의 모습은 하늘에 의해 주어진 것입니다"라는 말 역시 「덕충부」에서 말한 "도는 그에게 모양을 만들어 주었고, 하늘은 그에게 형체를 주었다"라고 한 것과 같은 것으로, 생명과 함께 발생한 육체를 가리킬 뿐만 아니라 동시에 육체가 세계와 생명 속에서 변화하고 조우하는 것 등을 포함한다. 확실히 「덕충부」에서 말한 것과 같이 만약 모든 사람이 예羿가 쏘는 활의 사정거리에서 생활한다고 할 때 화살을 맞는 것과 맞지 않는 것은 모두 자신의 운명에 따른 것이라고 한다면 사람이 형벌을 받고 안 받고는 사실 자기와는 필연적인 관계가 전혀 없는 것이다.

---

20) 『莊子』 「養生主」: "公文軒見右師而驚. 曰, 是何人也. 惡乎介也. 天與, 其人與. 曰, 天也. 非人也. 天之生, 是使獨也. 人之貌有與也. 以是知其天也. 非人也."

이것은 물론 생명은 기를 수 없다거나 기를 필요가 없다는 것을 말하는 것이 아니다. 혹은 우리는 죽고 사는 것은 운명에 달려 있기 때문에 자기의 행동을 아무렇게나 해도 된다고 생각할 것이다. 그러나 맹자가 말한 것처럼 운명을 아는 자는 위험한 담장 아래 서서 죽기를 바라지 않을 것이다.[21] 운명을 안다면 사람이 어찌해 볼 수 없는 것이나 해서는 안 되는 것을 알겠지만, 동시에 사람이 해도 되는 것도 알 것이다. 육체에 대해서 우리는 인사를 다하고 나서 천명을 따르는 것만을 알 뿐이다. 그러나 마음은 어떤가? 그것은 의심할 것 없이 사람이 수양할 수 있는 영역이고, 자기가 마음대로 할 수 있는 영역이다.

정신의 해방과 초월

장자에게 있어서 진정한 형벌은 세상에서 오는 쇠나 나무 등의 형구에 의한 형벌이 아니라 하늘이 내린 형벌天刑일 것이다. 쇠붙이나 나무 등의 형구에 의한 형벌이 직접 상해를 입힐 수 있는 것은 육체일 뿐이지만, 하늘로부터 받는 형벌이 심대하게 손상을 입히는 것은 마음이다. 만약 육체의 불구를 운명으로 돌릴 수 있다면, 마음이 입은 왜곡의 책임은 자기 혼자만이 질 수 있는 것이다. 육체는 우리가 통제할 수 없지만 우리의 마음은 우리가 통제할 수 있기 때문이다. 동시에 비록 우

---

21) 『孟子』「盡心上」: "그러므로 운명을 아는 자는 돌담 아래 서지 않는다. 자기의 도를 다 실천하다가 죽는 것은 올바른 운명이다. 형벌을 받아 죽는 것은 올바른 운명이 아닌 것이다(是故, 知命者, 不立乎巖牆之下. 盡其道而死者, 正命也. 桎梏死者, 非正命也)."

리의 육체가 불구가 되었다 하더라도 만약 마음이 건강하다면 우리는 예전처럼 완전한 사람이다. 그와는 반대로 비록 우리의 육체가 건강하다 해도 우리의 마음이 불구라면 우리는 쓸모없는 사람일 뿐이다. 장자가 「소요유」에서 "어찌 육체에만 귀머거리나 맹인이 있겠는가? 지각에도 역시 (귀머거리나 맹인이) 있다"[22]라고 말한 것처럼[23] 육체적인 귀머거리나 맹인은 우리 마음속의 빛을 방해할 수 없다. 그러나 마음의 귀머거리나 맹인은 어떻겠는가? 우리의 육체가 아무리 온전하다 해도 역시 불구인 것이다. 이 때문에 모든 양생은 주로 몸을 기르는 것이 아니라 마음을 보살펴 주는 것이다. 우리는 자연스럽고 자주적인 마음을 가지고 있어야만 한다. 그것이야말로 가장 중요한 것이다. 여기서 어느 새 한 마리를 예로 들어도 무방할 것이다.

> 늪에 사는 꿩은 열 걸음 걸어 먹이를 한 번 쪼아 먹고, 백 걸음 걸어 물을 한 모금 마시지만, 그래도 새장 속에서 길러 주기를 바라지 않는다. 그렇다면 신神은 비록 왕성해지겠지만, 바람직한 것이 아니다.[24]

열 걸음에 한 번 먹이를 먹고, 백 걸음을 가야 물을 한 모금 마시니, 늪에 사는 꿩이 먹이를 찾는 일은 고생스럽고 힘들다. 그러나 결코 새

---

22) 『莊子』「逍遙遊」: "豈唯形骸之有聾盲哉. 夫知亦有之."

23) 옮긴이: 저자는 앞의 인용문을 「제물론」이라고 말하면서 "豈唯形骸有聾盲乎, 而心亦有之"라고 소개하고 있지만, 이는 「소요유」의 잘못이기에 번역문에서는 「소요유」로 바로잡는다. 인용된 원문 역시 몇 글자가 다르기 때문에 바로잡는다.

24) 『莊子』「養生主」: "澤雉十步一啄, 百步一飮, 不蘄畜乎樊中. 神雖王, 不善也."

장 속에 갇혀 길러지기를 바라지 않는다. 새장 속에서는 당연히 먹고 마시는 일을 걱정하지 않아도 되고, 심지어는 아주 좋은 음식을 먹을 수도 있다. 어쩌면 때로는 이 때문에 득의양양하게 생각할지도 모른다. 그러나 그렇다면 우리의 자유는 어디에 있는가? 우리의 몸이 만족해 하고 있을 때 우리의 마음은 사라져 버렸다. 실은 우리의 육체 역시 만족을 얻은 것이 아니다. 오직 육체에 붙어 있는 욕망만이 만족할 뿐이다. 동시에 우리의 육체마저도 자유를 잃어버렸고, 뿐만 아니라 우리의 마음은 이미 일찌감치 곤경에 빠져 버렸다. 이것이 진정한 상실이다. 생명 가운데서 정말로 우리에게 속한 것을 잃어버렸기 때문이다.

여기서 우리는 "선행을 하더라도 명성이 나도록 해서는 안 된다"는 말을 잘 이해할 수 있을 것이다. 노자에서 시작된 무명無名에 대한 추앙 및 "명예와 몸 중 어떤 것이 더 가까운가"라는 질문은 생명과 명예 사이의 모순을 보여 주고 있다. 사람은 무엇을 위해 살아가는가? 헛된 명성을 위해서인가, 아니면 헛된 명성보다 더 중요한 것이 있기 때문인가? 새장 속의 새는 유명한 새였을 것이다. 그렇지 않다면 그것들은 새장 속에 갇히지 못했을 것이다. 바로 우사右師와 같다. 그는 분명히 그의 재능 때문에 명성을 얻었을 것이고, 이로 인해 지위를 얻었을 것이다. 그의 지위가 있었기 때문에 그는 더 큰 명성을 얻었을 것이다. 그는 군주가 주는 봉록을 받았고 새장 속의 새와 같이 사육되었다. 그러나 동시에 남들의 구경거리가 되었으니, 그의 명성은 그에게 가해진 형벌이 아닌가?

그것은 물론 형벌이다. 「인간세」 속의 섭공 자고에서부터 안합에 이르는 인물들을 생각해 보자. 세속의 눈으로 보면 그들은 유명한 사람들일 것이다. 그러나 명령을 받은 뒤 초조해 하고 어찌할 수 없어 하는 것을 보면 우리는 그들이 뜨거운 솥에 빠진 개미 같다고 생각할 것이다. 이때 도망가고 싶어도 그것은 불가능한 것이다. 그 시각에 그는 아마도 애초에 정치라는 감옥 속으로 들어간 선택을 후회했을지도 모른다. 이 감옥 속으로 들어간 것은 몸에서부터 마음까지 모두 칼과 족쇄를 찬 것과 같다. 그들이 받은 고통은 그 속에서 얻는 쾌락보다 훨씬 크다.

아마도 이때 그들은 세속을 벗어나 한가하고 자유롭게 사는 사람을, 혹은 앞에서 말한 늪에 사는 꿩을 부러워하기 시작할 것이다. 그들은 아마도 장자를 부러워할 것이다. 장자 자신이 바로 저 늪에 사는 한 마리 꿩과 같기 때문이다. 그는 의식적으로 새장 속의 새가 되는 것을 포기했고, 초나라 왕이 재상의 자리에 초빙한 것을 거절했다. 그의 곤궁한 생활—거친 옷을 걸치고 산 것, 말라서 가늘어진 목과 누렇게 뜬 얼굴, 감하후에게 곡식을 빌리러 간 것—은 바로 늪에 사는 꿩이 열 걸음에 한 번 모이를 쪼고 백 걸음에 한 번 물을 마시는 것과 같았다. 그러나 버렸기 때문에 당연히 바로 얻은 것이 있었을 것이다. 장자는 무엇을 얻었을까? 돼지와 같이 흙탕물 속에서 뒹구는 쾌락 역시 인간 세상에서 즐기는 쾌락일 것이다. 그는 육체를 버려서 마음을 얻었다. 인간 세상의 형벌과 비교해 보면 하늘의 형벌天刑은 더욱 단단해서 깨뜨릴 수 없는 것이다. 쇠나 나무로 만든 형구에 의한 형벌은 볼 수 있고, 우리는 열쇠나 도끼 혹은 쇠망치로 열 수 있을 것이다. 하늘의 형벌은 무형의 것으로 그것은 마음에 채워져 있다. 그러나 그것이 형벌인 이상 풀 수 있는 방법은 있다. 이것이 바로 '수양養'의 참뜻이다. 장자는 하느님의 현해에 대해 언급했다.

노담이 죽자 진일이 조문을 가서는 세 번 곡을 하고 나와 버렸다. 노담의 제자가 물었다. "선생님의 친구가 아닙니까?" "그렇다네." "그런데 문상을 어떻게 이렇게 간단히 하실 수 있습니까? 그래도 됩니까?" "그렇다네. 처음에 나는 그가 세속적인 사람이라고 생각했는데 지금 보니 아니야. 아까 내가 들어가서 조문을 할 때 늙은이는 마치 제 자식이 죽었을 때 곡하듯 곡을 하고, 젊은이는 마치 제 어미가 죽었을 때 곡하듯 곡을 하더군. 그들은 분명히 (노담이) 기려 주기를 바라지는 않았어도 칭송을 하기 위해, 곡해 주기를 바라지 않았어도 곡을 하기 위해 모여든 것이야. 이것은 천리에서 벗어나고 실정에 위배되는 것이며 자연으로부터 받은 천륜을 잊어버린 거야. 옛사람들은 이것을 천리에서 벗어남으로써 받게 되는 형벌遁天之刑이라고 했지. 와야 할 때 선생께서는 때에 따라 태어나셨고, 가야 할 때 선생께서는 순리에 따라 가셨지. 와야 할 때를 편안히 받아들이고 가야 할 순리를 편안히 받아들이면 슬픔도 즐거움도 내 속으로 들어올 수 없지. 이것을 옛사람들은 하느님에 의해 거꾸로 매달렸던 것이 풀리는 것이라고 불렀어."[25]

양생 문제를 검토할 때 장자는 죽음의 문제를 언급했다. 확실히 공자의 "삶도 아직 모르는데, 어떻게 죽음에 대해 알겠는가"라는 생각을 기계적으로 적용하여 우리는 다음과 같이 말할 수 있다. "죽음에 대해 아직 모르는데, 어떻게 삶에 대해 알겠는가?" 삶과 죽음은 서로 상대

25) 『莊子』「養生主」: "老聃死. 秦失弔之. 三號而出. 弟子曰, 非夫子之友邪. 曰, 然. 然則弔焉若此可乎. 曰, 然. 始也吾以爲其人也. 而今非也. 向吾入而弔焉, 有老者哭之如哭其子, 少者哭之如哭其母. 彼其所以會之, 必有不蘄言而言, 不蘄哭而哭者. 是遁天倍情, 忘其所受. 古者謂之遁天之刑. 適來夫子時也. 適去夫子順也. 安時而處順, 哀樂不能入也. 古者謂是帝之縣解."

편을 정의한다. 이 때문에 또 서로 이해되는 것이다. 그 두 가지는 원래 하나였고, 동일한 과정 속의 다른 단계이다. 삶과 죽음은 사물의 오고가는 것과 같고, 마치 바람 같다. 우리는 그것을 마음대로 몰 수 있을까? 그럴 수 없다. 누구도 그것을 몰 수 없다. 설령 그 자신이라 해도 그럴 수 없다. 마음대로 몰 수 없는 사물에 대하여 우리는 어떻게 대응해야 할까? 「인간세」에서 제시한 "어찌할 수 없다는 것을 알고 현재의 상황에 만족하고 운명에 따른다"는 것과 같이 여기서의 대답은 "와야 할 때를 편안히 받아들이고 가야 할 순리를 편안히 받아들이면 슬픔도 즐거움도 내 속으로 들어올 수 없다"는 것이다.

이것 역시 무정無情이다. 무정은 당연히 어떤 감정도 없는 것이다. 적어도 사람이라면 태어나면서부터 감정을 가지고 있다. 따라서 이것은 사리를 깨달은 뒤 감정이 사라져 버린 것이다. 사람의 죽음은 출생과 마찬가지로 제 몸에 대한 것이지만 제 마음대로 할 수 없다. 우리는 인간 세상에 왔다고 기뻐할 필요가 없고, 또 인간 세상을 떠난다고 슬퍼할 필요가 없다. 죽음과 삶에 대해 이와 같은 감정을 가지는 사람은 마치 진일秦失이 본 "제 자식이 죽었을 때 곡하듯 곡을 하고", "제 어미가 죽었을 때 곡하듯 곡을 하는" 조문객과 같고, 장자에게는 천형을 받은 사람으로 보인다. 이에 대한 표현이 바로 "천리에서 벗어나고 실정에 위배되는 것이며 자연으로부터 받은 천륜을 잊어버린 것"이다. 그들은 완전히 인위적인 것에 물들어 버렸다. 그들이 원래 왔던 자연적인 것으로부터의 거리는 갈수록 멀어진다. 그렇게 멀어지다가 그들은 마침내 인위적인 것을 자연적인 것이라고 생각하게 된다. 이것은 완전한 전도이고, 어떤 물건을 거꾸로 뒤집어 놓는 것이다. 그러나 그것은 여기서 사람이다. 그것은 사람의 육체가 아니라 사람의 마음이다. 바로 사람의 마음이 거꾸로 뒤집혀 있기 때문에 그 사람의 세상 역시 전도되어 버린 것이다. 이 때문에 하느님에 의해 거꾸로 매달렸던 것은 반드시 풀려야 하는 것이다.

거꾸로 매달렸던 것이 풀린다는 주장은 분명히 "거꾸로 매달려 있는 백성을 풀어 준다"[26]는 데서 가져온 것임에 틀림없다. 이 때문에 '현懸'은 일반적으로 말하는 '매달려 걸리다'의 의미가 아니라 '거꾸로 매달리다'는 의미이다. 한 사람의 몸이 거꾸로 매달리면 그는 다급하게 풀려나기를 바랄 것이다. 만약 마음이 그렇게 된 상태라면 어떨까? 아마도 안 그럴 것이다. 먼저 거꾸로 매달려 있다는 것에 대한 자각이 있어야 하고, 똑바른 것과 거꾸로 된 것에 대한 분별이 있어야만 비로소 풀려나고 싶은 바람이 생기는 것이다. 그러나 장자는 분명히 세상을 구제하려고 한 사람이 아니다. 그가 구제하려고 한 것은 먼저 그 자신이다. 그는 자신의 머리로 푸른 하늘을 받치게 하고, 다리로는 대지를 딛게 하려고 했다. 그 반대는 아니다. 다리로 대지를 딛는 것은 인간 세상을 떠나지 않음을 의미하고, 머리로 푸른 하늘을 받치게 하는 것은 대붕과 같은 정신의 상승을 상징한다. 이것이야말로 진정한 생명이다. 그런데 머리는 아래를 향하고 발은 위를 향하는 거꾸로 된 경우는 어떤가? 의심의 여지 없이 생명이 철저하게 타락한 것을 의미한다.

---

26) 옮긴이: 저자가 "解民于倒懸"이라고 인용한 것은 근대 이후로 오히려 많이 쓰는 표현이지만 고대 문헌 속에서는 『맹자』「공손추상」의 "當今之時, 萬乘之國行仁政, 民之悅之, 猶解倒懸也"의 뒷부분이 가장 유사하다.

우리는 「양생주」에서 두 가지의 다른 '풀이解'를 볼 수 있다. 앞의 것은 포정이 소를 잡는 것解牛인데, 이것은 사물을 푸는 것解物이다. 그 다음 것은 '하느님에 의해 거꾸로 매달렸던 것이 풀리는 것帝之懸解' 인데, 이것은 마음을 푸는 것解心이다. 풀이는 항상 풀이를 필요로 하는 바로 그 어떤 것에 대한 것인데, 그것은 바로 맺힘結이다. 포정에게 있어서 그가 풀려고 했던 것은 소이다. 이것은 '맺혀結' 있는 부분, 예를 들면 이른바 지맥과 경맥이 뼈에 붙어 있고, 살과 근골이 서로 모여 있는 곳, 혹은 큰 뼈 등과 같은 것들이 매우 많은 대상이다. 푸는 방법은 그 살결을 발견하고, 그 뒤에 그 속에서 칼을 놀리는 것이다. 그러면 마음을 푸는 것은 어떤가? 실은 마음속의 맺힘結을 없애는 것이다. 마음속의 맺힘은 물론 사물에 의해 형성된 것이다. 사물이 마음속에 머물면서 일정한 공간을 점유하는데, 이 때문에 '성심成心'이 형성될 때 마음의 맺힘이 생긴다. 죽음을 예로 들면, 그것은 원래 자연의 과정이고 이것에 대해 너무 과도한 슬픔을 표출할 필요가 없는 것이다. 그러나 "늙은이는 마치 제 자식이 죽었을 때 곡하듯 곡을 하고, 젊은이는 마치 제 어미가 죽었을 때 곡하듯 곡을 할" 때 삶에 대한 그러한 집착은 맺힘이 되어 마음속에 가로놓인다. 이것은 풀이를 필요로 한다. 그리고 풀이의 방법은 여전히 사물의 이치에 대한 투철한 이해를 거쳐 편안하게 따르는安而處之 태도에 도달하는 것이다.

사실 사물을 푸는 것이든 마음을 푸는 것이든 상관 없이 모두 "도를 따르는 것을 원칙으로 삼는다緣督以爲經"로 귀결된다. 이 다섯 글자는 확실히 「양생주」 전편의 핵심어이다. 양생의 참뜻은, 복잡하고 붐비는 세상에서 빈틈을 발견하고, 그런 다음 그 속에서 유유자적하면서 타고난 천수를 다하는 데 있다. 그러나 빈틈을 발견하려면 우리의 마음이 먼저 텅 비어야 한다. 명예욕이나 물질적 탐욕 등으로 가득 차서는 안 된다. 텅 빈 마음으로 세상을 마주하면 이 세상의 빈틈이 비로소 우리를 향해 활짝 열리고, 우리는 이 세상 속에서 유유자적할 수 있을 것이다.

그러나 이것은 우리가 영생을 추구해도 좋다고 말하는 것은 아니다. 장자는 영원을 추구하지 않는다. 그는 영원한 것은 오직 우주의 거대한 변화뿐이고 개체의 생명은 그렇지 않다는 것을 안다. 삶이 있으면 바로 죽음이 있고, 죽음은 또 다른 하나의 삶이다. 「양생주」의 마지막은 이와 같은 한 구절의 의미심장한 말로 끝맺는다.

> 기름은 땔감이 되어 (한 번 타고) 끝나지만, 불은 다음 땔감으로 이어져 끝날 줄을 모른다.[27]

서립산徐笠山은 다음과 같이 설명한다. "시작하자마자 삶은 끝이 있지만 지식은 끝이 없다고 말하는데, 그것은 사람들이 본래의 길을 따르지 않기 때문이다. 끝부분에서는 논조를 바꿔 땔감은 끝이 있지만 불은 끝없이 타오른다고 하는데, 여기서 지식은 끝이 있지만 삶은 끝이 없다는 것을 알 수 있다."[28] 장자의 문장은 「양생주」의 유애有涯·무애无涯와 유궁有窮·무진無盡 및 「소요유」의 북명北冥·남명南冥과 「응제왕」의 남해南海·북해北海 등과 같이 자주 기묘한 호응을 유지한다. 그

27) 『莊子』「養生主」: "指窮於爲薪, 火傳也不知其盡也."

28) 藏雲山房主人, 「南華大義懸解參注」「內篇養生主第三」(嚴靈峰 編, 『無求備齋莊子集成初編』, 臺北 藝文印書館, 卷15): "開手言生有涯知無涯, 只緣不因固然. 結尾換過頭來, 薪有窮火無盡, 見得知有涯生無涯."

러나 우리가 좀 더 관심을 가지는 것은 글자 뒤에 숨겨진 것이다. 땔감이 되는 '기름指'은 유한한 것이다. 그러나 불은 끝없이 이어진다. 이것은 물론 하나의 생명과 관계 있는 비유로, 그것이 상징하는 것은 개체 생명의 유한성과 우주의 거대한 변화의 무궁함을 상징할 것이다. 맨 처음부터 끝까지 모두 장자는 아마도 세계의 무한함과 개체 생명의 미미함을 특히 강조하고 있는 것 같다. 그의 속셈은 생명은 우주의 거대한 변화를 이루는 하나의 작고 보잘것없는 부분이고, 인생은 백마가 작은 틈을 지나듯 순간이라는 것을 특히 강조하려 한 것 같다. 이 때문에 한편으로는 소중하게 생각해야 하지만, 다른 한편으로는 지나치게 집착해서는 안 된다. 생명을 중시했기 때문에 결코 신선가와 같이 늙지 않고 오래 사는 육체를 추구하는 쪽으로 나갈 수 없었고, 오히려 자유로운 마음을 가지는 것과 육체가 상해를 입지 않는 것 등에 대한 바람만 있을 뿐이었다.

이것은 진정한 달관이다. 달관으로 육체를 초월하고 도덕을 초월하고 삶과 죽음을 초월했다. 사실 진정한 양생은 마지막에는 항상 우주의 거대한 변화 속으로 자신을 용해시켜 넣으려 하는데, 여기서 사생死生과 존망存亡은 하나로 연결되어 일체가 된다.

四 · 덕충부

장자는 육체적 불구자를 통해 덕의 내적 충실을 표현하는 것을 더욱 즐긴다.
장자가 묘사한 육체적 불구자는 모두 매력 있고 비범한 사람들이다.
이 매력은 분명히 육체에서 나온 것이 아니라 내재한 덕에서 나온 것으로,
이것은 정신 속에 배태한 덕성의 광휘인 것이다.

외물에 흔들림 없는 마음

물론 생존을 위하여 기교에 관심을 가질 필요가 있다. 그러나 더 중요한 것은 오히려 일종의 생명 자체에 대한 이해이다. 생명에 대한 이해는 불가피하게 만물과 세계에 대한 이해에까지 영향을 끼칠 수 있다. 이러한 이해 및 그것의 실천과 함께한 사람의 정신을 체현하는 것은 어느 정도의 수준 혹은 경지까지 도달할 수 있다. 일반적으로 말하면 이런 수준 혹은 경지를 '덕德' 이라는 말로 부를 수 있다. 모든 중국철학에서 덕은 분명히 매우 중요한 글자이다. 그리고 그것은 아마도 도가에서 더욱 특별한 의의가 있는 것 같다. 도가에는 이미 도덕가라는 이름이 있었다.[1] 노자가 지은 책은 『도덕경』으로 불리고 『장자』에도 주로 덕에 대해 논의한 한 편이 있는데, 이것이 바로 「덕충부」이다.

'충充' 과 '부符' 두 글자가 강조하고 있는 측면은 각각 다르다. 충은 안쪽을 말하고, 부는 바깥쪽 혹은 안과 밖이 딱 들어맞는 것을 가리킨다. 한 사람의 내심이 덕으로 가득 찰 때 그는 어떤 모습일까? 이것이

1) 사마담의 「論六家要旨」(『史記』 「太史公自序」)를 보라.

아마도 '덕충부'라는 세 글자가 나타내려고 하는 주된 의미일 것이다. 『노자』 제55장의 "본래의 덕을 충실하게 간직한 사람은 갓난아이와 비슷하다"[2]라는 구절은 물론 이 문제에 대한 대답으로 간주할 수 있을 것이다. 그러나 장자의 "본래의 덕을 충실하게 간직한 사람"은 건강한 갓난아이가 결코 아니다. 사실 그는 육체적 불구자를 통해 덕의 내적 충실을 표현하는 것을 더욱 즐긴다. 이 때문에 그는 올자인 왕태, 신도가, 숙산무지叔山無趾에서부터 옹앙대영甕盎大癭 등 많은 육체적 불구자들의 형상을 만들어 냈다. 그는 육체의 불구는 덕의 완전성과 충실성 및 그 의의를 더욱 두드러지게 나타낼 수 있다고 생각한 것 같다. 장자가 묘사한 육체적 불구자는 모두 매력 있고 비범한 사람들이다. 이 매력은 분명히 육체에서 나온 것이 아니라 내재한 덕에서 나온 것으로, 이것은 정신 속에 배태한 덕성의 광휘인 것이다. 이 때문에 덕과 육체의 대비는 바로 「덕충부」를 이해하기 위한 중요한 실마리가 된다.

덕은 항상 마음과 관계 있는 것인데, 단순히 글자의 형태만 보더라도 이 점을 바로 알 수 있다. 허신許愼의 설명에 따르면 '덕悳'은 덕德자의 옛 글자이다. 이 글자는 마음을 나타내는 '심心' 부에 속한다. 그러나 어떤 마음과 관련이 있는지는 사람에 따라 이해가 다르다. 사실 장자나 도가만 '덕德'이라는 이 글자를 중시하지는 않았다. 유가 역시 이 글자에 대해 매우 적극적이다. 공자는 "도에 뜻을 두고, 덕에 바탕을 두며, 인에 따르고, 예에서 노닌다",[3] "정치는 덕으로써 한다"[4]라고 말

---

2) 『老子』 제55장: "含德之厚, 比於赤子."

3) 『論語』 「述而」: "志於道, 據於德, 依於仁, 遊於藝."

하지 않았던가? 여기서 말한 덕은 분명히 장자가 말한 덕이 아니다. 그것이 가리키는 것은 '마음을 인仁에 살게 하고 몸을 예禮에 있게 하는' 상태인 것이다. 장자에게 있어서 덕은 물론 인이나 예 등과 관계가 없다. 그것은 '마음을 허虛에 살게 하는' 것으로 「인간세」에서 말한 심재이기도 하다. 그러나 허는 아무것도 없는 것이 결코 아니다. 예를 들면 "텅 빈 마음에 눈부신 빛이 생긴다"는 데서 보여 주듯이 허정한 마음속에서 다른 하나의 광명의 세계가 생기게 할 수 있는 것, 이것은 유형의 세계와는 다른 정신적 세계인 것이다. 「덕충부」에서 묘사하려고 한 것은 이와 같은 세계이다. 그래서 처음부터 다음과 같이 쓰고 있다.

> 노나라에 외다리 왕태라는 사람이 있는데, 그에게 와서 배우려고 하는 사람의 수가 중니仲尼와 엇비슷했다. 상계가 중니에게 물었다. "왕태는 외다리입니다. 그에게 배우러 오는 사람과 선생님에게 배우러 오는 사람은 각각 노나라의 반씩 차지합니다. 그는 서서도 가르치지 않고, 앉아서도 말하지 않는데도, 텅 빈 채로 갔다가 가득 차서 돌아옵니다. 정말로 말 없는 가르침이라는 것이 있어서 보이는 것이 전혀 없어도 마음으로 이루는 것이 있는 걸까요? 그는 어떤 사람입니까?" 중니가 대답했다. "선생님은 성인이십니다. 저는 다만 미루다가 아직 찾아뵙지 못하고 있을 뿐입니다. 저도 그분을 스승으로 모시려고 하는데 저보다 못한 자야 당연하지 않겠습니까? 어디 노나라에 그치겠습니까? 저는 온 천하 사람들을 이끌고 가서 함께 그를 따르려고 합니다."[5]

---

4) 『論語』「爲政」: "爲政以德."

이 정신적인 세계를 돋보이게 하기 위해 장자는 의도적으로 육체적 불구자인 올자兀者[6]를 우화의 주인공으로 만들었다. 월형刖刑을 받은 사람인 왕태를 따르는 사람은 마침내 위용을 뽐내는 공자와 노나라를 양분하게 되었다. 그 원인은 어디에 있는가? 상계의 말에 따르면 왕태는 "서서도 가르치지 않고, 앉아서도 말하지 않는다." 그러나 그를 따르는 사람은 도리어 "텅 빈 채로 갔다가 가득 차서 돌아온다." 그들은 마치 언어를 포기한 듯 정신의 교류에 직접 호소한다. 이는 유가가 창도한 "말로 전달하고 몸으로 가르친다言傳身教"는 것과 완전히 다르다. 그런데 그런 교류가 가능한가? 상계가 물었다. 이른바 "말 없는 가르침이라는 것이 있어서 보이는 것이 전혀 없어도 마음으로 이루는" 일이 정말로 존재하는 것일까? 장자가 이렇게 묘사한 목적은 물론 언어 뒤쪽의 정신 및 유형의 사물 배후에 있는 무형의 것을 부각시키기 위한 것이다. 이것은 형체에 대한 초월로서 사람들이 마음과 덕에 주목해야 한다는 것을 지적한 것이다. "텅 빈 채로 갔다가 가득 차서 돌아온다"라든가 "마음으로 이룬다"는 말들은 모두 이 편의 이름인 '덕충'에 대한 주석으로 볼 수 있다. 중니는 당연히 이런 사람의 존재와 매력을 믿는다. 그의 앞에서 중니는 특히 그보다 못하여 부끄럽다는 느낌

---

5) 『莊子』「德充符」: "魯有兀者王駘. 從之遊者, 與仲尼相若. 常季問於仲尼曰, 王駘兀者也. 從之遊者, 與夫子中分魯. 立不教, 坐不議, 虛而往, 實而歸. 固有不言之敎, 無形而心成者邪. 是何人也. 仲尼曰, 夫子聖人也. 丘也直後而未往耳. 丘將以爲師, 而況不若丘者乎. 奚假魯國. 丘將引天下而從之."

6) 옮긴이: 다리를 자르는 형벌인 월형刖刑을 받아 다리가 하나뿐인 사람을 가리키는 말로 인용문에서는 '외다리'로 번역했다.

을 가진다. 이 때문에 자기가 그를 스승으로 모시는 것뿐만 아니라 "온 천하 사람들을 이끌고 가서 함께 그를 따르려고" 한 것이다.

왕태의 매력은 육체에 있는 것이 아니라 덕에 있다. '덕'은 여기서 상계가 특별히 골라낸 소위 '마음가짐'으로 표현된다. 왕태의 마음가짐은 독특하다. 그는 결코 세속의 방향이기도 한 '보통庸'의 방향으로 향하지 않고, 오히려 그것과는 갈수록 점점 더 멀어졌다. 이런 거리는 '덕德' 자의 다른 한 의미, 즉 오름升 혹은 상승의 의미를 드러내 보여주는 것이다. 『설문』에서는 "덕은 오름이다德, 升也"라고 말했다. 오름은 곧 일종의 초월로서 세속에 대한 초월인데, 장자는 여기서 도에 대한 추구로 표현했다. 여기서 우리는 덕이 마음과 관계 있을 뿐만 아니라 도道와도 관계가 있다는 것을 발견하게 된다. 노자는 "큰 덕의 쓰임은 오직 도를 따를 뿐이다"[7]라고 말했는데, 이는 조금도 틀린 게 아니다. 사실 장자가 말한 덕은 매우 간편하게 "마음을 도에 풀어놓다游心於道"라는 상태로 묘사할 수 있는데, 이것 역시 일반인과는 다른 왕태의 독특한 마음가짐이다. 이 도에서 유유자적하는 마음을 가지고 이 세상을 보면, 세상은 바로 다른 모습을 드러낼 것이며, 우리와 세상도 서로 다른 관계 속에 있을 것이다. 장자가 묘사한 중니의 말을 살펴보자.

> 죽고 사는 것 역시 중대한 일이지만 그것과 함께 변하게 할 수 없다. 하늘이 무너지고 땅이 꺼진다 하더라도 역시 (그는) 그것들과 함께 추락하지 않는다. 그는 아무것도 의지할 것이 없다는 것을 훤히 알기 때문에 사물의

---

7) 『老子』 제21장: "孔德之用, 唯道是從."

변화에 휩쓸리지 않는다. 사물의 변화에 맡기면서 그것들의 근원을 지킨다.[8]

세계는 부단히 변화한다. 예를 들면 삶과 죽음은 사람의 변화이고, 하늘이 무너지고 땅이 꺼지는 것은 천지의 변화이다. 그러나 이것들은 형체의 변화이고 나의 마음은 그것들을 따라 변할 수 없다. 나는 이런 변화를 통제할 수 없다. 형체가 있는 사물의 변화는 운명에 속하는 것인데, 내가 할 수 있는 것은 그런 사물과 함께 변하지 않는 것이다. 이 때문에 만물의 뿌리宗를 지키는 데도 조화 혹은 도는 필수적이다. 만물의 뿌리는 변화하는 세계 속의 변하지 않는 것으로 노자가 "홀로 서서 바뀌지 않는다"[9]라고 말한 도와 같은 것이다. 그것을 지키면 우리는 변화하는 세계를 초월할 수 있을 것이다. 우리는 자신을 사물의 세계에만 국한시킬 수 없을 것이다. 여기에 국한된다면 우리는 영원히 그것을 초월할 수 없다. 우리는 간肝과 담膽 혹은 초楚나라와 월越나라의 구별, 혹은 예를 들면 한쪽 다리의 득실 같은 유형적인 것만을 따져 볼 것이다. 그러나 우리의 마음을 도 속에서 유유자적하게 하면 우리는 만물이 실은 서로 통한다는 것을 발견하게 될 것이다. 그리하여 간도 쓸개도 구분 없고, 초나라도 월나라도 구분 없다는 것을 알게 될 것이다. 유형적 다름은 모두 사라지고 아울러 귀로는 다른 소리를 구분

---

8) 『莊子』「德充符」: 死生亦大矣. 而不得與之變. 雖天地覆墜, 亦將不與之遺. 審乎無假, 而不與物遷, 命物之化, 而守其宗也.

9) 『老子』 제25장: 獨立而不改.

할 필요가 없어지게 되고, 또 눈으로는 다른 색깔이나 형상을 구분할 필요가 없어지게 된다. 이 때문에 마음은 여러 가지의 분별과 변화 속에 매몰될 필요가 없고, 담담하고 고요하게 변하며 평화로워진다. 이때 우리에게 보이는 것은 한 몸一體으로서의 만물이 얻는 것도 없고 잃는 것도 없으며, 삶도 없고 죽음도 없는 것, 그것뿐이다.

장자가 설명하려고 한 것은 무엇인가? "다리를 잃는 것을 마치 흙덩어리를 잃는 것과 같이 생각한다"[10]는 것이다. 외다리 왕태는 자기가 외다리라는 것을 의식하지 못한다. 자기 몸에서 발생한 변화를 포함한 외물은 그에게 어떤 영향도 끼치지 못한다. 그는 이 유형의 세계 속에 있지만, 이미 이 유형의 세계에 속하지 않는다. 마음이 도道와 더불어 유유자적하는 그는 이미 일찍부터 지식 혹은 보통의 마음을 초월하여 이른바 상심常心, 즉 사물의 변화에 휩쓸리지 않는 마음에 도달했다. 상심은 사실 별다른 것이 아니다. 그것은 바로 마음의 허정한 상태인 것이다. 오직 허정한 마음만이 번거로운 세상을 허정하게 할 수 있다. 그것은 바로 "오직 멈춰 있는 물만이 걸음을 멈춘 많은 사람들을 머물게 할 수 있다"[11]라고 한 것과 같다. 우리는 아마도 몇 백 년 뒤의 위대한 불교학자 승조僧肇가 「물불천론物不遷論」에서 말한 "언덕이 돌아가고 큰 산이 무너져도 항상 고요하고, 강과 하천이 범람해도 휩쓸려 흐르지 않는다"[12]라는 명언을 생각할 것이다. 비록 그와 장자의 생각

---

10) 『莊子』「德充符」: "視喪其足, 猶遺土也."

11) 『莊子』「德充符」: "唯止能止衆止."

12) 僧肇, 「物不遷論」: "旋嵐偃岳而常靜, 江河竟注而不流."

이 결코 같지는 않지만, (겉으로 드러난—역자) '흔적迹'은 매우 비슷하다. 표풍도 있고, 또 당연히 급류도 있지만, 어떤 시점에 이르러 그것들은 모두 응고된다. 그것은 마치 여기의 장자와 같다. 세계는 결코 정말로 텅 비어서 아무것도 없는 것이 아니고, 또 정말로 고요해서 모든 소리가 다 적막해진 것이 아니다. 세계는 여전히 그 세계로서 번잡스럽고 소란스럽다. 그러나 나의 마음이 텅 비고 고요해졌기 때문에 세계 역시 텅 비고 고요하게 변한 것이다.

마음의 정지 혹은 허정함은 결코 당연한 결과가 아니다. 이것은 '구해야'만 비로소 '얻어지는' 것이다. "그는 자기를 위한다. 자기의 앎을 멈추어 자기의 마음을 얻었고, 자기의 마음을 멈추어 자기의 본래 마음常心을 얻었다."[13] 상계의 이 말은 구하고 얻음에 대한 한 가지 방법을 제시한 것이다. 자기를 위하는 것爲己이 사물을 위한 것爲物이 아니라는 것, 이것은 귀와 눈 혹은 밖으로 통하는 마음의 문을 걸어 잠그고, 외부의 세계를 마음 밖으로 밀어내는 것과 같다. 원문의 두 개의 '이以'자는 모두 '이已', 즉 '멈추다'라는 의미로 읽어야 할 것이다. 앎과 마음의 작용을 멈추어야만 자기 본래의 마음常心을 얻을 수 있고, 그래야 비로소 시끌벅적한 세상 속에서 흔들림 없는 마음을 유지할 수 있다.

이 혼란스러움 앞에서의 흔들림 없는 마음不動心이 바로 그 덕의 표현이고 매력의 소재인 것이다. 그것은 소나무나 잣나무와 같다. 그것들이 칭찬을 받는 까닭은 지상에 있는 사물들 가운데 오직 그것들만이

---

13) 『莊子』「德充符」: "彼爲己. 以其知得其心, 以其心得其常心."

겨울의 추위와 여름의 더위에도 아랑곳하지 않고 영원토록 푸르름을 유지하기 때문이고, 또 계절이 변해 가는 와중에도 흔들리지 않기 때문이다. 그것은 또 요임금이나 순임금과 같다. 그들이 성인으로 칭송받는 까닭은 뭇사람들이 어떻든 상관 없이 영원히 바르기 때문이다. 그것은 또 용사와 같다. 당당하게 구군九軍[14] 속으로 뛰어들면서도 아무도 없는 곳으로 뛰어드는 것처럼 생각한다. 장자가 볼 때 겨우 명예를 위해서나 혹은 어떤 것을 얻기 위해서도 요임금이나 순임금 같이, 혹은 용사와 같이 마음이 흔들리지 않을 수 있다. 그런데 하물며 저 "천지를 주관하고 만물을 포용하며, 육체를 잠시 빌린 껍데기로 생각하고 귀나 눈을 잠시 나타났다 사라지는 흔적으로 여기며, 알고 있는 모든 것을 하나로 여기고, 본래 타고난 마음을 잃지 않은 자는 어떨까"[15]라고 표현한 득도자는 어떻겠는가? 한 사람이 천지를 감싸고 만물을 뒤덮으면서 육체를 껍데기라고 여기고, 귀와 눈을 잠시 나타났다 사라지는 흔적으로 여기며, 분별적인 지식을 포기할 경우 천지간의 어떤 변화가 그런 마음을 흔들 수 있겠는가? 물론 불가능하다. 여기서 흔들림 없는 마음不動心 역시 '저절로 그래서 그런自然而然' 것이 되고 만다.

왕태는 물론 흔들림 없는 마음을 가진 사람이다. 그는 마음이 외적 대상에 매몰되기를 바라지 않았다. 이 때문에 마음의 생명력生機이 유지되도록 계속 노력했는데, 이것은 마음으로 하여금 유형의 세계를 초

---

14) 옮긴이: 당시에 군軍은 12,500명의 병사로 구성된 군대의 구성 단위이다. 주례周禮의 규정에 따르면 황제는 육군六軍, 제후는 삼군三軍까지 가질 수 있었다. 따라서 구군은 이들을 합한 것만큼 엄청나게 많은 수의 군사를 의미한다.

15) 『莊子』「應帝王」: "官天地府萬物, 直寓六骸, 象耳目, 一知之所知, 而心未嘗死者乎."

월하게 하는 것을 필요로 한다. 신도가申徒嘉도 마찬가지다. 그 역시 외발이였다. 그는 자산子產과 함께 백혼무인伯昏無人에게서 배웠다. 백혼무인이라는 이름의 상징적 의미는 분명한 것 같다. 이름을 통해 그는 인간에 속하는 것에 대해서는 전혀 달가워하지 않는다는 것을 알 수 있다. 우화 속의 자산은 형체를 매우 중시하고 집정執政이라는 자기의 신분도 매우 중시하는 인물이다. 그는 외발이와 학우가 된다는 것을 부끄럽게 생각했다. 그 때문에 신도가에게 "내가 먼저 나가면 너는 가만있어라. 네가 먼저 나가면 내가 가만있겠다"라고 요구했다. 그의 의견이 받아들여지지 않는 상황에서 이런 거듭된 요구 외에 자산은 한술 더 떠서 집정으로서의 자기의 신분을 강조했다.

> 지금 내가 나가려고 하니, 너는 가만있어야 하거늘 어째서 그렇게 하지 않느냐? 그리고 너는 집정을 보고서도 피하지 않으니 너는 집정과 맞먹으려 드는 것이냐?[16]

집정이라는 자는 항상 귀천과 빈부의 차별을 매우 중요하게 생각한다. 그들은 등급과 명분에 빠져 있고, 심지어는 이것을 사람 그 자체라고 여긴다. 장자는 확실히 이것을 받아들일 수 없었다. 자산 등은 진정으로 인간이 인간인 까닭을 소홀히 했고, 사람과 관계가 없는 것을 사람 그 자체보다도 훨씬 중요한 위치에 두었다. "너는 바로 네가 집정이라는 생각에 빠져 다른 사람을 무시하는 자이다"[17]라는 구절이 표현하

---

16) 『莊子』「德充符」: "今我將出, 子可以止乎, 其未邪. 且子見執政而不違, 子齊執政乎."

는 것은, 장자가 세속의 사람들을 향해 울리는 경종의 소리이다. 집정이라는 지위는 사실 진정한 사람하고는 아무 관계가 없다. 그것의 득실은 결코 자기에 의하지 않고 오직 운명에 의해 결정된다. 바로 신도가가 외발이가 된 것과 같이 집정이라는 것 역시 운명에 의해 결정된다는 점은 같다. 신도가의 주장을 들어 보자.

> 스스로 자기의 과오를 변명하면서 부당하게 다리를 잃었다고 생각하는 사람은 많지만, 자신의 과오를 변명하지 않고 정당하지 못하게 자신의 다리를 간직하고 있다고 생각하는 사람은 적다. 어찌할 수 없다는 것을 알고 현재의 상황에 만족하고 운명에 따르는 것은 오직 덕이 있는 자만이 할 수 있다. 예羿의 사정권 안에서 놀 때 한 가운데는 화살이 적중하는 곳이다. 그런데도 화살에 맞지 않았다면 그것은 운명이다. 사람들 중 자기들은 두 다리가 온전함에도 내가 온전하지 못하다고 해서 비웃는 사람이 많다. 나는 그럴 때 발끈 화를 내다가도 선생님이 계신 곳에 가면 화났던 것이 다 사라져 정상으로 돌아온다. 선생님께서 나를 선함으로 씻어 주시기 때문인지 모르겠다. 나는 선생님에게 배운 지 19년이 되었지만, 여태껏 내가 외발이라는 것을 의식한 적이 없다. 지금 너는 나와 함께 육체의 안쪽에 있는 덕에서 유유자적하는데, 너는 육체의 바깥에서 나를 찾고 있으니 잘못이 아니냐?[18]

덕에 있어서 가장 중요한 느낌은 운명과 같은 느낌이다. 우리는 운

---

17) 『莊子』「德充符」: "子而悅子之執政, 而後人者也."

명의 존재에 대해 반드시 승인하고 또 믿어야 한다. 두 다리가 온전하거나 온전하지 못한 것을 포함한 육체와 관련 있는 것들, 혹은 신분의 귀천 등이 모두 운명에 의해 마련된 것들이고 사람은 이에 대해 어찌할 수 없다는 것을 인정해야 한다. 이 때문에 우리는 그것을 편안하게 받아들여야 한다. 마치 운명을 편안하게 받아들이면서 기뻐하지도 않고 성내지도 않듯이. 신도가가 볼 때 우리들 각각의 사람은 모두 예羿의 사정권 안에서 생활하는 것과 같은데, 신의 사수인 그의 활 솜씨로는 아무리 활을 쏘아도 실수를 하지 않을 것이다. 그러나 혹시 실수가 있을 경우 이것은 그의 활 솜씨가 훌륭하지 못하기 때문이라고 말할 수는 없다. 그것은 운명이다. 신도가는 여기서 나의 다리는 월형刖刑을 받았지만 너는 아니라는 것, 너는 집정이 되었지만 이는 너의 행동이 나보다 좋다거나 나의 행동이 너보다 나쁘다는 것을 말하는 것이 결코 아니라는 것, 이 모든 것이 다 운명이라는 것 등을 말하려고 했다. 그것이 운명인 이상 잊어버려야지, 따지거나 마음에 품고 있어서는 안 된다. 사람이 정말로 유의留意해야 할 것은 진정으로 인간에 속하는 것, 예를 들면 이른바 마음가짐 같은 것이다. 여기서 장자는 '육체의 안쪽形骸之內'과 '육체의 바깥形骸之外'이라는 표현을 사용하여 육체와 정신을 구분했다. 육체의 바깥 역시 육체 및 육체와 관련 있는 모든 것으로, 이는 운명에 속하는 것이다. 육체의 안쪽의 정신이 바로 사람이

18) 『莊子』「德充符」: "子狀其過, 以不當亡者衆, 不狀其過以不當存者寡. 知不可奈何, 而安之若命, 唯有德者能之. 遊於羿之彀中, 中央者中地也. 然而不中者, 命也. 人以其全足, 笑吾不全足者, 衆矣, 我怫然而怒, 而適先生之所, 則廢然而反. 不知先生之洗我以善邪. 吾與夫子遊十九年矣, 而未嘗知吾兀者也. 今子與我遊於形骸之內, 而子索我於形骸之外, 不亦過乎."

사람일 수 있는 근거이고, 때문에 그것은 사람이 진정으로 유유자적해야 할 곳이기도 한 것이다.

온전한 덕과 육체의 망각

그러나 외적 대상의 노예가 된 그런 마음과 같이 모든 정신이 다 유유자적할 수 있다는 것은 결코 아니다. 장자는 다음과 같이 말한다. "거울이 밝으면 먼지가 앉을 수 없고, 먼지가 앉으면 거울은 밝을 수 없다."[19] 여기서의 '거울'은 당연히 마음을 가리킨다. 도가에서는 자주 '거울'로 마음을 비유한다. 노자의 "신비로운 거울을 깨끗이 닦는다"[20]부터 관윤의 "움직임은 물과 같고, 멈춤은 거울 같다"[21]에 이르기까지 모두 이 점을 확인할 수 있다. 마음이 비어야 밝을 수 있는 것은 바로 먼지가 앉지 않아야 거울이 밝을 수 있는 것과 같다. 만약 마음이 어떤 것으로 가득 차 있다면, 설령 그것이 선이나 고상한 것이라 해도 마음은 분명히 밝지 못할 것이다. 무언가 외물로 가득 찬 마음은 떠다닐 수 없다. 간신히 뜬다 해도 매우 빨리 가라앉아 버릴 것이다. 그것은 바로 공자와 같다. 공자는 늘 배움과 명예에 집착했다. 그 때문에 그런 것들로부터 벗어날 수가 없었다. 그의 마음은 늘상 속박되었고, 그는 항상

---

19) 『莊子』「德充符」: "鑑明則塵垢不止. 止則不明也."

20) 『老子』 제10장: "滌除玄鑑."

21) 『莊子』「天下」: "其動若水, 其靜若鏡."

"사람들에게 덕을 베푼다"는 식의 말을 입에 달고 살았다. 따라서 외발이 숙산무지가 그를 만나러 갔을 때, 그가 다음과 같은 반응을 보인 것은 매우 자연스러운 일이었다.

> 당신은 예전에 조심하지 않아서 이런 재앙을 만난 것이오. 지금 나를 찾아와 가르침을 청하지만, 어찌 예전 상태로 돌아갈 수 있겠소?[22]

숙산무지가 크게 실망한 것은 자연스러운 것이었다. 그의 마음속에서 덕이 천지와 견주어지던 공자의 형상은 사라져 버렸다. 남은 것은 형체에 구속 받는 협소한 정신뿐이었다. 숙산무지가 중니를 만나려던 목적은 '다리를 온전히 하려는' 데 있는 것이 결코 아니고, '회복 수술'을 하고 싶었던 것도 아니었다. 그가 관심을 기울인 것은 '다리보다 높은 것,' 즉 '다리'보다 더 존귀한 것이었다. 다리가 온전하거나 온전하지 못한 것은 사실 중요하지 않다. 그것은 완전히 나에 의해 결정되는 것이 아니기 때문이다. 가장 유념해야 할 것은 바로 '다리보다 높은 것'이 완전한가 아닌가 하는 것이다. 여기서 장자가 비록 '다리보다 높은 것'이 무엇인지 지적하지는 않았지만, 그것이 가리키는 것은 이 편에서 중점적으로 검토할 '덕'이라는 것은 털끝만큼도 의심의 여지가 없다. 그런 까닭에 뒤쪽에서 '덕을 온전히 한 사람全德之人'이라는 표현이 나타난 것이다.

중니는 아마도 자신의 고루함을 의식했는지도 모른다. 그러나 이미

22) 『莊子』「德充符」: "子不謹前, 旣犯患若是矣. 雖今來, 何及矣."

오랫동안 질곡된 정신이 그 질곡으로부터 한순간에 빠져나오는 것은 매우 어려울 것이다. 그는 여전히 숙산무지를 "힘써 배워서 과거에 저질렀던 악행을 보상하려"[23] 하고, 이 때문에 항상 육체만을 생각하는 사람이라고 보았던 것이다. 숙산무지에게 있어서 육체는 이미 일찌감치 잊혀진 것이라는 점을 그는 알지 못했다. 그 역시 '배움' 이나 '악' 이라는 관념이 없었다. '배움' 은 또 왜 필요한가, 과거의 '악행' 을 보상하기 위해서인가? 선은 또 왜 필요한가, 명예를 위해서인가? 그러나 도는 원래부터 배울 수 없는 것이고, 도는 또 선이나 악과는 상관없는 것이다. 따라서 선이나 악은 도를 추구하는 숙산무지와는 상관없는 것들이다.

그러나 그것들은 확실히 공자 및 유가와 관계가 있다. 배움과 선악에 대한 집착은 이 학파에서 여태껏 포기한 적이 없었다. 『노자』에서 우리는 이미 "학문을 하는 것은 날마다 더해 가는 것이지만, 도를 닦는 것은 날마다 덜어 내는 것이다"[24]라는 구절을 읽은 적이 있는데, 이는 도를 닦는 것과 학문을 하는 것은 서로가 완전히 다른 두 가지 방향임을 보여 주고 있다. 학문을 하는 데는 분명히 '지' 와 '마음' 이 필요하다. 그러나 도를 닦는 데는 오히려 그것들의 중지가 필요하다. "문을 열지 않고서도 천하의 일을 알고, 창밖을 내다보지 않고서도 하늘의 도를 볼 수 있다. 멀리 나갈수록 아는 것은 더욱 적어진다"[25]라는 노자의 말은 장자에게도 똑같은 효과를 가진다. 그래서 노자가 『장자』에

---

23) 『莊子』「德充符」: "務學以補前行之惡."

24) 『老子』 제48장: "爲學日益, 爲道日損."

25) 『老子』 제47장: "不出戶, 知天下, 不窺牖, 見天道. 其出彌遠, 其知彌少."

등장하는 것은 매우 자연스러운 일이 되었다. 이것은 『장자』에서 그의 두 번째 등장에 해당한다. 「양생주」에서 노담은 죽은 사람으로 등장한 적이 있고, 여기서는 살아 있다. 이것은 역사상 처음으로 노담과 공자를 대립적인 위치에 둔 것이 아닌지 모르겠다. 사마천이 말한 노담이 공자의 스승의 신분이었다는 점은 이 우화 속에서는 찾아볼 수 없지만,[26] 말 속에서 '스승'의 분위기가 오히려 강렬하게 느껴진다. 그는 여전히 공자가 "죽음과 삶은 하나의 가지이고, 옳음과 옳지 않음은 하나의 끈이다"라는 '대통大通'의 이치를 깨달아서 정신을 속박하고 있는 질곡으로부터 해방되기를 바라고 있었다. 그러나 숙산무지가 보기에는 아무래도 비관적이었던 것 같다. 공자의 질곡은 '하늘이 내린 형벌天刑'이지 '인간에 의한 형벌人罰'이 아니었다. 인간에 의한 형벌은 피할 수 있지만, 하늘이 내린 형벌은 벗어날 방법이 없는 것이다.

'하늘이 내린 형벌'이라는 말은 무엇을 의미하는가? 그것은 공자에 대해 손을 쓸 수 없다는 것인가, 아니면 장자가 자기와 공자 및 유가 사상 사이의 대립이 조화할 수 없다고 이해한 것인가, 혹은 이러한 사상의 영향력에 대한 승인인가? 아마도 모두 다일 것이다. 장자는 결코 독단론자가 아니다. 그는 결코 어떤 보편적인 것, 보편적인 생활 태도, 혹은 보편적인 철학을 인정하지 않았다. 그는 자기의 철학에 토대를 마련하고 싶었기 때문에 자기의 생활 방식에 대해 논증하고 변호했다. 그러나 그는 강호를 통일하려고 하지 않았고, 기타의 철학과 생활 방

26) 『史記』 「孔子世家」의 "공자가 대단히 섬겼던 사람으로 주나라에서는 노자였다孔子之所嚴事, 於周則老子" 및 「老子傳」의 "공자가 주나라로 가서 노자에게 예를 배우려고 했다孔子適周, 將問禮於老子" 등 참조.

식에 생존의 공간을 주지 않았다. 그는 공자 식의 생활 방식은 잘못된 것이라고 생각했다. 그러나 단지 '생각' 만 그렇게 했다. 장자는 다른 제자백가를 몰아내고 자기의 학술만을 높일 수 없었다. 그는 그런 권력을 갖지도 않았고, 또 어떤 권력을 빌릴 수도 없었다. 왜냐하면 그에게는 그런 욕망이 없었기 때문이다.

사실 더 중요한 것은 '하늘이 내린 형벌' 이라는 말 속에 정신에 대한 특별한 관심이 포함되어 있다는 점이다. '인간에 의한 형벌' 은 예를 들면 다리를 자르거나 혹은 발목을 없애는 것과 같이 어쩌면 육체에 대해서만 가하는 징벌일 테지만, '하늘이 내린 형벌' 은 정신을 질곡하는 것이다. 인간에 의한 형벌에 비하면 하늘이 내린 형벌은 더 두려운 일이다. 왜냐하면 그것은 정신의 불구, 덕의 파괴라는 결과를 초래하기 때문이다. 이것은 육체의 불구보다도 더 심각한 것이다. 중니가 받은 천형은 '해방' 을 얻을 수 있는 것인가? 사람은 풀어줄 수 있는 방법이 없지만, 하늘은 풀 수 있을 것이며 조물주도 풀 수 있을 것이다. 장자의 세계에서는 변화 그 자체만 빼고 변하지 않는 것은 아무것도 없다. 추남 애태타에 관한 우화에서 장자는 또 다른 중니의 형상을 만들어 냈다.

> 중니가 말했다. "저는 예전에 초나라에 사절로 간 적이 있습니다. 그때 우연히 새끼 돼지들이 죽은 어미 돼지의 젖을 빠는 것을 보았습니다. 그런데 눈 깜짝할 사이에 새끼 돼지들은 놀란 듯 모두 어미를 버리고 도망쳤습니다. 어미가 자기들을 쳐다보지도 않고, 그 모습도 이전 같지 않았던 것입니다. 새끼 돼지들은 제 어미의 몸을 사랑했던 것이 아니라 그 몸을 주재한 것을 사랑했던 것입니다."[27]

장자는 우화의 형식을 빌려 자기의 생각을 말한다. 여기서의 중니는 "힘써 배워서 과거에 저질렀던 악행을 보상하려" 함인지 장자의 대변인으로 바뀌었다. 우화 속의 공자는 새끼 돼지들이 제 어미에게서 젖을 빨아먹는 예를 통해 '몸을 주재하는 것'이 '몸'보다 중요한 것임을 설명한다. 단순히 육체만 놓고 보면 죽은 어미는 살아 있을 때에 비해 어떤 결함 같은 것이 없다. 그러나 새끼 돼지들은 놀라서 도망가 버렸다. 이것은 "어미가 자기들을 쳐다보지도 않고, 그 모습도 이전 같지 않았기" 때문이다. 육체는 비록 남아 있지만 돼지가 돼지일 수 있는 근거가 사라져 버린 것이다. 즉 "그 몸을 주재한 것"이 사라져 버렸는데, 이는 육체로 하여금 그 의미를 완전히 상실하게 한 것이다. 이 때문에 '어미 돼지' 역시 사라진 것이다. "그 몸을 주재한 것"이야말로 어미로 하여금 어미이게 한 것이다.

그 몸을 주재한 것은 무엇인가? 그것은 물론 덕이고, 이른바 마음가짐이다. 애태타라는 추한 몸을 가지고서, 게다가 죽어가는 사람을 살릴 만한 군주의 지위에 있는 것도 아니고 봉록을 모아 남의 배를 채워 주는 것도 아닌데, "그와 함께 지내 본 남자들은 그를 좋아해서 떠날 수 없고, 그를 본 여자들은 남의 아내가 되느니 차라리 그 사람의 첩이 되게 해달라고 부모를 조르는 사람이 10여 명에 그치지 않는다"[28]

---

27) 『莊子』「德充符」: "仲尼曰, 丘也嘗使於楚矣. 適見豚者食於其死母者. 少焉眴若, 皆棄之而走. 不見己焉爾, 不得類焉爾. 所愛其母者, 非愛其形也. 愛使其形者也." * 옮긴이: 저자가 인용한 원문에는 '嘗' 자가 '常' 자로 되어 있는데, 이는 분명한 실수로 보이기 때문에 바로잡는다.

28) 『莊子』「德充符」: "丈夫與之處者, 思而不能去也. 婦人見之, 請於父母曰, 與人爲妻, 寧爲夫子妾者, 十數而未止也."

라고 할 정도의 매력을 가질 수 있었던 것은 당연히 그의 덕, 즉 마음가짐 때문이었다. 그것은 어떤 형태의 마음가짐일까? 장자는 '재전才全(타고난 능력이 온전한 것)'과 '덕불형德不形(덕이 겉으로 드러나지 않는 것)'이라는 표현을 쓴다. 먼저 타고난 능력이 온전하다는 것이 무엇인지를 살펴보자.

> 죽음과 삶, 보존과 상실, 운수의 막힘과 트임, 가난과 부유함, 똑똑함과 어리석음, 비난과 칭송, 목마름과 배고픔, 추위와 더위 등은 사물의 변화와 운명의 작동에 의한 것입니다. 그것들은 밤낮으로 우리 눈앞에 번갈아 펼쳐지지만 우리의 지적 능력으로는 그것의 원인을 알 수 없습니다. 그러므로 그런 것들이 본성의 조화를 교란하게 해서는 안 되며, 사람의 영부靈府(마음)에 침입하도록 두어서도 안 됩니다. 마음을 평화롭고 안정되고 탁 트이게 하되 말초적 감각兌에 빠지게 해서는 안 되고, 밤낮으로 끊임없이 만물과 함께 봄날처럼 온화함을 유지하도록 해야 합니다. 이것은 사물과 접촉하여 마음에 봄날의 온화한 기운이 발생하도록 하는 것입니다. 이것을 재전才全이라고 부릅니다.[29]

단순히 글자만 보면 '재전才全'과 '천형天刑'은 상대되는 것이다. 천형은 재능의 상실이고 재전은 타고난 것의 보전이다. 공자와 같이 천

---

29) 『莊子』「德充符」: "死生存亡, 窮達貧富, 賢與不肖, 毁譽饑渴寒暑, 是事之變, 命之行也. 日夜相代乎前, 而知不能規乎其始者也. 故不足以滑和, 不可入於靈府. 使之和豫通而不失於兌, 使日夜無隙而與物爲春, 是接而生時於心者也. 是之謂才全."

형을 받은 사람은 인위적인 것을 자연적인 것에 덧붙이려고 하는 자이고, 타고난 재능이 온전한才全 사람은 하늘(자연)과 인간이 구분된다는 점을 분명히 알고 있는 자이다. 사실 '재才' 자체는 '천天'의 의미를 가지고 있다. 대부분의 경우 그것의 용법은 '성性(본성)'과 비슷하다. 맹자는 "이것은 재才의 잘못이 아니다"라고 말했는데, 여기서 말한 '재'는 바로 타고난 본바탕을 가리킨다. 그러므로 '재'에는 '재성才性(타고난 재능과 본성)'의 의미가 있다는 것이다. 이 때문에 재전은 어떤 의미에서는 하늘이 우리에게 부여한 본바탕의 보전을 뜻한다.

우리는 조심해서 후천적이고 인위적인 것으로 '재'의 온전성이 파괴되지 않도록 해야 한다. 이 때문에 하늘과 인간의 구분에 대한 이해는 가장 중요한 것이다. 장자의 이러한 주장에 따르면 "죽음과 삶, 보존과 상실, 운수의 막힘과 트임, 가난과 부유함, 똑똑함과 어리석음, 비난과 칭송, 목마름과 배고픔, 추위와 더위" 등과 같은 것은 모두 운명에 속하고, 사람이 어떻게 손써 볼 수 없는 것들이다. 그래서 이러쿵저러쿵 함부로 말해서도 안 되는 것이다. 마음은 의식적으로 그것들을 사고의 범위 밖으로 밀어내서 그것들이 내심의 허정과 평화를 방해하지 않도록 해야 한다. 운명에 대하여 우리는 '편안히 받아들이는 것' 밖에 다른 선택의 여지가 없기 때문이다. 장자는 예를 들면 눈은 색깔을 분별하고, 귀는 소리를 분별하듯이 감각 기관, 즉 구멍兌[30]과 같은 것들은 이 세계를 분별한다는 점을 특히 강조했다. 말초적 감각 기관

30) 옮긴이: 태兌는 여러 가지 해석이 있으나 저자는 눈, 코, 입, 귀 등과 같은 감각 기관으로서의 구멍, 즉 감각의 통로로 보았다. 따라서 이러한 저자의 의도를 살리면서 문맥에 맞도록 하기 위해 위 인용문에서는 '말초적 감각'으로, 여기서는 '구멍'으로 번역했다.

으로서의 구멍에 빠지지 않는 것은 바로 감각 기관이 마음을 주재하지 않도록 하는 것이다.

귀라든가 눈 등의 감각 기관은 분별하려고 하고, 마음은 오히려 소통하려고 한다. 이것은 한편으로는 마음과 외물의 소통을 가리키고, 다른 한편으로는 마음이 사물들 사이의 소통에 대해 이해하는 것을 가리킨다. 예를 들면 사시四時라든가 낮과 밤 등 사물의 변화는 모두 소통하는 것이다. 소통은 바로 마음이 외물에 대한 분별에 집착할 필요가 없음을 의미하기도 하고, 외적 대상의 변화와 번잡함 속에서도 흔들림 없는 상태不動를 유지할 수 있음을 의미하기도 하며, '평화롭고 안정될' 수 있는 것이기도 하고, 또 화목함과 즐거움이기도 한 것이다. 어떤 상황에서든 마음은 활발하게 살아 있는 것으로서 "만물과 함께 봄날처럼 온화함을 유지하도록" 해야지 세계 속에 매몰되어서는 안 된다.

이것이 바로 재전이고, 그것은 세계에 대한 흔들림 없는 마음不動心 속에서 비로소 보전된다. 우리는 명성을 좇아서는 안 되고, 자기 내심의 안녕과 평화를 파괴해서도 안 된다. 이것이 덕불형德不形(덕이 겉으로 드러나지 않는 것)이다.

> 평평함은 물이 멈추어 있는 최고의 상태이다. 그것이 표준이 되는 것은 안으로는 정지 상태를 유지하고 있으면서 밖으로는 흘러넘치지 않기 때문이다. 덕이라는 것은 온화함을 이루도록 수양하는 것이다. 덕이 겉으로 드러나지 않으면 사람들은 그로부터 떠날 수 없다.[31]

'덕불형'이라는 말은 우리에게 「인간세」의 "마음은 온화한 것보다 좋은 것이 없다心莫若和"와 "온화한 것은 겉으로 드러나지 않는다和不欲出"라는 구절을 생각나게 한다. (덕불형에서) '형形'이란 밖으로 드러나는 것이고, 또 '나오는 것出'이기도 하다. 밖으로 나온 마음이란 바로 명성을 얻기 위한 것이다. 마음이 동요되면 변화는 불가피한 것이 된다. 그러므로 '드러나지 않는 것不形'이 요구된다. 이것은 덕을 용모를 수식하는 도구로 삼지 않는 것을 의미한다. 장자는 여기서 물로 비유를 들었다. 물은 멈추어 있을 때만 수평이 될 수 있고, 마음은 고요할 때만 온화할 수 있다. 온화한 마음은 육체의 바깥쪽이 아니라 육체의 안쪽에 머물 수 있다.

정리해 보면 이른바 재전과 덕불형이 표현하고 있는 것은 부동심으로부터 평화의 상태에 도달하는 것이고, 그것은 운명과 천인지분天人之分(하늘과 인간의 구분)에 대한 이해를 기초로 한다. 이러한 사람은 자연히 세계에 대하여 급급하게 추구하지 않는다. 애태타의 온화하면서도 나서지 않는 것, 무덤덤한 표정을 지은 뒤에 대답을 한 것 등은 바로 이러한 마음의 상태를 표현한 것이다. 그는 아무 말도 하지 않고도 오히려 사람들의 신임을 얻을 수 있었고, 아무 일도 하지 않고도 오히려 사람들이 친근하게 다가오도록 할 수 있었다. 이 점은 똑같은 외발이인 왕태에게 있어서도 비슷하다. 왕태는 비록 아무 말도 하지 않았지만, 자기의 덕으로 다른 사람의 정신을 채워 줄 수 있었다. "덕이 겉으로 드러나지 않으면 사람들은 그로부터 떠날 수 없다"라는 구절에서

---

31) 『莊子』「德充符」: "平者水停之盛也. 其可以爲法也. 內保之而外不蕩也. 德者成和之脩也. 德不形者, 物不能離也."

말하려고 한 것은 바로 왕태와 애태타 등이 체현해 보여 준 덕의 매력인 것이다. 이런 덕의 매력은 사람들로 하여금 그들의 못생기고 온전치 못한 불구의 육체를 잊어버리게 했다. 내적으로 덕이 충만하기 때문에 불구인 육체는 다시 '완전' 하게 변화하기에 이르기까지 한다. 장자는 다음과 같이 말한다.

> 인기闉跂(절름발이), 지리支離(꼽추), 무신無脤(언청이)[32] 등이 위나라 영공을 만나 자기 생각을 펼쳐 보였는데, 영공은 그들을 좋아했다. 그 뒤로 영공은 온전한 사람을 보면 오히려 그 사람의 목이 가늘고 길게 보였다. 옹앙대영甕盎大癭(목에 항아리처럼 큰 혹이 달린 사람)이 제나라 환공을 만나 자기 생각을 펼쳐 보였는데, 환공은 그를 좋아했다. 그 뒤로 환공은 온전한 사람을 보면 오히려 그 사람의 목이 가늘고 길게 보였다. 그러므로 덕이 뛰어나면 육체는 잊어버린다. 그러나 사람들은 정작 잊어야 할 것은 잊지 않고, 잊지 말아야 할 것은 잊어버린다. 이것을 진짜 잊어버리는 것이라고 한다.[33]

지리支離 등은 이름만 보더라도 육체의 불구자임을 알 수 있다. 그러

---

32) 옮긴이: 인기지리무신闉跂支離無脤은 보통 한 사람의 이름으로 풀이하는데, 이 책에서는 독립된 세 사람으로 해석하였다. 한 사람으로 보든, 세 사람으로 보든 장자가 꾸며 낸 가공의 인물로 간주한다는 점에는 이견이 없다.

33) 『莊子』「德充符」: "闉跂支離無脤說衛靈公. 靈公悅之, 而視全人, 其脰肩肩. 甕盎大癭. 說齊桓公. 桓公說之. 而視全人, 其脰肩肩. 故德有所長, 而形有所忘. 人不忘其所忘, 而忘其所不忘, 此謂誠忘."

나 영공과 환공이 그들의 덕행에 이끌렸을 때 그들의 육체적 결함은 일찌감치 무시되거나 잊혀졌다. 그뿐만 아니라 결함 있는 육체는 완전한 덕행으로 인하여 광휘로 충만했다. 결함 있는 몸에 익숙해진 다음에는 온전한 몸이 도리어 결함 있는 것처럼 보일 것이다. 이런 극단적인 주장은 여전히 장자가 내내 강조한 것, 즉 사람으로 말하면 육체가 아니라 덕이 중요하다는 점을 말해 주고 있다.

여기서 장자는 그에게는 매우 중요한 글자 하나를 언급하고 있다. 그것은 바로 '잊음忘'이다. 잊음은 물론 의도적인 것이고, 의도적인 버림이다. 어떤 것을 마음속에서 몰아내 버리는 것이다. 무엇을 몰아내 버려야 하는 것일까? 육체이다. "육체는 잊어버려야" 한다. 육체가 마음에서 쫓겨나야 하는 것은 그것들이 운명에 속하고, 운명에 속하는 것은 잊어버려야 하기 때문이다. 우리는 육체의 변화를 지배할 수 있는가? 태어나는 것은 제어할 수 없고, 죽는 것은 멈추게 할 수 없지만, 아름다운 것은 받아들일 수 있고, 추한 것은 거절할 수 있다. 이런 것들은 모두 사람과 아무 관계가 없다. 이 때문에 잊혀져야만 한다. 오직 잊음을 통해서만 우리는 자기의 마음을 육체로부터, 따라서 유형의 세계로부터도 해방시켜 무형의 경지에 이르게 할 수 있다. 여기서 우리는 자신이 경쾌하게 변했음을, 물속에서 헤엄치는 물고기처럼 경쾌해진 것을 발견하게 될 것이다. 우리는 변화무상하고 뻥 뚫린 세계에 살면서 어떤 막힘도 없을 것이다. 이것이 바로 도와 덕의 세계이다. 육체를 잊고 유형의 세계를 초월하여 우리는 자기 자신을 여기로 데려올 수 있다. 이 때문에 잊음이란 어떤 잊지 말아야 할 것을 얻기 위한 것이다. 사람의 마음도 육체와 덕을 동시에 용납할 수 없을 것이다. 만약 우리가 덕을 원한다면 육체를 잊어야 한다.

무정無情과 자연

장자는 물론 덕을 원했다. 덕은 어떤 사람이 그 어떤 사람일 수 있는 근거이기 때문이다. 육체는 오직 운명에 속할 뿐이다. 우리는 비록 사람으로 살고 있지만 그렇게 된 것은 사람과는 아무 관계가 없다. 육체가 나를 사람이 되게 한 것은 바로 당신 혹은 그를 사람이 되게 한 것과 같다. 육체는 수동적이고 어찌할 수 없는 것이다. 그것은 나를 반드시 사람들 속에서 생활하도록 했고, 또 육체를 보전할 방법을 찾도록 했다. 그러나 장자는 결코 보통 사람들처럼 살아가기를 바라지 않았다. 보통 사람들은 살아가고, 또 그저 사람들 속에서 살아갈 뿐이다. 그러나 장자는 육체와 마음의 분리를 추구했다. 그는 육체가 사람들 속에 있어야 한다는 운명을 바꿀 수는 없었다. 그러나 그의 마음은 이미 일찍부터 유형적 세계 밖으로 올라가 버렸다. 마음과 육체의 이런 분리에 대해 그는 "사람의 몸을 가지고 있지만 사람의 감정은 없는 것"이라고 불렀다. 장자는 다음과 같이 말한다.

이 때문에 성인은 유유자적하면서 지혜를 재앙으로 여기고, 약속을 아교풀로 여기며, 덕을 사람을 모으는 수단으로 여기고, 기교를 장사로 여긴다. 성인은 계획을 세우지 않는데 무엇 때문에 지혜를 쓰겠는가? 성인은 쪼개지 않는데 무엇 때문에 아교풀을 쓰겠는가? 성인은 잃는 것이 없는데 무엇 때문에 덕을 쓰겠는가? 성인은 돈벌이를 하지 않는데 무엇 때문에 장사의 방법을 쓰겠는가? 이 네 가지는 천죽天鬻(자연에 의한 양육)이다. 자연의 천죽은 천식天食(하늘이 주는 음식)이다. 이미 하늘로부터 먹을 것을 얻었는데 무엇 때문에 다시 인위적 방법을 쓰겠는가? 성인은 사람의 모습을 하고는 있지만, 사람의 감정은 없다. 사람의 모습을 하고 있기 때문에 사람들과 함께 모여 살고, 사람의 감정이 없기 때문에 옳고 그름에 간여하지 않는다. 까마득히 작구나, 사람에 속하는 것이여. 위대하고 크구나, 타고난 것을 홀로 이룸이여.[34]

성인은 일반 사람들과 같이 육체를 가지고 있는데, 이는 바꿀 수 없는 사실이다. 그들의 구별은 내재하는 덕에 있고, 또 마음을 어떻게 쓰느냐 하는 데 있다. 성인에게는 사람의 감정이 없다. 사람의 감정이 없다면 비록 육체가 있기는 하지만 육체의 속박을 받지 않는다. 이 때문에 유유자적할 수 있다. 유유자적은 오직 막힘 없는 환경 속에서만 실현될 수 있다. 이 때문에 지혜, 약속, 덕, 기교 등은 반드시 버려야 할 것들이다. 지혜는 계획을 세우는 데 쓰는 것이고, 약속은 견고하게 붙이는 데 쓰는 것이고, 덕은 사람의 마음을 불러 모으는 데 쓰는 것이고, 기교는 대가를 받고 팔기 위해 쓰는 것이다. 그것들은 단지 육체적 세계에서나 생활하는 사람에게만 중요하다. 그러나 마치 머리를 밀고 문신을 한 월나라 사람에게 장보章甫라는 관冠이 아무 쓸모가 없듯이 그것들은 성인에게는 쓸모가 없다. 그것들이 아무 쓸모가 없다는 것은 우리가 지혜, 약속, 덕, 기교 등을 통해 도달하려고 하는 것은 바로 "사

34) 『莊子』「德充符」: "故聖人有所遊. 而知爲孽, 約爲膠, 德爲接, 工爲商. 聖人不謀, 惡用知. 不斲, 惡用膠. 無喪, 惡用德. 不貨, 惡用商. 四者天鬻也. 天鬻也者天食也. 既受食於天, 又惡用人. 有人之形, 無人之情. 有人之形, 故群於人. 無人之情, 故是非不得於身. 眇乎小哉, 所以屬於人也. 謷乎大哉, 獨成其天." * 옮긴이: 저자는 이 문장을 인용하면서 맨 앞 글자인 '故'를 '是以'로 쓰고 있지만, 잘못으로 판단되어 바로잡는다.

물의 변화"와 "운명의 작동"에 속하는 것이고, 이는 하늘에 의해 결정된다는 점을 성인이 알고 있기 때문이다. 이른바 천죽과 천식은 바로 이 점을 표현하고 있다. 천죽과 천식은 바로 사람과 아무 관계가 없다는 것을 의미한다. 사람과 아무 관계가 없는데도 사람들은 머리를 쥐어짜면서 그런 것들을 추구하는데, 이는 우스꽝스러운 일이 아닌가?

확실히 우스꽝스럽다. 우리는 우물 안 개구리나 자기가 천하에서 가장 아름답다고 생각한 하백河伯 등을 떠올릴 수 있다. 그들은 모두 자기의 형체 세계에 국한되었다. 이 때문에 세계에 대한 그들의 생각은 황당하고 우스꽝스러운 것이 되었다. 사실 완전히 형체 속에서만 살아가는 사람 역시 이와 같지 않은가? 그들은 오직 사람만 알 뿐, 자연이 있고 변화가 있다는 것은 알지 못한다. 그들은 아마도 사람은 못하는 것이 없고, 천지의 생성 작용에 참여할 수 있고, 천지와 병립하여 동등한 역할을 할 수 있다고 생각할 것이다. 그러나 사실을 따져 보면 사람은 변화의 한 분절이고 자연의 한 부분에 지나지 않는다. 변화 앞에서는 어떤 희로애락이든 모두 우스꽝스러운 것이다. 우리가 살아 있음을 기뻐하고 있을 때, 그것은 동시에 우리를 슬프게 할 죽음의 한 과정이기도 하다는 것을 모르는가? 그렇다면 기쁨과 슬픔은 또 무슨 의미가 있을까? 가장 좋은 방법은 아마도 무정無情일 것이다. 이것은 물론 감정을 완전히 뿌리째 뽑아 버리는 것이 아니다. 그렇게 되면 사람은 나무나 돌 같은 사물과 똑같이 될 것이다. 무정은 '자연'에서 벗어나는 감정만을 버리는 것이다. 장자는 다음과 같이 설명한다.

혜자가 장자에게 물었다. "사람은 본디 감정이 없는가?" 장자가 대답했다. "그렇다네." 혜자가 물었다. "사람이면서 감정이 없다면 어떻게 그를 사람이라고 할 수 있겠나?" 장자가 대답했다. "도가 그에게 용모를 주고 하늘이 그에게 형체를 주었으니 어떻게 그가 사람이 아니라고 할 수 있겠나?" 혜자가 물었다. "사람이라고 한 이상 어떻게 정이 없을 수 있겠나?" 장자가 대답했다. "그것은 내가 말한 감정이 아니야. 내가 말하는 감정이 없다는 것은, 사람이 좋아하고 싫어하는 감정을 가지고 안으로 자기 몸을 상하게 하지 않고 항상 자연에 따르면서 생명을 연장하려 하지 않는 것을 말하지." 혜자가 물었다. "생명을 늘리지 않고 어떻게 자기 몸을 유지할 수 있겠나?" 장자가 대답했다. "도가 그에게 용모를 주고 하늘이 그에게 형체를 주었으니 좋아하고 싫어하는 감정을 가지고 안으로 자기 몸이 상하지 않게 해야지. 지금 자네는 자네의 정신을 외면하고, 자네의 정기를 소모하면서 나무에 기대 문장을 읊조리고 오동나무 책상에 기대 낮잠을 자네. 하늘이 자네에게 형체를 주었는데도 자네는 견백堅白의 이론으로 떠들어 대고 있네."[35]

여기서 말하고 있는 것은 매우 분명하다. 장자가 말하는 무정은 말하자면 "좋아하고 싫어하는 감정을 가지고 안으로 자기 몸을 상하게 하지 않고 항상 자연에 따르면서 생명을 연장하려 하지 않는 것"이다. 이 때문에 그가 말한 무정은 사실 마음과 관련이 있는 일이다. 좋아하

---

35) 『莊子』「德充符」: "惠子謂莊子曰, 人故無情乎. 莊子曰, 然. 惠子曰, 人而無情, 何以謂之人. 莊子曰, 道與之貌, 天與之形, 吾不得謂之人. 惠子曰, 旣謂之人, 惡得無情. 莊子曰, 是非吾所謂情也. 吾所謂無情者, 言人之不以好惡內傷其身, 常因自然, 而不益生也. 惠子曰, 不益生, 何以有其身. 莊子曰, 道與之貌, 天與之形, 無以好惡內傷其身. 今子外乎子之神, 勞乎子之精, 倚樹而吟, 據槁梧而瞑. 天選子之形, 子以堅白鳴."

고 싫어하는 것은 물론 감정이다. 그러나 좋아하고 싫어하는 감정을 가지고 안으로 자기 몸을 상하게 하지 않아야 한다는 것은 이미 감정이 아니라 마음가짐인 것이다. 이와 같은 마음가짐이 바로 인위적인 것으로 타고난 자연성을 없애지 않는 것이고, 좋아하고 싫어하는 감정에 따라 사물의 자연성을 바꾸지 않는 것이다. 예를 들어 목숨을 잘 돌보는 것은 좋지만, 결코 연장하려 해서는 안 된다. 목숨을 잘 돌보는 것養生은 타고난 자연적 수명을 다 누리는 것이고, 생명을 연장하는 것益生은 자연적인 것에 다른 내용을 덧붙이는 것이다. 그러나 자연에 다시 무엇을 덧붙일 수 있겠는가?

이 때문에 무정은 매우 적절하게 인정人情(인위적 감정)은 없지만 천정天情(자연적 감정)이 있는 것으로 이해될 수 있다. 자연에서부터 발생하는 희로애락에 대해서 장자는 배척할 수도, 배척해서도 안 되었다. 그가 부정하려고 한 것은 지나친 것이다. 배우자의 죽음 앞에서 장자도 처음에는 슬픔의 감정을 갖지 않을 수 없었다. 그러나 그가 죽음이 곧 생명의 '자연스러움'이고 변화의 필연이라는 점을 의식했을 때, 자연의 이치는 바로 그의 슬픔을 없애 버릴 수 있었다. 이때 만약 다시 슬픔을 고집했더라면 이는 도리어 '자연을 저버리고 사실을 배반하는 것遁天倍情'이 된다. 이런 의미에서 무정은 먼저 자연에 대한 승인과 존중이고, 자연에 대한 순종인 것이다. 그러나 무정은 일종의 삶을 중시하는 태도를 대표하고 있다는 점이 가장 중요하다. 장자는 무정은 곧 좋아하고 싫어하는 감정을 가지고 안으로 자기 몸을 상하게 하지 않는 것이라고 여러 차례 강조하고 있는데, 그것은 좋아하고 싫어하는 감정으로 자기의 생명을 상하게 하지 않는 것이기도 하다. 이것은 이른바 음양에 따른 재앙陰陽之患을 가리킨다. 뿐만 아니라 장자가 볼 때 중요한 것은, 좋아하고 싫어하는 감정은 바로 생명이 좋아하고 싫어하는 대상에 이끌려 다니고 지배당할 수 있다는 점을 의미한다는 것이다. 이 때문에 외물에 예속되고, 또 쉽게 손상될 수 있는 자리에 놓이게 된다.

여기서 우리는 무정 혹은 덕과 생명의 긴밀한 관계를 볼 수 있다. 생명을 중시하는 장자로서는 어떤 토론이든 모두 이 주제로부터 벗어날 수 없었다. 덕에 대한 강조는 결국 생명에 좀 더 나은 안정 상태를 제공하기 위해 육체와 마음으로 하여금 무의미한 수고에서 벗어나도록 했다. 이때 혜시는 육체를 수고롭게 하고 마음을 번거롭게 하는 상징적 인물로서 다시 등장하게 된다. 외적 대상을 뒤쫓는 자로서 혜시가 중시한 것은 동이同異 혹은 대소大小뿐이었는데, 생명 속에 내재된 정기와 정신은 도리어 잊혀져 버렸다. "자네의 정신을 외면하고, 자네의 정기를 소모하면서"라는 장자의 말은 우리에게 다시 노자의 말을 생각나게 한다. 노자가 "본래의 덕을 충실하게 간직한 사람은 갓난아이와 비슷하다"[36]라고 말하면서 나타내려고 한 것은 "종일 울어도 목이 쉬지 않으니 온화함의 극치이다"[37]와 "암수의 교미를 몰라도 고추가 일어서니 정기의 극치이다"[38]라는 것이다. 정기와 화기가 안으로 가득 차 있다는 것은 바로 덕을 충실하게 간직하고 있음을 상징하는 것이다. 혜시는 마침 상반되는 쪽으로 달려가고 있었다. 그의 생명은 "나무에 기대 문장을 읊조리고 오동나무 책상에 기대 낮잠을 자네"라는 표현 속에서 완전히 지쳤음을 알 수 있다. 보통 사람들이 자신을 풀

36) 『老子』 제55장: "含德之厚, 比於赤子."

37) 『老子』 제55장: "終日號而不嗄, 和之至也."

38) 『老子』 제55장: "不知牝牡之合而朘作, 精之至也."

어 놓고 휴식하는 음송吟誦과 수면 중에도, 그의 마음은 안식을 얻지 못한 채 여전히 나무와 오동나무 책상으로 대표되는 외적 대상 속에서 활발하게 뛰어다니고 있었다. 이 오동나무 책상은 동시에 우리로 하여금 말라 버린 생명을 생각나게 한다. 덕이 없는 생명이 바로 말라 버린 것이다. 이는 마치 걸어 다니는 시체나 고깃덩어리와 같고, 우화 속에 나오는 새끼 돼지의 어미와 같다. 덕만 있으면 생명에 광휘가 충만하게 할 수 있다.

「덕충부」는 처음부터 끝까지 모두 덕에 대한 한 편의 찬가이다. "까마득히 작구나, 사람에 속하는 것이여. 위대하고 크구나, 타고난 것을 홀로 이룸이여." 사람이 사람에 속하도록 하는 것은 육체이다. 사람은 이 때문에 반드시 사람들 속에서 생활해야 하는데, 이것은 까마득히 작은 것이다. 사람으로 하여금 사람을 초월하게 하는 것은 덕이다. 사람은 이것을 바탕으로 삼아 천심天心을 이룰 수 있는데, 이것은 위대한 것이다. 육체의 작음과 덕의 큼, 사람의 작음과 자연의 큼, 장자는 여기서 이것들을 선명하게 대비시켰다. 이것은 우리에게 『맹자』의 대체大體와 소체小體라는 말을 생각나게 한다. 대체는 마음을 가리키고, 소체는 귀나 눈 등의 감각 기관 혹은 육체를 가리킨다. 맹자는 "대체를 따르면 대인이 되고, 소체를 따르면 소인이 된다"[39]라고 말했다. 『맹자』와 『장자』에서의 이런 대비는 물론 인간은 선택적 존재라는 것을 의미한다. 그러나 정답은 이미 말하지 않아도 드러나 있다. 이 때문에 이런 선택은 선택의 여지가 없는 선택이라고 말할 수 있다. 마치 맹자

39) 『孟子』 「告子上」: "從其大體爲大人, 從其小體爲小人."

의 저 유명한 비유와 같다. 우리가 생선과 곰 발바닥 요리 두 가지를 놓고 하나를 선택해야 할 때 "생선을 버리고 곰 발바닥을 선택한다"는 것은 거의 유일한 대답이다.

전덕全德과 자학

「덕충부」에서도 덕을 선택하는 것은 육체를 잊거나 혹은 포기하는 것을 의미한다. 이것은 바로 결함 있는 육체가 나타내는 의미이다. 아마도 우리는 다음과 같이 추궁할 수 있을지 모른다. 우리는 왜 온전하고 건강한 육체를 바랄 수 없는가? 장자는 다음과 같이 대답할 것이다. 가능하다. 물론 가능하다. 그러나 그것은 바로 덕의 결함을 의미한다. 덕과 육체 두 가지가 동시에 온전할 수 없는 것이다. 그것은 바로 사람과 자연이 합일될 수 없는 것과 같다. 무도한 사회 속에서는 특히 더 그렇다. 장자가 직면한 것은 물론 무도한 사회였다. 외발이의 형상은 형벌이 없는 곳이 없음과, 생명이 어찌할 수 없음을 설명해 주고 있다. 이때는 외부로부터 가해지는 어떤 형벌이 없다 해도 자해 혹은 자학 역시 이미 피할 수 없는 것이었다.

여기서 우리는 한 걸음 더 나아가 장자 사상의 어두운 한 측면을 볼 수 있다. 그렇게 많은 불구자의 형상은 분명히 마음과 눈을 즐겁게 하는 것이 아니다. 덕성의 광휘는 떨쳐버릴 수 없는 육체의 음영을 여전히 다 가려 주지 못한다. 우리는 항상 마음속, 육체의 안쪽에서만 생활할 수 없다. 우리는 항상 눈을 뜨고 있어야 하는데, 이 때문에 육체에 관심을 갖게 될 수 있다. 이때 우리의 평정한 내심은 출렁이지 않겠는가? 육체는 까마득히 작은 것이다. 그러나 그것이 없으면 생명도 없다. 이 때문에 육체를 버리는 것은 우리가 혹시 중요하지 않다고 생각할지도 모를 생명의 일부분을 버리는 것을 의미한다. 다리가 잘리는 것은 물론 자해 혹은 자학이 아니지만, 장자가 그에 대해 묘사하기를 그처럼 좋아한 것은 바로 이런 요소를 포함하고 있기 때문이 아니었을까?

내가 볼 때 다리 잘린 사람에 대한 묘사가 많은 것은 일종의 상징이다. 그 자체는 하나의 우화일 뿐이다. 다리가 잘리면 사람은 정상적으로 걸을 수 없는데, 이것은 아마도 인간 세상에서 사람들이 자기 마음대로 살아갈 수 없는 것을 상징한다. 확실히 어찌할 수 없는 세상에서는 육체의 소요逍遙를 허용하지 않는다. 우리가 「인간세」에서 본 것처럼 육체는 '순종'을 필요로 하는 것이다. 우리는 벌어진 틈을 찾아야 하고, 그런 다음 그 가운데서 자기의 뜻을 굽히고 살아가야 한다. 이때 비록 우리의 다리가 잘리지는 않았더라도 우리의 육체는 온전한 것이라 할 수 있을까? 우리는 영원히 어깨를 펴고 다니는 사람이 될 수 없고, 지리소와 같이 등을 구부리고 있어야 한다. 이 때문에 우리는 영원히 불구자인 것이다. 우리는 사마귀와 같이 한때의 용기를 부려 몸을 한번 펴 볼 수는 있지만, 그 다음에는? 그 다음에는 잠자코 있어야 한다. 이 때문에 사마귀[40]의 운명을 피하기 위해 장자는 일부러 불구를 선택했다.

이러한 자각적 선택은 자해 혹은 자학이라는 말이 장자에게 더 어울리게 하며, 이 때문에 우리가 장자를 묘사하는 데도 적합하다. 무도

---

40) 옮긴이: 원문에는 바퀴벌레蟑螂라고 적고 있으나, 문맥의 흐름으로 보아 앞에서 나온 사마귀螳螂를 잘못 쓴 것으로 판단되어 바로잡는다.

한 사회 속에서 생존 기술의 한 가지로서의 자해는 생명을 온전히 한다는 점에서는 필요한 것이다. 다른 사람이 우리의 육체에 상해를 가하지 않도록 하기 위해서는 반드시 우리가 먼저 자신을 손상시켜야 할 것이다. 그러나 그 손상과 이 손상은 다른 것이다. 다른 사람에 의한 상해는 대부분 우리의 육체이기도 한 자연적 육체를 겨냥하고 있고, 자신에 의한 상해는 대부분 사회적 육체 위에 드러나도록 한다. 한비자의 사상 중 "자연에 의해 조성된 상황自然之勢"과 "인간에 의해 조성된 상황人設之勢"이라는 구분법을 빌린다면, 이른바 '사회적 육체'를 우리는 "인간에 의해 조성된 육체"라고 부를 수 있을 것이다. 그것이 가리키는 것은 육체가 사회 혹은 사람들 속에서 드러내는 것, 예를 들면 손을 뻗고 발을 내딛는 것이라든가, 말하는 것이라든가, 생김새라든가 혹은 행위 방식 등과 같은 것들이다. 내심으로야 어떻게 세속적 세계를 배척하든 관계 없지만, 육체상으로 우리가 이 세속적 세계의 준칙을 지켜야 한다는 것은 매우 분명하다. 그것은 마치 장자가 "홀笏을 들고, 무릎을 꿇고, 몸을 굽히는 것은 신하의 예이다. 사람들이 모두 그렇게 하는데, 너는 대담하게 그러지 않을 수 있겠느냐"[41]라고 말한 것과 같다. 마음속으로는 귀함도 없고 천함도 없다고 생각하고 있을지라도 우리는 신분이 높은 사람 앞에서 머리를 숙여야 한다. 그렇지 않으면 생명을 잃을지도 모른다. 우리는 최소한 「천하」에서 말한 "옳고 그

41) 옮긴이: 저자가 『장자』 원문이라고 하면서 인용하고 있는 것은 "擎跽曲拳, 人皆爲之, 汝敢不爲乎"인데, 『장자』에는 이와 똑같은 구절이 없다. 이와 유사한 것으로 「인간세」의 "擎跽曲拳, 人臣之禮也. 人皆爲之, 吾敢不爲邪"라는 구절이 있는데, 아마도 이 구절을 잘못 인용한 것 같다.

름을 따지지 않고 세속의 사람들과 함께 어울리는不譴是非, 以與世俗處" 생활을 해 나가야만 한다.

이런 의미에서 전덕全德과 자학은 사실 같은 것의 두 측면인 것이다. 전덕이 우리에게 이 세상에 대해 흔들림 없는 마음을 요구할 때 우리는 이것을 신비롭다거나 고상한 경지의 일종이라고만 보아 넘겨서는 안 된다. 여기에 포함된 것은 유형의 세계에 대한 것이고, 그중에는 자기 육체의 냉담함도 포함된다. 그것은 마치 나 자신에게 속하지 않는 것 같다. 이 때문에 나는 그것을 학대할 수 있고, 그것을 내버릴 수 있다. 나는 그것에게 좋아하지 않는 것을 모두 하게 한다. 예를 들면 한쪽 다리를 없애거나, 많은 종양이 자라게 하거나, 혹은 꼽추가 되게 하기도 한다. 이렇게 할 때 나는 털끝만큼이라도 참지 못해서는 안 된다. 왜냐하면 모든 '덕'은 나에게 말한다, 나에 대해 참을 수 없다고. 이때 나는 마음이 편안해질 수 있다. 나는 나 자신의 육체가 뒤틀려도 마음 편안히 지낼 수 있고, 세계가 뒤틀려도 마음 편안히 지낼 수 있다. 그렇지 않으면 또 어떤가? 중요한 것은 내가 살아 있는 것이지, 죽는 것이 아니다. 하다못해 비틀린 채로라도 살아가는 것이다.

갑자기 양주의 제자 중 한 사람인 자화자子華子가 "생명을 온전히 보존하는 것이 으뜸이고, 생명에 상처를 입히는 것은 그 다음이고, 죽음은 그 다음다음이고, 생명을 혹사하는 것은 맨 아래에 속한다"[42]라고 한 말이 생각난다. 여기서 말한 '생명을 온전히 보존하는 것全生'은 장자가 말한 것과 글자는 같지만 뜻은 다르다. 장자의 경우 그것은 생명

---

42) 『呂氏春秋』「貴生」: "全生爲上, 毁生次之, 死次之, 迫生爲下."

의 보전 혹은 완성일 뿐이지만, 자화자는 그것을 "여섯 가지 욕망이 모두 다 만족함을 얻은" 상태로 이해했다. 생명에 상처를 입힌다는 것은 각자에게 주어진 분수에 맞게 만족을 얻은 것으로, 이는 당연히 생명을 온전히 보존하는 것全生 다음에 두어야 한다. 죽음은 말할 필요가 없이 이미 무지無知·무욕無欲한 상태이다. 생명을 혹사하는 것이 맨 마지막에 속하는 것은 여섯 가지 욕망이 모두 만족하지 못하였음을 가리킨다. 생명을 혹사하는 것은 분명히 고통스러운 일이다. 고통스러운 생존은 죽음보다 못하다. 이것이 자화자가 우리에게 말하는 것이다. 만약 장자로 입장을 바꾼다면, 그는 고통스러운 생존과 죽음 사이에서 어떤 선택을 할까? 그는 당연히 생존을 선택할 것이다. 그러나 고통스러운 것은 아니다. 비록 고통스러운 것이라 해도 그는 자신에게 그 '고통'의 느낌을 제거하도록 설득할 것이다. 사실 사람이 정말로 자기를 포함한 이 세상의 유형적인 것이 모두 무의미하다고 생각할 때, 그 무엇이 그를 고통스럽게 할 수 있겠는가? 고통은 보통 사람이 내심에서 일으키는 느낌인데, 장자의 마음은 흔들림이 없다.

흔들림 없는 마음은 냉담하다. 냉담한 것은 증오도 없고 사랑도 없음을 의미한다. 공자도 없고, 묵자도 없다. 공자와 묵자는 모두 뜨거운 심장을 가진 사람들이었다. 그들은 이 세계에 대해 너무 쉽게 마음이 흔들렸다. 그러나 마음이 흔들린다 한들 또 어떻게 할 것인가? 세계는 여전히 그 세계이고, 심지어 갈수록 더 엉망으로 변해 간다. 공자는 분명히 상심했다. 상심하면 아무래도 의기소침한 말이 나오기 마련이다. 예를 들면 "도가 시행되지 않으니 뗏목을 타고 바다로나 떠돌까 보다"[43]와 같은 것이 그런 것들이다. 장자는 매우 상심한 사람이다. 이 때문에 더 이상 상심하지 않기 위해 먼저 마음을 닫고 꽁꽁 얼려 버렸다. 이른바 흔들림 없는 마음不動心이라든가, 무정無情이라는 것은 정말로 덕의 현현顯現이고, 한층 더 견고한 보호망인 것이다. 세계와 자기에 대한 냉담함은 어떤 의미에서는 바로 자기를 보호하기 위한 것이다. 이 때문에 우리는 '덕'의 차가운 표면 속에 감추어진 매우 '따스한' 다른 면을 볼 수 있다. "사람의 감정이 없기 때문에 옳고 그름에 간여하지 않는다"고 한 것은 그에 의해 생명이 심한 손상을 받지 않게 하기 위한 것이다. 여기서 우리는 생명에 대한 진정한 관심을 볼 수 있지 않은가?

자해나 자학은 부득이한 것이다. 사실 『장자』에서 자해의 좀 더 분명한 표현은 「인간세」에서부터 시작하여 줄곧 부르짖어 온 쓸모없음無用의 태도인 것이다. 장자는 쓸모 있음의 비애를 익숙히 보았다. 나무가 쓸모가 있으면 베어졌고, 동물이 쓸모가 있으면 희생물이 되었고, 사람이 쓸모가 있으면 끊임없이 "인간에 의한 재난"과 "음양陰陽에 의한 재난"의 고통에 직면해야 했다. 그렇다면 왜 쓸모없는 사람이 되지 않는가? 쓸모없음은 물론 원래부터 쓸모없는 사람에 대해 한 말이 아니다. 원래부터 쓸모없는 사람은 그 자체로 보통 사람이고, 자각적으로 쓸모없음을 선택하는 것은 「제물론」에서 말한 "보통 사람의 모습에 몸을 맡긴다寓諸庸"는 것이다. 그것은 쓸모 있는 사람만이 가질 수 있는 권리이다. 쓸모가 있으면서 쓸모없는 것, 큰 지혜를 가지고 있으면서도 마치 어리석은 것처럼 하는 것, 큰 기교를 가지고 있으면서도 마치 어설픈 듯한 것 등은 사실 자기를 감추는 것인데, 그것이 바로 자해이다. 이런 선택은 물론 고통스러운 것이고 어쩔 수 없는 것이다. 그것은

---

43) 『論語』「公冶長」: "道不行, 乘桴浮于海."

몸을 보존하는 방법일 뿐이며 이것 외에 아무것도 아니다.

쓸모 있는 사람에게 자기의 쓸모를 포기하게 하는 것은 결코 쉬운 일이 아니다. 그들에게 이런 포기를 담담하게 받아들이라고 하는 것은 더욱 어렵다. 어떤 사람은 머리가 깨져 피가 흐르는 참사를 당한 뒤에나 포기할 것이다. 그러나 그것도 육체상의 포기일 뿐 내심은 아직 분노와 불평으로 가득 차 있을 것이다. 생명에 상처를 입히는 것은 포기하지 않는 것과 무슨 차이가 있을까? 포기하지 않는다면 우리는 "인간에 의한 재난"을 당하게 될 것이다. 그리고 육체상으로만 포기한다면 우리는 "음양陰陽에 의한 재난"과 맞닥뜨리게 될 것이다. 초조함은 우리를 고통스럽게 하여 편안하게 살지 못하게 할 것이다. 우리는 아마도 굴원屈原과 같이 물속에 몸을 던져 죽거나 혹은 가의賈誼처럼 답답하고 괴로워하다가 삶을 마감하게 될 것이다. 이 때문에 중요한 것은 육체상에서의 포기가 아니라 반드시 내심에서 완전히 이 포기를 받아들여야 하는 것이다. 여기서 우리는 또 장자가 말하는 덕의 의미를 알 수 있다. 덕은 바로 자기의 마음에 대한 설득인 것이다. 육체의 세속적 사회에 대한 타협, 육체의 굴종委曲, 심지어는 자해 등을 받아들이도록 마음을 설득하여 평정을 유지하는 것이다.

덕은 위대한 것이고 또 어찌할 수 없는 것이다. 장자는 "어찌할 수 없다는 것을 알고 현재의 상황에 만족하면서 운명에 따르라"고 말했다. 우리는 이 구절을 기억해야 한다. 사람이 세상을 설득할 수도 없고 바꿀 수도 없지만, 자기를 설득하고 바꿀 수는 있다.

五 · 제물론

성심成心이 없는 사람은 이미 사람이 아니고, 하늘로 바뀐 것이다.
그는 사람의 몸만 가지고 있을 뿐 속에 감추어져 있는 것은 오히려 천심天心이다.
천심은 바로 무심無心이다. 모든 구별이 성심을 따라 다 함께 사라져 버리면
온 세계는 어떤 갈라진 틈도 없는 것으로 바뀐다.
"천지는 나와 함께 살아가고, 만물은 나와 함께 하나가 된다."

나를 잃다

'논論'이라는 글자가 의미하듯 「제물론」은 좀 더 많은 곳에서 의론議論의 색채를 드러낸다. 이 편에서 "눈에 보이는 세상 밖의 사항에 대해서 성인은 가만 놓아 두고 말하지 않으며, 세상 안쪽의 일에 대해서 성인은 대강 이야기하되 자세하게 따지지 않는다"라고 선언했지만, 작자는 자기가 만든 이 법칙을 반드시 준수하지는 않은 것으로 보인다. 이것은 마치 노자가 한편으로는 "아는 자는 말할 수 없고, 말하는 자는 알지 못한다"[1]라고 말하면서도 다른 한편으로는 후세에 전해 내려오는 그 5천 자(『노자』를 가리키는 말—역자)를 쓴 것과 같다. 어쩌면 이런 모순을 미봉하기 위해서였는지 후세의 사람들은 관윤關尹이 억지로 노자에게 책을 쓰게 했다는 전설을 만들어 내서[2] 언어와 글자로 표현한 것이 결코 노자가 원해서가 아니라 오직 부득이하게 한 것으로 보이도록 했다. '논'은 물론 '변辯(변론 혹은 논쟁)'을 필요로 한다. 이 때문에 「제물론」은 결국 논변論辯의 색채로 가득 차게 된 것이다. 자기

1) 『老子』 제56장: "知者不言, 言者不知."

가 한 편이고, 유가와 묵가가 다른 한 편이니 변론辯하는 것 역시 즐겁지 않았겠는가? 이 점 때문에 장자는 더욱더 일반 사람들이 생각하는 은사隱士가 아니라 변사처럼 보이는 것이다. 그러나 우리가 만약 장자를 변사로 본다면 그것은 완전히 틀렸다. 이것은 바로 언어와 같다. 언어의 작용이 어떤 때는 사람들에게 언어는 믿을 수 없다는 점을 알려주는 것과 같이, 장자에게 있어 변론의 목적은 사람들에게 변론의 무용성을 알려 주려는 데 있다. 변론으로 변론을 그치게 하는 것, 이것은 전쟁으로 전쟁을 없애려는 것과 약간 비슷하다. 그 목적을 달성할 수 있는지의 여부에 대해서는 잠시 따지지 않기로 하더라도, 그 마음가짐은 도리어 알아보지 않으면 안 된다.

편명인 '제물론'은 단순히 어법적인 면에서만 보면 '제물일론齊物一論'이나 '제일물론齊一物論'으로 이해될 수 있다. 이 두 가지 이해는 본문의 글 속에서 찾을 수 있을 것이다. 그러나 만약 반드시 두 가지 가운데 하나를 선택해야 한다면 분명히 전자이지 후자는 아니다. 물론物論이 아니라 물物이 장자가 해결하려고 한 문제였다는 것은 매우 분명하다. 물론은 회피할 수 있지만, 물은 회피할 수 없는 것이다. 회피할 수 없기 때문에 해결이 필요하다. 이 해결은 물리적인 의미에서의 해

---

2) 『史記』「老莊申韓列傳」의 다음 구절을 참조할 것. "노자는 도덕을 닦았고, 그의 학문은 자신을 숨기며 이름을 내지 않는 것을 임무로 삼았다. 주나라에 산 지 오래되었을 때 주나라가 몰락하는 것을 보고 바로 길을 나섰다. 국경에 이르렀을 때 국경 수비대의 우두머리로 있던 윤희가 말했다. '선생님께서 은둔하려 하시는데, 억지스럽지만 저를 위해 책을 써 주십시오.' 이에 노자는 상·하 편의 책을 써서 도덕의 의미를 5천여 자로 말하고 나서 떠나 버렸다(老子脩道德, 其學以自隱無名爲務. 居周久之, 見周之衰, 迺遂去. 至關, 關令尹喜曰, 子將隱矣, 彊爲我著書. 於是老子迺著書上下篇, 言道德之意五千餘言而去)."

결이 아니다. 물리적인 의미에서의 해결은 사물이 형태상에서 일으키는 어떤 변화, 예를 들면 확대나 축소 혹은 훼멸 등과 같은 변화를 가리킨다. 장자에게는 이런 능력이 없었고, 다른 사람에게도 없었다. 우리는 한 개 혹은 몇 개, 아니면 약간을 바꿀 수는 있을지 모른다. 그러나 영원히 전부를 바꿀 수 없다. 비록 그것이 마음과 긴밀한 관계가 있다 해도 이 역시 심리적 의미에서의 해결이 아니다. 어떤 심리 상태에서 우리는 어떤 사물을 특별하게 볼 수도 있고, 혹은 무시할 수도 있다. 그러나 대개의 경우 감정적인 것이거나 혹은 심리적 활동과 관련이 있는 것이지, 사변이나 추리 등과 관련이 있는 것은 아니다. 우리는 장자적 해결을 철학적 의미에서의 해결이라고 부를 수 있을 것이다. 그것은 일종의 사변적 방식을 통하여 사물에 대한 어떤 이해를 거치면서 마음과 사물 사이에서 어떤 관계를 이룩한다. 이런 관계 속에서 사물은 마음을 속박할 수 없고, 마음은 사물의 노예가 되는 데 이르지 않는다.

사물에 대한 이러한 이해는 바로 이른바 제물齊物, 즉 사물을 모두 똑같이 하는 것이다. 이것은 장자가 볼 때 실현해야 할 것들 중 한 가지지만, 상식적으로 볼 때는 실현 불가능한 임무이다. 맹자는 "사물이 모두 똑같지 않은 것, 이것이 사물의 참모습이다"[3]라고 말했다. 똑같지 않은 사물을 우리는 어떻게 똑같이 할 것인가? 순자와 같이 똑같지 않은 것을 똑같다不齊之齊고 주장할 것인가, 아니면 혜시와 같이 "널리 만물을 사랑하고, 천지는 한 몸이다"[4]라고 할 것인가, 그도 아니면 팽

---

3) 『孟子』「滕文公上」: "夫物之不齊, 物之情也."

몽·전병·신도 등과 같이 만물의 상대성을 지적할 것인가?[5] 모두 아닌 것 같다. 제물의 관건은 사실 사물에 있는 것이 아니라 마음에 있다. 사물은 똑같지 않은 것이다. 그러나 만약 똑같지 않은 것들에 무심하다면 똑같지 않은 사물들의 차이가 나에게 어떤 의미가 있겠는가?

마음으로 사물을 똑같이 대하는 것, 이것이 장자의 생각이다. 이것은 바로 「제물론」이 마음에서부터 시작하는 원인이기도 하다. 장자는 첫머리에서 다음과 같이 쓰고 있다.

> 남곽자기가 책상에 기대어 앉아 있다가 하늘을 보면서 '후' 하고 숨을 내쉬었는데, 몸을 축 늘어뜨린 모습이 마치 짝을 잃은 것 같았다. 안성자유가 앞에서 그를 모시고 있다가 말했다. "무슨 까닭입니까? 몸은 정말로 마른 나무 같고, 마음은 정말로 불 꺼진 재와 같군요. 지금 책상에 기대어 계신 분은 아까 책상에 기대신 분 같지 않습니다." 남백자기가 말했다. "언아, 너의 질문이 참으로 훌륭하구나. 지금 나는 나 자신을 잃었다. 너는 그것을 알아차렸구나."[6]

「소요유」가 북명에서부터 시작되는 것과는 달리 「제물론」의 시작은

---

4) 『莊子』「天下」: "氾愛萬物, 天地一體也."

5) 『장자』「천하」에서 이 세 사람의 학설에 대해 논하면서 천지와 도에 대한 견해에서 각각 장점과 단점이 있다고 했다.

6) 『莊子』「齊物論」: "南郭子綦隱几而坐, 仰天而噓, 荅焉似喪其耦耦. 顏成子游立侍乎前. 曰, 何居乎. 形固可使如槁木, 心固可使如死灰乎. 今之隱几者, 非昔之隱几者也. 子綦曰, 偃, 不亦善乎, 而問之也. 今者, 吾喪我. 汝知之乎."

남곽자기이다. 만약 북쪽에서 남쪽으로 가는 길이 육체에서 마음으로 가는 길을 상징한다고 한다면, 우리는 장자가 맨 처음에 남곽이라는 이름을 구상할 때 바로 마음의 문제를 부각시켜야 한다는 점을 고려했다고 말할 수 있을 것이다. 확실히 안성자유의 질문 속에서 드러난 것처럼 남곽자기의 특이한 것은 마음이 마치 불 꺼진 재와 같은 데 있는 것이지, 몸이 마치 마른 나뭇가지 같은 데 있는 것이 아니다. 후자는 상대적으로 도달하기 쉽지만, 전자는 일반 사람이 할 수 있는 것이 아니다. 마음이 마치 불 꺼진 재와 같다는 것은 마음이 모든 활동을 상실했다는 것을 의미하고, 외적 대상이 마음에 대해 어떤 영향도 끼치지 못한다는 것을 의미한다. 마음은 물론 존재하고 있는데, 마치 존재하지 않는 것 같다. 이것은 또 무심이기도 한데, 남곽자기는 그것을 "내가 나 자신을 잃은" 상태라고 불렀다.

"나는 나 자신을 잃었다"[7]라는 말은 일종의 문자 유희일 뿐이라고 생각하는 사람이 있을 것이다. 나吾는 나 자신我이 아닌데, 나 자신이 나인가? 물론 아니다. 만약 '나'가 온전한 한 사람을 대표한다면 이 잃어버린 '나 자신'은 아마도 그 일부분일 것이다. 그럼 그것은 무엇일까? 확실히 육체는 아니다. 육체를 잃어버렸다면 '나' 조차 존재할 수 없으니 '나 자신'에 대해 어떻게 논하겠는가? 그렇다면 그것은 마음

7) 옮긴이: 『장자』와 이 책에서는 '나'를 지칭하는 한자인 '오吾'와 '아我'를 구분한다. 이 두 글자는 한자에서 종종 어법상으로 구분이 되지만 의미상으로 항상 구분되는 것은 아니다. 우리말로도 두 글자 모두 '나'로 번역할 수 있을 뿐 각각을 구별해서 번역할 만한 적절한 번역어가 없다. 여기서는 조금 억지스럽지만 애초의 원문 번역어를 그대로 살려 '吾'는 '나'로 '我'는 '나 자신'으로 구분하기로 한다.

일까? 그것도 아니다. 그것은 확실히 일종의 마음 혹은 마음의 어떤 상태, 예를 들어 이른바 성심成心과 같은 것이다. 마음은 비어 있어야 하는 것이다. 그것은 거울과 같다. 만물은 그 속에서 모두 모습을 드러내 보일 수 있지만 어떤 흔적도 남기지 않는다. 성심은 반대로 가득 찬 마음이다. 그것은 자기가 좋아하거나 싫어하는 것이 있고, 자기 나름의 옳음과 그름의 기준이 있다. 그것은 세계를 자기와 타인 혹은 다른 대상으로 구분한다. 그것은 어떤 사물을 받아들이는 동시에 다른 어떤 사물을 거절할 수 있다. 성심 속에서 '나 자신'은 바로 나타난다. 그에 상응하여 '너'와 '그' 역시 나타난다. 여기서 관계가 형성되면, 곧바로 대립과 긴장 그리고 충돌이 발생한다. '나 자신'은 사실 일종의 자기에 대한 의식인데, 이 의식은 자기와 세계를 구분해 가고, 동시에 자기의 표준에 따라 세계를 구분해 간다. 바꿔 말하면 '나 자신'은 일종의 자아에 집착하는 마음, '자기己'를 가지고 있는 마음이다. 내가 나 자신을 잃었다는 것은 「소요유」에서 말한 '무기無己(자기가 없음)'이기도 하다.

왜 나 자신을 잃어야 하는가? 왜 자기가 없어야 하는가? 우리는 물론 매우 간단하게 제물齊物의 필요 때문에 그렇다고 말할 수 있다. 그러나 철학은 이유의 제시를 필요로 하고, 비록 논증 방식이 다르다 해도 논증을 필요로 한다. '나 자신'은 반드시 세계와 자기에 모두 상해를 일으킨다. 이 때문에 바로 제거해야 할 필요가 있는 것이다. '나 자신'이 있다는 것은 무엇을 의미하는가? '나 자신'이 있다는 것은 이 세계가 나의 방식에 의해 절단될 수 있음을 의미한다. 네가 있다거나 그가 있다는 것은 너도 너의 '나 자신'을 가지고 있고, 그도 그의 '나 자신'을 가지고 있음을 의미하는 것이다. 서로 다른 '나 자신'이 싸우고 충돌하고 마음을 졸인다.

크게 지혜로운 이는 대강대강 하고, 조금 지혜로운 이는 꼼꼼하고 자세하게 한다. 큰 말은 담담하고, 작은 말은 시시콜콜 따진다. 잠들었을 때는 혼들이 뒤섞여 꿈을 꾸고, 깨어 있을 때는 몸의 감각이 열려 사물과 접촉한다. 사물과 접촉하여 다투고, 날마다 마음속으로 전쟁을 치른다. 그들은 부드러운 표정 속에 간교함을 감추고, 말 속에 함정을 파 놓고, 속마음을 깊이 감춰 드러내지 않는다. 조금 놀라면 안절부절못하지만 크게 놀라면 기절을 한다. 그들이 쏘아 대는 말이 시위를 떠난 활 같다는 것은 상대의 허점을 틈타 옳고 그름을 따지는 것을 가리킨다. 그들이 굳세게 지키는 것이 마치 맹서를 하듯 한다는 것은 필사적으로 승리를 쟁취하려는 태도를 이르는 말이다. 그들이 마치 가을과 겨울같이 시들어 가는 것은 날마다 참된 제 모습을 잃어 가는 것을 말한다. 그들은 각자 하는 일에 너무 깊이 빠져서 타고난 본성을 회복할 수 없게 되었다. 그들이 마치 끈으로 꽁꽁 묶듯이 마음의 문을 걸어 잠그는 것은 그들이 늙어 가고 있음을 말한다. 죽음에 가까이 다가간 마음은 다시 되살아나게 할 수 없다.[8]

크게 지혜로운 이는 대강대강 해야 한다. 왜냐하면 아는 자는 말하지 않기 때문이다. 큰 말은 담담해야 한다. 왜냐하면 도에 대한 말은

8) 『莊子』「齊物論」: "大知閑閑, 小知閒閒. 大言炎炎, 小言詹詹. 其寐也魂交, 其覺也形開. 與接爲構, 日以心鬪. 縵者, 窖者, 密者. 小恐惴惴, 大恐縵縵. 其發若機栝, 其司是非之謂也. 其留如詛盟, 其守勝之謂也. 其殺如秋冬, 以言其日消也. 其溺之所爲之, 不可使復之也. 其厭也如緘, 以言其老洫也. 近死之心, 莫使復陽也."

담담해서 아무 맛이 없기 때문이다. 그러나 조금 지혜로운 이는 긴장을 늦추지 않고 따지면서 밤까지 일을 한다. 크게 지혜로운 이가 대강대강 한 것과 담담한 것은 그것이 나에 대한 앎이 없고, 내가 없고, 나와 세계의 구분도 없고, 내 마음에도 해야 할 일이 아무것도 없기 때문이다. 조금 지혜로운 이가 반드시 긴장하는 것은 그것이 나에 대한 앎을 가지고 있고, 내가 있다는 것은 바로 구별이 있다는 것이고, 시비是非와 미추美醜가 있고, 다툼이 있음을 의미한다. 그침 없는 다툼, 따지기, 충돌, 초조함 속에서 진정한 생명은 매몰되어 버린다. 물론 마음이 있고, 또 그 마음이 격렬하게 활동하고 있겠지만, 그 마음은 성심成心인 것이다. 성심의 활약은 진심의 사망을 의미한다.

세계가 성심으로 뒤덮이고, 이 때문에 각기 다른 '나 자신'으로 포위되고, 의견과 편견으로 포위될 때 모든 것은 가상假象 속에 휩싸인다. 이와 동시에 진실한 세계는 자취를 감춘다. 사람들은 자주 인뢰人籟, 예를 들면 '음악'에 도취되어 그것이 나오는 곳을 잃어버린다. 인뢰는 사실 지뢰地籟에 뿌리를 두고 있는데, 이는 음악의 뿌리가 바람인 것과 같다. 『시경』의 중요한 부분 중 하나를 '풍風'이라고 부르지 않는가? 『시경』에서의 '풍'은 대지가 부는 바람의 결과라는 것뿐만 아니라 사람들이 변함없이 간직하고 있는 순박한 마음의 소리이기도 할 것이다. 이것이 인뢰, 더할 나위 없이 좋은 인뢰인데, 장자는 아마도 크게 좋아하지 않았을 것 같다. 왜냐하면 그 속에는 '나 자신'이 있을 것이기 때문이다. 그래서 그는 매우 많은 지면을 할애하면서까지 지뢰에 대해 설명했다.

대지는 기를 뿜어 내는데 그것을 바람이라고 부른다. 이것은 일어나지 않으면 그만이지만, 일단 일어나면 온갖 구멍이 성내 부르짖는다. 너는 그 '휭' 하고 부는 바람 소리를 듣지 못했단 말이냐? 높았다 낮았다 하는 산 봉우리의 백 아름이나 되는 나무에 뚫린 크고 작은 구멍은 코 같고, 입 같고, 귀 같고, 술병 같고, 술잔 같고, 절구 같고, 연못 같고, 동굴 같다. 이것들은 세차게 흐르는 소리, 날으는 화살 소리, 꾸짖는 소리, 숨 쉬는 소리, 부르는 소리, 울부짖으며 곡하는 소리, 개 짖는 소리, 슬퍼서 흐느끼는 소리 등을 낸다. 앞선 바람이 '우' 하고 소리치면 뒤따르는 바람이 '우' 하고 대답한다. 산들바람에는 조금 반응하고 거센 바람에는 크게 반응하며, 매서운 바람이 그치면 모든 구멍이 텅 빈다. 너는 저 흔들흔들하고 살랑살랑하는 것들이 보이지 않느냐?[9]

고대의 악관은 모두 귀를 사용해서 여덟 방위에서 불어오는 바람을 구별했고, 일반인도 바람이 각기 다른 사물에 불 때 일어나는 소리가 각기 다르다는 것을 느꼈을 것이다. 만약 우리가 어쩌다 장자처럼 산 속에 있게 된다면 거기에는 숲이 있을 것이고 여러 가지 다른 구멍들이 있을 텐데, 큰 바람이 불 때 우리는 반드시 각기 다른 구멍들에서 내는 서로 다른 소리를 듣게 될 것이다. 이 소리는 바람의 대소에 따라 변화하고, 그리고 바람이 멈추면 각기 다른 여러 구멍들도 모두 도로 잠잠해져 마치 사라져 버린 것처럼 될 것이다. 장자는 이 속에서 무엇

9) 『莊子』「齊物論」: "夫大塊噫氣, 其名爲風. 是唯無作, 作則萬竅怒呺. 而獨不聞之翏翏乎. 山林之畏佳, 大木百圍之竅穴, 似鼻似口似耳似枅似圈似臼似洼者似污者. 激者謞者叱者吸者叫者譹者宎者咬者, 前者唱于而隨者唱喁. 泠風則小和, 飄風則大和, 厲風濟則衆竅爲虛. 而獨不見之調調, 之刁刁乎."

을 깨달으려 하는 것일까? 그는 다음과 같은 이치를 깨달았다. "바람이 부는 것은 만 가지로 다르지만, 각자 자기의 특색을 갖도록 한다. 모두 다 자기 소리를 내는데, 소리를 내는 것은 무엇인가?" 그 무엇(바람이나 구멍 혹은 그 밖의 다른 어떤 것)도 결코 구멍에게 여러 가지 소리를 내도록 시키지 않았다. 모든 것은 자연으로부터 저절로 나온 것이다. 어떤 구멍이 있으면 자연히 그 어떤 소리가 있고 그것은 어쩔 수 없이 다른 소리가 아니라 바로 그런 소리를 내는 것이다.

이것이 바로 천뢰天籟, 즉 무심한 피리 소리인 것이다. 장자가 말한 천뢰, 지뢰, 인뢰가 가리키는 대상은 모두 다르다. "인뢰라는 것은 죽관을 엮어 만든 악기이고, 지뢰는 많은 구멍들이다." 그러나 천뢰는 어떤 구체적인 사물을 가리키는 것도 아니고, 지뢰와 인뢰 이외의 다른 어떤 것도 아니다. 만약 무심하기만 하다면 인뢰라 하더라도 그것이 바로 천뢰인 것이다. 지뢰는 원래가 무심한 것이라서 물론 천뢰이기도 하다. 천뢰에서 우리는 '나 자신'의 존재를 발견할 수 없다. 왜냐하면 원래 '나 자신'이라는 존재가 없었기 때문이다. 각각의 구멍 속에 '나 자신'이 있는가? 없다. 바람 속에 '나 자신'이 있는가? 역시 없다. 나 자신이 없는 것은 바로 마음이 없는 것이다. 마찬가지로 장자가 말한 '삼언三言' 중 치언卮言이라는 것이 있는데, 치卮는 술 그릇의 일종이라고 한다. 술을 마신 뒤에 한 말은 무심한 상태에서 나온다. 그래서 치언은 무심한 말이라고 이해되는데, 정말 그렇다면 치언 역시 천뢰인 것이다.

물아일체 - 옳고 그름을 넘어

그러나 대부분의 말은 분명히 결코 치언이 아니다. 이 때문에 천뢰와는 아무 관계가 없다. 장자는 분명히 "말이라는 것은 입김을 내뿜는 행위가 아니다"라는 것을 알았다. 인뢰와 지뢰는 결코 함께 뒤섞어 논의할 수 없다. 말은 입에서 나오지만, 입은 하나의 발음 기관일 뿐이다. 사실 마음에서 나오는 것으로, 이른바 "말은 마음의 소리이다." 하나의 소리가 마음의 표현으로 나타날 때 그것은 어떤 의미를 부여 받는다. 만약 그것이 어떤 사물에 관한 것이라면 그것은 어떤 사물에 대한 묘사, 평가, 혹은 관점일 것이다. 그런데 그것은 어떤 '마음' 혹은 어떤 '나 자신'의 견해이기 때문에, 다른 '마음' 혹은 다른 '나 자신'의 입장에서 볼 때 완전히 다른 것에 대한 묘사나 평가일 수 있다. 원래 같은 사물이라도 그것이 각기 다른 마음에 드러나는 형태는 각기 다르다. 이것은 하나도 이상할 것이 없다. 그러나 그 이유는 사물들이 모두 카멜레온처럼 잘 변하거나 자주 변하기 때문에 파악하기 어렵다는 데 있는 것이 아니라, 많은 경우 인간의 마음의 차이 및 그에 상응하여 각기 다른 '나 자신'이 존재한다는 데 있다. 우리에게 유가와 묵가가 있지 않은가? 유가는 명命을 주장하고 묵가는 비명非命을 주장한다. 유가는 귀신을 공경하면서 멀리하고, 묵가는 귀신의 존재를 증명했다. 유가는 음악을 중시하고, 묵가는 음악을 비판했다. 유가는 문왕과 무왕의 행적을 준수하고, 묵가는 우임금을 본받는다. 똑같은 하나의 세계에서 뜻밖에도 이처럼 상반된 주장이 있을 수 있다. 그리고 사람들은 모두 '나 자신'은 옳고 '남'은 틀렸다고 생각한다. '나 자신'은 옳고, '남'은 그른 것이다. 모두 자기의 옳고 그름으로 다른 사람의 옳고 그름을 비평한다. 이 때문에 모두들 남이 그르다고 하는 것을 옳다고 생각하고, 남이 옳다고 하는 것을 그르다고 생각한다. 이것은 당연히 독자의 의문을 불러일으킬 수 있다. 세상에 정말 옳고 그름이 있는가? 만약 있다면 어떤 사람의 옳고 그름이 정말 옳고 그른 것인가?

세계는 세계이고, 만물은 만물이다. 원래 옳고 그름과는 아무 상관이 없다. 각각의 사물에는 모두 나름의 특징과 용도가 있을 것이다. 예를 들면 닭은 시간을 알려 줄 수 있고, 개는 집을 지킬 수 있고, 수레는 뭍길을 갈 수 있고, 배는 물 위를 갈 수 있다. 이런 특징은 장점이 될 수도 있고 동시에 제약이 될 수도 있다. 배는 물길은 갈 수 있지만, 뭍길을 갈 수는 없다. 개는 집을 지킬 수는 있지만 시간을 알려 줄 수는 없다. 우리는 그것들을 어떻게 대할 것인가? 배를 긍정하고 수레를 부정할 것인가? 개를 좋아하고 닭을 싫어할 것인가? 아마도 다음과 같은 장자의 말이 맞을 것이다. "사물에는 본디부터 맞는 것이 있고, 사물에는 본디부터 좋은 것이 있다. 어떤 사물도 맞지 않는 것이 없고, 어떤 사물도 좋지 않은 것이 없다."[10] 맞다는 관점과 좋다는 관점에서 보면 어떤 것도 맞지 않는 것이 없고 어떤 것도 좋지 않은 것이 없다. 맞지 않다는 관점과 좋지 않다는 관점에서 보면 어떤 것도 맞는 것이 없고, 어떤 것도 좋은 것이 없다. 이것에서 저것을 보면 이것은 좋고 저것은 좋지 않다. 반대로 저것에서 이것을 보면 저것은 좋고 이것은 좋지 않다. 사물의 세계에서 모든 것은 실제로는 서로 저것이 된다. "사물에는 저쪽 아닌 것이 없고, 사물에는 이것 아닌 것이 없다. 저쪽

10) 『莊子』 「齊物論」: "物固有所然, 物固有所可. 無物不然, 無物不可."

에서 보면 보이지 않던 것도, 이쪽에서 보면 알 수 있다."[11] 만물은 자기 자신의 관점에서 보면 자기는 모두 이것이고, 다른 것은 저것이 된다. 다른 것의 각도에서 보면 다른 것은 이것이 되고, 다른 것 밖의 다른 것은 모두 저것이 된다. 이렇게 보면 이것과 저것의 구별이 또 무슨 의미가 있을까? 서로 저것이 되기도 하고 이것이 되기도 하는 만물이 만약 이것과 저것의 구분에 집착한다면 저공狙公(원숭이 사육사)이 기르는 원숭이와 같을 것이다. 똑같은 열매 일곱 개를 아침에 세 개, 저녁에 네 개 준다고 하자 원숭이들은 모두 성을 냈다. 그런데 아침에 네 개, 저녁에 세 개 준다고 하자 원숭이들이 모두 좋아했다. 원숭이들은 이것과 저것만 구별할 줄 알고, 이것과 저것이 서로 통한다는 것은 알지 못했다. 사람은 어떤가?

사람은 물론 원숭이들과 다를 것이다. 그러나 만약 우리가 다윈의 학설을 믿는다면 원숭이는 인류의 조상임을 인정해야 한다. 그렇다면 매우 많은 사람들이 항상 조상의 그림자에서 벗어날 줄 모른다. 사람은 아침에 세 개 저녁에 네 개와 아침에 네 개 저녁에 세 개를 아주 쉽게 구별할 수 있을 것이다. 그러나 그렇다고 해서 "저것은 이것에서 나오고, 이것 역시 저것에 기인한다"는 이치를 충분히 이해하고 있는 것은 아니다. 이 세계는 이것과 저것으로 나뉜 것이 아니고, 억지로 나눈다면 각각의 사물은 모두 저것이면서 또 이것이며, 저것의 저것이고 이것의 이것이다. 그러나 이런 구분이 또 무슨 의미가 있을까? "저것과 이것이 동시에 생겨난다는 주장이다." 그렇다면 동시에 생겨난다

11) 『莊子』「齊物論」: "物無非彼, 物無非是. 自彼則不見, 自知則知之."

는 주장은 무엇일까? 장자는 다음과 같이 말한다.

> 한쪽에서의 삶은 동시에 다른 한쪽에서는 죽음이고, 한쪽에서의 죽음은 동시에 다른 한쪽에서는 삶이다. 한쪽에서 좋음은 동시에 다른 한쪽에서는 좋지 않음이고, 한쪽에서 좋지 않음은 동시에 다른 한쪽에서는 좋음이다. 옳음은 그름을 따르고 그름은 옳음을 따른다. 이 때문에 성인은 이런 것들을 따르지 않고 하늘을 따르는데, 이 역시 자기가 참이라고 믿는 것에 따르는 것일 뿐이다. 이것은 또 저것이고, 저것은 또 이것이다. 정말 저것과 이것의 구별이 있는 것일까, 정말 저것과 이것의 구별이 없는 것일까? 저것과 이것이 상대되지 않는 것을 도의 돌쩌귀道樞라고 한다. 돌쩌귀는 비로소 고리의 중심이 되어 무궁한 변화에 호응한다. 옳음 역시 하나의 무궁이고, 그름 역시 하나의 무궁이다. 그러므로 타고난 밝음을 따르는 것보다 좋은 것이 없다고 말한다.[12]

이 사물의 탄생은 저 사물에서 보면 죽음이고, 이 사물의 죽음은 저 사물에서 보면 탄생이다. 내가 좋다고 생각하는 것을 남은 좋지 않다고 생각한다. 또 남이 좋다고 생각하는 것을 나는 좋지 않다고 생각한다. 그렇다면 도대체 삶과 죽음에 대해서는 어떤가? 도대체 좋은 것인가, 좋지 않은 것인가? 단순하게 사물의 세계 혹은 처지에 구애되면

---

12) 『莊子』 「齊物論」: "方生方死, 方死方生. 方可方不可, 方不可方可. 因是因非, 因非因是. 是以聖人不由, 而照之於天, 亦因是也. 是亦彼也, 彼亦是也. 彼亦一是非, 此亦一是非. 果且有彼是乎哉 果且無彼是乎哉. 彼是莫得其偶, 謂之道樞. 樞始得其環中, 以應無窮. 是亦一無窮, 非亦一無窮也. 故曰莫若以明."

우리는 영원히 결론을 얻지 못하고 끊임없는 논쟁 속으로 빠져들 것이다. 그러나 각도를 바꾸면, 예를 들어 하늘의 처지에서 보면, 즉 위에서 말한 것처럼 하늘에 따르면 어떤가? 그래도 삶과 죽음, 좋음과 좋지 않음의 대립이 그렇게 조화할 수 없는 것인가? 삶이 바로 죽음이고, 좋음 역시 좋지 않음일 것이다. 아마도 삶과 죽음, 혹은 좋음과 좋지 않음에 대해 아랑곳하지 않을 것이다. 하늘에 따라 관조하면 이것과 저것, 옳음과 그름의 대립은 형체 없는 것으로 해소되어 아무 구별 없는 세계가 그 자리를 차지하게 될 것이다.

천뢰라는 말 속의 천天이 가리키는 의미와 같이 하늘天에 비추어 본다는 것은 무심, 즉 나 자신이 없는 상태에서의 관조라는 것을 매우 쉽게 이해할 수 있다. 이것은 '나 자신'을 초월한 뒤에라야 도달할 수 있는 어떤 경지이다. '나 자신'이 없는 사람이 이 세계를 관조할 때 그는 자기의 의견이나 호오好惡 등을 그 속에 섞어 넣지 않을 것이다. 세계는 있는 그 자체로 드러나면서 옳고 그름이 없을 것이다. 솔개가 하늘을 날고, 물고기가 연못에서 뛰어오르며, 꽃은 붉고, 버들은 푸르러 만물은 풍부하고 다채롭지만 이것과 저것 혹은 옳음과 그름으로 말할 수 없다. "성심이 없는데도 옳음과 그름이 있다는 것은 오늘 월나라에 갔는데 어제 도착했다는 것과 같다. 이것은 없는 것을 있다고 하는 것이다. 없는 것을 있다고 하는 것은 비록 신령한 우禹임금이라 해도 알 수 없을 테니 나 혼자 어떻게 그것을 알겠는가?"[13] 성심은 없는 것을 있는 것으로 바꿀 수 있는 것이다. 예를 들면 옳음도 그름도 없는 세계에서

13) 『莊子』「齊物論」: "未成乎心而有是非, 是今日適越而昔至也. 是以無有爲有. 無有爲有, 雖有神禹, 且不能知, 吾獨且柰何哉."

옳음과 그름을 만들어 내는 것이다. "오늘 월나라에 갔는데 어제 도착했다"는 것은 혜시의 주장인데, 「천하」에 나온다. 장자는 언제나 이 오랜 친구에 대한 풍자를 잊지 않았던 것 같다. 장자가 볼 때 우리는 문자의 차원에서 사상적 유희를 즐길 수 있지만, 생활 속에서 이것은 불가능한 일이다. 그것은 마치 성심이 없이도 옳고 그름이 있는 것과 같이 불가능한 것이다.

성심은 바로 '나 자신'이다. 성심이 없는 사람은 이미 사람이 아니고, 하늘로 바뀐 것이다. 그는 사람의 몸만 가지고 있을 뿐 속에 감추어져 있는 것은 오히려 천심天心이다. 천심의 세계 속에는 "저것과 이것이 짝을 이루지 못한다." 이것과 저것은 모두 완전히 고요하고 쓸쓸한 상태로 바뀌어 버리는데, 이것과 저것이 모두 짝을 찾지 못하기 때문이다. 그것은 마치 책상에 기대어 앉았던 남백자기가 몸을 축 늘어뜨려 짝을 잃은 듯한 모습을 한 것과 같다. 사실 고요하고 쓸쓸한 느낌은 결코 가질 수 있는 것이 아니다. 본래 저것이라든가 이것이라는 의식이 없고, 옳음과 그름이라는 의식은 더욱더 있을 수 없기 때문이다. 모든 구별이 성심을 따라 다 함께 사라져 버리면 온 세계는 어떤 갈라진 틈도 없는 것으로 바뀐다. 이때 우리는 충만함, 즉 "천지는 나와 함께 살아가고, 만물은 나와 함께 하나가 된다"[14]라는 충만함을 느낄 것이다.

---

14) 『莊子』「齊物論」: "天地與我並生, 而萬物與我爲一." * 옮긴이: 여기서 '並生'은 "함께 태어났다" 혹은 "함께 살아간다"라는 두 가지 해석이 가능하다. 이 책에서는 다음에 이어지는 저자의 설명으로 보아 뒤의 방식으로 해석한 것 같다. 따라서 이 구절의 '並生'은 "함께 살아간다"로 번역했다.

그러나 이런 충만함은 또 확실히 이와 같이 변화무쌍하다. 장자의 함께 살아가기並生 혹은 하나 되기爲一는 결코 맹자의 "만물이 모두 나에게 구비되어 있다"와 같은 느낌이 아니다. 오히려 이와는 반대이다. 이런 충만한 느낌은 만물에 대한 버림을 전제로 한다. 만물은 당연히 존재한다. 그러나 나는 오히려 마음에 두지 않는 태도를 취할 수 있다. 아름다움과 추함, 옳음과 그름, 긺과 짧음, 큼과 작음 등에 개의치 않는다. 유가는 유가의 옳음과 그름의 기준이 있지 않은가? 내버려 두자. 묵가 역시 이와 같다. 나는 결코 저들의 논쟁 속에 끼어들어 제3자가 되고 싶지 않다. 나는 이런 논쟁을 멸시한다. 이 때문에 그런 것으로부터 초월해 나오려고 한다. "옳음은 그름을 따르고 그름은 옳음을 따른다"에서 '따른다因'는 것은 곧 끼어들지 않는 것이다. 이런 태도는 옳음과 그름에 대해 상관하지 않음, 따라서 옳음과 그름의 초월이기도 하다는 것을 표현할 때 좀 더 자주 보인다. 만약 옳음과 그름이 하나의 무궁한 순환을 이룬다고 한다면 장자는 자기를 그 순환하는 가운데의 자리에 놓을 것이다. 순환의 흐름이 얼마나 급하든 관계 없이 순환의 중심에는 오히려 영원히 신비스러운 정적이 흐를 것이다.

여기서 우리는 '도'와 만나게 된다. 노자가 맨 처음 그것을 정의할 때, 그것을 만물의 처음이면서 만물의 어머니라고 보았다. 장자 역시 예외가 아니다. 장자가 볼 때 세계와 만물의 시작 속에 그것들의 진상이 감추어져 있다. 만물은 결코 만물 속에서 이해될 수 없다. 만물은 근원이 되는 곳, 즉 이른바 사물의 시초物之初로 되돌아가야 한다. 이곳에서 그것들은 비로소 원형을 드러낼 수 있다. 장자는 「제물론」에서 상이한 방식으로 이 근원에 대해 묘사한다.

옛날 사람들은 지혜가 지극한 데가 있었다. 얼마나 지극했는가? 사물이 처음부터 존재한 적이 없다고 생각한 사람이 있었는데, 최고이다. 완벽해서 더 이상 보탤 것이 없다. 그 다음은 사물이 있기는 있지만 그것들이 처음부터 나뉜 적이 없었다고 생각했다. 그 다음은 구분은 있지만 처음부터 옳음과 그름이 있지는 않았다고 생각했다. 옳음과 그름의 구분을 분명히 하는 것은 도가 손상을 입게 된 원인이다. 도의 손상은 편애가 발생한 원인이다.[15]

여기서 장자는 세 가지의 상이한 차원을 들었다. "사물이 처음부터 존재한 적이 없었다"는 차원과 "사물이 있기는 있지만 그것들이 처음부터 나뉜 적이 없었다"는 차원, 그리고 "구분은 있지만 처음부터 옳음과 그름이 있지는 않았다"는 차원이 그것이다. 사물이 처음부터 존재한 적이 없었다는 것은 무물無物이고, 무無로서 이것은 가장 높은 차원이다. 둘째는 유물有物이지만 사물들 사이에는 구별이 없었다는 것이니 혼돈混沌과 흡사하다. 셋째는 구별은 있었지만 아직 옳고 그름이 없는 것이다. 옳음과 그름이 형성되었을 때 도는 이미 흩어지고 파괴되어 버린다. 이 세 가지 차원은 모두 도를 암시하고 있는 것일까? 우리는 긍정적인 대답을 할 수 있을 것이다. 왜냐하면 도는 아무것도 없는 것無物이고, 구별이 없는 것이고, 옳음과 그름이 없는 것이기 때문이다. 엄격히 말하면 사물이 처음부터 존재한 적이 없었다는 것만으로

15) 『莊子』「齊物論」: "古之人, 其知有所至矣. 惡乎至. 有以爲未始有物者, 至矣, 盡矣, 不可以加矣. 其次以爲有物矣, 而未始有封也. 其次以爲有封焉, 而未始有是非也. 是非之彰也, 道之所以虧也. 道之所以虧, 愛之所之成."

도를 설명할 수 있다. 왜냐하면 도는 다른 것이 아니라 없는 것이고, 심지어는 없는 것도 없는 것이기 때문이다. 구별이 없는 것이나 옳음과 그름이 없는 것은 본래 도를 설명하는 말로 사용되지만 도를 다 설명하기에는 부족하다. 사실 '없음無' 도 안 된다. 장자는 말한다.

> 시작이라는 것이 있으면, 시작이 시작되기 이전이라는 것이 있었을 것이고, 시작이 시작되기 이전마저 시작되기 이전이라는 것이 있었을 것이다. 있음이라는 것이 있다면, 없음이라는 것이 있었을 것이고, 또 없음이 시작되기 이전이라는 것이 있었을 것이고, 없음이 시작되기 이전마저 시작되기 이전이라는 것이 있었을 것이다. 그런데 갑자기 없음이 있다고 하는데, 있음과 없음 가운데 정말로 어떤 것이 있고 어떤 것이 없는지 모르겠다.[16]

만약 시작에 대하여 이야기한다면, 이 시작은 또 시작이 있었을까, 시작의 시작은 또 시작이 있었을까? 만약 없음無에 대하여 이야기한다면, 없음마저도 없던 때가 있었을까? 더 나아가서 "없음마저도 없던 때"마저도 없던 때는? 이와 같이 한쪽 방향으로 추궁해 가는 것은 사람들이 시작의 문제에 주의하도록 일깨우며, 다른 한편으로는 사람들에게 시작이라는 것을 어떻게 이해해야 할 것인지 일깨우는 역할을 한다. 시작이라는 것은 물리적 의미에서의 끊임없는 추궁이 아니다. 이런 추궁은 끝이 없을 뿐만 아니라 또 영원히 빠져나올 수 없는 사물의

---

16) 『莊子』 「齊物論」: "有始也者, 有未始有始也者, 有未始有夫未始有始也者. 有有也者, 有無也者, 有未始有無也者, 有未始有夫未始有無也者. 俄而有無矣, 而未知有無之果孰有孰無也."

영역인 것이다. 만물의 시작, 즉 도道 혹은 이른바 사물의 시초物之初, 그것은 그 어떤 것일 수 있지만, 결코 사물은 아닐 것이다. 없음에 대해 말하는 것 역시 억지로 혹은 편의상 그렇게 한 것일 뿐이다. 그러나 우리가 '없음'을 하나의 사물로 간주한다면? 이때 '없음'은 사실 '있음'으로 변해 버린다. 이 때문에 '없음'이 없다는 것이 필요하게 되고, 심지어는 '없음이 없다'가 없다는 것이 필요하게 된다. 이 여러 가지 지적들은 사실 모두 장자가 이해한 도의 성질, 도와 사물의 차이, 사물은 있음이라는 것, 있음의 형태는 다르지만 도는 없음이라는 것 등을 표현하려고 한 것이다.

원래 아무것도 없었다는 주장은 장자에게 있어서 무엇을 의미하는 것일까? 이 풍부하고 다채로운 세계가 실제로는 하나의 공통의 것, 즉 없음이라는 것에서 비롯되었음을 의미하고 있는 것이다. 표상은 많지만 실질은 하나뿐이다. 풀줄기와 기둥, 문둥이와 서시 등은 사물의 각도에서 보면 이처럼 다르다. 그러나 도에서 보면 어떨까? 사실 어떤 구별도 없다. 이른바 "온갖 엉뚱하고 이상한 것들이 도에서는 하나로 통한다"[17]는 것이다. 가지각색의 다름, 즉 이 사물과 저 사물을 갈라놓음으로써 생긴 여러 가지 다른 것들은 도 안에서 소통하게 된다. 있음과 있음 사이에는 상통할 방법이 없다. 그것들은 이것과 저것 사이에서 부딪치고 충돌한다. 그러나 없음과 있음 사이에는 괜찮다. 없음은 어떤 있음과도 부딪치지 않는다. 그것은 없음이기 때문에 통할 수 있다. 통한다는 것은 사물들 사이의 어떠한 경계나 구별이든 다 상대적

17) 『莊子』「齊物論」: 恢詭?怪, 道通爲一.

이라는 것, 따라서 집착할 필요가 없고, 집착할 가치도 없다는 것을 의미한다. 태산이 크고 티끌秋毫은 작은가? 그러나 나는 오히려 천하에는 티끌의 끝보다 큰 것이 없고 태산은 작다고 말할 것이다. 팽조彭祖는 오래 살았고 태어나자마자 죽은 아기는 요절한 것인가? 그러나 나는 오히려 태어나자마자 죽은 아기보다 오래 산 사람은 없고 팽조는 요절한 셈이라고 말할 것이다. 이것은 누가 더 나이가 많고 누가 더 어린지를 따지자는 것이 결코 아니다. 그리고 진짜로 티끌의 끝이 작고 태산이 크다고 생각한 것도 아니다. 이것은 다만 큰 것과 작은 것 혹은 오래 사는 것과 일찍 죽는 것 등의 구분이 무의미하다는 것을 나타내고 있다.

이것이 바로 제물齊物이다. 그것은 물리적 형태상에서 사물들의 "온갖 엉뚱하고 이상한" 상태를 변화시키는 것이 결코 아니다. 즉 만물이 가공을 거친 뒤 모두 한 가지 모양으로 바뀌기를 기대하는 그런 것이 아니다. 도는 만물에 '통通' 하는 것이지, 도가 만물과 '같은同' 것은 아니다. 만물은 여전히 만물이고, 물리적 형태로 볼 때 여전히 똑같지 않은不齊 것이다. 그러나 우리가 그것의 근원을 추적하여 본질적인 곳에 바로 도달했을 때, 다시 말하면 사물의 시초物之初, 즉 도에 도달했을 때 우리는 무엇을 발견할 수 있을 것인가? 경계가 없고, 구별이 없고, 나아가 사물도 없고, 오직 없음無 그 자체뿐일 것이다. 아마 없음조차도 없을 것이다. 여기서 '만萬' 이라는 것은 일찌감치 사라져 버리고 남아 있는 것은 오직 없음뿐일 것이다. 이때 우리는 여전히 풀줄기와 기둥, 문둥이와 서시 등의 구별에 대해 흥미진진하게 말할 수 있을까?

당연히 그럴 수 없을 것이다. 만약 그렇게 할 수 있다면 그것은 정말로 도의 실정을 조금도 이해하지 못하는 것이다. 도는 제물齊物할 수 있지만, 사람은 도가 아닌데 어떻게 똑같이齊 한다는 말인가 하고 생각하는 사람이 있을 것이다. 물론 사람은 도가 아니다. 그러나 사람은 "마음을 도에 풀어놓을" 수 있다. 도는 어떤 사람에게나 열려 있고, 그것은 어떤 사람이 들어가든 거절하지 않는다. 어떤 때는 예를 들면 성심成心과 같은 것을 가진 사람, 즉 옳고 그름이나 분별심 등을 가진 사람에 대해서 도는 숨어 버릴 수 있다.

성심은 자기의 마음에 경계를 설정하고, 울타리를 만들어 자기 자신을 그 안에 가둔다. 마음은 그 울타리 안에서만 맴돌면서 사해四海(세상)를 벗어나 유유자적할 수 없다. 성심은 공손룡에게 흰 말과 말의 구별이나, "사물은 손가락 아닌 것이 없고, 손가락은 손가락이 아니다"는 명제에 대한 논증에 집착하도록 재촉했을 것이다. 그는 아마도 이런 것들을 통해 명성과 영예를 얻었을 것이고, 공자의 후손인 공천孔穿마저도 그를 스승으로 모시고자 했다.[18] 그러나 그는 오히려 점점 더 도에서 멀어져 갔다. "도는 작은 성취에서 자취를 감춘다"고 하듯이, 자잘한 성취 속에서 대도는 몸을 숨겨 버린다. 이것은 작은 것으로 큰 것을 잃은 것이 아닌가? 좀스럽게 잔머리를 쓰는 사람에 대해 말하면, 그들은 가장 머리를 써야 할 것에 대해서는 잊어버렸을 것이다.

---

18) 『公孫龍子』「迹府」 참조.

논쟁에서 이기는 방법은 없다

가장 머리를 써야 할 것은 사실 흰 말과 말의 구별이나 손가락과 사물의 구별 등이 아니라 생명과 외적 대상의 구별인 것이다. "이름과 몸 가운데 어떤 것이 더 절실한가, 몸과 돈 가운데 어떤 것이 더 중요한가?"[19] 노자가 제기한 이 문제는 장자의 문제이기도 하다. 공손룡도 혜시와 같이 만물을 좇아가서는 돌아오지 않았던 사람이다. 그는 돌멩이나 말馬에 대해서는 매우 잘 이해하고 있었을 것이다. 그러나 생명에 대해서는 어땠을까? 생명은 그의 사상 속에서 어떤 위치를 차지하고 있을까? 장자의 다음의 문장은 바로 공손룡 같은 인물을 겨냥하고 한 말일 것이다.

한 번 사람의 몸으로 태어나서는 그 몸을 잊지 않고 끝이 올 때까지 기다린다. 사물과 부대끼고 마찰을 일으키면서, 죽음을 향해 가는 것이 마치 말 달리듯 하여 멈추게 할 수 없다. 서글프지 않은가? 평생 동안 분주하면서도 성공을 보지 못하며, 파김치가 되도록 지쳐도 쉴 줄을 모르니 애달프지 않은가? 사람들은 그런 상태를 보고 아직 죽지 않았다고 하나 무슨 득이 된단 말인가. 그 몸은 시들어 가고 마음 역시 그와 함께 변해 가니 대단히 슬프지 않은가? 사람의 삶이란 원래 이처럼 어리석은 것일까? 아니면 나 혼자 어리석고 다른 사람들은 어리석지 않은 것일까?[20]

19) 『老子』 제44장: "名與身孰親, 身與貨孰多."

사물의 세계 속에서 말을 몰듯이 앞으로 나아가면서 놀음에 빠져 돌아갈 줄 모르는 사람은 서글프다. 그의 마음은 그의 육체와 함께 사물의 노예가 되어 버렸다. 살아 있는 것이 죽은 것과 다를 바 없다. 그의 마음이 이미 죽었기 때문이다. 더욱더 슬픈 것은 사람들이 마음의 죽음을 전혀 의식하지 못한다는 점일 것이다. 죽는 것을 의식한다면 생명 중시重生에 대한 희망은 아직 있다. 그러나 의식하지 못한다면 하늘天로 돌아갈 날은 영원히 없는 것이다.

공손룡과 비슷한 사람으로 소문과 사광 그리고 혜시 등이 있다. 그들의 관심 분야는 예를 들어 소문은 거문고를 타는 데, 사광은 음을 구별하는 데, 혜시는 명변을 하는 데 있어 각각 달랐지만, 사물에 푹 빠져 본심을 잃었다玩物喪心는 점에서는 모두가 일치한다. 사물에 푹 빠지는 것이 막판에 이르면, 이는 기술의 정수일 뿐 도道와는 하늘과 땅만큼 차이가 있다. 소를 잡는 포정을 한번 생각해 보는 것이 좋을 것이다. 표면상으로 보면 그 역시 사물에 푹 빠졌던 것이다. 그러나 그는 의도를 가지고 있었지만 마음이 아니라 신神을 가지고 있었던 것이다. 소를 잡을 때 그는 신으로 소를 대하면서 눈으로 보지 않았다. 문혜군이 그의 기술이 어떻게 이와 같은 경지에까지 이를 수 있었는지 감탄할 때 포정의 대답은 이랬다. "제가 좋아하는 것은 도道로서 기술보다는 한 단계 진보한 것입니다." 이것은 기술을 크게 초월한 일종의 추구로서, 도에 대한 추구인 것이다. 기술이 겨우 사물의 수준에 머물러 있

---

20)『莊子』「齊物論」: "一受其成形, 不忘以待盡. 與物相刃相靡, 其行盡如馳, 而莫之能止. 不亦悲乎. 終身役役, 而不見其成功, 苶然疲役, 而不知其所歸, 可不哀邪. 人謂之不死, 奚益. 其形化, 其心與之然, 可不謂大哀乎. 人之生也, 固若是芒乎. 其我獨芒, 而人亦有不芒者乎."

을 때 도는 오히려 사물에서 초월하여 생명 자체로 돌아간다.

생명 자체로 돌아가기 위해서는 먼저 마음의 회귀가 필요하다. 오직 마음만이 마음을 사물의 세계로부터 구출해 낼 수 있고, 사물의 노예가 되는 데 이르지 않게 할 수 있다. 마음은 자기를 위해서 귀착지, 즉 고향을 찾아야 한다. 이 귀착지와 고향은 다른 곳에 있는 것이 아니라 사람을 포함한 모든 사물의 고향과 뿌리에 있는데, 그것이 바로 도이다. 마음은 도에서 자아를 찾을 수 있고, 그로 인해 참된 생명의 감각을 찾을 수 있다. 이렇게 되면 사물이 다시는 마음을 제한하지 못한다. 왜냐하면 마음도 이미 도와 같이 만물과 통하여 하나가 되기 때문이다. 흰 말과 말, 손가락과 사물 등 모든 구별은 아득한 하늘의 구름 밖으로 내던져져 버린다. 그래서 우리는 천지는 하나의 손가락이고 만물은 한 마리의 말이라고 할 수 있다. 우리는 한 마리 소나 한 개의 돌멩이라고도 말할 수 있다. 그래도 상관 없다. 왜냐하면 마음이 바로 도 속에서 유유자적하는 소요逍遙 혹은 염담恬淡 중에 빠져 있으면, 그 속에서 만물의 구별은 전혀 발 붙일 틈이 없기 때문이다.

이것은 분명히 지식론적 의미에서의 토론이 아니다. 지식론적 측면에서는 장자도 태산이 크고 추호가 작으며, 서시가 아름답고 문둥이가 추하다는 것을 인정할 것이다. 제물과 지식은 아무 관계가 없다. 그것은 생명하고만 관계가 있다. 즉 오직 생존의 태도와 경지 등과 관계가 있다. 장자는 비록 그가 인간 세상에 '있고', 또 인간 세상의 불가피한 것들을 알고 있었지만, 인간 세상에 '들어가는' 것을 좋아하지 않았다. 들어가는 것은, 예를 들면 「소요유」에서 "지식은 한 관직을 맡기에 알맞고, 행실은 한 고을을 다스릴 만하고, 덕은 한 임금의 뜻에 맞아서 한 나라에서 신임을 받고 있는 사람"[21] 같은 이들이나 혹은 여기서 언급한 사광 등과 같이 무언가 이룬 것이 있음을 의미한다. 그러나 이루어지는 것成은 다른 의미에서는 바로 이지러지는 것虧이다. 업적과 명성의 성취는 도덕의 결핍이고, 이쪽 사물의 완성은 저쪽 사물의 파괴이다. 소문이 거문고를 탈 때는 바로 이루어짐이 있고 이지러짐이 있는 때이다. 그가 궁宮을 연주하면 상商은 없다. 그가 치徵를 연주하면 우羽는 없다. 소문이 거문고를 타지 않는 때는 바로 이루어짐도 이지러짐도 없는 때이다. 그렇다면 소문은 거문고를 타야 하는가, 아니면 거문고를 타지 말아야 하는가? 소문은 당연히 거문고를 타야 한다. 그러나 장자는 어떤가? 장자는 물동이를 두드릴 수는 있지만 분명히 거문고를 타지는 못할 것이다. 그는 작은 성취로 생명과 대도를 파괴하는 것을 원하지 않는다. 소성이란 "사람들을, 마음을 미혹하는 화려한 언변滑疑之耀"에 불과한 것인데, 그것은 성인이 버리려고 하는 것이다. 화려한 것이 동반하는 빛이나 휘황찬란함은 다른 사람의 눈길을 끌게 하는 동시에 자기를 미혹하기에도 충분하다. 장자는 이런 빛을 원하지 않았다. 비록 가장 평범하지 않은 마음을 가지고 있기는 했지만, 그는 가장 평범한 사람이 되기를 바랐다. 그는 재능과 지혜를 가지고 있었는데, 초나라 위왕까지도 그가 현명하다는 소문을 듣고 그를 재상으로 초빙하려고 했다. 그러나 그는 자신의 재능과 지혜를 쓰려고 하지 않았다. 그는 재능과 지혜의 운용은 그로 하여금 자신을 잃어버리게 하고 심지어는 생명을 잃게 할 수 있을 것이라고 생각했다. 비록 그 자신은 원래부터 그렇지는 않았지만, 차라리 아무런 빛도 없는 보통 사람

---

21) 『莊子』「逍遙遊」: "知效一官, 行比一鄕, 德合一君, 而徵一國者."

이 되고 싶어 했다.

그래서 그는 "보통 사람의 모습에 몸을 맡기寓諸庸" 고자 했다. '용庸' 은 보통, 평범함, 담담한 것, 빛이 없는 것이다. 「제물론」에서 두 번 나타난 이 말에 대한 가장 좋고 또 가장 간단한 해석은 아마도 의식적으로 자기에게 보통 사람의 가면을 쓰게 한다는 것일 터이다. 노자가 "성인은 갈포 옷을 입고 옥을 품고 있다"[22]라고 말한 것과 같다. 총명한 사람은 도리어 자기를 보통 사람과 같이 꾸민다. 이것은 노자가 한 "크게 지혜로운 사람은 어리석은 듯하다大智若愚"라는 말과 어쩌면 서로 통하는 데가 있을 것이다. 그러나 노자의 그것은 군도君道(군주의 통치술)의 일환이다. 장자의 이것은 일종의 생존의 기술이다. "보통 사람의 모습에 몸을 맡긴寓諸庸" 상태에서 우리는 다른 사람의 주목을 끌지 않으면서 생활할 수 있을 것이다. 비록 빛은 없지만 위험도 우리로부터 멀리 떠나갈 것이다. 이것은 일종의 "자기 자신을 백성들 속에 숨기고, 스스로를 밭고랑 속에 숨기는" 방식의 삶이다. 장자는 자각적으로 '쓰지 않음不用' 을 선택하였는데, 「제물론」에서 그것은 항상 "보통 사람의 모습에 몸을 맡긴다寓諸庸"는 것과 하나로 연결되어 있다. 쓰지 않는다는 것은 쓰이지 못한 것과 다르다. 쓰이지 못한다는 것은 정말로 쓰이지 못한 것이다. 이 때문에 세상에서 쓰일 수 있는 방법이 없는 것이다. 쓰지 않는다는 것은 쓸 수는 있지만 안 쓰는 것이다. 유가는 학문을 익히다가 뛰어나면 벼슬을 하는 것이 아닌가? 그러나 여기서 말하는 것은 배우다가 뛰어나도 벼슬을 하지 않는 것이다. 가야금을 타더

---

22) 『老子』 제17장: "聖人被褐而懷玉."

라도 소문이 나지 않고, 소리를 분별하더라도 사광이 되지 않는 것이다. 이 쓰지 않음은 장자가 볼 때 막대한 용도가 있다.

> 보통이라는 것은 쓰임이다. 쓰인다는 것은 통하는 것이다. 통하는 것은 얻는 것이다.[23]

쓰임用을 가지고 보통庸을 해석하는 것은 결코 보통庸이 바로 쓰임用이라는 것이 아니라 보통庸은 일종의 쓰임用이고, 그것의 용도가 있다는 것이다. 이 쓰임用은 바로 통함通이다. 보통은 업적과 명성 등의 포기, 심지어는 자아의 포기를 의미한다. 이때 우리는 무엇을 마음에 두어야 할까? 우리가 마음에 두어야 할 것은 생명뿐이다. 그래서 우리는 외적 대상이 우리를 해치지 않기를 바라야 하고, 만물과 함께 비대립적인 상태가 유지되기를 바라야 한다. 통한다는 것은 바로 이와 같은 상태의 일종이다. 통하면서 막힘이 없는 것, 통하면서 구분이 없는 것, 만물들 사이는 이와 같고, 자기와 만물 사이도 이와 같은 것이다. 모든 사물들의 경계는 모호해지고 사라져 버려 하나로 융화된다.

이것이 바로 득도한 후의 느낌이다. 오직 마음을 도 속에서 유유자적하게 해야만 비로소 이런 감정을 얻을 수 있다. 마음이 만물 속에 멈추어 있다면 우리는 사물의 이것과 저것, 옳음과 그름을 분별하려 할 것이다. 도 속에서 유유자적한다면 바로 도와 똑같이 구분이 없을 것이다. 이때 우리는 옳음과 그름에 대한 말 혹은 고집이 얼마나 무의미

---

23) 『莊子』 「齊物論」: "庸也者, 用也. 用也者, 通也. 通也者, 得也."

한지를 발견하게 된다. 도와 말은 근본적으로 서로 용납할 수 없는 것이다. 우리가 도를 선택했다면 곧 말을 버려야 한다. 장자는 다음과 같이 말한다.

> 천지는 나와 함께 살아가고, 만물은 나와 함께 하나가 된다. 이미 하나가 되었으니 말이 있을 수 있겠는가? 이미 하나라고 했으니 말이 없을 수 있겠는가? 하나와 말이 더해져서 둘이 되고, 둘과 하나가 더해져서 셋이 된다. 이런 식으로 나간다면 뛰어나게 셈을 잘하는 사람이라도 다 헤아릴 수 없다. 그런데 일반 사람은 어떻겠는가? (그러므로 없음에서 있음으로 나가 셋에 이르렀는데, 하물며 있음에서 있음으로 나가면 어떻겠는가?)[24] 헤아려 나갈 필요가 없다. 그저 자연에 그대로 맡길 뿐이다.[25]

하나는 말할 수 없는 것이지만, 일단 말해 버렸으니 이미 하나가 아니고, 둘, 셋 …… 으로 변해서 무궁에까지 나가 버렸다. 우리는 사물의 세계에 빠져 스스로 헤어나지 못할 것이다. "큰 도는 말할 수 없다大道不稱"고 했다. 도는 구분된 적이 없고 말은 항상 그 상태로인 적이 없기 때문이다. 일정함이 없는 말을 가지고 구분이 없는 도에 대해 말한다면 결과는 안 봐도 뻔한 것이다. 원래 아무 구분이 없는 곳에 균열

---

24) 옮긴이: 괄호 안의 부분은 저자의 인용문에서는 빠진 부분이다. 생략 부호나 별다른 설명이 없는 것으로 보아 실수인 것 같아서 『장자』 원문에 의거하여 우리말로 번역하고 괄호로 묶었으며 해당 부분의 원문도 괄호로 묶었다.

25) 『莊子』「齊物論」: "天地與我並生, 而萬物與我爲一. 既已爲一矣, 且得有言乎. 既已謂之一矣, 且得無言乎. 一與言爲二. 二與一爲三. 自此以往, 巧歷不能得, 而況其凡乎. (故自無適有, 以至於三, 而況自有適有乎.) 無適焉, 因是已."

이 나타나 구별이 생길 것이다. 그리하여 사람들은 신분의 높낮이와 기강에 집착하고 편을 가르고 경쟁할 것이다. 그런데 이런 편 가르기와 경쟁이 무슨 의미가 있는가? 유가에게는 유가의 정의가 있고, 묵가에게는 묵가의 정의가 있으니 결국 어떤 것이 진정한 정의라는 말인가? 아니면 어떤 것도 정의가 아니란 말인가? 장자가 볼 때 사물들 사이에는 공통의 옳음이 없고 공통의 그름도 없다.

사람은 습한 곳에서 잠을 자면 허리 병에 걸리지만 미꾸라지도 그런가? 사람은 나무 위에 오르면 무서워하지만 원숭이도 그런가? 사람과 미꾸라지와 원숭이 사이에는 '올바른 거처'에 관한 공통의 인식이 있는가? 분명히 없다. 만물들 사이에는 이와 같이 '올바른 짝'과 '올바른 맛'에 관해서도 공통된 인식이 없다. 사람들이 아름답다고 하는 서시도 물고기가 보면 깊이 숨어 버리고, 새가 보면 높이 날아올라 버리고, 사슴이 보면 놀라 달아난다. 사람이 즐겨 먹는 것을 쥐는 즐겨 먹지 않는다. 사슴이 즐겨 먹는 것을 까마귀는 즐겨 먹지 않는다. 이 세계는 하나의 통일된 표준으로 재단할 수 없다. 하나의 통일된 표준이 없다면 하나의 '바름'도 없다. 그러니 하나의 '바름'을 다툴 필요가 또 뭐 있겠는가?

장자는 분명히 이 세계의 논쟁에 대해 염증이 났을 것이다. 그는 이런 논쟁의 기초를 뿌리째 뽑아 버리려 했고, 논쟁을 멈추어야만 하는 이유를 제시하려고 했다. 이 이유는 주로 사물의 상대성에 대한 폭로였다. 「제물론」에서는 두 번에 걸쳐 "타고난 밝음을 따르는 것보다 좋은 것이 없다"라고 언급되는데, 타고난 밝음明은 바로 사람들을 논쟁의 연못에서 구출해 내려는 것이고, 그 가장 중요한 방법이 바로 저것과 이것이 서로 상대방의 잘못을 밝혀 주는 것相明이다. 저것은 저것의 옳음이 있고 또 저것의 그름이 있다. 예를 들면 미꾸라지가 습기 있는 곳을 좋아하는 것은 미꾸라지의 옳음이고, 마른 곳을 좋아하지 않는 것은 바로 미꾸라지의 그름이다. 이것 역시 이것의 옳음과 이것의 그름이 있다. 예를 들면 원숭이가 나무에서 살기를 좋아하면서 물에서 사는 것을 좋아하지 않는 것과 같다. 이것은 세계의 진실한 실정이다. 이 점을 분명히 하는 것이 바로 명明이다. 그와는 반대로 만약 우리가 습한 곳에 사는 미꾸라지를 정당화하면서 나무 위에 사는 원숭이를 비평하거나 나무에 사는 원숭이를 정당화하면서 습한 곳에서 사는 미꾸라지를 비평하는 것은, 바로 자기를 중심으로 남을 헤아리는 것이고 자기의 표준을 남에게 강요하는 것이다. 그렇게 되면 이 세계는 물론 끊임없는 혼란 속으로 빠져 들어 갈 것이다.

장자가 논쟁을 그쳐야 할 다른 하나의 이유로 제시한 것은 이른바 '변무승辯無勝', 즉 논쟁에서 승부가 결정될 수 없다는 것이다.

> 가령 나와 네가 논쟁을 한다고 할 때 네가 나를 이기고, 내가 너를 이기지 못했다고 해서 너는 정말 옳고 나는 정말 그른 것일까? 내가 너를 이기고 네가 나를 이기지 못했다면 내가 정말 옳고 네가 정말 그른 것일까? 누가 옳고 누가 그른 것일까? 둘 다 옳고 둘 다 그른 것일까? 나와 네가 알 수 없다면 다른 사람들도 정말로 그것을 도저히 알 수 없는 것으로 여길 테니 우리는 누구에게 바로잡아 달라고 할 것인가? 너와 같은 의견을 가진 사람에게 바로잡아 달라고 한다면, 이미 너와 의견이 같은데 어떻게 바로잡을 수 있을까? 나와 같은 의견을 가진 사람에게 바로잡아 달라고 한다면, 이미 나와 의견이 같은데 어떻게 바로잡을 수 있을까? 너와 나 두 사람과는 다른 견해를 가진 사람에게 바로잡아 달라고 하면, 이미 너와 나 두 사

람과 의견이 다른데 어떻게 바로잡을 수 있을까? 너와 나 두 사람과 같은 견해를 가진 사람에게 바로잡아 달라고 하면, 이미 너와 나 두 사람과 의견이 같은데 어떻게 바로잡을 수 있을까? 그렇다면 나와 너와 다른 사람은 모두 알 수 없으니 누구를 기다려야 할 것인가?[26]

변론하기 좋아하는 사람에게 위에서 인용한 것은 회피할 수 없는 문장이다. 나와 너와 다른 사람 모두 알 수 없다는 것은 이것과 저것 사이에서는 영원히 진정한 이해를 얻을 수 없음을 의미하는 것이다. 서로 다른 '나 자신'이 함께 존재하면서 각기 모두 자기의 입장을 고집한다. 만약 정말 이렇다면 어찌 변론뿐이겠는가? 아마도 구별적 성격을 가진 모든 언설 자체도 이미 의미를 상실할 것이다.

논쟁에서 이길 수 없다는 주장은 여전히 상대적인 태도를 보여 주고 있다. 나와 너와 다른 사람 등은 우리에게 사람, 원숭이, 미꾸라지 등을 생각나게 하는데, 이들 사이에는 공통점이 하나도 없지만 각각의 사물과 그 습관은 모두 자기 존재의 합리성을 가지고 있다. 다시 말하면 많은 '나 자신' 외에 다른 많은 '나 자신'이 있는데, 우리는 반드시 그것들의 존재를 승인해야 한다. 많은 '나 자신'은 '나 자신'이 없음을 의미하기도 한다. 왜냐하면 어떤 '나 자신'도 그 밖의 '나 자신'을

---

26) 『莊子』「齊物論」: "既使我與若辯矣, 若勝我, 我不若勝, 若果是也, 我果非也邪. 我勝若, 若不吾勝, 我果是也, 而果非也邪. 其或是也, 其或非也邪. 其俱是也, 其俱非也邪. 我與若不能相知也, 則人固受其黮闇, 吾誰使正之. 使同乎若者正之, 既與若同矣, 惡能正之. 使同乎我者正之. 既同乎我矣, 惡能正之. 使異乎我與若者正之, 既異乎我與若矣, 惡能正之. 使同乎我與若者正之. 既同乎我與若矣, 惡能正之. 然則我與若與人俱不能相知也, 而待彼也邪."

'너' 혹은 '그'로 바꿀 권리가 없기 때문이다. 성천자聖天子라 해도 그것은 불가능하다. 요임금이 변방에 외떨어져 있는 몇 개의 작은 나라들을 토벌하려고 했을 때 그는 석연치 않은 감정을 느꼈다. 그는 자기가 성덕을 가지고 있었기 때문에 천하에는 당연히 그 성덕의 바람을 따라 교화되지 않는 곳이 없을 것이라고 생각했겠지만 결국 예외가 있었던 것이다. 이것은 '나 자신'이 받아들일 수 없는 것이다. 그래서 그는 토벌했다. 그러나 토벌을 진행하면서도 요는 어쩌면 예를 들어 그 밖의 '나 자신'의 권리에 대해 생각했을 것이고, 따라서 토벌의 정당성에 회의를 일으켰을지도 모른다. 순이 이 문제에 대해 말한 것은 좀 더 분명하다. 그가 강조한 것은 열 개의 태양이 동시에 나타나 모두 만물을 비춘다는 점이다. 신화학자들은 이것이 신화라고 말할 것이다. 문제는 장자가 이 신화를 빌려 무엇을 말하려 했는가이다.

열 개의 태양은 물론 한 개가 아니다. 한 개의 태양은 세계의 한 구석만 비출 수 있을 뿐이지만 열 개의 태양은 만물을 광명으로 이끌 수 있다. 그중 어느 한 태양의 입장에서 보면 그는 다른 태양의 존재를 승인하고 허락해야만 한다. 하늘은 결코 나 혼자만의 것이 아니고 대지도 역시 그렇다. 장자는 성인의 덕은 당연히 하나의 태양처럼 좁아서는 안 되며, 그것은 열 개의 태양 나아가서는 그것들을 초월해야 한다고 말하려고 했다.

요임금이 그 작은 몇 개의 나라들을 토벌하려고 할 때, 그의 생각은 꼭 악의에 의한 것만은 아니었을 것이다. 그와는 반대로 선량한 바람, 즉 고통에 시달리는 백성을 구해 내려는 바람에서 나왔을 가능성이 매우 크다. 장자는 유가가 이상적으로 생각하는 성왕의 한 사람인 요임금에 의탁하여 유가와 대화하려는 생각을 매우 분명히 가지고 있었다.

이 학파에서 가장 중요한 관념인 인仁의 가장 기본적인 규정은 바로 사람을 사랑하는 것이다. 그리고 사람을 사랑하는 표현 중 하나는 "자기가 일어서고 싶으면 남을 일으켜 주고, 자기가 도달하고 싶으면 남이 도달하게 해 준다"[27]라는 것이다. 자기를 미루어 남에게까지 미치도록 한다推己及人는 이러한 태도는 유가 사상 속의 열정적인 한 측면을 표현하기에 충분하다. 그러나 장자가 볼 때 이런 열정은 어떤 때는 사람에게 화상을 입힌다. 우리가 필요로 하는 것을 다른 사람도 반드시 필요로 한다는 것을 우리는 어떻게 아는가? 만약 그렇다면 도리어 모두 크게 기뻐할 것이다. 만약 그렇지 않다면 자기의 의지를 억지로 다른 사람에게 강요하여 다른 사람에게 공연한 고통만 안겨 주는 것이다. 유가가 믿고 있는 전제가 하나 있다. 그 전제는 바로 사람들 속에 존재하는 보편성이다. 맹자는 다음과 같이 말한다.

> 맛에 대하여 입이 보편적으로 느끼는 맛있음이 있고, 소리에 대해 귀가 보편적으로 인정하는 듣기 좋음이 있고, 색에 대해 눈이 보편적으로 느끼는 아름다움이 있다. 그런데 마음에만 이런 보편성이 없겠는가? 마음의 보편성은 무엇인가? 그것은 리理이고 의義이다.[28]

이 보편성의 가설은 "자기를 미루어 남에게까지 미치도록 한다推己

---

27) 『論語』「雍也」: "己欲立而立人, 己欲達而達人."

28) 『莊子』「齊物論」: "口之於味也, 有同耆焉. 耳之於聲也, 有同聽焉. 目之於色也, 有同美焉. 至於心, 獨無所同然乎? 心之所同然者, 何也? 謂理也, 義也."

及人"는 태도를 실천할 수 있는 기초를 갖게 했다. 그러나 장자는 이 전제를 근본적으로 반대하고 부정했다. 천하에는 "모든 사람이 다 참이라고 인정하는 것同是은 없다"에서부터 "나와 너와 다른 사람 모두 알 수 없다"는 데 이르기까지 모두 이 점을 증명하기에 충분하다. 이 때문에 자기를 미루어 남에게까지 미치도록 한다는 '인仁'에 대하여 장자는 맞다고 생각하지 않았다. "큰 인은 자애롭지 않다大仁不仁"라는 말은 결코 빈말이 아니다. 그 속에는 세계와 인간에 대한 장자의 깊은 이해가 숨어 있다. 사랑으로서의 인은 도와 대립적이다. "도의 손상은 편애가 발생한 원인이다"라는 구절은 노자가 말한 "대도가 사라지고 인의가 있게 되었다"[29]라는 구절과 매우 유사하다. 인애仁愛는 '나 자신'을 가지고 있는 것이고, 또 '나 자신'을 전제로 삼고 있는 것이다. 자애롭지 않다는 것은 만물을 똑같이 보면서 동시에 자애라든가 '나 자신'을 버리는 것인데, 이것이 바로 제물이다.

꿈과 물화物化

제물적齊物的 태도는 분명히 분별 및 논변 등과는 충돌하는 것으로, 그것은 '품어 안음懷'과 관련이 있다. 앞의 것은 일반인들의 태도이고 뒤의 것은 성인의 태도이다. 분별이 하나를 쪼개 여러 개로 만드는 것이라고 한다면 이른바 '품어 안음'은 여러 개를 하나로 합치는 것이

29) 『老子』 제18장: "大道廢, 有仁義."

다. 구작자와 장오자의 우화에서 장자는 다음과 같이 말한다.

> 장오자가 말했다. …… 그리고 너는 생각이 너무 앞선다. 달걀을 보고서 새벽을 알려 주기를 바라고, 탄환을 보고서 부엉이 구이를 달라는 격이다. 내가 너에게 아무렇게나 생각나는 대로 말해 볼 테니 너도 가벼운 마음으로 들어보겠니? (성인은) 해와 달에 기대어 우주를 끼고서 그것들과 한 몸이 되고 (생각을) 혼란과 암흑 속에 맡겨 두고 노예와 귀족을 하나로 본다. 뭇사람들은 끊임없이 애쓰면서 살고 있지만 성인은 우둔하여 만년을 구분하지 않고 뒤섞어 하나의 혼돈 덩어리로 본다. 만물은 모두 이와 같은 방법으로 서로 포용하고 있다.[30]

여기서 장자는 두 가지 태도를 언급한다. 한 가지는 구작자와 같은 것으로, 달걀을 보고서는 새벽을 알리는 수탉을 바라고, 탄환을 보고서는 맛있는 새 구이를 바라는 것 등 예측이 지나치게 세밀하거나 지나치게 절실함을 면하지 못하는 것이다. 다른 한 가지는 해와 달로 벗을 삼고 우주와 한 패가 되며, 천지의 정신과 교류하고 만물과 하나가 되고 옳음과 그름 등의 혼란스러운 것들에 대해서는 왈가왈부하지 않고 제쳐 두며, 높은 이도 낮은 이도 없고 귀한 이도 천한 이도 없다고 생각하는 그런 사람이다. 이 두 가지 태도는 바로 '분별辨'과 '품어 안

30) 『莊子』「齊物論」: "長梧子曰,……且汝亦太早計, 見卵而求時夜, 見彈而求鴞炙. 予嘗爲女妄言之. 女以妄聽之奚. 旁日月, 挾宇宙, 爲其脗合. 置其滑涽, 以隸相尊. 衆人役役, 聖人愚芚, 參萬歲而一成純. 萬物盡然, 而以是相蘊."

음懷'이다. 앞의 것은 보통 사람이 취하는 태도이다. 분별하기 때문에 죽을 때까지 끊임없이 애쓰면서 그로부터 벗어날 수 없는 것이다. 뒤의 것은 성인이 취하는 태도이다. 품어 안기 때문에 마치 아무것도 아는 것이 없는 것 같다. 품어 안고 분별하지 않으면 만 년을 뭉뚱그려 하나로 여길 수 있다. 그러면 그 속에서 발생하는 여러 가지 다름은 거의 모두 사라져 버리고, 마음은 다시 순수하고 소박한 상태로 되돌아간다. 이 순수하고 소박한 마음속에서 만물은 서로를 내포하고 있으며 절대적인 경계도 없고 대립은 더욱더 없다.

장자는 이것을 "무無의 경지에 맡기는 것"이라고 부르고, 없음 혹은 무분별의 경지라고도 불렀다. 이것이야말로 정신이 머물러야 할 곳 혹은 유지해야 할 상태인 것이다. 우리는 어떻게 이런 경지에 도달할 수 있을까? 장자는 "천예天倪로 조화를 이루는 것"을 통해서 가능하다고 말한다.

> 무엇을 천예天倪(자연적인 경계)로 조화를 이룬다고 하는가? 옳음은 곧 옳지 않음이고, 맞음은 곧 맞지 않음이다. 옳음이 만약 정말로 옳다면, 옳음이 옳지 않음과 다르다는 것 역시 논쟁거리가 될 수 없다. 시비가 뒤섞인 말은 서로 대립한다. 그런데 만약 그것들이 대립적이지 않도록 하려 한다면 천예로 조화를 이루고, 무한한 변화에 따라야 한다. 이것이 타고난 수명을 모두 누리는 방법이다. 세월을 잊고 도리를 잊고, 없음의 경지에 들어선다. 그러므로 없음의 경지에 맡기는 것이다.[31]

천예는 바로 자연에 의해 나뉜 경계 혹은 분별이다. 사람에 의해 설정된 것이 아니다. 옳음이나 옳지 않음, 맞음이나 맞지 않음 등은 사람의 논변에 의해 구분되는 것이 아니다. '옳음'이 만약 정말 '옳다'면, '옳음'과 '옳지 않음'의 구별은 근본적으로 논변을 필요로 하지 않는다. '맞음'이 만약 정말로 '맞다'면, '맞음'과 '맞지 않음'의 구별 역시 논변을 필요로 하지 않는다. 이 경계는 자연적인 것인데, 이것이 바로 천예이다. 변론을 통해 확립되는 경계는 자연적인 것이 아니고, 이것은 인예人倪(사람에 의해 만들어진 경계)이고, 성심成心인 것이다. 장자의 이러한 주장은 주로 분별에 관한 것이 아니라 자연과 인간에 관한 것이다. 그는 이렇게 드러내 보임으로써 이른바 변론을 제거하고 분쟁을 멈추게 하려고 했다. 그는 노자의 "빛을 누그러뜨리고 먼지와 함께 한다"라는 이른바 '현동玄同'[32]같이 '조화和'를 바랐다. 이것은 적당히 구슬려 화해시키는 것은 아니다. 적당히 구슬려 화해시키는 것은 자기가 제3자가 되어 어떤 변론 혹은 말다툼 속에 끼어들어 중립자의 신분으로 대립하는 쌍방 가운데에 서서 조절을 진행하는 것이다.

'조화'는 대립하는 쌍방과는 아무 관계가 없다. 그것은 옳음과 그름에만 관련이 있는 것으로, 옳음과 그름에 대처하는 태도의 일종이고, 자기가 자기에 대해 취하는 태도의 일종이다. '조화' 속에서 날카로움은 꺾이고, 얽힌 것은 풀리며, 남는 것은 '따름因' 뿐이다. '따름' 속에는 '나 자신'이 없고, '너'가 없고, '그' 역시 없다. 있는 것은, 무

---

31) 『莊子』「齊物論」: "何謂和之以天倪. 是不是, 然不然. 是若果是也, 則是之異乎不是也, 亦無辯. 化聲之相待, 若其不相待. 和之以天倪, 因之以曼衍. 所以窮年也. 忘年忘義, 振於無竟, 故寓諸無竟."

32) 『老子』 제56장: "和其光, 同其塵, 是謂玄同."

한한 그것은 바로 포착할 수 없는 조화인 것이다. 조화에 무슨 경계가 있을까? 없다. 경계가 있다고 말하자마자 경계는 없어져 버린다. 지금은 낮이지만 잠깐이면 밤이다. 지금은 살아 있지만 잠깐이면 죽는다. 여기에는 세월도 없고 도리도 없고, 팽조彭祖와 상자殤子(태어나자마자 죽은 아기), 겸애兼愛와 위아爲我 등도 없다. 조화 속에서 모든 것은 대장장이에 의해 하나의 용광로 속에 던져져 아무 구별 없는 상태로 녹아 버린다.

여기에 이르면 우리는 장자가 주장한 제물의 진정한 의도를 깨닫게 된다. 제물만 있으면 사람들을 사물의 세계 속에서 구출해 낼 수 있고, 마음은 사물을 사물로 대하면서 사물에 의해 사물화되지 않을 수 있게 된다. 사물을 사물로 대하는 것은 사물의 주재자가 되는 것이고, 사물에 의해 사물화되는 것은 사물의 노예가 되는 것이다. 우리는 이 세계를 떠날 수 없지만, 우리는 이 세계에 개의치 않을 수 있다. 개의하지 않는 가운데 마음은 해방과 자유를 획득한다. 너는 너의 옳음과 그름이 있고, 그는 그의 옳음과 그름이 있으니, 너는 네 길을 갈 것이지 왜 나를 간섭하느냐는 것이다. 나는 제3자로서 끼어들 수 없고, 다른 사람들의 심판이 될 수도 없다. 나는 그저 개의치 말아야 할 뿐이다. 장자는 이것을 양행兩行이라고 불렀다. 어찌되었든 '행行'이라는 말은 항상 간다는 의미를 가지고 있다. 사람들이 다른 길을 가면서 경쟁하는데, 나는 아예 가지 않는다. 나는 조용하게 중간에 서 있는데, 부지런히 오가는 사람들 속에 서 있으면서도 마음은 물처럼 평온하다.

장자는 이렇게 맑게 깨어 있었고 또 바로 이 점 때문에 거대한 고독을 느꼈다. 그는 이 세계와, 사람들과 지척에 있었지만, 하늘의 끝처럼 멀었다. 그는 진실되지 못한 이 세계에서 마치 꿈속의 세계인듯 살았다. 그러나 그는 사실 깨어 있었다. 그는 자기가 꿈을 꾸고 있는 것이 아니라 타인이 꿈을 꾸고 있다는 것을 알고 있었다. 왜냐하면 그들은 환상을 좇으면서 진실을 잊어버렸기 때문이다. 마치 삶에 집착하고 있는 사람처럼 그들은 생명을 몹시도 좋아하고 죽음을 싫어한다. 그들은 어쩌면 죽음이야말로 사람의 진정한 고향이고 삶은 잠시 쉬어 가는 주막일지도 모른다는 것을 알지 못한다. 그 좋은 예로 여희麗姬를 보자. 그녀는 막 시집을 가려할 때 눈물 콧물로 옷깃을 적시면서 불확실한 미래 때문에 흐느껴 울었다. 그러나 그녀가 왕의 총애를 받아 왕과 한 침대에서 같이 잠을 자고, 여러 가지 기름진 고기를 먹을 때 그녀는 이전에 흐느껴 울었던 것에 대해 후회의 감정을 금할 수 없었다. 진정한 비극은 아마도 여기에 있는 것 같다. 흐느껴 울지 않아야 할 때 흐느껴 울고, 흐느껴 울어야 할 때는 오히려 웃으며 즐거워한다. 사람들은 스스로 고향이나 행복을 찾았다고 생각하지만, 진정한 고향과 행복은 오히려 만회할 방법이 없이 숨어 버린다.

꿈과 깨어 있음의 차이는 거대하다. 꿈에서 술을 마시고 즐거워하던 사람은 깨어나서는 흐느껴 울 것이다. 꿈에서 흐느껴 울던 사람은 깨어나서는 오히려 사냥을 한다. 꿈을 꾸는 사람은 꿈에서 깨어난 뒤에야 자기가 꿈을 꾸었다는 것을 안다. 꿈속에서 그는 자기가 꿈을 꾸고 있다는 것을 결코 알지 못하고 모든 것을 진실인 것처럼 생각한다. 꿈이라는 것은 항상 깨어날 때가 있다. 그러나 인생 전체가 한바탕의 꿈이 될 때 누가 그를 깨워 줄 것인가? 죽음인가? 그것은 아무래도 너무 늦다. 아마도 깨어 있는 누군가가 고함을 쳐서 사람들을 깊은 꿈에서 깨어나게 해야 할 것이다. 그러나 꿈속에 있는 사람은 자기가 꿈을 꾸고 있다는 것을 결코 알지 못하고, 그들은 자기들이 깨어 있다고 생각할 것이며, 그들은 고함을 치는 사람을 자기의 단꿈을 방해하는 미치광이라고 생각할 것이며, 그를 제거한 뒤 계속 자기들의 꿈속으로 빠져들 것이다.

이것은 아직 절박하게 다급한 것은 아니다. 장자가 볼 때 가장 다급한 일은 그 고함치는 사람 역시 꿈을 꾸고 있다는 것이다. 확실히 그렇다. 만약 장자가 「제물론」에서 표현한 상대적 태도를 끝까지 밀고 나간다면 꿈과 깨어 있음의 구별은 또 어떻게 확정할 수 있을까? 내가 "너는 꿈을 꾸고 있는 거야"라고 말할 때 나 역시 꿈을 꾸면서 잠꼬대를 하고 있는 것은 아닐까? 이것은 마치 패러독스와 같은데, 장자는 그것을 조궤弔詭라고 불렀다. 아무도 이 패러독스를 해결할 수 없다. 장자는 만세萬世가 지난 뒤에나 한번쯤 위대한 성인을 만난다면 혹시 해결의 방법을 알 수 있을지 모른다고 했다. 그것은 어떤 방법이 될까? 내 생각에는 풀지 않는 풀이不解之解가 되어야 할 것 같다. 이 패러독스가 제기하는 진정한 의미는 깨어 있는 사람은 꿈과 깨어 있음의 구별에 집착할 필요가 없다는 데 있다. 집착은 바로 우리가 또다시 꿈속으로 빠져 드는 것을 의미한다.

꿈이 있어야만 깨어 있음도 있는 것이다. 자기가 꿈을 꾸었다는 것을 아는 것은 바로 자기가 맑게 깨어 있음을 의미하는 것이다. 따라서 맑게 깨어 있는 장자는 꿈에 관한 이야기, 특히 자기가 꾼 꿈에 관한 이야기를 하는 것을 좋아했다. 한때 그는 꿈속에서 나비가 되어 있는 자기를 보았다. 훨훨 날아다니면서 유유자적 자유로웠다. 이때 그는 자기가 장주라는 것을 알지 못했다. 깨어나서야 자기가 장주라는 것을 발견했다. 장자는 자기에게 물었다. 도대체 장주가 꿈에 나비가 된 것인가, 아니면 나비가 꿈에 장주가 된 것인가? 아마도 그 모두일 것이다. 그러나 문제는 여기에 있지 않다. 문제는 장주와 나비가 분명히 구별되는 것임에도 불구하고 꿈속에서는 그들의 구별이 없어져 버렸다는 점에 있다. 너는 나일 수 있고, 나는 너일 수 있으며, 나와 너는 또 그일 수 있다면, 그렇다면 이 세계에 아직 진정한 구별이 있는 것일까? 없다. 모든 것은 '조화' 속에서 연결되어 하나가 되는데, 장자는 이것을 '물화物化'라고 불렀다. 변화하지 않는 것은 응고되어 통하지 못하지만, 변화는 통하는 것이다. '변화' 속에서 사물과 사물 사이의 경계는 사라져 곤鯤이 붕鵬으로 변할 수 있고, 사람은 나비로 변할 수 있으며, 만물은 서로 통하여 하나가 된다.

「제물론」이 아름다운 꿈으로 끝을 맺는 것은 특히 의미가 있다. 우리는 이 꿈속에서 '물화'의 이치를 읽어 내는 동시에 어찌할 수 없다는 느낌을 읽어 낼 수 있지 않을까? 장자는 어쩌면 이것과 저것의 구별에 집착하고 옳음과 그름의 변론에 열중하는 사람은 물론 꿈속에 있고, '제물'을 주장하는 사람도 결국은 한바탕의 꿈을 꾸고 있는 데 지나지 않는 것은 아닐까 하는 점을 의식했을 것이다. 제물은 꿈속에서나 실현될 수 있는 이상일지도 모른다. 깨어 있기만 하면 우리는 갖가지 실제적인 구별에 직면하지 않을 수 없고, 또 자신을 억제하지 못하여 그 속에 빠져 들게 될 것이다. 이것이야말로 진정한 조궤弔詭이다. 사람은 이처럼 꿈과 깨어 있음 사이에서 배회하고, 의식함과 의식하지 않음 사이에서 배회한다.

'논論'이라는 형식을 가지고 있기 때문에 「제물론」의 진정한 주제는 자주 오해되거나 매몰된다. 어떤 사람은 그것을 명가의 작품과 한 부류로 취급하기도 하고 혹은 그것이 장자에 의해 쓰였다는 것을 부정하기도 한다. 그러나 실제로 「제물론」은 생명에 대한 관심에서 내편

중 어떤 편에도 털끝만큼도 뒤지지 않는다. 사물의 세계에서 생명의 의미를 발견하고 견지하는 것은 이 편에서 토론하는 가장 중요한 문제이다. 그리고 그 토론의 각도는 마음과 사물의 관계에 편중되어 있다. "나는 나 자신을 잃었다"라는 것은 간단하게 말해 성심의 타파를 통해 도달하는 허통虛通의 상태이고, 따라서 사물의 한계를 벗어나 도의 가운데서 유유자적하는 것이다. 제물은 만물을 '타파'하는 방식의 일종이고 태도의 일종이다. 그것은 만물들 사이의 다름이 연기처럼 사라지고 구름처럼 흩어지게 하여, 그것들이 하나가 되게 하려는 것이다. 이렇게 되면 만물은 마음의 부담이 될 수 없고, 따라서 생명의 부담이 될 수도 없다. 장자가 왕예의 입을 빌려 다음과 같이 한 말을 살펴보자.

> 지인은 신비하다. 큰 숲이 불타도 그를 뜨겁게 할 수 없고, 황하나 한수가 얼어도 그를 춥게 할 수 없고, 우뢰가 산을 깨뜨리고 폭풍이 바다를 뒤엎어도 그를 놀라게 할 수 없다. 그런 사람은 구름을 타고, 해와 달을 몰아 세상 밖에 나가 노닌다. 죽고 사는 것도 그 자신을 변하게 할 수 없는데, 이로움과 해로움 따위야 어떻겠는가?[33]

지인에 대한 이와 같은 찬미에 대해 대부분의 사람은 미쳤다고 생각하면서 믿지 않을 것이다. 장자는 물론 지인이 정말 불에 타거나 추위에 어는 것을 두려워하지 않을 수 있다고 말하는 것은 아니다. 그는

---

33) 『莊子』「齊物論」: "至人神矣. 大澤焚而不能熱, 河漢冱而不能寒, 疾雷破山飄風振海而不能驚. 若然者, 乘雲氣, 騎日月, 而遊乎四海之外. 死生無變於己, 而況利害之端乎."

이런 미친 말을 통해 지인이 외적 대상에 개의치 않고 신경 쓰지 않는다는 것을 표현하고 싶었을 따름이다. 사람이 이 세계에 개의치 않을 때 세계의 어떤 변화도 사람의 마음속에 파문을 일으킬 수 없다. 이때 생명은 만물 속에서 빠져나와 하늘에 올라 안개 속에서 노닐고, 세상 밖으로 나가 노닌다.

그러나 마음이 가벼운 이 한 측면만 있는 것은 아니다. 장자와 같이 우리도 육체를 고려해야 한다. '제물'은 "마음을 온화하게心莫若和"하는 데 힘쓰는 동시에 "태도를 순종적으로形莫若就" 하는 것과도 관계 있는 것이 아닐까? 한 사람이 '순종'하려고만 하고, 이 세계에 '그대로 따르려고因循' 할 때 구별은 또 무슨 의미가 있을까? 없다. 분명히 없다. 이 때문에 제물은 이러한 생활 방식의 필연적인 선택으로 바뀐다. 여기서 우리는 '제물'이라는 표면의 말쑥함 뒤에 깊이깊이 감추어진 부득이함을 발견할 수 있다.

'제물'은 일종의 생활 태도이고 생활 방식이지, 지식이 아니다. 이것이 우리가 마지막으로 「제물론」에 관해 할 수 있는 말이다.

六 · 대종사

이름의 의미를 생각해보면, 「대종사」에서 토론하고 있는 문제는
줄곧 '종사宗師'와 관련이 있을 것이다. 그러나 일반적으로 이해하는 종사와는 달리
여기서 말하는 종사는 결코 한 사람이 아니다. 그것은 다름 아닌 도道이다.
도가 아니고서는 무엇이 은택이 만대에까지 이르게 하고, 태고보다도 어른이며,
하늘과 땅을 감싸 안고 뭇 형체 있는 것들을 조각해 낼 수 있겠는가?

스승과 제자 – 도와 진인

사람에 대한 불신과, 그로부터 파생한 자연이나 도에 대한 경외와 의존은 노자 이후 도가 정신의 중요한 측면이었다. 『노자』에서 이 정신은 "큰 덕의 운행은 오직 도만을 따른다"[1] 및 "사람은 땅을 본받고, 땅은 하늘을 본받고, 하늘은 도를 본받고, 도는 저절로 그런 것을 본받는다"[2]라는 표현으로 드러난다. 황로학파의 백서 『경법經法』 「도법道法」에서는 "도가 법을 낳는다"라고 말했다. 사실 "도가 법을 낳는다"라는 말의 배후에 숨은 의미는 법은 사람으로부터 생겨날 수 없고, 따라서 오직 사람의 바깥에서 획득할 수 있을 뿐이라는 것이다. 이 때문에 「도법」에서 다음과 같은 것을 특히 강조했다. "생명에 해를 끼치는 것은 욕망과 만족할 줄 모르는 것이다. 생명이 있으면 반드시 움직이게 된다. 움직임에 해를 끼치는 것이 있는데, 시의적절하지 못한 것과 때에 ㅁ하는 것이다.[3] 움직이면 일이 생긴다. 일에 해를 끼치는 것은 거슬림

1) 『老子』 제21장: "孔德之容, 唯道是從."

2) 『老子』 제25장: "人法地, 地法天, 天法道, 道法自然."

과 적절치 못함인데, 효용이 있는지 없는지 모르는 것이다. 일에는 반드시 말이 있게 마련이다. 말에 해를 끼치는 것은 불신과 남을 두려워할 줄 모르는 것, 스스로를 속이는 것, 실속 없이 허풍 떠는 것 등인데, 이는 부족한 것을 충분하다고 말하는 것이다."[4] 이 해를 끼치는 것들은 모두 '사람'에 속하는 것이다. 만약 그것을 피하려고 한다면 사람을 버리고 도를 따르는 것 외에 달리 방법이 없다. 여기서 논의하고 있는 문제는 장자와 다르기는 하지만 우리가 장자의 중요한 배경을 이해하는 데 여전히 도움을 줄 수 있다.

이름의 의미를 생각해 보면, 「대종사」에서 토론하고 있는 문제는 항상 '종사宗師'와 관련이 있을 것이다. 그러나 일반적으로 이해하는 종사와는 다르다. 여기서의 종사는 예를 들면 유가에서 조술하려고 한 요순堯舜이나 헌장하려고 한 문무文武[5]라든가 혹은 묵가에서 추숭하는 대우大禹[6]와 같은 어떤 인물을 가리키는 것이 아니다. 그리고 도가에서

---

3) 옮긴이: "ㅁ" 부분에 해당하는 글자는 마모가 심하여 알아볼 수 없다. 학자들은 이 글자가 "동動"이나 "배伓"일 것이라고 추측한다. ㅁ를 "동動"으로 볼 경우 이 구절은 "시의적절하지 못한 것과 수시로 움직이는 것이다"라고 번역할 수 있다. 또 "배伓"로 볼 경우 이는 "배倍" 자의 가차자로서, "거스르다" 혹은 "배반하다"의 뜻을 가진 "배背"와 같은 의미로 해석된다. 따라서 위의 구절은 "시의적절하지 못한 것과 때를 거스르는 것이다"로 번역할 수 있다. 그러나 이 책의 저자 왕보는 어느 쪽도 선택하지 않고, 그냥 있는 그대로 인용했기 때문에 번역문에서도 저자의 뜻을 존중하여 번역하지 않고 ㅁ인 상태 그대로 두었다.

4) 『馬王堆漢墓帛書』(壹)(文物出版社, 1980): "生有害, 曰欲, 曰不知足. 生必動, 動有害, 曰不時, 曰時而ㅁ. 動有事, 事有害, 曰逆, 曰不稱, 不知所爲用. 事必有言, 言有害, 曰不信, 曰不知畏人, 曰自誣, 曰虛夸, 以不足爲有餘."

5) 『중용』의 "중니는 요임금과 순임금을 이어받아 서술하였고, 문왕과 무왕의 업적을 밝혀 드러냈다(仲尼祖述堯舜, 憲章文武)" 참조.

일반적으로 존숭하는 황제나 노자도 아니다. 이 세상에 사는 사람으로서, 종종 어찌할 수 없는 상황과 부득이한 상황을 자주 느껴 본 사람이라면, 그는 사람의 역량에 대하여 결코 아주 높게 평가하지는 않을 것이고, 당연한 말이지만, 애써 부풀리는 일은 더욱더 하지 않을 것이다. 동시에 사람을 종사로 삼는 것은 장자가 볼 때 인간 세계 속에서 맴도는 것을 결코 면하지 못하는 것이다. 만약 이 어찌할 수 없는 세계를 초월하려고 한다면 다른 길을 찾아야 한다. 이 길은 결코 작은 길小路이 아니라 큰 길大道이다.

> 나의 스승이여, 나의 스승이여, 만물을 조화롭게 하면서도 의義라고 여기지 않고, 은택을 만대에까지 미치면서도 인仁이라고 여기지 않고, 태고보다 나이가 많지만 늙었다고 여기지 않고, 하늘과 땅을 감싸 안고 뭇 형체 있는 것들을 조각해 내는 데도 재주 있다고 여기지 않는다.[7]

여기서 말한 '스승'은 분명히 '대종사大宗師'의 '사師' 이다. 그것은 다름 아닌 도이다. 도가 아니고서는 무엇이 은택이 만대에까지 이르게

---

6) 『장자』「천하」의 "묵자는 (우임금을) 칭송하면서 말했다. …… '우임금은 위대한 성인이시다. 천하 사람들을 위해 자기의 몸을 이처럼 수고롭게 했다.' …… 후세의 묵가들은 …… 자신을 고통스럽게 하는 것을 최고의 모범으로 삼으면서 말했다. '이렇게 할 수 없다면 우임금의 제자라고 할 수 없고, 묵가가 되기에 부족하다'(墨子稱道曰, …… 禹, 大聖也, 而形老天下如此. …… 使後世之墨者 …… 以自苦爲極. 曰, 不能如此, 非禹之徒也, 不足爲墨)" 참조.

7) 『莊子』「大宗師」: 吾師乎. 吾師乎. 齏萬物而不爲義, 澤及萬世而不爲仁, 長於上古而不爲老, 覆載天地刻彫衆形而不爲巧.

하고, 태고보다 나이가 많지만 늙었다고 여기지 않고, 하늘과 땅을 감싸 안고 뭇 형체 있는 것들을 조각해 낼 수 있겠는가? 바로 이와 같은 이유 때문에 「대종사」는 장자의 문장 가운데서 도를 가장 많이 서술한 편에 속한다. 어떤 의미에서는 '도'의 송가頌歌라고 부를 수 있을 것이다. 다음의 글을 다시 살펴보자.

> 도라는 것은 실질이 있고 미더움이 있지만 무위無爲하고 무형無形이다. 그것은 전해 줄 수는 있지만 받을 수는 없고, 체득할 수는 있지만 볼 수는 없다. 스스로 자기의 뿌리가 되고 옛날부터 원래 있었다. 귀신을 신령스럽게 해 주고 하느님을 신령스럽게 해 주며, 하늘을 낳고 땅을 낳았다. 태극太極 위에 있지만 높지 않고, 육극六極 아래 있지만 깊지 않다. 천지에 앞서 생겨났지만 오래되지 않았고, 태고보다 어른이지만 늙지 않았다. 희위씨狶韋氏는 그것을 얻어서 천지를 다스렸고, 복희씨伏羲氏는 그것을 얻어 기氣의 뿌리로 들어갔다. 북두성北斗星은 그것을 얻어 영원히 오차가 없다. 해와 달은 그것을 얻어 영원히 쉬지 않는다. 감배堪坏(곤륜산의 신)는 그것을 얻어 곤륜산에 들어갔다. 풍이馮夷(황하의 신)는 그것을 얻어 큰 강(황하)에서 노닐었다. 견오肩吾(태산의 신)는 그것을 얻어 태산에서 살았다. 황제黃帝는 그것을 얻어 하늘로 올라갔다. 전욱顓頊은 그것을 얻어 현궁玄宮에서 살았다. 우강禺强(북해의 신)은 그것을 얻어 북극에 군림했다. 서왕모西王母는 그것을 얻어 소광산少廣山에 살았는데, 언제 태어났는지도 모르고 언제 죽었는지도 모른다. 팽조彭祖는 그것을 얻어 위로는 유우有虞(순임금)에 이르고 아래로는 오백五伯에 이르도록 오래 살았다. 부열傅說은 그것을 얻어 무정武丁을 도와 천하를 거머쥐었으며, 동유성東維星을 타고 기미성箕尾星에 걸터앉아 뭇 별들의 대열에 끼었다.[8]

옛날에는 정精과 정情 두 글자가 본래 한가지로 쓰였다. 따라서 여기서 형용한 "실체가 있고 항상성이 있다"는 것은 노자의 "어슴푸레하고 까마득한 그 속에 실체가 있다. 그 실체는 매우 참되고, 그 속에는 항상성이 있다"[9]라는 것을 바탕으로 한 것임이 분명하다. 무위와 무형은 노자 이후의 도가에서 도에 관한 공통된 이해이다. "스스로 자기의 뿌리가 되고 옛날부터 원래 있었다. 귀신을 신령스럽게 해 주고 하느님을 신령스럽게 해 주며, 하늘을 낳고 땅을 낳았다"라는 말 역시 희귀한 표현이 아닌 것 같다. 노자가 도에 관해 서술한 "혼자 서서 바뀌지 않는다",[10] "하늘과 땅에 앞서서 태어났다",[11] "하느님보다 앞선 것 같다"[12] 등과 같은 말에 이미 유사한 생각이 포함되어 있다. 『장자』를 읽은 사람은 중복된 부분이 있다는 것뿐만 아니라 장자가 도대체 어떤 새로운 내용을 첨가했는지에 관심을 가질 것이다. 이 점에 있어서 풍부한 상상력과 창조성을 가진 장자는 영원히 독자를 실망시키지 않을 것이다.

장자가 도를 묘사한 시각은 그것이 사람의 스승이 될 수 있다는 전

---

8) 『莊子』「大宗師」: "夫道, 有情有信, 無爲無形. 可傳而不可受, 可得而不可見. 自本自根, 未有天地, 自古以固存. 神鬼神帝, 生天生地. 在太極之先而不爲高, 在六極之下而不爲深, 先天地生而不爲久, 長於上古而不爲老. 狶韋氏得之, 以挈天地. 伏羲氏得之, 以襲氣母. 維斗得之, 終古不忒. 日月得之, 終古不息. 堪坏得之, 以襲崑崙. 馮夷得之, 以遊大川. 肩吾得之, 以處大山. 黃帝得之, 以登雲天. 顓頊得之, 以處玄宮. 禺强得之, 立乎北極. 西王母得之, 坐乎少廣, 莫知其始, 莫知其終. 彭祖得之, 上及有虞, 下及五伯. 傅說得之, 以相武丁, 奄有天下, 乘東維, 騎箕尾, 而比於列星."

9) 『老子』 제21장: "窈兮冥兮, 其中有精. 其精甚眞, 其中有信."

10) 『老子』 제25장: "獨立而不改."

11) 『老子』 제25장: "先天地生."

12) 『老子』 제4장: "象帝之先."

제에 집중되어 있다. 이 때문에 그는 도와 사람 사이의 소통과 관계에 더욱 중점을 둔다. "그것은 전해 줄 수는 있지만 받을 수는 없고, 체득할 수는 있지만 볼 수는 없다"라는 말은 분명히 도와 인간의 관계에 착안한 것이다. 도는 결코 자기를 가둬 두지 않고, 그것은 경계나 막힘이 없다. 그래서 그것은 전달해 줄 수 있고, 사람은 그것을 획득할 수 있다. 그러나 이런 전달과 획득은 유형의 사물을 주고받은 것과 같지 않다. 나는 너에게 전달해 줄 수 있고, 너는 그에게 전달해 줄 수 있다. 어떤 사람에게 있어서든 도의 획득은 결코 다른 사람에 의존하는 것이 아니다. 이것은 정교한 기술과 같다. 비록 부자지간이라 하더라도 사적으로 주고받을 수 없는 것과 같다. 도를 얻으려고 하는 사람은 오직 자기의 노력에 의존할 수밖에 없다. 이 때문에 득도의 경험은 완전히 사적인 것이며, 다른 사람과 함께 누릴 수 없는 것이기도 하다. 동시에 그것의 용도 역시 사람에 따라 다르다.

이것은 장자가 도에 대해 서술한 뒤 득도자의 이름을 길게 열거한 이유일 것이다. 장자가 강조하려고 한 것은 도의 '스승'이라는 신분인데, '스승'이라는 신분의 확립은 제자의 존재에 의해 증명된다. 희위씨와 복희씨에서부터 팽조와 부열에 이르기까지, 이들은 도의 제자인 것이다. 도는 형체가 없는 것이고, 따라서 경계도 없다. 그의 제자들 역시 어떤 한 분야만을 고집하지 않는다. 도를 얻은 사람은 황제와 같이 하늘에 오를 수 있고, 서왕모와 같이 소광산에 머물러 살 수 있으며, 또 황하의 신인 풍이와 같이 큰 강에서 노닐 수 있고, 전욱과 같이 현궁에서 살 수도 있다. 도는 부열처럼 나라를 다스리는 데 쓸 수 있고, 팽조처럼 양생養生을 하는 데 쓸 수도 있다. 도는 위대하고 또 신비스럽다. 모든 사람이 다 그 속에서 자기가 필요로 하는 것을 찾을 수 있다. 그렇다면 장자는 도에서 무엇을 얻으려 했을까?

매우 간단하다. 장자는 참된 생활만을 원했다. 그는 사람에게 본래의 모습을 돌려줄 것을 원했지, 고쳐진 모습 혹은 왜곡된 모습을 원한 것은 아니었다. 그는 거짓이 가져오는 무거움을 싫어했다. 이 때문에 그는 진실에 수반되는 경쾌함을 갈망했다. 「대종사」는 처음부터 진인眞人을 부르는데, 진인은 진정한 사람이기도 하다.

> 어떤 사람을 진인이라고 하는가? 옛날의 진인은 사소한 것이라고 거절하지 않았고, 이룬 것을 뽐내지 않았고, 일을 꾸미지 않았다. 그와 같은 사람은 잘못한 것에 대해서 후회하지 않고, 잘한 것에 대해 자만하지 않는다. 그와 같은 사람은 높은 곳에 올라가도 두려워 떨지 않고, 물속에 들어가도 젖지 않고, 불 속에 들어가도 뜨겁지 않다. 지혜가 도에 능통한 자만이 이와 같은 것이다.[13]

정의 내리는 방식과 유사한 질문(어떤 것을 진인이라고 하는가?)에 대해 장자의 대답은 오히려 정의 내리는 방식과는 크게 거리가 있다. 그는 예를 들어 사소한 것을 대하더라도 거절하지 않았고, 성공한 것에 대해 뽐내지 않았고, 일을 꾸미지 않았다는 식으로 진인의 형상을 하나하나 그려 나갔다. 한 일이 잘되어도 우쭐대며 뽐내지 않고, 잘못되어도 후회하지 않는다. 높은 곳에 올라가도 두렵지 않고, 물에 들어가

13) 『莊子』「大宗師」: "何謂眞人. 古之眞人, 不逆寡, 不雄成, 不謨士. 若然者, 過而弗悔, 當而不自得也. 若然者, 登高不慄, 入水不濡, 入火不熱. 是知之能登假於道者也若此."

도 젖지 않으며, 불에 들어가도 뜨겁지 않다. 장자는 도대체 무엇을 말하려고 한 것일까? 내가 볼 때 난잡스럽게 보이는 이런 묘사는 바로 독자를 이끌어 배후에 있는 일관된 그 무엇을 생각하도록 하려는 것이다. 이 일관된 것은 두 가지 측면에서 파악할 수 있다. 한 측면에서 보면 그것은 도에 이르는 것, 즉 도의 경지에 도달하는 것으로, 여기서 말한 "지혜가 도에 능통한 자"이기도 한 것이다. 다른 한 측면에서 보면 천진한 생명과 생활이다. 뒤의 것은 밖으로 표현되는 것으로, 볼 수도 있고 이 때문에 묘사할 수도 있다. 앞의 것은 속으로 체현되는 것으로, 참된 생명과 생활의 버팀목이 된다.

장자가 말했듯이 진인의 생활은 결코 계산적이지 않고 무심하다. 이것은 일종의 하늘에 따르는 것이고 자연에 따르는 생활이기도 한 것이다. 일반적인 사람들은 많고 적음과 성패 등을 따지고 그에 따라 서로 다른 태도를 취할 것이다. 그러나 진인은 그렇지 못하다. 왜냐하면 진인의 생활은 많고 적음이나 성패와는 아무 관계가 없기 때문이다. 「제물론」에서 "그는 잠들었을 때는 혼들이 뒤섞여 꿈을 꾸고 깨어 있을 때는 몸의 감각이 열려 사물과 접촉한다"라고 묘사한 세속의 사람을 생각해 보고, 다시 여기의 진인을 보자. 그 둘 사이의 구별은 정말로 거리로써 계산할 수 없다.

옛날의 진인은 잠이 들면 꿈을 꾸지 않았고, 깨어 있을 때는 근심을 하지 않았다. 그가 먹는 것은 맛있지 않았고, 그가 숨 쉬는 것은 깊고 깊었다. 진인은 발뒤꿈치로 숨을 쉬고, 보통 사람들은 목구멍으로 숨을 쉰다. 몸을 굽힌 사람은 목이 막혀 말을 토하듯이 한다. 탐욕이 심한 사람은 천기天機가 엷다. 옛날의 진인은 사는 것을 좋아할 줄도 몰랐고, 죽는 것을 싫어할 줄도 몰랐다. 이 세상에 나오는 것을 기뻐하지 않았고 다른 세상으로 들어가는 것을 거부하지도 않았다. 무심히 왔다가 무심히 갈 뿐이었다. 시작된 곳을 잊지 않고 끝나는 곳을 알려고 하지 않았다. 생명을 받아 태어나서는 즐겁게 살다가 때가 되어서는 잊고 원래의 상태로 되돌아갔는데, 이것을 마음으로써 도를 손상시키지 않는 것이라고 하고, 인위를 자연에 덧붙이지 않는 것이라고 한다. 이런 사람을 진인이라고 한다.[14]

앞의 "잠들었을 때는 혼들이 뒤섞여 꿈을 꾸고 깨어 있을 때는 몸의 감각이 열려 사물과 접촉한다"라는 것은 불안하지만, "잠이 들면 꿈을 꾸지 않았고, 깨어 있을 때는 근심을 하지 않았다"라는 것은 가볍고 편안하다. 이것은 본질이 다른 두 종류의 생활이다. 혼들이 뒤섞이는 것과 몸의 감각이 열리는 것은 그가 성심成心으로 사물을 좇기 때문이다. 꿈을 꾸지 않는 것과 근심이 없는 것은 그가 무심無心으로 변화에 따르기 때문이다. 진인에게서 우리는 여러 가지 맛있는 것과 같은 것을 추구하는 탐욕을 발견할 수 없다. 그에게서 느낄 수 있는 것은 오직 실재적인 생명과 천기天機뿐이다. 진인의 천기는 깊고 깊어서 발뒤꿈치에까지 이를 수 있다. 보통 사람들의 천기는 아주 얕다. 목구멍쯤에나 이를 것이다. 그리고 목구멍 아래로는 온통 탐욕으로 가득 차 있다. 진인은 삶과 죽음은 사계가 번갈아 바뀌는 것과 같이 자연스러운 것임을

14) 『莊子』 「大宗師」: "古之眞人, 其寢不夢, 其覺無憂, 其食不甘, 其息深深. 眞人之息以踵, 衆人之息以喉, 屈服者, 其嗌言若哇. 其耆欲深者, 其天機淺. 古之眞人, 不知說生, 不知惡死. 其出不訢, 其入不距. 翛然而往, 翛然而來而已矣. 不忘其所始, 不求其所終. 受而喜之, 忘而復之, 是之謂不以心捐道, 不以人助天. 是之謂眞人."

안다. 그래서 사는 것을 기꺼워하지 않고 죽는 것을 싫어하지도 않는다. 나오게 되면 나오는 것이고, 들어가게 되면 들어가는 것이다. 가게 되면 가는 것이고, 오게 되면 오는 것이다. 모두 자연에 맡기고 털끝만큼의 인력도 용납하지 않는다.

물론 인력이 불필요하다는 것이 아니고, 혹은 장자의 생활 속에서 인력이 아무런 위치도 차지하지 못했다는 것이 아니다. 인력의 위치는 반드시 자연과 인간에 대한 분명한 앎이라는 전제 아래서만 적절한 자리를 얻을 수 있는 것이다. 우리는 반드시 하늘이 하는 것이 무엇이고, 사람이 하는 것이 무엇인지를 알아야만 비로소 사람이 어떤 일을 할 수 있는지, 어떤 일을 해서는 안 되는지 알 수 있는 것이다. 이것이 이른바 진지眞知이고, 또 진정한 지식인 것이다. 그 밖의 지식은 모두 이것과 함께 언급할 만한 가치가 없다. 장자는 다음과 같이 말한다.

> 하늘이 하는 것을 알고, 사람이 하는 것을 아는 사람은 최고이다. 하늘이 하는 것을 아는 사람은 자연 그대로 살아간다. 사람이 하는 것을 아는 사람은 자기의 지력으로 알 수 있는 것을 가지고 자기의 지력으로는 알 수 없는 부분을 수양하여, 타고난 자연적 수명을 다하고 중도에 요절하지 않는데, 이것이 지식의 지극함이다.[15]

진정한 지식은 다른 것이 아니라 생에 대한 이해인 것이다. 이런 이

15) 『莊子』「大宗師」: "知天之所爲, 知人之所爲者, 至矣. 知天之所爲者, 天而生也. 知人之所爲者, 以其知之所知, 以養其知之所不知, 終其天年而不中道夭者, 是知之盛也."

해는 생명의 구체적인 구조를 명백하게 이해하는 것이 아니다. 그것은 생물학과 의학에서 할 일이다. 장자가 추궁하는 것은 생명의 진정한 연원인데, 이 연원은 동시에 생명의 근거이기도 하다. 이렇게 추궁해 나가면 우리는 하늘을 만나게 된다. "하늘이 하는 일을 아는 사람은 자연 그대로 살아간다"라는 구절의 진정한 의미는 하늘에 의해 사람이 생겼고 생명이 생겼다는 심오한 비밀을 실토한 데 있다. 사람은 본래 하늘의 산물이다. 이 때문에 어떤 의미에서는 사람이 바로 하늘이다. 하늘은 또 이치상 당연히 사람의 '조상宗'이 된다. 여기서 우리는 편명이 된 '대종사'라는 말의 '종宗'자의 귀결을 알 수 있다. 원래 그것이 가리키는 것은 하늘이며, '스승師'으로서의 도와는 다르다. "그(사람)는 유달리 하늘을 아버지로 여기고 종신토록 그것을 사랑한다"[16]라는 구절에서는 하늘이 '조상宗'의 신분이 된다는 것을 직접 실토했다. 그리고 「천하」에서도 다음과 같이 분명히 말한다.

> 조상으로부터 떨어져 나오지 않는 것을 천인天人이라고 한다. 정기로부터 떨어져 나오지 않는 것을 신인神人이라고 한다. 참된 상태로부터 떨어져 나오지 않는 것을 지인至人이라고 한다. 하늘을 조상宗으로 삼고, 덕을 근본本으로 삼고 도를 근원門으로 삼고 변화를 예견하는 것을 성인聖人이라고 한다.[17]

16) 『莊子』「大宗師」: "彼特以天爲父, 而身猶愛之."

17) 『莊子』「大宗師」: "不離於宗, 謂之天人. 不離於精, 謂之神人. 不離於眞, 謂之至人. 以天爲宗, 以德爲本, 以道爲門, 兆於變化, 謂之聖人."

"조상으로부터 떨어져 나오지 않는 것을 천인天人이라고 한다"와 "하늘을 조상宗으로 삼고" 등의 말은 분명히 하늘과 조상이 동일한 관계임을 보여 주고 있다. 이것은 「대종사」의 이해와 일맥상통하는 것이다. 하늘을 조상으로 삼는다는 말의 의미는 생명에 대해 인간 세상을 초월할 수 있는 근거를 찾아 주고, 따라서 사람에게 이 세계를 초월할 수 있는 가능성을 제공한다는 데 있다. 사람이 하늘로 돌아가는 것은 집으로 돌아가는 것일 뿐이고, 뿌리로 돌아가고 하늘을 본받는 생활이야말로 사람이 마땅히 해야 할 참된 생활이고, 또 그러한 것이야말로 참된 인력의 체현인 것이다.

인의와 좌망

장자에게 있어 참眞은 항상 하늘과 관련되어 있다. "하늘을 본받고 참을 귀하게 여긴다"[18]라는 말은 비록 내편에 있는 말은 아니지만 여전히 장자 사상의 표현으로 볼 수 있다. 이 때문에 진인이나 「천하」에서 말한 천인天人이나 조상으로부터 떨어져 나오지 않은 사람인 것이다. 조상으로부터 떨어져 나온 사람의 행위는 어떠할까? 외재적인 명예와 이익을 추구할까, 아니면 인의仁義나 시비是非 등에 휘말려 들까? 모두 아닐 것이다. 그것들은 모두 성심이 만들어 낸 것들이고, 심기心機의 표현이다. 참된 생명과 천기 속에는 이런 내용이 원래 포함되어

18) 『莊子』 「漁父」: "法天貴眞."

있지 않다. 여기서 장자는 생명을 극단적으로 중시하는 태도를 표명한다. 선과 악에 관한 지식, 시비에 관한 지식, 외적 대상에 대한 지식 등 이른바 지식이라는 것이 있지만, 장자가 볼 때 이런 것들은 참된 지식이 아니다. 참된 지식과 진인은 관련이 있다. 진인이 있고난 다음에 참된 지식이 있는 것이다. 참된 지식은 하늘에 관한 것이고, 따라서 하늘에 의해 생명을 갖게 된 것들에 관한 것이기도 하다. "사람이 할 일을 아는 사람은 자기의 지력으로 알 수 있는 것을 가지고 자기의 지력으로는 알 수 없는 부분을 수양하여, 타고난 자연적 수명을 다하고 중도에 요절하지 않는데, 이것이 지식의 지극함이다." 여기서 사람이 할 일의 핵심은 타고난 자연적 수명을 다하고 중도에 요절하지 않는 것이다. 지식 역시 이 점과 관련된 것들이어야 한다. 바꿔 말하면 지식은 생명과 관련된 것들이어야 한다. 타고난 자연적 수명을 다하는 것은 한 개인의 생명을 완성하는 것일 뿐만 아니라 하늘을 섬기는事天 행위이기도 한 것이다. 왜냐하면 수명年은 하늘에 속하는 것이고, 그것이 비록 사람과 함께 얽혀 있기는 하지만 사람과는 관련이 없다. 그래서 '자연적 수명天年' 이라고 부르는 것이다.

'자연적 수명' 이라는 말은 하늘과 사람 사이의 복잡한 갈등을 충분히 드러내고 있다. 확실히 유가, 예를 들어 맹자가 인의예지 등을 인간의 본성이라고 할 때 그는 이들 도덕 및 가치와 관련된 것들을 '하늘' 이라고 보았다. '하늘' 이란 곧 그것이 내가 원래부터 가지고 있던 것이지 외부에서 온 것이 아니라는 것을 의미한다. 그래서 맹자는 "자기의 마음을 다하는 사람은 자기의 본성을 안다. 자기의 본성을 아는 사람은 하늘을 안다"[19]라고 말했다. 이 때문에 인의예지 등의 실천이나 마음의 확충 역시 하늘에 대한 파괴가 아니라, 반대로 하늘과 합일하고 하늘을 섬기는 행위인 것이다. 장자는 물론 이 점에 대해 찬성하지 않을 것이다. 그가 말하는 진인은 "마음으로써 도를 덜어 내지 않고, 인위를 자연에 덧붙이지 않는" 사람인데, 맹자는 바로 마음으로써 도를 덜어 내고, 인위로써 자연에 보태는 전형인 것이다. 장자로서는 마음이 텅 비어 있을 때 도와 좀 더 가까워질 수 있고 하늘과 좀 더 합일될 수 있다. 이것은 「인간세」에서 '심재'를 말할 때 알 수 있었다. 그러나 맹자의 경우는 하늘에 도달하기 위해 마음을 다하고, 가능한 한 최대한 자기의 마음을 확충하지 않으면 안 된다. 장자와 맹자는 한쪽은 비우고 다른 한쪽은 담으며, 한쪽은 잊고 다른 한쪽은 채우는 것으로 두 가지 다른 방식의 생각을 잘 표현하고 있다.

그런데 그중 어느 것이 참된 하늘일까? 이것은 확실히 판별하기 어렵다. 장자가 "내가 말하는 하늘이 사람이 아님을 어떻게 알겠으며, 내가 말하는 사람이 하늘이 아님을 어떻게 알겠는가?"라고 추궁한 것처럼 하늘과 사람 사이의 구별은 우리가 자연계와 인간을 구분하듯 그렇게 간단한 것이 아니다. 그러한 구별은 바로 '사람' 속에서 진행된다는 데 난점이 있다. 현실 속의 사람은 하늘의 한 측면을 표현하면서 동시에 사람의 한 측면을 실천하고 있는 것이다. 그는 하늘과 사람이 뒤엉켜 있는 복합체이다. 우리는 구별을 해야 한다. 장자만이 그것을 구별하려 했던 것이 아니라 유가도 구별하고 있다. 맹자 속의 성性과 명命의 구별 및 나중에 분명해진 천리와 인욕의 구별이 바로 이런 유의 구별 아닌가? 그러나 이 구별은 그런 구별이 아니다. 맹자가 하늘이라

---

19) 『孟子』「盡心上」: "盡其心者, 知其性也. 知其性, 則知天矣."

고 생각한 것을 장자는 사람이라고 했다. 그 반대도 역시 같다. 예를 들어 인의예지에 대해 맹자는 당연히 그것을 천성이라고 생각했지만, 장자는 "마음으로써 도를 덜어 내고, 인위를 자연에 덧붙이는" 것으로 참된 인성을 해치는 것이라고 생각했다. 여기서 장자는 인간 세상의 형벌인 경黥(얼굴에 문신을 새기는 형벌)과 의劓(코를 베는 형벌)라는 두 글자를 사용하여 인의仁義 등이 사람의 자연 상태를 파괴한다는 것을 표현했다.

의이자가 허유를 만났는데, 허유가 물었다. "요는 너에게 무엇을 가르쳐 주더냐?" 의이자가 대답했다. "요께서는 저에게 '너는 반드시 인과 의를 몸소 실천하고 시비를 분명히 말하라'라고 했습니다." 허유가 말했다. "너는 여기에 무엇 하러 왔느냐? 요가 이미 너에게 인과 의로써 묵형을 주었고, 너에게 시비로써 의형을 내렸는데, 네가 어떻게 자유분방하고 변화무쌍한 도의 길에서 노닐 수 있겠느냐?" 의이자가 말했다. "그렇기는 하지만, 저는 그 근처에서나마 노닐기를 원합니다." 허유가 말했다. "안 된다. 맹인은 예쁘고 아름다운 얼굴에 관여할 수 없고, 소경은 찬란한 색깔과 무늬에 참견할 수 없다." 의이자가 말했다. "무장無莊이 자신의 아름다움을 잊고, 거량據梁이 자신의 힘을 잊고 황제가 자신의 지력을 잊는 것은 모두 조물주의 제련에 의해서 그렇게 된 것일 뿐입니다. 조물주가 저의 묵형을 없애고 저의 의형 자국을 메워 주어 제가 온전한 몸으로 선생님을 따르게 하지 않을 것이라는 점을 어떻게 알겠습니까?" 허유가 말했다. "아, 알 수 없지. 나의 스승이여, 나의 스승이여. 만물을 조화롭게 하면서도 의義라고 여기지 않고, 은택을 만대에까지 미치면서도 인仁이라고 여기지 않고, 태고보다 어른이면서도 늙었다고 여기지 않고, 하늘과 땅을 감싸 안고 뭇 형체 있는 것들을 조각해 내는데도 재주 있다고 여기지 않는다. 이것이 바로 유유자적의 경지이다."[20]

이 우화는 요임금의 이름에 의탁하고 있는데, 대단히 적절하고 자연스럽다. 그는 바로 유가에서 말하는 성인의 상징이고 인의를 만들어 낸 사람이기 때문이다. 동시에 의이자와 허유라는 이름은 독자들의 상상력을 자극할 수도 있다. '의意'는 항상 마음 및 어떤 조작 등과 관련이 있고, '유由'는 무심하게 사물을 따르는 것이다. 무심한 허유가 볼 때 요임금이 의이자에게 가르쳐 준 인의와 시비의 마음은 마치 경형黥刑이나 의형劓刑과 같이 사람이 마음에 억지로 찍은 낙인이다. 이런 낙인이 찍혀 있는 마음은 조화의 길에서 마음대로 노닐 수 없게 한다. 우리가 구분하려 하고 구별하려 하면 마음은 인仁과 의義, 옳음是과 그름非, 저것彼과 이것此 등을 구분하기에 바빠져서 편안하게 쉴 수 없다. 여기서 장자가 사용한 "자유분방하고 변화무쌍한 도의 길"이라는 말은 한편으로는 조화의 신비스럽고 예측할 수 없음을 표현하고 있고, 다른 한편으로는 조화 속에서 유유자적하게 노니는 것을 강조하고 있는 것이다. 이 "자유분방하고 변화무쌍한 도의 길"은 인의와 시비 등

20) 『莊子』「大宗師」: "意而子見許由. 許由曰, 堯何以資汝. 意而子曰, 堯謂我, 汝必躬服仁義而明言是非. 許由曰, 而奚來爲軹. 夫堯旣已黥汝以仁義, 而劓汝以是非矣, 汝將何以遊夫遙蕩恣睢轉徙之塗乎. 意而子曰, 雖然, 吾願遊於其藩. 許由曰, 不然. 夫盲者無以與乎眉目顏色之好, 瞽者無以與乎青黃黼黻之觀. 意而子曰, 夫無莊之失其美, 據梁之失其力, 黃帝之亡其知, 皆在鑪捶之間耳. 庸詎知夫造物者之不息我黥而補我劓, 使我乘成以隨先生邪. 許由曰, 噫. 未可知也. 我爲汝言其大略. 吾師乎. 吾師乎. 韲萬物而不爲義, 澤及萬世而不爲仁, 長於上古而不爲老, 覆載天地刻彫衆形而不爲巧. 此所遊已."

의 규범을 고집하는 자들은 상상할 수도 없는 것이다. 그들은 천성에서 나온 것이 아닌 어떤 규범 속에서 생활하면서 스스로 한계를 그어 그 속에 가두고, 스스로 자신을 묶어 버리기 때문에 세계의 풍부함과 다채로움, 웅장한 아름다움 등을 감상하지 못한다. 이런 점에서 그들은 맹인이나 소경과 같다. 보통의 맹인이나 소경은 눈동자나 귀 때문에 그렇게 된 것이지만,[21] 그들은 마음 때문에 그렇게 된 것이다.

인의예지仁義禮智가 천성이라는 것을 부인한다고 해서 그것이 결코 어떤 도덕적 정서나 가치를 완전히 부정하는 것을 의미하지 않는다는 데 주의해야 한다. 이는 노자도 마찬가지다. 노자는 한편으로는 "천지는 인자하지 않아서 만물을 개허수아비[22]로 여긴다. 성인은 인자하지 않아서 백성을 개허수아비로 여긴다."[23] "대도가 없어진 것은 인의가 있기 때문이다. 지혜로운 사람이 있는 것은 큰 거짓이 있기 때문이다. 육친六親이 불화하는 것은 효도하고 인자한 사람이 있기 때문이다. 국가가 혼란한 것은 충신이 있기 때문이다."[24] 노자는 "성인을 끊고 지혜를 버리면 백성의 이익이 백 배가 될 것이다. 인을 끊고 의를 버리면 백성들은 다시 효도하고 인자하게 될 것이다. 기교를 끊고 이익을 버리면 도적이 없어질 것이다"[25] 등을 공언하면서도 다른 한편에서는 충신忠信과 참된 효자孝慈에 대해 외치고 있다. 이 점에 있어서 장자는 노

---

21) 옮긴이: 위의 『장자』 원문에서 눈이 안 보이는 사람을 '盲者', '瞽者'로 표현하고 있다. 이 두 가지는 모두 장님을 가리키는 말인데 굳이 구별하자면, '盲'은 눈동자가 없는 사람을, '瞽'는 시력을 잃은 사람을 표현하는 말이다. 『장자』 원문은 이런 차이를 의식하고 쓴 것이 아닌 것으로 보여 우리말로 번역할 때 의미는 갖지만 다른 말인 '맹인'과 '소경'으로 각각 번역했다. 그런데, 이 책의 저자는 전자를 맹인, 후자를 귀머거리聾者로 착각한 것 같다.

자와 같다. 그들은 모두 참된 것, 거짓이 아닌 것을 외친다. 노자에게는 소박素朴이 그것이고, 장자에게는 바로 하늘이 그것이다. 참된 것은 하늘이고, 그것은 참으로 사람에게 속하는 것이기도 하며, 사람이 사람 되는 근거인 것이다. '참' 속에서 하늘과 사람은 결합하여 일체가 된다. 장자는 이런 기초 위에서 성인 등에 대해 다시 정의한다.

> 그러므로 의식적으로 사물과 통하는 것을 즐기는 자는 성인이 아니다. 의식적으로 친애하는 것은 인자함이 아니다. 의식적으로 천시天時와 부합하기를 추구하는 자는 현인이 아니다. 이로운 것과 해로운 것을 한가지로 보

---

22) 옮긴이: 개허수아비는 제사 때 쓰는 풀로 만든 개 모양의 허수아비를 뜻하는 것으로, 제사에 올려지기 전에는 여러 가지 장식을 곁들여 조심스럽게 다루었다가 일단 제사가 끝나면 길가에 내다버리는 것이다.(김갑수, 『장자와 문명』, 논형, 248쪽 참조) 개허수아비에 대한 이런 풀이는 『장자』 「천운」의 다음과 같은 문장에 따른 것이다. "개허수아비를 올려놓기 전에는 대나무 상자에 잘 담은 뒤 수놓은 고운 수건으로 싸 놓았다가, 축관祝官이 재계하고 그것을 제사상에 올려놓는다. 개허수아비가 제사상에 한 번 올려지고 나면(내다 버려져) 길가는 사람은 그 머리나 등을 밟고 지나가고 나무꾼은 그것을 가져다가 땔감으로 쓸 뿐이다. 만약 그것을 다시 가져다가 대나무 상자에 잘 담은 뒤 수놓은 고운 수건으로 싸놓고서 그 근처를 떠나지 못하다가 잠이 들면 그 사람은 악몽을 꾸거나 아니면 자주 가위 눌릴 것이다. 지금 너(안회)의 선생(공자) 역시 선왕들이 제사상에 이미 한 번 올려놓았다가 내다버린 개허수아비를 주워 제자들을 끌어 모으고 그 근처를 떠나지 못하다가 잠이 든 것과 같다(夫芻狗之未陳也, 盛以篋衍, 巾以文繡, 尸祝齊戒以將之. 及其已陳也, 行者踐其首脊, 蘇者取而爨之而已. 將復取而盛以篋衍, 巾以文繡, 遊居寢臥其下, 彼不得夢, 必且數眯焉. 今而夫子, 亦取先王已陳芻狗, 聚弟子游居寢臥其下)."

23) 『老子』 제5장: "天地不仁, 以萬物爲芻狗. 聖人不仁, 以百姓爲芻狗."

24) 『老子』 제18장: "大道廢, 有仁義. 智慧出, 有大僞. 六親不和, 有孝慈. 國家昏亂, 有忠臣."

25) 『老子』 제19장: "絶聖棄智, 民利百倍. 絶仁棄義, 民復孝慈. 絶巧棄利, 盜賊無有."

지 못하면 군자가 아니다. 명성을 추구하다가 자기의 본성을 잃는 자는 선비가 아니다. 몸을 잃고 참되지 못한 자는 남을 부리는 사람이 아니다.[26]

이러한 정의는 모두 바로 유가에 대한 것이라고 볼 수 있다. 유가에서 말하는 성인은 마음으로 만물에 통하는 사람을 가리킨다. 이 때문에 상하와 천지가 함께하는 '즐거움樂'의 감각을 획득할 수 있는 사람이다. 맹자가 "만물은 모두 나에게 구비되어 있으니, 자신을 돌아보아 성실하면 즐거움이 이보다 더 큰 것이 없다"[27]라고 말한 것과 같다. 그러나 장자가 볼 때 이런 즐거움은 여전히 내가 있고 내 마음이 있다는 것을 전제로 한 것이다. 성인은 마땅히 "마음은 흐트러짐이 없고, 용모는 흔들림이 없으며, 이마는 시원하게 넓다. 가을처럼 싸늘하고, 봄처럼 따스하며, 기뻐하는 것과 화내는 것이 사시의 변화처럼 자연스럽고, 사물과 아주 잘 어울려 그 끝을 알 수 없는"[28] 자여야 하고, 무심하게 사물을 따르는 자여야 한다. 싸늘하기도 하면서 따스하기도 하며, 기뻐할 수도 있으면서 화낼 수도 있다. 그러나 이런 여러 가지 감정 혹은 정서는 모두 가지고 있는 마음有心에서 나온 것이 아니라 사물을 통해 느낀 다음 자연스럽게 발생하는 것이다. 그래서 "의식적으로 사물과 통하는 것을 즐기는 자는 성인이 아니다"라고 한 것이다. 그와 같이

---

26) 『莊子』「大宗師」: "故樂通物, 非聖人也. 有親, 非仁也. 天時, 非賢也. 利害不通, 非君子也. 行名失己, 非士也. 亡身不眞, 非役人也."

27) 『孟子』「盡心上」: "萬物皆備於我矣. 反身而誠, 樂莫大焉."

28) 『莊子』「大宗師」: "其心志, 其容寂, 其顙頯. 凄然似秋, 煖然似春, 喜怒通四時, 與物有宜而莫知其極."

인仁이라는 것도 이른바 제 부모에 대해 친애하는 것이어서는 안 되며, 군자도 이른바 이로운 것과 해로운 것을 한가지로 보지 못하는 자가 아니고, 선비 역시 이름을 위해 자기를 잃어버리는 자가 아니며, 남을 다스리는 사람도 몸을 온전히 하고 자신의 참 모습을 보전하지 못하는 자가 아니다. 유가의 신봉자는 도덕적 가치를 널리 선양하는 동시에 참된 자기를 잃어버리고, 따라서 모든 사람으로 하여금 '참을 잃은' 상태에 처하게 한다. 그들이 말하는 성인 혹은 현인, 예를 들면 백이伯夷 · 숙제叔齊 · 기자箕子 등을 보면 그들은 이른바 의를 위하여 자신의 생명을 왜곡하거나 잃어버렸다. 장자가 볼 때 이들은 모두 "남이 해야 할 일에 애쓰고 남을 즐겁게 하는 것을 즐기면서, 자신을 위한 즐거움은 즐기지 못한 사람들이다."[29] 그들은 모두 자기 자신을 위해 생활한 사람이 아니라 어떤 허망한 명예를 위해 살았다. 이 때문에 몸(생명)은 몸 밖에 있는 것의 도구로 바뀌고, 참된 생명은 도덕이나 가치 등과 관련이 있는 일련의 '이름' 속에 매몰되어 버렸다.

인간 세상 속의 사람은 모두 이미 울타리 속으로 들어가 있고, 족쇄가 채워진 사람들이다. 이 족쇄가 욕망이든 공리든 혹은 인의든 상관없다. 공리를 축두하는 자는 단순히 욕망만을 추구하는 자를 멸시하기 마련이고, 인의를 추구하는 자도 단순히 공리만을 추구하는 자를 멸시하기 마련인데, 그렇다면 도를 추구하는 자는 어떨까? 도를 추구하는 자는 아무것도 요구하지 않는다. 그는 다만 자연의 조화 속에서 무심히 변화에 맡기고 자기의 생명을 안돈하기를 바랄 뿐이다. 그는 무슨

---

29) 『莊子』 「大宗師」: "是役人之役, 適人之適, 而不自適其適者也."

인의라든가 시비 같은 것을 원하지 않는다. 그는 요堯를 찬미하거나 걸桀을 비판하려고 하지 않는다. 그는 거품을 내서 서로 적셔 주거나 서로 입김을 불어 상대방을 적셔 주는 생활을 좋아하지 않는다. 그것은 너무 암울하기 때문이다. 만약 그에게 선택하라고 한다면 그는 강이나 호수에서 상대방을 잊는 쪽을 선택할 것이다.[30]

이미 족쇄가 채워진 사람이 이런 족쇄를 벗어 버릴 수 없는 것일까? 물론 벗어 버릴 수 있다. 자연의 조화는 신기한 것이다. 바로 의이자가 말한 것처럼 자연의 조화가 나의 그 낙인을 쓰다듬어 평평하게 만들어 주지 않는다고 우리가 어떻게 장담하겠는가? 무장이 자기의 아름다움을 잊고, 거량이 자기의 힘을 잊고, 황제가 자기의 지력을 잊었다면 나도 인의와 시비의 마음을 없애 버릴 수 있을 것이다. 그러나 이것은 마음대로 바로 완성될 수 있는 것이 아니다. 그것은 용광로의 불에 녹여지고 단련되는 과정이 필요하다. 단련되는 과정에서 붙어 있던 것들이 모두 떨어져 나가고 오직 참된 인심人心과 인성人性만이 남는다. 이 떨구는 과정을 장자는 '잊음忘'의 과정이라고 불렀다.

> 안회가 말했다. "저는 좀 진전이 있었습니다." 공자가 물었다. "무슨 뜻이냐?" "저는 인의仁義를 잊었습니다." "좋다. 그러나 아직 부족하다." 다음

30) 옮긴이: 『장자』「대종사」의 "샘물이 마르면 물고기들은 땅 위에 남겨져 서로 입김을 불어 상대방을 적셔 주고, 서로 거품을 내서 상대방을 적셔 주는데, 이는 강이나 호수에서 상대방을 잊는 것만 못하다. 요를 찬양하고 걸을 비난하기보다는 두 가지를 다 잊고, 도에 따라 변화하는 것만 못하다(泉涸, 魚相與處於陸, 相呴以濕, 相濡以沫, 不如相忘於江湖. 與其譽堯而非桀也, 不如兩忘而化其道)"라는 구절을 염두에 두고 쓴 표현이다.

에 다시 만나 말했다. "저는 좀 진전이 있었습니다." "무슨 뜻이냐?" "저는 예악禮樂을 잊었습니다." "좋다. 그러나 아직 부족하다." 다음에 다시 만나 말했다. "저는 좀 나아졌습니다." "무슨 뜻이냐?" "저는 좌망坐忘할 수 있습니다." 중니가 깜짝 놀라서 물었다. "좌망이라는 것이 뭐냐?" 안회가 설명했다. "몸을 잊고, 지혜를 잊습니다. 몸을 떠나고 지혜에서 떠나면 대통大通과 하나가 되는데, 이것을 좌망이라고 합니다." 중니가 말했다. "하나가 되면 호오의 감정이 없어지고, 도道와 함께 변화하면 집착이 없어질 것이다. 너는 정말 똑똑하구나. 나도 너의 뒤를 따라가야겠다."[31]

안회와 중니를 우화의 주인공으로 삼았고 또 유가의 사상을 부정한 것으로 보아 「인간세」에서 써먹었던 뻔한 수법을 그대로 사용한 것이다. 이 우화의 핵심은 분명히 '망忘(잊음)'이라는 한 글자이다. '인의를 잊은' 데서부터 '예악을 잊은' 데까지, 그리고 '좌망'에 이르기까지 한 단계씩 올라가고 한 걸음씩 깊이 들어간다. 만약 인의를 잊고 예악을 잊는 것들이 모두 어떤 구체적인 것에 대해 잊어버리는 것을 말한다면, 위에서 말한 좌망은(에서는) 바로 자기를 잊어버리는 것, 자기의 사지를 잊어버리고, 자기의 총명을 잊어버리고 몸은 마치 마른 나무와 같고, 마음은 마치 불 꺼진 재와 같은 상태에 도달하는 것이다. 이것은 바로 인의를 잊는 것이나 예악을 잊는 것보다 좌망이 더 높은 이유인

31) 『莊子』「大宗師」: "顏回曰, 回益矣. 仲尼曰, 何謂也. 曰, 回忘仁義矣. 曰, 可矣, 猶未也. 他日, 復見, 曰, 回益矣. 曰, 何謂也. 曰, 回忘禮樂矣. 曰, 可矣, 猶未也. 他日, 復見, 曰, 回益矣. 曰, 何謂也. 曰, 回坐忘矣. 仲尼蹴然曰, 何謂坐忘. 顏回曰, 墮肢體, 黜聰明, 離形去知, 同於大通, 此謂坐忘. 仲尼曰, 同則無好也, 化則無常也. 而果其賢乎. 丘也請從而後也."

것이다. 잊음의 목적 혹은 그 의의는 무엇일까? 간단히 말하면 내 몸에 억지로 가해진 여러 가지 제약으로부터 벗어나 진실한 상태로 돌아가 조화造化의 길목에서 유유자적하는 것이다. 인의가 있다면 인의가 바로 굴레가 되고, 예악이 있다면 예악이 바로 질곡을 형성할 것이다. 지금 인의와 예악이 사라지고 자기 자신도 사라지고 모든 거추장스러운 것들과 모든 제약이 더 이상 존재하지 않는다면, 바로 이 지점에서 "대통大通과 하나가 되는" 경지에 이를 수 있다. 대통이라는 것은 별 게 아니다. 그것은 바로 아무런 제약이 없는 조화의 길목이고, 또 도道이기도 한 것이다. 「제물론」에서 "그러므로 이 때문에 풀줄기와 기둥, 문둥이와 서시, 엉뚱하고 이상한 것들이 모두 도에서는 하나로 통한다"[32] 라고 말한 것과 같이, 도는 바로 모든 사물을 통하게 하는 것이다. 대통의 상태에서 우리는 좋은 것도 없고 싫은 것도 없으며, 옳은 것도 없고 그른 것도 없게 된다. 모든 것은 바뀌어 가는 과정 속에 있고 고정된 한계란 없다. 그것은 장주의 호접몽에서 말한 물화와 같다. 우리가 해야 할 것은 바로 무심하게 변화에 내맡기는 것이다.

통通에는 두 가지 요소가 있는데 항상 주의가 요구된다. 먼저 비우는 것虛이다. 비어 있어야 통하게 되지만, 차 있으면 불가능하다. '차 있다'는 것은 일정한 공간을 차지하고 있음을 의미하는데 이는 바로 장애물이 될 수 있다. 혹은 우리의 마음에 일정한 주관이 있고 옳고 그름과 좋아하고 싫어하는 것이 있음을 의미한다. 마왕퇴 백서 「도원」에서 크게 비운 다음에야 "천지의 정수에 통한다通天地之精"라고 말한 것

32) 『莊子』「齊物論」: "故爲是擧莛與楹, 厲與西施, 恢詭憰怪, 道通爲一."

과 『관자』「심술상」에서 강조한 "하늘의 도는 비어 있고 형체가 없다. 비어 있으면 무너지지 않고, 형체가 없으면 저촉될 것이 없다. 그러므로 만물에 두루 유통되어도 변함이 없다"[33]라는 말 등은 바로 비어 있는 것과 통하는 것의 관계를 말하고 있는 것이다. 비어 있는 상태로 세상을 대하는 것은 바로 포정이 소를 잡을 때 "두께가 없는 것을 두께 있는 곳에 집어넣으면" 칼을 놀리는 데 널찍하게 여유가 있다고 한 것과 같다. 두 번째로는 변화하는 것化이다. 「계사전」에서 "변하면 통한다變則通"라고 말한 데서 암시한 것과 같이 통은 변화를 의미하고 변화의 흐름을 의미한다. 변화하는 것 외에 고정되어 있거나 영원한 것은 아무것도 없다.

이것은 「천하」에서 장자의 사상을 다음과 같이 개괄한 것을 생각나게 한다. "잠잠하고 형체도 없는 것이 변화하여 가만 있지 않는다. 죽음과 삶은 천지와 나란히 함께하고, 신명과 함께 변해 간다. 어디로 가는지 까마득하고, 어디서 왔는지 쏜살 같은데, 만물을 모두 그 속에 포괄하고 있어도 되돌아갈 만한 곳이 없다."[34] 적막하고 형체도 없는 것은 비어 있음虛을 말하는 것이고, 변화하여 가만 있지 않는 것은 변화化를 말한다. 그리고 "죽음이든 삶이든" 이후로는 변화에 대해 묘사한 것이다. 이런 개괄이 누구의 손에 의해 쓰였는지 상관 없이 그것은 모

---

33) 『管子』「心術上」: "天之道, 虛其無形. 虛則不屈, 無形則無所位迕, (無所位迕), 故遍流萬物而不變." * 옮긴이: 현행본 『관자』에는 괄호 속의 네 글자가 더 있지만 이 책의 저자가 인용한 부분에서는 빠져 있다. 네 글자가 없는 쪽이 더 순조로워 보인다. 저자가 의도적으로 뺐을 수도 있기 때문에 번역문에서는 네 글자에 대한 번역을 생략했다.

34) 『莊子』「天地」: "寂漠無形, 變化無常, 死與生與, 天地丙並與, 神明往與. 芒乎何之, 忽乎何適, 萬物畢羅, 莫足以歸."

두 매우 정확하고 적절한 것이다. 그러나 똑같이 변화를 느끼고 있던 『주역』의 해석자들과는 달랐다. 그는 그들과 같은 믿음, 즉 변화에는 어떤 조리條理가 있어서 따를 수 있다는 믿음이 없었다. 『주역』에는 "오직 변화에 따른다唯變所適"는 말이 있어 장자와 공통되는 점이 있는 것 같기는 하지만, '도'는 변화를 "한번 음이 되고 한번 양이 되는" 범위 안에서 규범에 맞도록 하고 있다. 도의 힘을 빌리고 있는 이 변화의 법칙에서 변화는 파악할 수 있는 것이다. 그러나 장자에게 있어 도는 비어 있고虛, 뚫려 있는通 것일 뿐 법칙과는 관계가 없으며, 따라서 변화는 붙잡을 수 없는 흐르는 강물이 된다.

죽음, 변화, 그리고 순응

붙잡을 수 없는 것을 우리는 기어코 가서 붙잡아야 하는가? 심지어 그것에 거짓된 법칙을 덧붙여야 시원하겠는가? 예를 들어 본래부터 옳음과 그름이 없는 것에 대해서 반드시 옳은 것과 그른 것을 구별하려 하고, 본래부터 승패가 없는 것에 대해서 반드시 승자와 패자를 가려 내려고 한다. 이런 것은 분명히 인위를 자연에 덧붙이는以人助天 행위이고, 이에 대한 장자의 대답은 당연히 부정적이다. 장자에게 있어서 붙잡을 수 없는 것은 붙잡을 필요가 없고, 생각할 수 없는 것은 생각할 필요가 없다. 그런 것들은 운명과 자연에 속하는 것으로 예를 들면 태어나고 죽는 것, 밤과 낮 등과 같은 것이다. "죽는 것과 태어나는 것은 운명이다. 그것이 밤과 낮이 바뀌는 것처럼 일상적인 것은 자연이다. 사람이 간섭할 수 없는 것은 모두 사물의 이치이다."[35] 사람은 반드시 자기의 한계성, 즉 이 세계에는 자기가 간섭할 수 없고 통제할 수 없는 영역이 너무 많다는 것을 인정해야 한다. 그리고 이런 영역에 대한 가장 현명한 태도는 침묵하면서 그것에 편안하게 따르는 것이다.

장자의 이런 편안하게 따르는 태도가 가장 잘 드러나는 사건은 죽음일 것이다. 보통 사람들이라면 한없이 비통해야 할 이 때에 장자는 어떻게 할까? 유가의 신봉자들과 같이 그 번잡스러운 상례의 규범을 따를까, 아니면 맹손재孟孫才와 같이 어머니의 임종에도 곡은 하면서도 눈물은 흘리지 않고, 마음속으로도 슬퍼하지 않고, 상중에도 애달파하지 않을 것인가? 당연히 후자에 속할 것이다. 「지락」의 유명한 기록이 사실이라고 믿는다면, 장주의 아내가 죽었을 때 그는 대야를 두드리면서 노래를 불렀다. 친구 혜시로부터 질책을 받았을 때, 그는 죽는 것과 사는 것은 기가 모였다가 흩어지는 것으로서 계절이 바뀌는 것과 같이 자연스러운 것이라고 설명했다. 따라서 우리는 장자가 맹손재의 태도에 동의했을 것이라고 믿어야 할 것이다. 이런 "예가 아닌非禮" 것 같아 보이는 행위에 대해 장자는 「대종사」에서도 자기의 해석을 내놓았다. 아래의 우화를 보자.

안회가 중니에게 물었다. "맹손재는 그의 어머니가 죽었을 때 곡은 하면서도 눈물은 흘리지 않았고, 마음속으로도 슬퍼하지 않았으며, 상중에도 애달파하지 않았습니다. 이 세 가지가 없었는데도 노나라에서 가장 상을 잘 치른 사람으로 꼽힙니다. 본래부터 그런 사실이 없는데도 이름만 얻은

---

35) 『장자』「대종사」: "死生, 命也. 其有夜旦之常, 天也. 人之有所不得與, 皆物之情也."

것은 아닌지요? 저는 계속 그 점을 이상하게 생각해 왔습니다." 중니가 말했다. "맹손씨는 극진했다. (상례를) 알고 있는 사람보다 훌륭하다. (그는) 상을 간소화하려고 했지만 어쩔 수 없는 부분이 있었는데, (세속의 상례에 비하면) 이미 간소화되었다. 맹손씨는 태어나는 까닭을 알지 못하고 죽는 이유를 알지 못했으며, 앞의 것을 따라야 할지 알지 못했고, 뒤의 것을 따라야 할지를 알지 못했다. 어떤 것으로 변하더라도 따르기만 하면서 자기로서는 알 수 없는 변화를 기다릴 뿐이었다. 그리고 막 변하려고 하는 그 순간에 변하지 않는 것을 어떻게 알겠으며, 막 변하지 않으려고 하는 그 순간에 이미 변한 것을 어떻게 알겠느냐? 나와 너는 아마도 (인생이라는) 꿈속을 헤매면서 아직 깨어나지 못하는 것 같구나. 그에게 있어서 몸으로는 의아해 하는 것이 있어도 마음의 손실은 없으며, 하루아침에 상복은 입을지언정 정신의 소모는 없다.[36] 맹손씨는 오직 다른 사람이 곡을 하는 것을 의식하고 그들을 따라 곡을 했는데,[37] 이것이 그가 그렇게 행동한 이유이다. 그리고 사람들이 서로 '나'라고 말하지만, 내가 말한 것이 '나'라는

36) 옮긴이: 이 부분에 대한 원문은 "有旦宅而無情死"인데 저자는 "有旦齋而無耗精"으로 인용하고 있다. 이 문단은 읽기가 순탄치 않은 부분이 많다. 특히 이 구절에 대한 해석이 매우 여러 가지로, 통일되어 있지 않다. 저자는 아무런 설명 없이 원문을 일반적인 판본과는 달리 인용하고 있는데, 아래의 설명글에서도 "有旦齋"는 "有駭形"과 함께 육체의 변화를 뜻하고, "無損心"과 "無情死"는 마음이 변하지 않는 것을 뜻한다고 설명한 점으로 보아, "旦齋"의 '齋(zhāi)'는 '宅(zhái)'과 음이 비슷해서 잘못 표기한 것이고, "耗精"은 "情死"의 의미를 그대로 쓴 나머지 "有旦齋而無耗精"으로 인용한 것 같다. 통행본 판본에 따라 바로잡고, 저자의 의도를 살려 번역했다.

37) 옮긴이: 이 부분에 해당하는 원문은 "孟孫氏特覺人哭亦哭"인데, 보통 "孟孫氏特覺, 人哭亦哭"이라고 끊어 읽지만 저자는 중간을 끊어 읽지 않았다. 일반적인 독법은 아니지만, 저자와 같이 읽어도 말이 통하기 때문에 그대로 따라 번역했다.

것을 어떻게 알겠느냐? 그리고 너는 꿈에 새가 되어 하늘로 날아오르기도 하고, 꿈에 물고기가 되어 연못 속으로 숨어들기도 할 것이다. 모르겠다. 지금 말하고 있는 내가 깨어 있는 것인지, 혹은 꿈을 꾸고 있는 것인지. 매우 흡족한 일을 만날 때는 미처 웃지 못하고, 웃음이 표정으로 나올 때는 변화에 미치지 못한다. 자연의 변화를 편안히 받아들이고 변화를 따라가면, 바로 적막한 하늘로 들어가 그것과 하나가 된다."[38]

유가의 고향인 노나라에서 맹손재는 상을 잘 치른 사람으로 간주되었다. 유가도 상례의 번잡한 예의의 문제를 반성하면서, 『논어』에 "상례는 능숙한 솜씨로 처리하는 것보다는 오히려 슬퍼해야 한다"[39]라고 말했듯이, 내심으로 슬퍼하는 것이 외적인 예의보다 더 중요하게 생각했음을 알 수 있다. 그러나 예를 들어 삼년상과 같이 필요한 예의는 여전히 소홀히 해서는 안 되는 것이었다. 특히 내심으로 슬퍼해야 하는 것은 말할 필요도 없었다. 그러나 이 두 가지 중 아무것도 없었던 맹손재는 어떻게 상을 잘 치른다는 명성을 얻을 수 있었을까? 이 문제는 물론 착실한 유자였던 안회에게 곤혹스럽고 이상한 느낌이 들게 했고,

---

38) 『莊子』「大宗師」: "顏回問仲尼曰, 孟孫才其母死, 哭泣無涕, 中心不慼, 居喪不哀. 無是三者, 以善喪蓋魯國. 固有無其實, 而得其名者乎. 回壹怪之. 仲尼曰, 夫孟孫氏盡之矣. 進於知矣. 有簡之而不得, 夫已有所簡矣. 孟孫氏不知所以生, 不知所以死, 不知就先, 不知就後. 若化爲物, 以待其所不知之化已乎. 且方將化, 惡知不化哉. 方將不化, 惡知已化哉. 吾特與汝, 其夢未始覺邪. 且彼有駭形而無損心, 有旦齋而無耗精, 孟孫氏特覺人哭亦哭, 是自其所以乃. 且也相與吾之耳矣, 庸詎知吾所謂吾之乎. 且汝夢爲鳥而厲乎天, 夢爲魚而沒於淵. 不識, 今之言者, 其覺者乎, 其夢者乎. 造適不及笑, 獻笑不及排. 安排而去化, 乃入於寥天一."

39) 『論語』「八佾」: "喪, 與其易也, 寧戚."

맹손재가 공연히 헛된 명성을 누렸을 것이라는 생각에 이르게 했다. 이는 일반 사람들이 장자에게 제기하는 문제이기도 하다. 장자가 내세우는 이유는 무엇일까? 장자는 공자의 입을 빌려 맹손재의 행동에 대해 "맹손씨는 극진했다"고 칭찬했는데, 역시 최고의 경지에 이르렀다는 것이다. "알고 있는 사람보다 훌륭하다"라는 구절에서 우리는 '좌망'에 대해 논의할 때 말한 "몸을 떠나고 지혜에서 떠난다離形去知"라는 말을 쉽게 떠올린다. 그것은 분명히 "지혜에서 떠나는" 것의 다른 표현일 것이다. 오직 지혜에서 떠나야만 비로소 나를 잊을 수 있고, 대통大通과 하나가 될 수 있으며 조화의 흐름 속으로 녹아 들어갈 수 있는 것이다. 여기서 우리는 생사가 계절의 변화와 같이 저절로 그렇다는 것과 낮과 밤이 바뀌는 것과 같이 일상적이라는 것을 발견할 수 있을 것이다. 우리는 보통 사람들처럼 아직도 살아 있는 것을 즐거워하고 죽는 것을 슬퍼할 것인가? 우리는 그 번잡스러운 의식이 가소로운 것이고, 또 그것은 '무지'의 표현이라고 생각할 것이다. 이 때문에 우리는 그것들을 간소화해 버릴 수 있다. 실제로 묵가에서도 절장節葬을 주장했다. 그러나 그 출발점은 공리적인 데 있었다. 묵가는 번잡한 상례와 장례는 낭비만 있을 뿐 쓸모가 없다고 생각했다.[40] 장자는 삶과 죽음에 대한 이해를 전제로 한 것이다. 실제로 장자는 근본적으로 간소화를 요구한 것이 아니다. 그는 그것을 없애 버릴 것을 요구했다. 맹손재와 같은 경우도 비록 눈물은 흘리지 않았지만 곡을 하고 울었으니 장자의 성격에 비추어 보면 곡을 하고 우는 것도 지나친 것이다. 곡을

---

40) 『墨子』「節葬」을 참조할 것.

하고 우는 행위의 유일한 의의는 세속과 어느 정도 타협을 유지하는 데 있다. 장자는 조화 속에서 죽고 사는 것은 근본적으로 아무 의미가 없고, 선후도 의미가 없으며, 죽음과 삶, 앞과 뒤가 모두 녹아서 하나가 된다는 것을 당연히 알고 있었다. 태어나 사람이 되는 것은 기가 변화한 결과이다. 죽어서 해골이 되는 것도 역시 기가 변화한 결과인 것이다. 삶이든 죽음이든 가릴 것 없이 우리를 기다리고 있는 것은 알 수 없는 무궁무진한 변화들뿐이다. 그 속에는 슬픔이나 즐거움 등 감정을 맡겨 둘 만한 공간이 없고 특히나 예의에 대해서는 이야기조차 할 수도 없다.

그러나 변화 가운데서 변화하지 않는 존재가 있을까, 없을까? 변화하지 않는 것에 있어서 이미 발생한 변화는 무엇을 의미하는가? 독자인 우리들에게 변화의 의의는 매우 분명한 것으로서, 사계절과 같이 태어나서 죽고, 죽고 또 태어나는 것과 같다. 그렇다면 변화하지 않는 것은 무엇일까? 물론 자연의 조화가 그것이다. 모든 사물은 변화하고 있는데, 오직 자연의 조화만은 변화하지 않는다. 그것은 바로 나중에 논의할 "살아 있는 것을 죽게 하는 것은 스스로는 죽지 않고, 살아나는 것에 생명을 갖게 하는 것은 스스로는 태어나지 않는다"[41]라는 것과 같다. 다른 하나는 바로 마음이다. 육체는 변화하는 것이고, 세계도 변하는 것이지만 마음은 그것들과 함께 변할 수 없다. "몸이 변하면 마음도 그와 함께 따라 바뀌어 버리니 정말로 슬프다고 하지 않을 수 있겠는가?"[42] 「제물론」의 이 문단에서 말하려고 한 것은 사람들이 몸의 변

---

41) 『莊子』「大宗師」: "殺生者不死, 生生者不生."

화 앞에서 마음의 불변을 유지해야 한다는 것이다. 오직 변하지 않는 것만이 변화에 부응할 수 있다. "몸으로는 의아해 하는 것은 있어도 마음의 손실은 없으며, 하루아침에 상복은 입을지언정 정신의 소모는 없다"라고 한 것은 바로 이 점을 말하는 것이다. "의아해 하는 것이 있음"과 "하루아침에 상복을 입는 것"은 몸이 변하는 것이고, "마음의 손실이 없는 것"과 "정신의 소모가 없는 것"은 마음의 불변이다. 그러나 마음의 불변은 결코 마음이 어떤 상태를 고집하는 것을 뜻하지는 않는다. 어떤 상태를 고집하는 것은 '유심有心'이고, 앞에서 말한 '성심成心'이다. 마음의 불변은 그것이 텅 비어 있기 때문에 움직이지 않는 상태를 유지할 수 있음을 가리킨다. 허정한 가운데서 '나 자신我'은 사라지고 오직 '나吾'라는 가명만 남는다. '나 자신我'과 '나吾'의 구별은 다음과 같다. '나 자신'은 형체를 가지고 있는데, '나'는 형체가 없다. '나 자신'은 차 있는 것實인데, '나'는 비어 있는 것虛이다. 텅 비어 있고 형체가 없기 때문에 변화할 수 있다. 그것은 마치 꿈속에서 새가 되어 하늘을 날 수 있고 물고기가 되어 연못을 헤엄칠 수 있는 것과 같이 조화 속에 있다. '나'는 어떤 것으로도 변할 수 있다.

「제물론」에서와 같이 여기서도 장자는 다시 한번 꿈과 깨어 있음의 구분에 대해 강조한다. 맹손씨는 깨어 있는데, 뭇사람들은 안회와 같이 마치 꿈속에 있는 것 같다. 꿈속에 있는 사람은 '나'를 '나 자신'이라고 집착하여 어리석게도 변할 줄 모른다. 깨어 있는 사람은 '나 자신'을 '나'로 바꾸어 생각하고 무심히 변화에 맡긴다. 집착에 빠진 꿈

---

42) 『莊子』「齊物論」: "其形化, 其心與之然, 可不謂大哀乎."

속의 사람은 지금 이것을 소중히 생각하고 다가올 저것을 하찮게 생각하며, 내 쪽에 있는 것을 좋아하고 저쪽에 있는 것을 싫어한다. 이 때문에 내가 있다고 기뻐하지만, 어느 날 나는 변해 버리고 슬픔은 자연에 의해 정해진 기한에 따라 다가온다. 변화에 편안히 맡긴 깨어 있는 자는 이것과 저것, 너와 나 등을 한가지로 본다. 그들은 무엇을 만나든 편안하게 여기고 어디에서나 흡족해 하고, 평안하고 고요한 마음으로 조화 가운데 몸을 둔다. 이것은 진실하고 담담한 인생으로서 지나치게 기뻐하거나 지나치게 슬퍼하는 것과는 아무 상관이 없다. 바로 "매우 흡족한 일을 만날 때는 미처 웃지 못하고, 웃음이 표정으로 나올 때는 변화에 미치지 못한다"라고 말한 것과 같이, 무엇을 만나든 편안하고 어디에서나 흡족해 하는 사람은 웃는 것이나 우는 것에 상관하지 않는다. 웃는 것이나 우는 것은 일종의 집착을 의미하는데, 반드시 변해야 하는 사물에 집착하는 것이다. 웃어야 할 때 우는 것은 바로 미리 앞서 가서 기다리는 것과 같다. 우리가 '사람'이라는 이유로 우쭐대면서 기뻐하는 바로 그때 우리는 우리 자신이 매우 빠르게 사람이 아닌 것으로 바뀌어 가고 있음을 발견하게 된다. 우리의 웃음이 조화의 이런 변화를 따라잡을 수 있을까? 우리는 영원히 희로애락 속에 살면서 외물과 자기의 변화에 끌려 다니면서 편안할 수도 없고 휴식을 취할 수도 없을 것이다. 장자는 이런 생활을 원하지 않았다. 그가 원한 것은 "자연의 변화를 편안히 받아들이고 변화에 따라가는" 것이다. 자연의 변화를 편안히 받아들이고 변화에 따라가는 것 역시 시간의 흐름을 편안히 받아들이고 변화에 따르는安時而處順 것인데, 이렇게 해야만 하늘과의 합일, 즉 "적막한 하늘로 들어가 그것과 하나가 될" 수 있고 본래의 뿌리로 되돌아갈 수 있는 것이다.

사람이 인간 세상에서 오랫동안 물들다 보면 시간이 지날수록 더욱 더 '사람'의 모습으로 형상화된다. 이 때문에 갈수록 하늘로부터 멀어진다. 사람을 버리고 하늘을 따르려고 하는 것, 본래의 뿌리로 되돌아가려고 하는 것은 말이 쉽지 실제로는 어려운 일이다. 그들은 이미 외부의 세계에 적응이 되었고 심지어는 이 객지 세계를 자기의 집으로 생각한다. 하늘은 이처럼 이미 요원하고 낯선 것으로 변해 버렸고, 하늘을 본받는 생활은 유별난 것으로 비쳐지기에 이르렀다. 하늘을 본받는 사람인 진인眞人마저도 세속적인 눈으로 보면 '괴짜畸人'[43]로 보인다. 몸의 생김새가 이상한 사람은 「덕충부」에서 눈길을 끈 불구자의 모습을 떠올리게 한다. 그러나 장자가 볼 때 '이상한 사람'의 진정한 의미는 바로 "사람과는 다르지만 하늘과는 같다"[44]라는 것이다. 그는 세속적 삶에는 위배되지만, 하늘의 법칙에는 부합한다. 「대종사」에서 장자는 하늘과 사람의 충돌에 대해 공을 들여 표현했다. 세상에서 말하는 군자, 즉 유가에서 이상적으로 생각하는 인격은 하늘의 입장에서 보면 바로 소인인 것이다. 하늘의 소인小人이란 세상에서 말하는 군자君子로서 탁 트인 하늘에 대한 이해를 결핍하고 있고, 하나(모든 것이 하나라는 것—역자)에 대한 깨달음을 결핍한 채 매우 협소한 세계 속에서만 생활하고 있음을 의미한다. 이 세계 속에는 인仁이 있고, 의義가 있고, 예禮가 있고, 악樂이 있다. 바로 「천하」에서 말한 "인을 사랑으로

---

43) 옮긴이: 기인畸人은 이 세상 밖에서 유유자적하면서 세속적인 사람과는 다른 생각과 생활을 하는 사람을 가리키는 말로서, 『장자』에서 처음 나오는 말이다.

44) 『莊子』 「大宗師」: "畸於人而侔於天."

생각하고, 의를 사회적 도리로 생각하고, 예를 행위의 준칙으로 생각하고, 악을 화합의 도구로 생각하면서 훈훈하게 인자함을 베푸는 사람을 군자라고 한다"[45]라고 한 것과 같이, 사람들은 서로 더불어 살고 서로를 위해 주고 서로 입김을 불어 적셔 주고, 서로 거품을 내서 적셔 준다. 그들은 또 다른 방식의 삶, 즉 강과 호수 속에서 서로를 잊고 사는 삶에 대해 생각해 본 적이 있을까?

물속에서 물고기는 쾌적하다. 그곳은 물고기의 고향이다. 물고기는 다른 물고기와 "서로 입김을 불어 적셔 주고, 서로 거품을 내서 적셔 주는" 따위의 잔재주를 피울 필요가 없다. 쾌적하기 때문에 사랑이라는 것을 가지고 꾸며 댈 필요가 없다. 그것은 마치 "매우 흡족한 일을 만날 때는 미처 웃지 못하는" 것과 같다. 웃을 때는 원래 우리의 즐거움을 표현하고 있는 것이다. 그런데 우리는 영원히 웃을 수 있을까? 웃지 않을 때는 바로 슬픈 것이다. 사랑도 마찬가지다. 강과 호수에서 서로를 잊어버리는 것은 협애한 인애仁愛와는 다르다. 그러한 사랑은 고통 속에 있는 사람에게 어떤 후원을 보내는 것이다. 그러나 그것이 그들이 처한 삶의 환경을 근본적으로 바꿀 수 있을까? "서로 입김을 불어 적셔 주고, 서로 거품을 내서 적셔 주는" 것은 물고기들이 죽기 전에 얼마간의 온화함을 느끼도록 할 수는 있지만, 참혹한 현실과 죽을 운명을 바꿀 수는 없다. 사실 각각의 물고기들이 모두 강과 호수에서 각자 안신입명安心立命(마음을 편안히 하고 몸을 보전하는 것)할 곳을 찾을 수 있을 때 물고기들은 사랑을 필요로 하지 않는다. 물고기들은

45)『莊子』「天下」: "以仁爲恩, 以義爲理, 以禮爲行, 以樂爲和, 薰然慈仁, 謂之君子."

심지어 사랑한다거나 사랑을 받는다는 의식마저도 없다. 그들은 서로 더불지 않는 방식으로 더불어 살아가고, 서로 위하지 않는 방식으로 서로를 위해 주고 있다. 진한 사랑에 비하면 담담한 물은 물고기들에게 자유로움을 느끼게 할 것이 분명하다. 물고기의 처지에서 볼 때, 물은 사람으로 말하면 도道 혹은 도술道術인 것이다.

> 물고기는 물을 찾아가기를 바라고, 사람은 도道를 찾아가기를 바란다. 물을 찾아가기를 바라는 물고기에게 땅을 파 못을 만들어 주면 살아가기에 충분하다. 도를 찾아가기를 바라는 사람은 아무것도 하지 않으면 생명이 평안해진다. 그러므로 "물고기는 강과 호수에서 서로를 잊고, 사람은 도술 속에서 서로를 잊는다"라고 말한다.[46]

비록 많은 해석이 있기는 하지만, 내가 볼 때 "생명이 평안해진다生定"라는 말은 몸이 편안하고 목숨이 안전하다는 느낌인데, 이런 느낌은 오직 '집'에 있을 때만 맛볼 수 있다. 모든 것이 그렇게 자연스럽기만 하고 아무런 조작도 없고, 아무런 허위도 없다. 그것은 마치 연못 속에서 헤엄치는 물고기와 같이, 물만 있으면 아무것도 바라지 않는다. 도를 터득한 사람 역시 이와 같다. 도를 가지고 있다면, 그들로 하여금 근본과 근원으로 되돌아갈 수 있도록 해 주는 도술을 가지고 있다면, 그들은 곧 유유자적하면서 아무것도 하지 않고, 그들에게는 아

46) 『莊子』「大宗師」: "魚相造乎水, 人相造乎道. 相造乎水者, 穿池而養給, 相造乎道者, 無事而生定. 故曰, 魚相忘乎江湖, 人相忘乎道術."

무 일도 없을 것이다. 이 '흡족함適' 속에서는 다른 사람이든 혹은 자기 자신이든, 삶이든 아니면 죽음이든 가릴 것 없이 모든 것을 다 잊어버린다.

우리는 장자의 "물고기는 강과 호수에서 서로를 잊고, 사람은 도술 속에서 서로를 잊는다"라는 말을 받아들일 수 있을 것이다. 그런데 같은 논리에 따라 만약 강이나 호수가 없다면 물고기들은 서로를 잊어서는 안 되는가? 다른 물고기가 처한 생명의 위협과 죽음 앞에서, 그리고 자신이 처한 생명의 위협과 죽음 앞에서 물고기는 아무렇지도 않을 수 있을까? 맹자는 그렇지 못할 것이다. 어린아이가 우물 속으로 기어 들어가는 것을 본다면 안타깝게 생각하는 마음이 저절로 생겨날 것이다. 장자는 어떨까? 어린아이가 우물 속으로 기어 들어가는 것을 장자가 본다면, 그는 어떤 반응을 보일까? 장자는 이런 구체적인 문제를 회피하려고 할 것이다. 그러나 그는 좀 더 일반적인 문제에 대해서는 회피할 수 없을 것이다. 무도한 세상에서, 뭇사람들이 모두 고난 속으로 빠져 드는 세상 속에서 사람들은 서로를 잊어버릴 수 있을까? 「대종사」에서는 물론 이 문제를 직접 제기하거나 대답하지 않았다. 그러나 「인간세」의 교훈을 돌이켜 보면, 즉 '당랑거철' 우화를 생각해 보면 대답은 매우 분명한 것 같다. "먼저 자신을 건사한 다음에 다른 사람을 도와주고" "어찌할 수 없다는 것을 알고 현재의 상황에 만족하고 운명에 따르"지만, 어린아이가 우물 속으로 기어 들어가 한 생명이 사라지려 할 때 내 마음이 흔들리지 않을 수 있을까? 그런데 우리가 할 수 있는 것은 무엇일까? 아마도 이미 늦어서 아무 도움이 될 수 없을 것이다. 아니면 내가 손을 내밀더라도 그와 함께 우물 속으로 뛰어들게 될 것이다. 잊어버리는 것이 좋을지도 모른다. 눈을 감아 버리면 적어도 자기의 마음에 대해서만은 편안함을 가져다 줄 수 있을 것이다. 따라서 나는 달리 선택할 것도 없고, 그저 선택할 수 있는 것은 '잊는 것' 뿐이다.

질서가 있는 세계에서 '잊는 것'은 저절로 이루어지는 것이다. 그런데 무도한 세계에서 잊는 것은 고통에 대한 초월이다. 그 세계에는 '도'가 없지만, 우리의 마음속에는 존재할 수 있다. 마음속에 도가 있는 사람은 강과 호수 속에 사는 물고기처럼 서로에 대해 잊어버릴 수 있다. 자상호와 맹자반과 자금장 등 세 사람은 바로 그런 사람들이다. 그들이 친구가 된 것은 "마음에 거슬림이 없다"라는 공동의 인식이 있었기 때문이다. "함께한다는 생각 없이 더불고, 돕는다는 생각 없이 도울 수 있는 사람은 누구일까? 누가 하늘에 올라가 안개 속에서 노닐고 무극 옆에서 어슬렁거리면서 삶과 죽음을 모두 잊고 끝없이 그렇게 살아갈 수 있을까?"[47] 그들은 이미 '사람'의 경지를 초월하고, 서로 더불거나 서로 위해 주는 인애仁愛의 경지를 초월하여 하늘에 올라 안개 속에서 노닐고 무극 옆에서 어슬렁거렸다. 그들이 노니는 안개 속에서는 모든 다름이 사라져 버렸다. 잊음 속에서 우리는 그와 같은 상태가 된다. 이때 다름을 그 본질로 하여 인간 관계를 규제하는 예가 계속 존재할 필요가 있을까? 당연히 필요 없다. 장자는 죽음과 상례에 대한 태도를 통해 다시 한번 그러한 주장을 폈다. 세 명의 친구 가운데 자상호가 죽은 뒤 맹자반과 자금장은 결코 세속의 사람들처럼 슬퍼하거나 울

---

47) 『莊子』「大宗師」: "孰能相與於無相與, 相爲於無相爲. 孰能登天遊霧, 撓挑無極, 相忘以生, 無所終窮."

지 않았다. 그들은 한 명은 노래를 만들고 다른 한 명은 거문고를 타면서 서로 장단을 맞추어 노래를 불렀다. 죽음에 대한 이런 유별난 방식은 세계에 대한 그들의 독특한 이해를 반영하는 것이다. 그들은 노래를 부르면서 이렇게 말했다. "아, 자상호여. 아, 자상호여. 너는 이미 제 모습으로 돌아갔거늘 나는 아직 사람으로 남아 있구나."[48] 그들이 볼 때 죽음은 떠나는 것이 아니라 돌아가는 것, 즉 본래의 상태로 되돌아가는 것이다. 여기에는 생명에 대한 미련이나 '사람'이라는 신분에 대한 집착이 털끝만큼도 없다. 죽음은 특히 일종의 해탈과 같다. 이 때문에 인간적인 감정에 휩싸여 축하는 못한다 하더라도 슬퍼할 필요는 없는 것이다. 이렇게 생각하는 사람들에게 아직도 상례가 존재해야 할 어떤 굳건한 이유가 있겠는가? 그것은 인간 세상의 일일 뿐이고 자연과는 아무 관계가 없으며, 따라서 자연의 질서를 따르는 사람들과도 아무 관계가 없다.

세속 밖의 세계에서 사는 사람들

그런데 자연을 따르는 천인天人이라 하더라도 사람들 속에서 '생활'을 해야 할 수밖에 없는데, 그들은 자신들을 이상한 눈으로 바라보는 세속의 눈에 어떻게 대처해야 할까? 사람들에게 하늘(자연)을 이해하기를 바라는 것은 작은 새에게 대붕을 이해해 주기를 바라는 것과 같

48) 『莊子』 「大宗師」: "嗟來桑戶乎, 嗟來桑戶乎. 而已反其眞, 而我猶爲人猗."

이 매우 곤란한 일임에 틀림없다. 그러므로 "그들은 뭐하는 사람들이야"라는 자공과 같은 식의 문책은 매우 자연스러운 일이다. 그들은 어떤 사람들일까? 그들은 유가와 같은 수양도 없고, 육체를 대수롭지 않게 생각하고, 죽어 가는 사람 앞에서 일반 사람들이 곡을 할 때도 오히려 노래를 부르면서 털끝만큼도 슬픈 표정이 없다. 그들은 도대체 어떤 사람들일까? 그들은 진인眞人고, 천인天人이지만 속인들은 그들을 미친 사람들이라고 생각한다.

속인들이 천인을 바라보는 그 같은 시선은 마치 「소요유」에서 사람의 입장에서 하늘을 보면 "하늘이 질푸른 것은 그 본래의 색인가"라는 의문이 든다고 말한 것과 같이 매우 자연스러운 현상이다. 자공이 "그들은 뭐하는 사람들이야"라고 의문을 제기했던 것도 이와 같은 것이다. 확실히 그들은 근본적으로 서로 다른 두 세계에서 살아가고 있었다. 하나는 세속 안쪽의 세계이고 다른 하나는 세속 바깥의 세계이다. 한쪽의 사람은 여전히 세상에 얽매여 있고, 다른 한쪽의 사람은 하늘에 올라가 안개 속에서 노닐고 무극 옆에서 어슬렁거린다. 세상에 얽매여 사는 사람이 매일 부자父子와 군신君臣과 부부夫婦와 형제와 친구 등의 관계를 어떻게 처리할 것인가 따지고 있을 때, 천인은 한창 조물주인 자연과 친구가 되어 천지의 일기一氣 속에서 거리낄 것 없이 노닐고 있다. 사람이니 사물이니 하는 것들이 어떻게 그의 안중에 들어오겠는가? 이는 바로 「천하」에서 "홀로 천지의 정신과 교류한다"라고 말한 것과 같다. 그들에게 있어서 태어나고 죽는 것은 꽃이 피고 꽃이 지는 것과 똑같은 자연현상이다.

장자는 물론 이처럼 아름다운 비유를 좋아하지 않은 것 같다. 그의 붓끝에서 천인天人들은 삶을 "혹이나 사마귀가 붙어 있는 것", 즉 불필요한 혹을 달고 있는 것과 같은 것으로 보았고, 죽음은 "부스럼이나 뾰루지가 터지는 것", 즉 종양이 곪아 터지는 것과 같은 것으로 보았다. 삶과 죽음은 결코 그렇게 장엄하거나 신성한 것이 아니다. 그것은 거대하게 흘러가는 변화의 한 부분일 뿐이다. 이 때문에 특별하게 의식할 필요도 없다. 어찌 꼭 삶과 죽음만이 그렇다고 할 수 있겠는가? 모든 다름은 다 똑같은 대변화의 흐름에 속한다. 그것은 전체가 관통되어 있고, 끝과 시작이 반복되고, 끝이나 시작점을 알 수 없다. 한계가 있는 것처럼 보이기도 하고, 구별이 있는 것처럼 보이기도 하지만, 모든 한계와 구별은 대변화의 흐름에 의해 깨진다. 간과 쓸개의 구별도 없고 귀나 눈의 구별도 없다. 진인은 세속의 바깥 세계에서 그냥 왔다 갔다 하고, 아무 일도 하지 않으면서 어슬렁거린다. 그들은 마음을 변화 가운데에 풀어놓고 있다. 그러니 어떻게 세속 사람들의 환심 따위를 사기 위해 그 세속의 예의를 준수하겠는가?

여기서 장자는 자기와 유가의 차이점을 분명하게 드러냈다. 이것은 바로 세속 안쪽의 세계와 세속 바깥 세계의 차이이기도 하다. 유자儒者에게 있어서 공자가 말한 "예禮를 배우지 않으면 똑바로 설 수 없다"[49]라는 말은, 예는 사람이 사람으로 성립하기 위한 근거라는 것을 의미한다. "예를 통해 행위를 설명한다."[50] 인간 세상을 살아가기 위해서 우리는 반드시 그것을 준수해야 한다. 그것은 마치 맹인이 반드시 안내하는 사람에 의지해야 하는 것과 같다. 유가의 사고는 처음부터 끝

---

49) 『論語』「季氏」: "不學禮, 無以立."

50) 『莊子』「天下」: "禮以道行."

까지 인간 세상과 인간의 범위를 벗어나지 않는다. 그것은 무한의 세계에 한계를 긋는데, 이것이 '세속 안쪽의 세계'라는 말에 포함된 중요한 의미 중 하나일 것이다. 세속 안쪽의 세계는 예의 세계이자 '분별'의 세계로서 부모와 자식 사이의 사랑親이라든가 군주와 신하 사이의 도리義, 부부 사이의 구별別 등이 모두 예에 의해 긍정되고 분명해진다. 그러나 장자는 세속 바깥쪽의 세계에서 노닐려고 한다. 그는 모든 분별에 의문을 제기하고, 사람의 특수성에 의문을 제기하고, 유가에서는 왜 대변화의 흐름을 따르는 데서 사람을 떨어뜨려 내려고 하는지 의문을 제기한다. 그는 이미 더 이상 세속적 세계에 얽매이지 않는다. 그는 변화에 발을 딛고 있으며, 이 세계를 새롭게 자연天으로써 다시 관찰한 데 발을 딛고 서 있는 것이다. 이 자세한 관찰 속에서는 사람과 천지만물이 한 몸으로 융합되기 때문에 사람들 사이의 구별에 대해서는 더 이상 말할 필요도 없다. 이렇게 되어도 예가 존재할 근거가 아직 남아 있을까?

사실 엄격하게 말하면 세속 바깥쪽의 세계는 결코 세속 안쪽의 세계와 대립하는 어떤 것이 아니다. 그것은 세속 안쪽의 세계에 대응할 때만 비로소 가능한 임기응변적 말일 뿐이다. 세속 안쪽의 세계에서 볼 때 자연스럽게 안쪽과 바깥쪽의 구별이 있는데, 그것은 바로 이런 구별에 집착하는 데서 유래한다. 그러나 이른바 세속 바깥 세계의 입장에 서면 이 세계는 시작과 끝이 반복되고 시작도 끝도 알 수 없게 된다. 그러니 어디에 안쪽과 바깥쪽의 구분이 있겠는가? 세속 바깥쪽의 세계는 노자가 말한 '대방大方'과 비슷하다. 그것은 끝이 없는 것이다. 형체나 흔적도 없고 어떤 구별도 없으며 전체 세계가 바로 '한 몸一體'이다. 장자는 다음과 같이 말한다.

> 자사, 자여, 자리, 자래 네 사람이 모여 말했다. "누가 무위를 머리로 삼고 삶을 척추로 삼고, 죽음을 엉덩이로 삼을 수 있을까? 누가 삶과 죽음, 소유와 잃음이 한 몸이라는 것을 알 수 있을까? 우리는 그런 사람과 친구가 될 것이다. 네 사람은 서로 바라보고 웃으면서 마음에 거슬림이 없었다. 그들은 결국 서로 더불어 친구가 되었다.[51]

위의 문장은 아마 '한 몸一體'이라는 말이 가장 처음 쓰인 곳일 것이다. 삶과 죽음, 소유와 잃음이 한 몸이라는 것을 말하기는 하지만, 사실 온 세계에 대해서도 이와 같은 관점을 가지고 있어야 한다. "천지는 하나의 손가락이고, 만물은 한 마리 말이다"[52]라고 한 것은 바로 이러한 한 몸 상태를 말한 것이 아닌가? 세계는 몸과 같이 혈관으로 연결되어 있다. 그 속에는 비록 "백 개의 뼈와 아홉 개의 구멍과 여섯 개의 장기"라는 다른 것들이 있기는 하지만, 「제물론」에서 "나는 그것들 중 어느 것과 친한가"라고 의문을 제기했듯이, 그것들은 우리에 대해, 그리고 그 자신들에 대해 모두 같아야 하고 친소親疎나 원근遠近 혹은 호오好惡의 구별이 없어야 한다. '한 몸'이라는 관념은 예를 들어 머리, 척추, 엉덩이 등과 같이 다른 것에 대한 다름을 배척하는 것이 결코 아니다. 그것은 다름에 대한 집착을 배척하고, 구분 즉 사람들이 어떤 기준에 의해 만들어 낸 구분을 배척한다. 예를 들어 사람들은 머리는 귀한 것이고 엉덩이는 천한 것이라고 생각한다. 그것들은 귀천과는 아무

---

51) 『莊子』「大宗師」: "子祀子輿子犁子來四人相與語曰, 孰能以無爲首, 以生爲脊, 以死爲尻. 孰知生死存亡之一體者, 吾與之友矣. 四人相視而笑, 莫逆於心. 遂相與爲友."

52) 『莊子』「齊物論」: "天地一指也. 萬物一馬也."

상관이 없다. 그것들은 모두 동일한 것을 구성하는 한 성분이다. 그러나 구분을 없애기 위해서는 우리도 장자와 같이 다름에 대한 이해를 필요로 한다. 다름은 절대적인 것이어서는 안 된다. 그것은 동일한 물건 속에서의 다름이고 한 몸 속의 다른 부분이다. 그리고 그 한 몸은 고정적이거나 정지되어 있는 것이 아니라 끊임없이 순환하면서 흘러가는 한 몸인 것이다. 이 순환하면서 흘러가는 과정 속에서 머리가 엉덩이로 바뀔 수 있고, 엉덩이도 머리로 바뀔 수 있다. 신비스러운 것이 썩은 것으로 바뀔 수 있고, 썩은 것도 신비스러운 것으로 바뀔 수 있다.

이 '한 몸'은 예를 들어 하나一, 기氣 혹은 도道 등 매우 많은 이름을 가질 수 있는데, 사실 그것은 변화이다. 인간을 포함한 모든 사물은 변화에서 벗어날 수 없다. 변화는 사람을 놀릴 수 있다. 그러나 그것은 인간화된 사람을 놀릴 뿐, 천인 혹은 진인을 놀리지는 않는다. 진인은 바로 자사, 자여, 자리, 자래[53] 등과 같이 진지를 통해 일찍이 변화를 이해했다. 변화는 하룻밤 사이에도 건강하고 장대한 사람을 등 굽은 꼽추로 만들어 버릴 수도 있고, 살아 있는 생명을 죽음으로 바꾸어 놓을 수도 있다. 우리 혹은 우리와 친한 사람이 이런 변화의 와중에 있을 때 우리는 어떻게 대처해야 할까? 그것은 전적으로 발생한 사건에 대한 우리의 이해에 의해 결정될 것이다. 모든 사람이 건강한 것을 좋아

53) 네 사람의 이름은 비록 각기 다르지만 역시 한 몸이다. 사祀는 가는 것(죽음)을 상징하고, 래來는 자연스럽게 오는 것(출생)을 의미하고, 여輿와 리犁는 생명의 역정에서 불가결한 것이다. 네 사람이 서로 더불어 친구가 되었다는 것은 바로 삶과 죽음, 소유와 잃음이 한 몸이라는 것에 대한 다른 표현처럼 보인다. 그러나 이 한 몸은 고정되거나 정지된 것이 결코 아니다. 그것은 순환하면서 흘러가는 한 몸이다. 그것이 바로 변화이다. 바로 그 변화가 다른 사물을 하나로 연결시키고 한 몸이 되도록 할 수 있는 것이다.

하거나 혹은 생명에 대해 미련을 조금씩 가지고 있다. 내 생각에는 장자도 그랬을 것이다. 그러나 변화는 우리가 좋아하든 좋아하지 않든 신경 쓰지 않는다. 그것은 그 자체의 법칙이 있거나 혹은 법칙이 없다. 우리는 이런 변화에 저항할 방법이 없다. 우리는 물론 사마귀처럼 변화의 발걸음을 저지하기 위해 나섬으로써 열사가 되는 길을 선택할 수 있다. 그런데 그것이 무슨 의미가 있을까? 아니면 우리는 변화 앞에서 신음 소리를 내고 울면서 변화로 하여금 우리의 소원을 들어주기를 기도할 수 있다. 그러나 변화에는 동정심이 없다. 그것은 눈이나 귀도 없다. 이런 것들은 모두 인위적인 방법으로 자연의 운행에 끼어들려는 것이고 사람의 입장에서 자연을 헤아리는 것이다. 가장 좋은 방법은 변화를 편안하게 받아들이는 것이다. 어차피 모든 것이 한 몸인데, 내가 더 무엇에 미련을 두고, 무엇을 거부하겠는가? 그리고 미련을 두거나 거부해 봐야 어떤 이득도 없다. 만약 나의 왼팔을 달걀로 만들어 버린다면 나는 그것으로 병아리를 부화하여 새벽잠을 깨워 달라고 할 것이다. 나의 오른쪽 팔을 탄알로 만들어 버린다면 나는 그것으로 새를 잡아 구워 먹을 것이다. 나의 엉덩이를 수레바퀴로 만들고 나의 정신을 말로 만들어 버린다면, 나는 그것을 타고 여기저기 돌아다닐 것이다. 여기서 장자는 그의 변화에 대한 태도를 정식으로 제기한다.

> 그리고 생명을 얻는 것은 우연히 때를 만난 것이고, 그것을 잃는 것은 자연의 변화에 따르는 것이다. 때를 편안하게 받아들이고 변화에 따르면, 슬픔도 즐거움도 마음속에 들어올 수 없다. 이것은 옛사람들이 말한 거꾸로 매달린 상태에서 풀려나는 것이다. 네가 스스로 풀 수 없는 것은 다른 사물이 묶고 있기 때문이다. 사물이 자연(의 변화)을 이기지 못한 지는 오래

되었다. 내가 어떻게 그것을 싫어하겠느냐?[54]

얻는 것은 그럴 만한 때에 따른 것이고, 잃는 것은 변화를 따른 것이며, 어떤 것도 자기 자신의 원인에 의하지 않는다. 그러므로 자기 자신은 얻는 것을 좋아하고 잃는 것을 싫어할 수도 없고, 또 그렇게 할 필요도 없다. 얻어도 편안하게 여기고, 잃어도 편안하게 받아들인다. 잃어도 그대로 따르고, 얻어도 그대로 따른다. 이러한 이해와 태도라면, 슬퍼하거나 기뻐하는 감정도 가지고 있지 않을 것이다. 장자는 말한다. 이것은 옛 사람들이 말한 '현해縣解', 즉 거꾸로 매달린 상태에서 풀려나는 것이라고. 거꾸로 매달린 상태에서 풀려나야만 비로소 마음을 편안히 하고 몸을 보전할 땅을 찾을 수 있는 것이다. 거꾸로 매달려 있는 것은 편안한 곳이 될 수 없다. 우리는 우리를 묶고 있는 밧줄을 끊어 버려야 한다. 이 밧줄은 다른 것이 아니다. 사람이 사물들을 구별하고 그것을 추구하는 것이고, 통제할 수 없는 것에 대해 구별하고 추구하는 것이다. 여기서 장자는 다시 한번 그의 사람에 대한 '경시'를 드러낸다. "사물이 자연(의 변화)을 이기지 못한다"는 말은 물론 사람이 자연(하늘)을 이기지 못한다는 것이다. 변화 앞에서 사람은 무능력하다. 그렇게 무능력한 이상 굳이 사서 무의미한 짓을 하면서 자신을 속박할 필요가 있겠는가?

이 때문에 "자래가 병이 들어 숨을 헐떡거리면서 죽어 갈 때, 그의

---

54) 『莊子』「大宗師」: "且夫得者時也, 失者順也. 安時而處順, 哀樂不能入也. 此古之所謂縣解也. 而不能自解者, 物有結之. 且夫物不勝天久矣, 吾又何惡焉."

아내와 자식들이 그를 둘러싸고서 울었다."[55] 이때 자리子犁가 등장했다. 그의 "변화를 두려워하지 마라"라는 한마디는 한편으로 죽음은 변화에 불과하다는 것을 지적한 것이고, 다른 한편으로는 변화에 대한 태도를 나타낸 것이다. 두려움은 아무 도움이 안 된다. 거부하는 것은 더욱 불가능하다. 우리는 오직 순종해야만 한다. 우리는 변화가 우리를 어디로 데리고 갈지 모른다. 그것은 우리를 쥐의 간으로 바꾸어 놓을 수도 있고, 우리를 벌레의 다리로 바꾸어 놓을 수도 있다. 여기서 장자는 변화는 바로 자연(하늘)이기도 하고, 음양의 근원이 되는 지위에 있기도 하다는 점을 강조한다.

> 자래가 말했다. "자식이 부모를 대할 때[56] 동서남북 어디로든 오직 그 명령을 따라야 한다. 사람에게 있어 음양陰陽은 부모 못지않다. 그것이 나에게 죽으라고 명령하는데 내가 듣지 않는다면, 나는 반항하는 셈이 될 것이다. 그것(음양의 변화)이 무슨 잘못이 있겠느냐? 대지는 나에게 몸을 주었고, 삶으로써 나를 수고롭게 하였고, 늙음으로써 나를 편안하게 하더니, 죽음으로써 나를 쉬게 하려 한다. 그러므로 나의 삶을 좋다고 생각한 것처럼 나의 죽음도 좋게 생각해야 한다. 가령 대장장이가 쇠붙이를 녹여 뭔가를 만들려고 할 때 쇠붙이가 길길이 날뛰면서, "나는 꼭 막야(명검 이름)가

55) 『莊子』 「大宗師」: "子來有病. 喘喘然將死, 其妻子環而泣之."

56) 옮긴이: 이 부분에 해당하는 원문은 "父母於子"이다. 그런데 이대로는 뜻이 어색하고 문맥에 맞지 않는다. 대부분의 주석가들은 부모父母와 자子가 도치된 것으로 보아, 이 구절을 "子於父母"로 고쳐 읽는다. 이 책의 저자 역시 이런 견해를 받아들이고 있기 때문에 "父母於子"를 "子於父母"로 고쳐 번역했다.

될 거야"라고 한다면, 대장장이는 분명히 그것을 불길한 쇠붙이라고 생각할 것이다. 지금 한번 우연히 사람의 모습으로 만들어진 것인데, "사람으로 남을 거야, 사람으로 남을 거야"라고 한다면 조물주는 분명히 그를 불길한 사람이라고 생각할 것이다. 지금 천지는 커다란 용광로이고, 변화는 대장장이인데 어떻게 변한들 좋지 않은 것이 있겠느냐? 편안하게 잠들었다가 홀연히 깨어날 것이다."[57]

인간 세계에서 아이는 부모에 대하여 오직 명령에 따르기만 해야 한다. 만약 우리가 인간 세계의 범위를 초월한다면, 우리는 사람과 만물의 근원자, 즉 자연이나 변화나 음양 등을 생각할 수 있는데, 그것들의 권위는 부모보다 뒤지지 않을 것이다. 그렇다면 우리는 그것들 정해 주는 대로 그대로 따라야 하지 않겠는가? 만약 군주가 신하의 죽음을 원할 때 신하는 어쩔 수 없이 죽어야만 하는 것이 하나의 법칙이 된다면, 자연이 사람의 죽음을 원할 때 사람은 그것을 담담하게 받아들여야 하지 않을까? 당연히 받아들여야 한다. 나는 망나니가 되어서는 안 된다. 나는 변화가 정해 주는 것을 편안하게 받아들일 것이다. 삶이든 죽음이든 상관 없다. 가령 위대한 대장장이가 있는데, 그가 쇠붙이로 무언가를 만들어 내려고 할 때 쇠붙이가 자기를 꼭 막야鏌鋣라는 명

57) 『莊子』「大宗師」: "子來曰, 父母於子, 東西南北, 惟命之從. 陰陽於人, 不翅於父母. 彼近吾死, 而我不聽, 我則悍矣. 彼何罪焉. 夫大塊載我以形, 勞我以生, 佚我以老, 息我以死. 故善吾生者, 乃所以善吾死也. 今大冶鑄金, 金踊躍曰, 我且必爲鏌鋣. 大冶必以爲不祥之金. 今一犯人之形, 而曰人耳人耳, 夫造化者必以爲不祥之人. 今一以天地爲大鑪, 以造化爲大冶, 惡乎往而不可哉. 成然寐, 蘧然覺."

검으로 만들어 달라고 요구한다면, 그 대장장이는 분명히 그것을 불길한 쇠붙이라고 생각할 것이다. 만약 천지를 하나의 거대한 용광로라고 가정하고, 조화를 대장장이라고 가정한다면, 그리고 우리가 변화라는 대장장이에게 우리를 꼭 사람으로 만들어 달라고 요구한다면 그는 우리를 어떻게 생각할까? 분명히 불길한 사람이라고 생각할 것이다. 장자가 볼 때, 진정으로 바람직한 태도는 어떻게 변하든 좋아하지 않는 것이 없고, 어떤 상황이든 다 편안하게 받아들이는 태도이다.

그렇게 되면 우리는 비로소 변화와 한 몸이 될 수 있다. 한 몸은 바로 바깥이 없는 느낌의 일종이다. 쥐의 간이나 계란 혹은 탄환 등 어떤 것으로 변하든 상관 없이 그것은 모두 나이기도 하고 어느 것도 내가 아니기도 하다. 당신은 결코 고정된 존재가 아니라 변화 가운데 있으면서 고정되어 있지 않는 어떤 것이다. 모든 것은 순환하면서 흘러가며, 모든 것은 변화 속에 있다. 우리가 해야 하는 것은 바로 이 변화에 순응하고 변화와 함께 가는 것이다. 이때 우리의 마음속에는 어떤 불평이나 규범 혹은 '세속적 생각' 도 있어서는 안 된다. 만약에 있다면 그것들을 내버려야 한다. 이 내버리는 과정을 장자는 "도외시하는 것外"이라고 불렀다.

남백자규南伯子葵가 여우女偶에게 물었다. "당신은 나이가 많은데도 얼굴이 어린아이 같군요. 어떻게 해서 그런 겁니까?" 여우가 대답했다. "나는 도를 들었습니다." 남백자규가 물었다. "도는 배울 수가 있는 겁니까?" "아니오, 어떻게 가능하겠소. 당신은 그런 자질을 가진 사람이 아닙니다. 복량의卜梁倚라는 사람이 있는데, 그는 성인의 재능은 있지만 성인의 도가 없었습니다. 나는 성인의 도는 있지만, 성인의 재능이 없습니다. 나는 그를 가르치고 싶었습니다. 그는 어쩌면 정말로 성인이 될지도 모른다고 생각했습니다. 그렇게까지 되지 않는다 해도 성인의 재능이 있는 사람에게 성인의 도를 가르치는 것은 역시 쉽습니다. 나는 그를 지켜보면서 도를 알려 주었는데, 그는 사흘 만에 천하를 도외시할 수 있었습니다. 천하를 도외시한 다음에 또 지켜보았더니 그는 이레 만에 사물을 도외시할 수 있었습니다. 사물을 도외시한 다음에 또 지켜보았더니 그는 아흐레 만에 삶을 도외시할 수 있었습니다. 삶을 도외시한 다음에 조철朝徹할 수 있게 되었고, 조철한 뒤에는 견독見獨할 수 있었습니다. 견독한 다음에는 고금古今의 구분을 없앨 수 있게 되었고, 고금의 구분이 없어진 뒤로는 죽지도 않고 태어나지도 않는 경지에 들어갈 수 있었습니다. 살아 있는 것을 죽게 하는 것은 스스로는 죽지 않고, 살아나는 것에 생명을 갖게 하는 것은 스스로는 태어나지 않습니다. 그것道은 구체적으로 말하면 보내지 않는 것도 없었고, 받아들이지 않는 것도 없었습니다. 또 부서뜨리지 않는 것도 없고 이루어 주지 않는 것도 없습니다. 그것의 이름은 영녕攖寧입니다. 영녕攖寧이라는 것은 어지럽게 뒤섞인 뒤에 (새로운 것을) 이룬다는 뜻입니다."[58]

"도외시하는 것外" 역시 어떤 것을 잘라 버리는 것이다. 도외시하는

---

58) 『莊子』「大宗師」: "南伯子葵問乎女偊曰, 子之年長矣, 而色若孺子, 何也. 曰, 吾聞道矣. 南伯子葵曰, 道可得學邪. 曰, 惡. 惡可. 子非其人也. 夫卜梁倚有聖人之才而無聖人之道, 我有聖人之道而無聖人之才, 吾欲以教之, 庶幾其果爲聖人乎. 不然, 以聖人之道告聖人之才, 亦易矣. 吾猶守而告之, 參日而後能外天下. 已外天下矣, 吾又守之, 七日而後能外物. 已外物矣, 吾又守之, 九日而後能外生. 已外生矣, 而後能朝徹. 朝徹, 而後能見獨. 見獨, 而後能無古今. 無古今, 而後能入於不死不生. 殺生者不死, 生生者不生. 其爲物, 無不將也, 無不迎也. 無不毁也, 無不成也. 其名爲攖寧. 攖寧也者, 攖而後成者也."

것이 가능한 이유는 그것들이 원래 자기에게 속한 것이 아니라 외재적인 것이기 때문이다. 세상은 나의 소유가 아니고, 사물은 나의 소유가 아니며, 나의 생명 역시 나의 소유가 아니다. 이 때문에 버려야 한다. 단호하게 버려야 한다. 이것은 노자의 "배우는 것은 날마다 더해 가는 것이지만, 도를 닦는 것은 날마다 버리는 것이다"[59]라는 말을 생각나게 한다. 도외시하는 것外은 도를 닦는 한 과정으로서 바로 버리는 것이다. 사흘 만에 세상을 도외시할 수 있었고, 이레 만에 사물을 도외시할 수 있었고, 아흐레 만에 삶을 도외시할 수 있었다는 것은 "날마다 덜어 낸다"라는 말의 각주처럼 보인다. 장자 역시 "배우는 것"에 대해 언급했다. 남백자규의 "도는 배울 수 있는 겁니까?"라는 질문을 빌려, 장자는 배움에 대한 자신의 태도를 다음과 같이 표명했다. "아니오, 어떻게 가능하겠소." 안 된다는 말이다. 어떻게 가능하겠냐는 것이다. 도는 터득하는 것이지만, 학습을 통해서가 아니다. 학습은 우리에게 어떤 것을 증가시켜 주고 우리로 하여금 도에서 더욱 멀어지게 할 뿐이다. 학습을 통해서 도를 추구하는 것은 남쪽으로 가려고 하면서 북쪽으로 수레를 모는 것과 같다. 도에 비해 사람은 모자란 것이 아니라 남아 넘친다. 사람은 욕망이 넘치고, 공명심이 넘치고, 이기심이 넘친다. 이 때문에 그것들을 제거해야 하는 것이다.

도외시하거나 제거하는 것의 목적은 도를 터득하는 것이다. 세상을 도외시하고, 사물과 생명을 도외시하는 이 몇 가지 단계 뒤에 장자는 '조철', '견독', '고금의 구별이 없음', '죽지도 않고 태어나지도 않는

59) 『老子』 제48장: "爲學日益, 爲道日損."

경지' 등에 대해 말했다. '조철'에서 '철徹'은 통한다는 의미이고, 조철은 하루아침에 통하는 것으로 이해할 수 있다. 이것은 득도의 중요한 한 가지 상징이다. 장자는 여러 차례 '통하는 것'에 대해 언급했다. 예를 들면 '좌망'에서 "대통과 하나가 된다"라고 한 것이나 「제물론」의 "도는 하나로 통한다" 등은 모두 도와 관련이 있다. '견독'의 '독獨'이라는 말은 『노자』에서 "홀로 서서 바뀌지 않는다獨立而不改"라고 도를 형용할 때 사용된 적이 있었다. 이 때문에 그것을 도의 대명사로 볼 수 있다. "태고보다 어른이지만 늙지 않았다"와 "옛날부터 원래 있었다"라고 한 도는 자연히 고금이 없는 것이며, 죽지도 않고 태어나지도 않는 것이다.

이것은 고요한 세계처럼 보이지만 결코 죽음의 기운으로 침체된 것은 아니다. 그것은 소란스러움 속의 고요함인 것이다. 그 속에는 태어나는 것이 있고 죽어 가는 것이 있고, 완성되어 가는 것이 있고 허물어져 가는 것이 있다. 도는 바로 태어나는 것과 죽어 가는 것, 완성되어 가는 것과 허물어져 가는 것의 배후에 놓여 있다. 그것은 살아 있는 것을 죽이는 것이기도 하고 살아나는 것에 생명을 갖게 하는 것이기도 하다. 그것은 온전한 것을 파괴하는 것이기도 하고 온전한 것을 온전하게 만드는 것이기도 하다. 그것은 가는 것을 보내 주고 오는 것을 맞이하느라 무척 바쁜 것처럼 보인다. 그러나 실은 그것은 배웅하지도 않고 마중하지도 않으며, 죽이지도 않고 살리지도 않는다. 도는 무위하는 것이고 좀 더 분명히 말하면 그것은 조물주이다. 그러나 의지를 가진 것이 아니다. 그렇기 때문에 아무리 혼란스럽더라도 그것은 그 평온함을 방해하지는 못한다. 장자는 여기서 영녕에 대해 특별하게 언급하고, 아울러 "영녕이라는 것은 어지럽게 뒤섞인 뒤에 이루는 것이다"라고 설명했는데, '어지럽게 뒤섞이는 것攖' 과 '평정寧' 사이의 복잡한 관계를 강조한 것 같다. 평정은 어지럽게 뒤섞이는 것을 배척하는 것이 아니라 오히려 어지럽게 뒤섞이는 것을 기반으로 하여 도달하는 상태인 것이다. 그것은 바로 죽지도 않고 태어나지도 않는 경지가 삶과 죽음을 배척하는 것이 아니라 오히려 삶과 죽음 속에서 그 삶과 죽음의 허물어짐을 획득하고, 생사에 대한 새로운 이해를 얻는 것과 같다. 이 때문에 '도외시하는 것' 역시 이 혼란스러운 세상을 철저하게 떠나야 하는 것이 아니라 혼란 속에서 평정과 고요에 도달하여야 하는 것이다.

통하는 것이든, 평정에 도달하는 것이든, 잊는 것이든, 도외시하는 것이든 장자가 바라는 것은 어떤 방식을 통해 이 세계가 자신을 향해 제기한 문제를 해소하고 따라서 마음과 몸을 안정시키는 데 있다. 이 세계는 어쩔 수 없는 것, 고통, 불공평 등으로 가득 차 있다. 나는 그것들을 변화시킬 힘이 없기 때문에 받아들일 수밖에 없다. 장자는 고통스러웠고, 그는 그 고통을 없애고 싶어 했다. 그 때문에 그는 원래의 자리로 되돌아감으로써 세계에 대한 상이한 이해를 획득하고 마음의 평정을 얻으려 했다. 그는 성공했을까? 우리는 자상子桑의 그 무기력한 비가悲歌 속에서 해답을 얻을 수 있을지도 모른다.

> 자여子輿는 자상子桑과 친구로 지냈는데, 열흘 동안 장마가 졌다. 자여는 혼잣말로 "자상이 아마 병이 났을 거야"라고 중얼거리면서 밥을 싸들고 갔다. 자상의 집 문 앞에 이르렀을 때 자상은 노래를 부르는 듯 흐느끼는 듯 거문고를 타고 있었다. "아버지 탓인가, 어머니 탓인가, 하늘 탓인가, 다른 사람 탓인가?" 희미하게 제대로 소리도 내지 못하고, 박자도 없이 다

급하게 가사를 내뱉었다. 자여가 들어가 말했다. "네가 읊조리는 가사가 어째서 이 모양이냐?" "나는 나를 이런 극심한 곤경에 이르게 한 것이 무엇인지 생각해 보았지만 찾을 수 없었다. 부모가 어찌 내가 가난하기를 바랐겠는가? 하늘이 사심을 가지고 만물을 감싸는 것도 아니고, 땅이 사심을 가지고 만물을 떠받치고 있는 것이 아닌데, 천지가 어떻게 개인적 감정으로 나를 가난하게 했겠는가? 나를 이렇게 만든 것을 찾아보았지만 찾을 수 없다. 그러니 이렇게 극심한 가난에 빠지게 한 것은 운명인 것 같다."[60]

여기서 우리는 장자 사상의 또 다른 면을 발견할 수 있을 것이다. 편안함을 추구하는 배후에 휘몰아치는 파도와 같은 감정이 있었던 것은 아닐까? 곤경이 닥치면 자상과 같은 사람도 거문고를 뜯으면서 울 것이다. 그리고 평정은 대성통곡을 한 뒤에야 나타날 것이다. "아버지 탓인가, 어머니 탓인가, 하늘 탓인가, 다른 사람 탓인가"라는 외침은 "때를 편안하게 받아들이고 변화에 따르는" 태도와는 분명히 다르다. 우리는 그 속에서 절망적 정서와 절망 뒤에 놓인 항의를 읽어 낼 수 있다. 그러나 항의해 본들 어쩌겠는가? 세상은 여전히 그렇게 굴러가는 똑같은 세상이고, 그는 여전히 이처럼 빈곤한 처지에 놓여 있다. 게다가 이런 처지에 있는 것은 그의 부모가 바라던 것도 아니고 천지에 그 책임이 있는 것도 아니다. 그는 그것이 운명이라는 것을 알고 있다. 항

60) 『莊子』 「大宗師」: "子輿與子桑友, 而霖雨十日. 子輿曰, 子桑殆病矣. 裹飯而往食之. 至子桑之門, 則若歌若哭, 鼓琴曰, 父邪. 母邪. 天乎. 人乎. 有不任其聲而趨擧其詩焉. 子輿入, 曰, 子之歌詩, 何故若是. 曰, 吾思夫使我至此極者而弗得也. 父母豈欲吾貧哉. 天無私覆, 地無私載, 天地豈私貧我哉. 求其爲之者而不得也. 然而至此極者, 命也夫."

거할 수 없는 운명을 긍정하는 것만이 바로 민감하고 지친 마음을 안정시킬 수 있는 최후의 방법이고, 마음으로 하여금 집으로 돌아가고 싶은 생각이 들도록 하고, 집으로 돌아가는 길을 찾도록 할 것이다. 이때 비로소 뿌리宗와 스승師, 즉 자연天과 도道를 찾게 되는 것이다.

「대종사」에 관하여 우리는 몇 마디 더 말해야 할 것 같다. 어떻게 해야만 '세속 바깥쪽의 세계方外'에서 노닐 수 있는가의 문제에 대답할 때 공자가 안회에게 제시한 '세속方'이 바로 도이다. 오직 도만이 우리를 자연으로 돌아가게 할 수 있고, 하늘에 올라 안개 속에서 노닐게 할 수 있다. 여기서 우리는 소위 뿌리宗와 스승師 사이의 어떤 관계를 간파하게 된다. 스승은 우리가 원래의 뿌리로 되돌아가도록 도와주는 도구인 것이다.

앞에서 설명한 것처럼 「대종사」는 어떤 의미에서 도에 대한 찬미의 노래이다. 그런데 그것은 자연에 대한 찬미의 노래이기도 하다는 점이 더 중요하다. 그것은 자연의 위대함을 찬미하는 노래를 부르면서 인간의 미미함에 대해 묘사하고 있다. 그것은 사람에게 자연으로 되돌아가 진인眞人, 천인天人이 되기를 요구하는데, 그것은 도의 힘을 빌려야만 완성될 수 있는 것이다.

七 · 소요유

소요유는 사실 인간 세상에서 시작된 고된 여정의 종점이다.
이 여정에는 덕의 내적 충만이 있었고, 도의 드러남이 있었고,
지知에 대한 잊음이 있었고, 행위의 신중함이 있었고…….
이 모든 것들은 소요유에 이르기 위해 모두 반드시 걸어야만 하는 길이었다.

소요유에 이르는 길

「인간세」에서 시작된 바람 타기의 여정을 지나 우리는 마침내 '소요유'의 풍격을 목도할 수 있게 되었다. 이것은 자유분방하고 어떤 것에도 얽매임이 없는 소탈한 경지처럼 들린다. 이것은 일반인들이 종종 장자에게서 받는 가장 깊은 인상이다. 확실히 그렇다. 「소요유」가 맨 앞에 위치한 것은 의심의 여지 없이 어떤 충분한 의미를 가지고 있다. 예를 들면 그것은 어쩌면 입론立論의 중요한 취지이거나 저자가 신경 써서 강조하려고 한 어떤 내용일 것이다. 그러나 내가 강조하고 싶은 한 가지는 그것이 얼마나 즐겁고 만족스럽게 보이는가 하는 문제와 상관 없이, 소요유는 사실 인간 세상에서 시작된 고된 여정의 종점이라는 점이다.

이 여정에는 덕의 내적 충만이 있었고, 도의 드러남이 있었고, 지知에 대한 잊음이 있었고, 행위의 신중함이 있었고……. 이 모든 것들은 소요유에 이르기 위해 모두 반드시 걸어야만 하는 길이었다. 먼저 걸어야만 비로소 노닐 수 있다. 그것은 물론 물속에서 노니는 것이 아니라 공중에서, 구만리 높은 하늘에서 노니는 것이다. 아직 육중하기 때문에 물속에서 노닐 때는 거센 저항을 받는다. 만약 공중에서라면 구름을 뚫고 푸른 하늘을 등지게 되는데, 그렇다면 어떻게 될까?

물속에서 노니는 것은 북쪽 바다北冥에 산다는 큰 물고기인 곤鯤이다. 「소요유」는 바로 이 거대한 물고기로부터 시작된다.

> 북쪽 바다에 어떤 물고기가 있는데 곤이라는 이름으로 불린다. 곤의 크기는 몇 천 리나 되는지 모른다.[1]

우리는 곤이 북명, 즉 북쪽 바다에서 어떻게 노니는지 알지 못한다. 그것이 호수濠水[2]에 사는 물고기처럼 유유자적하는지 어떤지도 모른다. 아마 그렇지 않을 것이다. 그것은 자기의 현재 상태에 만족하지 못했을 것이다. 그래서 변화를 바랐던 것이고, 그리고 분명하게 변했던 것이다.

> 그것은 새로 변하는데, 붕鵬이라는 이름으로 불린다. 붕의 등은 몇 천 리나 되는지 모른다.[3]

물고기가 새로 변한다는 것은 상식적으로 볼 때는 물론 황당무계하다. 그러나 우화에서는 모든 것이 확실히 그렇게 자연스럽고 또 풍부

---

1) 『莊子』 「逍遙遊」: "北冥有魚, 其名爲鯤. 鯤之大不知其幾千里也."

2) 옮긴이: 호濠는 「추수」의 장자와 혜시의 대화에 나오는 물 이름이다. 두 사람은 그곳 물가에 서서 물고기들이 한가롭게 헤엄치며 노는 것을 구경했고, 장자는 그 모습을 보면서 물고기들이 자유롭게 헤엄치며 노는 것이 바로 물고기의 즐거움이라고 말했다.

3) 『莊子』 「逍遙遊」: "化而爲鳥, 其名爲鵬. 鵬之背不知其幾千里也."

한 의미를 가진다. 물고기가 깊은 곳에서 헤엄치는 것과는 달리 새는 높이 날아오르려 한다. 엄청나게 큰 날개를 가진 새는 나는 것도 당연히 더 높을 것이다. 「소요유」에서는 대붕이 높이 날아오르는 모습을 다음과 같이 설명한다.

> 힘껏 날아오르면 그 날개는 하늘에 걸린 구름 같다. 이 새는 바다가 움직이면 남쪽 바다로 옮겨 간다. 남쪽 바다는 하늘의 호수天池이다.[4]

비행과 비행으로 대표되는 상승은 바로 「소요유」의 주제이다. 이러한 비행은 우리에게 이 세계를 잠시 떠나도록 하고, 또 이 세계를 내려다 보도록 한다. 따라서 이 세계 안에서 보는 것과는 다른 관점을 얻는다. 앞의 것이 사람의 관점이라면 뒤의 것은 하늘(자연)과 직접적으로 관련이 있다. 사람이 사람을 보는 것과 하늘이 사람을 보는 것, 그 둘의 차이는 거대할 것이다. 대붕이 높이 날아오를 때는 삼천리에 이르는 물을 내려치고 회오리바람을 타고 구만리 높이까지 올라간다. 그것의 비상은 하늘가에서 진행되는 것으로 참새처럼 지면에 바짝 붙어 있는 것이 아니다. 그것이 머무르는 곳인 남쪽 바다南冥를 장자는 하늘의 호수天池라고도 불렀다.[5] 그처럼 높은 곳에서 인간 세상을 내려다본다면 그 모양이 어떨까?

하늘에서 보는 사람의 모습이 어떤지를 명확히 알고 싶다면 사람으로부터 하늘을 보는 데서 출발해야 할 것이다. 높고 먼 하늘은 사람이

---

4) 『莊子』 「逍遙遊」: "怒而飛, 其翼若垂天之雲. 是鳥也, 海運則將徙於南冥. 南冥者, 天池也."

볼 때 하나의 짙푸른 세계이다. 그러나 대붕과 같이 하늘 정원에 도달했을 때 우리는 하늘의 신비와 아름다움을 발견할 수 있을 것이다. 우리는 동시에 사람이 얼마나 근시안적인가를 발견하게 될 것이다. 사람의 안목에 대해 의심하게 되는 것도 자연스러운 일일 것이다. "하늘이 짙푸른 것은 그 본래의 색인가? 그것이 멀어 끝이 없기 때문에 그런 것인가? 그쪽에서 이 아래를 내려다볼 때도 역시 이렇게 보일 것이다."[6] 하늘의 짙푸른 색깔은 사실 결코 그 본래의 색깔이 아니다. 사람의 시력으로는 도달할 수 없는 높고도 먼 곳이기 때문에 그것에 대해 짙푸른 인상을 갖게 된 것일 뿐이다. 이런 인식과 의심은 하늘에 올라가 본 뒤 직접 경험한 것을 통해 얻은 것이다. 한편으로는 하늘 정원에서 보고 들은 것이고, 다른 하나는 위에서 아래를 볼 때 느낀 심리적 충격인 것이다. 원래는 뚜렷한 인간의 세계일지라도 하늘에서 보이는 모습은 짙푸를 것이며, 모든 것이 안개 속에 있는 것 같을 것이다. 하늘은 사람이 그토록 신경 쓰는 여러 가지 구별들에 신경을 쓸까? 당연

---

5) 곤과 붕에 대한 우화는 「소요유」에 한 차례 중복되어 나타난다. "초목이 나지 않는 북쪽에 깜깜한 바다가 있는데, 그것이 하늘 호수天池이다. 그곳에는 어떤 물고기가 사는데 그 넓이가 수천 리里이고 길이는 알 수 없지만, 그 물고기의 이름은 곤이다. 그리고 어떤 새가 있는데 그 새의 이름은 붕이다. 붕의 등은 태산과 같고 날개는 하늘에 드리워져 있는 구름과 같다. 그 새는 회오리바람을 타고 구만리 높이까지 올라가 구름을 뚫고 하늘을 등지게 된다. 그런 뒤에 남쪽으로 향하여 남쪽 바다南冥로 간다(窮髮之北有冥海者. 天池也. 有魚焉. 其廣數千里. 未有知其脩者. 其名爲鯤. 有鳥焉. 其名爲鵬. 背若泰山, 翼若垂天之雲. 摶扶搖, 羊角而上者九萬里. 絶雲氣, 負靑天, 然後圖南, 且適南冥也)." 자세히 보면 위 내용은 처음 묘사한 것과 약간 차이가 있는 것 같다. 예를 들면 북쪽 바다가 여기서는 하늘 호수로 불리고 있고, 곤과 붕 사이에서 '변화'의 관계를 찾아볼 수 없다.

6) 『莊子』「逍遙遊」: "天之蒼蒼, 其正色邪, 其遠而無所至極邪. 其視下也, 亦若是則已矣."

히 아닐 것이다. 하늘 아래 모든 경계는 극히 모호하게 변한다. 우리는 「제물론」에서 "세상에서 추호의 끝보다 큰 것이 없고, 태산은 작다. 태어나면서 죽은 아이보다 장수한 사람은 없고, 팽조는 요절한 것이다"[7] 라고 한 말을 자연스럽게 이해할 수 있다.

내가 볼 때 「소요유」는 처음부터 두 가지 관점, 즉 하늘의 관점과 사람의 관점의 대립을 부각시킨다. 그 목적은 물론 사람들에게 사람의 관점에서 벗어나 하늘 높이 올라가 이 세계를 바라보도록 하는 데 있다. 그러나 이러한 탈출은 분명히 가볍고 쉽게 할 수 있는 것이 아니다. 사람이 자신에게서 벗어날 수 있을까? 만약 그렇다면 어떻게 해야만 그 탈출을 실현할 수 있을까?

이제 곤붕鯤鵬의 우화로 돌아가 보자. 우화가 우화로 성립하는 이유는 바로 우화 속에 무한한 의미가 담겨 있기 때문이다. 이 우화에는 특히 유념할 만한 가치가 있는 두 가지 단어가 있다. 하나는 '크다大'이고, 다른 하나는 '변하다化'이다. 곤은 크다. 크기가 몇 천 리까지 이르는지 알지 못한다. 붕 역시 크다. 그것의 등은 몇 천 리나 되는지 알지 못하고, 그 날개는 하늘에 드리워져 있는 구름과 같다. 이런 '크다'는 묘사가 독자들에게 주는 인상은 분명히 강렬하다. 왜냐하면 그것은 현실을 초월해 있을 뿐만 아니라 일반 사람들의 상상을 훨씬 뛰어넘기 때문이다. 사실 『장자』를 읽어 본 적이 있는 사람들이 애쓰지 않아도 기억하고 있는 것이 있다. 즉 장자의 문장에서 기억에 남는 것은 상상 속의 큰 것大物을 곳곳에서 볼 수 있다는 점이다. 가령 수천 마리의 소

---

7) 『莊子』 「齊物論」: "天下莫大於秋毫之末, 而太山爲小. 莫壽乎殤子, 而彭祖爲夭."

를 가릴 수 있는 큰 나무라든가 무거워서 혼자 들 수 없는 큰 조롱박 등을 들 수 있는데, 임공자任公子가 낚은 큰 물고기는 더 말할 필요도 없다.[8] 특이한 글쓰기에서 이런 큰 것의 의미는 아마도 특이해 보일 것이다. 그렇다면 곤붕의 우화에서 '크다'는 말은 어떤 의미를 가지고 있는 것일까?

그것은 매우 많은 종류의 의미를 가질 수 있다. 예를 들면 축적, 만족을 모르는 축적으로서 그 크기를 완성하기에 부족하고, 또 큰 것과 어울리기에도 부족한 것일 수 있다. "교외로 나가는 사람은 세 끼 식량만 싸 가지고 갔다 와도 배가 아직 부르다. 백 리 길을 가는 사람은 밤을 새워 방아를 찧어야 하고, 천 리 길을 가는 사람은 석 달 동안 양식을 모아야 한다."[9] 가는 곳이 다르면 모으는 양도 다르다. 바꿔 말하면 모으는 양이 다르면 갈 수 있는 곳도 다르다. 그것은 물의 깊이와 같다. 얕은 물은 작은 배만 띄울 수 있기 때문에 큰 배를 띄우려고 한다면 깊은 물이 아니면 불가능하다. 이 점에 대해서도 장자는 "물의 깊이가 깊지 않으면 큰 배를 띄우는 데 무력하다"[10]라고 말했다. 곤의 크기로 봐서 그것이 축적한 것 역시 매우 깊고 두터워야만 했을 것이다.

그런데 축적은 바로 축적이고, 그것은 일종의 준비이다. 어떤 목적지에 도달하기 위해, 혹은 어떤 목표를 실현하기 위해 진행하는 준비일 뿐이다. 곤의 축적은 무엇을 위한 것일까? 여기서 우리는 우화 속

---

8) 『莊子』「外物」을 보라.

9) 『莊子』「逍遙遊」: "適莽蒼者三湌而反, 腹猶果然. 適百里者宿舂量, 適千里者三月聚糧."

10) 『莊子』「逍遙遊」: "水之積也不厚, 則負大舟也無力."

의 다른 한 단어, 즉 '변화化'가 필요하다. 그렇다. 그것은 변화를 위한 것, 곤이 큰 새인 붕으로 변할 수 있도록 하기 위한 것인데, 이 때문에 높이 날아오를 수 있고, 상승할 수 있는 것이다. 높이 날아오르거나 상승하는 것은 곤으로서는 실현할 수 없는 것이다. 따라서 그것은 다른 것으로의 변화가 필요했던 것이다. 그러나 큰 것을 가진 것만이 변화할 수 있는데, "크게 자라 변화한다大而化之"라는 말이 여기서 아주 적절하게 올바른 풀이를 얻었다. 거꾸로 말하면 작은 것은 변화할 수 없다. 작은 것은 그저 자기의 한계만을 고수하면서 자기의 세계 속에서만 생활할 수 있는 것이다. 장자가 묘사한 작은 새들을 보자. 대붕이 회오리바람을 타고 구만리 높이 올라가는 것을 보면서 그들은 무슨 생각을 했을까? "우리는 기껏 날아 봐야 느릅나무와 박달나무에 닿을 뿐이고 때로는 그나마에도 못 미쳐 땅에 떨어지고 마는데, 어떻게 구만리나 올라 남쪽으로 간단 말인가?"[11] "저것은 또 어디로 가는 것일까? 나는 힘껏 뛰어 겨우 몇 길 올라갔다가 내려와 쑥대밭 사이를 선회한다. 이것 역시 최고의 비행이다. 그런데 저것은 또 어디로 가려는 것일까?"[12] 작기 때문에 매미와 산비둘기 혹은 메추라기는 그저 자기의 세계에 국한되어 쑥대밭 사이를 선회할 수 있을 뿐이다. '선회한다翱翔'는 말은 강한 풍자적 성격을 가지고 있지만, 오히려 작은 새들의 마음에 꼭 들어맞는 말이다. 그것들은 대붕이 하늘을 뚫고 날아오르는 것

---

11) 『莊子』「逍遙遊」: "我决起而飛搶楡榜. 時則不至而控於地而已矣. 奚以之九萬里而南爲."

12) 『莊子』「逍遙遊」: "彼且奚適也. 我騰躍而上, 不過數仞而下, 翱翔蓬蒿之間. 此亦飛之至也. 而彼且奚適也."

이나 "여섯 달 동안 날아가다가 한 번 쉬는 것"이 분명 이상했을 것이다. 자기들의 눈으로 보면 그것은 쓸데없이 힘을 낭비하는 행위인 것이다.

그런데 사실 대붕을 보고서 작은 새들만이 이와 같은 것은 아니다. 작은 것들은 어떤 것이든 큰 것을 대면할 때 모두 이와 비슷한 생각이 들 것이다. 이것은 결코 그들을 탓하는 것이 아니다. 단 하루만의 수명을 기대할 수 있는 하루살이가 그믐과 초하루를 구별할 줄 아는 것이나, 여름철에만 사는 매미가 봄과 가을을 아는 것 등은 모두 불가능한 일이다. 세계의 사물들은 모두 다른 것들과는 다른, 자기만의 세계를 가지고 있다. 예를 들어 초나라 남쪽에 있는, 5백 년을 봄으로 삼고 5백 년을 가을로 삼는 그 큰 나무라든가, 태고에 존재했다고 알려진 8천 년을 봄으로 삼고 8천 년을 가을로 삼았다는 큰 나무 등이 겪은 것은 분명히 일반적인 나무와는 비교할 수 없는 일이었을 것이다. 그것을 사람에게로 확장해 보면 보통 사람은 상수上壽는 100년을 살고, 중수中壽는 80년을 살고, 하수下壽는 60년을 산다. 그러나 오래 살기로 특히 유명한 팽조彭祖는 어땠는가? 많은 사람들이 만약 똑같은 마음으로 그와 비교한다면 정말 슬픈 일이 아닐까?

이 때문에 「제물론」에서 아무리 "만물은 다 똑같다" 혹은 "도는 하나로 통한다"라고 말하더라도 작은 것과 큰 것의 구별은 역시 작은 것과 큰 것의 차이이고, 장자나 우리 모두 그것이 사실이라는 것을 인정하지 않을 수 없다. '제물齊物'은 만물들 사이의 구별을 초월하는 것일 뿐만 아니라, 더욱 중요한 것은 그것이 만물의 차이에 대한 긍정을 전제로 하고 있다는 점이다. 장자가 보여 주고 있는 것처럼, 수명이 짧은 것小年이 수명이 긴 것大年에 미치지 못하는 것은 바로 보통 사람이 팽조에 미치지 못하는 것과 같고, 지식이 짧은 것小知이 결코 지식이 많은 것大知에 미치지 못하는 것도 작은 새가 대붕에 미치지 못하는 것과 같다는 것은 분명하다. 문제는 팽조와 대붕이 본 것과 알고 있는 것이 지식의 끝인가 하는 점이다.

분명히 아니다. 「양생주」에서 "나의 삶에는 끝이 있지만 지식에는 끝이 없다"라고 말한 것처럼 지식은 끝이 없는 것이다. 팽조와 대붕 등 커다란 존재의 등장은 어떤 의미에서는 다만 보통 사람들이나 작은 새 등 작은 것의 무지와 한계를 드러내 보여 주기 위한 것이다. 이 무지와 한계는 우물 속에 앉아 하늘을 보는 식의 맹목적 자기 만족이나 대롱으로 하늘을 보고 송곳으로 땅의 깊이를 재는 식의 식견이 좁은 것 등을 나타낸다. 그러나 대붕 등으로 작은 새들의 무지와 한계를 깨뜨려 없앤 뒤에도 만약 우리가 대붕과 팽조의 세계에 집착한다면 우리는 여전히 작은 새들과 같이 무지와 한계 속에 머물러 있는 것이 아닐까?

이 때문에 곤붕의 우화에서 핵심이 되는 문제는 지식에 있는 것이 아니라 한계 혹은 사람들이 습관적으로 말하는 경지에 있는 것이다. 지식에 있지 않다는 것은 지식과 관계가 없다는 것을 말하는 것이 아니라 그것이 지식을 초월해 있음을 말하는 것이다. 작은 것과 큰 것의 구분小大之辨에서 강조하는 것은 안목의 높낮이이다. 몇 길과 구만리는 함께 논할 수 없다. 이와 같이 서로 다른 높이에서 세계를 볼 때 당연히 무척 다를 것이다. 하나는 낱낱이 눈에 들어와 분명히 볼 수 있는 상태로 산은 산이고, 물은 물이고, 너는 너이고, 나는 나인 것이다. 다른 하나는 어떤가? 아지랑이나 티끌과 같이 희뿌연 우주의 거대한 변화 속에서 산과 물, 너와 나 등은 모두 사라져 버릴 것이다. 갖가지 모양과 형체는 하나도 보이지 않고, 동시에 나타난 열 개의 태양이 내뿜는 눈부신 빛 속에 모든 것이 용해되어 고정된 사물은 없을 것이다. 곤은 붕으로 변할 수 있고 장주는 나비로 변할 수 있을 것이다. 이것은 유동하는 물화의 세계이다. 그러니 집착할 그 무엇이 더 있겠는가?

사실 중요한 것은 외적 대상에 집착하는 것이 아니라 자기 자신에 집착하는 것이다. 작은 것이 작은 까닭은 바로 자기 자신에 집착하기 때문이며, 또 그것을 최후의 진리로 생각하고 어리석게 변화하려 하지 않기 때문이다. 곤이 붕으로 '변화하는' 것은 바로 자기 자신에 대한 일종의 초월인 것이다. '변화'는 일종의 상징으로서 자기를 잊거나 잃어버림을 상징하는 것이다. 이러한 의미로 변화를 이해하면, '변화' 역시 형체의 변화라는 의미와는 매우 멀리 떨어져 있다. 우리는 그것을 신화 형식의 묘사로만 보아서는 안 된다. 그것은 어떤 의미를 표현하고 있기도 하다. '변화'는 '나'의 소실, 즉 한번 완성되어 바뀌지 않는 그런 나는 없고, 오직 우주의 거대한 변화만이 있다는 것을 말하고 있는 것이다. 이런 의미에서 '변화' 역시 「제물론」에서 말한 "나는 나 자신을 잃었다吾喪我"라는 것과 같다. 외적 대상을 잊고 나서도 자기를 남겨 둘 수 있다. 만약 자기를 잊어버린다면? 그렇다면 아무것도 없다. 자기가 없다면 외적 대상은 자연히 굴레가 될 수 없다. 가죽이 없는데 털이 어디에 붙을 수 있겠는가?

여기서 우리는 이전에는 몰랐던 경쾌하고 맑은 느낌을 느낄 수 있다. 자아의 상실로 인해 인간 세상이 가진 인력은 작용을 잃고 공명심과 재물욕 등은 발붙일 곳이 없어져 버린다. 그리하여 우리는 대붕과 같이 높이 날아올라 구만리 하늘 끝까지 상승할 수 있다. 이러한 높이 날아오름과 상승은 물론 우리의 몸까지 포함하는 것이 아니라, 우리의 마음만 그럴 뿐이다. 마음이 높이 날아오르더라도 우리의 몸은 여전히 혼탁한 인간 세상에 남아 있다. 이것은 사람, 즉 몸을 가진 사람이 영원히 벗어날 수 없는 숙명이다. 몸은 상승할 수 없는 것이고, 날개가 없는 것이며, 지나치게 혼탁하고 무거운 것이다. 그러나 텅 빈 마음은 가능하다. 그것은 날개 없이도 날 수 있다.

여기서 우리는 장자 철학에서의 마음과 몸의 분열을 다시 한번 목격하게 된다. 장자는 마음을 하늘 끝까지 끌어올릴 때만이 아니라 몸을 인간 세상에 남겨 둘 때도 역시 마음과 몸을 분리한다. 이처럼 우리는 어쩌면 곤붕 우화에서 다른 하나의 의미, 즉 몸과 마음의 관계에 대한 의미를 발견할 수 있을 것이다. 북해에 사는 곤은 몸을 상징하고, 대붕은 마음을 대표하는 것이 아닐까? 곤의 크기는 몇 천 리나 되는지 알 수 없다고 했다. 그 정도로 크다면 육중할 것 같은 느낌이 드는데, 그 부담 때문에 높이 날아오를 수 없을 것이다. 인간 세상에서의 부모와 자식 사이의 사랑, 군주와 신하 사이의 도리 등은 마음속에서 지워버릴 수 없고 세상 어디에서든 피할 수 없다.

장자는 북명, 즉 북쪽 바다의 상태에 대해서는 설명하지 않았지만, 고대 중국인의 북방에 대한 인상에 따르면 그곳은 음산하고 춥고 얼음이 꽁꽁 어는 그런 곳이다. 그것은 바로 장자가 느낀 세계와 같을 것이다. 그런 곳에서 생활한다는 것, 그것은 곤으로서는 벗어날 수 없는 운명이었다. 곤에게는 똑같이 물속에서 사는 호수濠水의 물고기와 같은 유유자적하는 느낌은 분명히 없었다. 그것은 한편으로는 그러한 운명을 받아들였고, 다른 한편으로는 분명히 벗어나고 싶어 했다. 여기서 그것은 변화, 즉 곤에서 붕으로의 변화가 필요했다. 사실 곤이 어떻게 다시 붕으로 변화할 수 있을까? 붕으로 변화할 수 있는 것은 곤의 마음일 뿐이다. 장자의 묘사에서 붕의 크기는 육중함을 느끼게 하지 않을 뿐만 아니라 도리어 높이 날아오를 수 있는 근거가 된다. 그런 종류의 크기는 가벼움과 맑음에 도달하기 위한 전제이다. 대붕의 상승에서 우리는 우리의 마음도 함께 그것을 따라 하늘 끝까지 비상하여 남명, 즉 북명과는 상대적인 광명의 땅에 안착하는 것을 느낀다.

몸으로부터의 해방과 초월

「소요유」에서 마음은 의심의 여지가 없는 주인공이다. 그에 상응하여 마음과 몸의 대립 및 마음의 몸으로부터의 해방과 초월 역시 중요한 문제가 된다. 한 사람에게 있어서, 즉 마음과 몸을 동시에 가지고 있는 사람에게 있어서 한 측면을 가지고 다른 한 측면을 초월하게 하는 것은 분명히 쉽게 할 수 있는 일이 아니다. 마음이 몸을 따라가는 것은 마치 물이 아래로 흐르는 것처럼 더할 나위 없이 정상적인 것처럼 보인다. 여기서 마음은 자주 몸에 정복당하고 따라서 몸의 요구에 끌려 다니게 된다. 세상 사람들을 한번 둘러보라. 그들은 모두 몸을 충족시키는 데 만족하지 않는가? 몸은 허영덩어리이다. 지식, 도덕, 명예, 재물 등등은 가지각색의 옷과 같이 끊임없이 몸의 허영을 충족시키고 있으며, 따라서 몸에 정복당한 마음을 만족시키기도 한다. 장자는 그 점에 대해 다음과 같이 설명한다.

> 그러므로 지식은 한 관직을 맡기에 알맞고, 행실은 한 고을을 다스릴 만하고, 덕은 한 임금의 뜻에 맞아서 한 나라에서 신임을 받고 있는 사람도 그 스스로를 바라볼 때 역시 이와 같을 것이다. 그런데 송영자宋榮子는 그것

을 보고 빙그레 비웃는다. 온 세상 사람들이 모두 그를 칭찬해도 더 힘쓰려고 하지 않고, 온 세상 사람들이 모두 그를 비난해도 그만두지 않는다. 그는 내적인 것과 외적인 것의 구분을 분명히 정해 놓았고 영예로운 것과 치욕스러운 것의 경계를 구별하기 때문에 이와 같은 것이다. 그는 이 세상 일에 안달하지 않는다. 비록 그렇지만 아직 확립하지 못한 것이 있다.[13]

이것은 참새와 같이 저 혼자 만족하면서 우쭐대는 사람들을 가리킨다. 세속에서 지식이나 재능 때문에 채용된 사람들은 허영으로 몸을 충족시키느라 마음은 이미 몸의 노예가 되어 버렸다. 그들의 모습은 작은 새가 자기 만족에 빠져 우쭐대는 것과 같다는 느낌을 떨쳐 버릴 수 없다. 그러나 노자가 바로 "총애와 모욕을 두려운 듯하고, 얻는 것을 두려운 듯하고, 잃는 것도 두려운 듯한다"[14]라고 말한 것과 같이 허영을 충족시키는 데서 물론 만족을 느낄 수 있겠지만, 만약 그것을 잃어버린다면 어떻게 될까? 물론 낙담을 면하기 어려울 것이다. 이때 마음은 허영의 득실 속에 완전히 매몰되어 시시각각 계산하고, 갈망하고, 흥분하고, 실망하느라 쉴 틈이 없다.

사람이 꼭 그렇게만 생활해야 하는 것일까? 결코 아니다. 마음이 몸의 노예가 된 사람은 태양을 쫓아가는 과보夸父를 생각나게 한다. 그는 어쩌면 태양에 다가갔을 것이고, 결국 태양의 눈부신 빛 속에서 죽

---

13) 『莊子』 「逍遙遊」: "故夫知效一官, 行比一鄕, 德合一君, 而徵一國者, 其自視也亦若此矣. 而宋榮子猶然笑之. 且擧世而譽之而不加勸, 擧世而非之而不加沮, 定乎內外之分, 辯乎榮辱之境, 斯已矣. 彼其於世未數數然也. 雖然, 猶有未樹也."

14) 『老子』 제13장: "寵辱若驚, 得之若驚, 失之若驚."

었을 것이다. 확실히 허영심 속에서, 즉 눈을 부시게 하는 빛 속에서 진정한 사람은 도리어 사라져 버린다. 진정한 사람은 바깥의 눈부신 빛과는 아무 관계가 없다. 사람이 사람인 까닭은 분명히 몸에 있지 않기 때문이다. 몸은 사람이 결정할 수 없는 것이다. 따라서 진정으로 사람에 속하는 것이 아니기도 하다. 생명과 함께 태어난 몸이든 아니면 사회적인 몸, 즉 여러 가지 명예나 지위든 상관 없이, 맹자의 말을 빌려 말하면 모두 밖에서 찾아야 하는 것들이다. 사람은, 진정으로 사람에 속하는 것은 자기의 마음뿐이다. 그렇다면 우리는 우리의 마음을 어떻게 대해야 할까?

떨어지는 것(이탈)이 그 첫걸음이다. 마음과 몸은 구별되는 것이다. 이 때문에 우리는 그것들을 구별해 내야 한다. 장자가 볼 때 송영자宋榮子는 이런 구분을 이해하고 있었을 것이다. "안과 밖의 구분을 분명히 했다"[15]라는 것은 마음과 몸의 구분을 확고하게 지키고 있었던 것이 아닌가? 송영자의 주장, 예를 들어 "사람들의 욕심이 적어지기를 바라고"[16] "무시당하고서도 모욕적으로 생각하지 않았다"[17] 등은 바로 이런 구분을 전제로 한 것이다. 다른 사람으로부터 들려오는 비난이나 칭찬 등은 모두 밖에 있는 것이기 때문에 우리 마음의 심층에는 아무

---

15) 『莊子』「逍遙遊」: "定乎內外之分."

16) 『荀子』「正論」: "人之情欲寡." * 옮긴이: 저자는 이 구절을 인용하면서 그 출전을 『장자』「천하」로 밝히고 있으나, 송영자와 관련된 『장자』「천하」에서의 유사한 문장은 "욕심을 매우 적게 하는 것을 자기 마음으로 삼았다以情欲寡淺爲內"이다. 저자가 착각한 것으로 판단되어 바로잡는다. 그런데 전후 문맥의 흐름으로 보아 『순자』에서 인용한 것보다 『장자』「천하」의 문장이 더 적절한 것 같다.

17) 『莊子』「天下」: "見侮不辱."

런 동요도 일으킬 수 없다. '이름'에 대한 계산이나 고려가 송영자에게는 이미 사라지고 없었음이 매우 분명하다. 이름으로부터의 이탈은 마음이 더 큰 공간을 가질 수 있다는 것을 의미한다. 그러나 그뿐이다. 송영자는 물론 이름을 잊었지만, 공적功에 대해서는 어땠는가? 더 나아가 자기에 대해서는 어땠는가? 이런 것들은 여전히 그를 놓아 주지 않았던 것 같다.

송영자에 비해 열자는 더 멀리 나아간 것 같다. 장자의 선배이자 관윤의 제자였던 열자는 역사상 도가의 지자智者로 자리매김 되는데, 그는 기氣를 기르는 쪽의 수련을 매우 많이 한 것 같고, 또 바람을 몰고 다니는 능력을 익히는 데 주력했다. "열자는 바람을 부리고 다녔는데, 경쾌하게 즐기다가 열닷새쯤 지난 뒤에나 되돌아왔다."[18] 바람을 부리고 다니는 것은 바람처럼 흘러가는 것이기 때문에 사람들에게 '풍류風流'라는 것을 연상케 할 수 있었다. 그것은 매우 흡족한 일이었을 것이다. 그것은 한 가지 능력일 뿐만 아니라 하나의 태도, 즉 인간 세상에서 멀리 떨어져 있는 태도를 상징한다는 점이 더 중요하다. 바람이 불어 인간 세상의 번뇌와 무기력을 날려 버리는데, 당연히 명예나 성공을 추구하는 마음까지도 날려 버린다. 바람을 부리고 다니는 사람은 세속의 일에 미련을 둘 필요가 없다. 그 때문에 인간 세상의 번뇌와 무기력도 그를 구속할 수 없다. 영예나 치욕 따위는 물론 그와는 아무 관계가 없고, 성공이나 실패 역시 그의 생각 속에 존재하지 않는다.

그러나 그 역시 그 자신만의 관심거리와 걱정거리가 있었다. 그는

---

18) 『莊子』「逍遙遊」: "夫列子御風而行, 泠然善也, 旬有五日而後反."

영예나 치욕, 성공과 실패 등에는 관심이 없었고, 인간 세상의 보행에서는 해방되었지만,[19] 바람에 관심을 가지지 않을 수 없었다. 만약 바람이 없다면 열자는 어떻게 다닐 것인가? 장자와 거의 동시대인인 신도愼到는 사상사에서 세勢를 중시한 것으로 유명한 학자인데, 다음과 같이 말한 적이 있다.

> 그러므로 등사騰蛇(날으는 뱀)가 안개 속에서 노닐고, 비룡이 구름을 타고 다니더라도 구름이 사라지고 안개가 걷히면 지렁이와 똑같은 처지가 되는데, 그것은 타고 다닐 것을 잃어버렸기 때문이다.[20]

만약 바람이 없다면 열자는 아마도 구름이나 안개를 잃은 비룡이나 등사와 같이 되어 이전에 만끽하던 풍류의 느낌은 당연히 거의 다 사라져 버릴 것이다. 우리는 어쩌면 반백의 머리카락을 하고 검은 얼굴에 상처투성이인 사람이 이 세상을 기어가는 모습만 보게 될지도 모른다. 한단邯鄲에서 걸음걸이를 배운[21] 예의 그 사람이 "걸어 다니는 것을

19) 장자는 그에 대해 "이 사람은 비록 걸어다니는 것은 면했지만此雖免乎行"이라고 말했다.

20) 『愼子』「威德」(『群書治要』 권37): "故騰蛇游霧, 飛龍乘雲, 雲罷霧霽, 與蚯蚓同, 則失其所乘也."

21) 옮긴이: 이 이야기는 『장자』「추수」의 공손룡公孫龍과 위모魏牟의 대화에서 인용한, 소위 한단지보邯鄲之步 이야기와 관계가 있다. 즉 위모가 장자와 학식을 견주려는 공손룡의 좁은 소견을 비웃으면서 다음과 같이 말한 데서 기인한다. "당신은 수릉의 아이들이 한단에 가서 걸음걸이를 배운 일에 대해서 알지 못하시오? 그들은 한단 식의 걸음걸이를 다 익히기도 전에 이전의 걸음걸이도 잊어버려서 겨우 기어서 돌아갔다고 합니다(且子獨不聞夫壽陵餘子之學行於邯鄲與. 未得國能, 又失其姑行矣, 直匍匐而歸耳)."

면하는" 훈련 때문에 걷는 능력을 잃어버린 것과 똑같기 때문이다. 그것은 어떤 종류의 서글픔일까? 이런 서글픔은 사실 모두 무척 간단한 사실, 즉 그는 여전히 무언가에 의지해야 하는 사람이라는 데서 기인한다. 의지하는 것이 비록 성공도 아니고 명예도 아닌 바람일 뿐일지라도 그는 여전히 이 세계에 의지하고 있는 것이다.

바람을 몰고 다니는 데서 오는 곤경은 몸의 육중함을 다시 한번 드러내 보여 준다. 만약 몸이 없다면 바람도 물론 필요 없을 것이다. 마음은 어떤 것의 힘을 빌리지 않고도 바람처럼 흘러 다닐 수 있는 것이다. 이 때문에 중요한 문제는 여전히 몸을 버리는 것이다. 먼저 이름을, 다음에는 성공을, 그 다음에는 몸 자체를 버리는 것이다. 몸을 떠난 마음은 변화무쌍하고, 아무것에도 매이지 않으며, 묶이지 않은 배처럼 떠다닌다. 이것이 바로 이른바 노니는 것, 즉 소요유인 것이다. 장자는 말한다.

> 천지의 본질을 타고 육기의 변화를 몰아 끝없는 곳에서 노니는 자라면, 그는 무엇에 의존하겠는가? 그러므로 "지인은 자기가 없고, 신인은 공적이 없고, 성인은 이름이 없다"라고 한 것이다.[22]

소요유는 바람을 필요로 하지 않는다. 그것은 바람을 타지도 않고 바람을 부리지도 않기 때문이다. 그것이 타는 것은 천지의 본질이고,

---

22) 『莊子』「逍遙遊」: "若夫乘天地之正, 而御六氣之辨, 以遊無窮者, 彼且惡乎待哉. 故曰, 至人無己, 神人無功, 聖人無名."

부리는 것은 육기의 변화이다. 이것들은 무슨 오묘한 것이 아니라 자연의 길에 일임하는 것이기도 하고, 이 진실한 세계 속에서 노니는 것이기도 하다. 이른바 노닌다遊는 것은 열자와 같이 이 세계를 완전히 초월하여 떠나는 것이 결코 아니다. 세계는 그로부터 도망갈 수 없는 것이고, 우리는 바로 이 세계에 태어났으며, 우리는 또 죽을 때까지 이 세계에서 생활하도록 정해진 것이다. 이 때문에 우리가 노니는 것은 반드시 이 세계 안에서 노니는 것이다. 그러나 우리는 반드시 이 세계와 거리를 유지해야 한다. 우리는 이 세계 속에 완전히 들어가거나 혹은 온 몸과 마음을 바치듯 뛰어들 수는 없다. 완전히 들어가는 것은 이 세계와 한 몸으로 융합하는 것이고, 세계와 내가 하나로 묶이는 것이다. 그렇게 되면 우리가 어떻게 소요유의 이상을 실현할 수 있겠는가?

그렇다면 우리는 적절한 다른 글자를 찾아 소요유를 설명해야 할 것이다. 이 글자는 바로 섞이는 듯하면서도 떠나는 듯하고, 또 섞이지 않는 듯하면서도 떠나지 않는 듯한 그런 글자여야 한다. "지식은 한 관직을 맡기에 알맞고, 행실은 한 고을을 다스릴 만하고, 덕은 한 임금의 뜻에 맞아서 한 나라에서 신임을 받을 만한"[23]사람들은 세상과 섞이는 것卽이고, 열자가 바람을 부리면서 다니는 것은 세상을 떠나는 것離이다. 그러나 이 두 부류는 모두 장자 식의 소요의 경지에 도달할 수 없다. 소요는 두 종류 사이에 있어야 하고 또 그 두 종류와는 완전히 달라야 한다. '섞이는 듯하는 것' 은 섞이는 것이 아니다. 그것은 섞이는 것 같지만 섞이지 않는 것으로서 이 세계 속에 있으면서도 또 이 세계

---

23) 『莊子』「逍遙遊」: "知效一官, 行比一鄉, 德合一君, 而徵一國."

밖에 있는 것이다. 그것은 마치 잠자리가 물을 스치는 것과 같다. '떠나는 듯하는 것' 역시 떠나는 것이 아니다. 그것은 떠나는 것 같지만 떠나지 않는 것으로서, 이 세계를 떠났으면서도 또 이 세계 속에 있는 것이다. 그것은 마치 끊어진듯 이어져 있는 연뿌리와 같다. '섞이는 듯하는' 것은 이 세상으로부터 도피할 수 있는 방법이 없기 때문이고, '떠나는 듯하는' 것은 이 세계를 초월해야 하기 때문이다.

섞이는 듯하고 떠나는 듯하는 태도가 나타내고자 하는 것은 한편으로는 사람과 이 세계 사이의 복잡하게 얽혀 있는 관계, 즉 세계로부터 도피할 방법이 없는 것이라든가 어떻게 해볼 수 없다는 것이고, 다른 한편으로는 이런 것들을 기초로 한 초월이다. 도피할 방법이 없다는 사실은 우리가 이 세계 속에 몸을 두어야 한다는 것을 결정하는 것이고, 어떻게 해볼 수 없다는 것은 우리로 하여금 이 세계를 초월하도록 몰아세우는 것이다. 소요유는 바로 어떻게 해볼 수 없는 운명 속에서부터 발전되어 나온 생명의 새로운 공간이다. 이 공간은 결코 고정된 지반을 필요로 하지 않는다. 만약 필요하다면 그것은 바로 의지하는 것이 되고, 그것은 곧 소요가 아니다. 그와는 반대로 어떤 공간 속에서든 소요는 다 실현될 수 있다.

그러나 그것은 확실히 하나의 지반을 필요로 한다. 그런데 그 지반은 겨우 사방 한 치 정도의 곳일 뿐이다. 그것은 마음이다. 그것은 사람으로 하여금 진정한 사람이 되게 하는 것이고, 소요유의 근원이다. 몸은 노닐 수 없다. 그것은 실제적인 물리적 공간을 점유하고 있는데, 이는 그것이 다른 형체 및 공간과 대치하고 있고, 서로 상대방을 뛰어넘을 수 없음을 의미한다. 이 때문에 그것은 반드시 타협해야 한다. 즉 이 세계에 순응하면서 사물과 함께 가야 한다. 그러나 마음은 그럴 필요가 없다. 이 무형의 존재는 엄밀히 말하면 사물이 아니다. 따라서 그것은 모든 사물을 무형으로 변화시킬 수 있고 이 때문에 자기 자신을 위해 민첩하고 막힘 없는 세계를 창조해 낼 수 있다. 그런 세계에서 사물은 사라진다. 물론 그것은 물리적인 소실이 아니라 마음에 의해 무형으로 소멸하는 것이다.

이것은 이른바 무궁에서 노니는 것이 아닐까? 어떤 제한도 없고, 어떤 속박도 없고, 어떤 장애도 없이 우리는 끝없는 세계에서 자유롭게 노니는 것이다. 여기에는 나 혼자만 있고, 나와 상대되는 어떤 것도 없다. 이것이 바로 무대無待(의존하는 것이 없음)이다. 나는 물론 의지하는 것이 없다, 걱정할 것이 없다, 다른 힘을 빌릴 필요가 없다 등의 용어로써 그것을 형용하거나 설명할 수 있다. 그러나 더 근본적인 의미에서 오직 '무대無對(짝이 없음)'라는 말만이 그것을 표현하는 데 가장 적합할 것이다. 무대無對는 나와 상대되는 어떤 사물도 없고, 나는 바로 노자가 말한 만물의 어미인 도道로서, 세계에 '홀로 서 있는獨立' 것이다. 그러니 어찌 자유롭게 소요하지 않을 수 있겠는가?

매우 단순한 하나의 사실은 이 세계에는 나와 상대되는 사물이 너무 많다는 것이다. 아들로서 나는 아버지와 상대되고, 신하로서 나는 군주와 상대되고, 길 가는 사람으로서 나는 다른 길 가는 사람과 상대되고, …… 나는 어떻게 해야 무대無對의 상태에 도달할 수 있을까? 나는 분명히 나와 상대되는 사물이 사라지기를 기대할 수 없다. 그러나 무대無對는 또 대상으로서의 그것들이 반드시 사라지기를 요구하고 있는 것이다. 그것은 실현 불가능한 임무처럼 보인다. 그러나 장자는 그 자신만의 방법을 가지고 있었다. 대상으로서의 그것들이 비록 사라질 수 없을지라도 자기 자신은 사라질 수 있다. 자기가 사라져 버리면 대상 역시 사라져 버리는 것이다. 만약 내가 없다면 세상은 어떻게 될까? 세계는 여전히 이와 같은 세계일 테지만 또 완전히 이 세계는 아닐 것이다. 옛날 말에 "마음이 없으면 보아도 보이지 않고, 들어도 들리지 않는다"라고 한 것과 같을 것이다. 내 마음이 없는데, 세계가 또 어떻게 존재한단 말인가?

이때 우리에게 보이는 것은 하얗고 끝없이 넓은 세계, 아무것도 없는 세계일 뿐이다. 우리는 당연히 노닐 수 있고, 유유자적할 수 있다. 이 세계에서 아직 무언가를 가지고 있다면 우리는 그곳에 도달할 수 없다. 그리고 이 세계가 어떤 것을 가지고 있는 까닭은 오직 우리의 마음속에 아직 무언가가 남아 있기 때문이다. 여기서 우리는 장자가 왜 '무기無己'를 지인至人을 규정하는 말로 보았는지 이해할 수 있다. 지인은 '지至'라는 글자 자체가 보여 주듯이 장자의 마음속에서 최고의 사람인 것이다. 지인은 자아가 없는 사람이고 무심無心한 사람이다. 무심해도 역시 이 세계가 없다. 바꿔 말하면 지인은 이 세계에 대해 걱정하는 것이 없다. 그에 비해 신인神人과 성인聖人은 아직 약간 미흡한 점이 있는 것 같다. 자기己에 비하면 공적功과 이름名은 결국 몸 밖에 있는 것이다. 이러한 안팎의 구별은 소홀히 할 수 없는 것이다.[24]

---

24) 옮긴이: 이 문장은 앞에서 인용한 문장 가운데 "지인은 자기가 없고, 신인은 공적이 없고, 성인은 이름이 없다"라는 것과 관련이 있다. 즉 지인至人은 자기가 없음無己을, 신인神人은 공적이 없음無功을, 성인聖人은 이름이 없음無名을 각각 그 특징으로 삼고 있다고 설명한 점을 기억해야 이 문장의 의미를 이해할 수 있다.

막고야의 신인과 세속의 광인

그런데 공적과 이름을 잊어버리는 것은 결국 나를 잊기 위한 전주곡이며, 어떤 의미에서는 그것의 표현이라고 할 수도 있다. 공적과 이름마저도 잊어버릴 수 없는 사람은 자기 자신은 더욱 잊어버릴 수 없다. 공적과 이름의 크기로는 천자를 능가할 것이 없다. 초나라 위왕이 장자를 재상으로 초빙하려다가 거절당했다. 재상은 비록 존귀한 자리지만, 여전히 다른 사람의 울타리에 기대는 것이다. 만약 천자라면 어떨까? 장자는 그래도 그와 같은 유혹을 거절했을까? 다음의 우화를 보면 우리는 바로 해답을 알 수 있을 것이다.

요임금이 허유에게 천하를 양보하면서 말했다. "해와 달이 나와 있는데도 횃불을 끄지 않고 있으니, 그것이 빛을 내기에는 역시 어려운 일이 아니겠소? 때에 맞춰 비가 내렸는데도 물을 길어다가 밭을 적시는 행위는 물을 대는 데 있어 역시 수고로운 일이 아니겠소? 선생님께서 계셔서 천하가 잘 다스려지고 있는데, 제가 아직 주인인 것처럼 하고 있으니 제 스스로 보기에도 부족한 것 같습니다. 천하를 드리오니 거두어 주십시오." 이에 허유가 대답했다. "자네가 천하를 다스려 천하는 이미 잘 다스려지고 있는데, 내가 자네를 대신한다면 나는 이름이나 얻자는 것이 아닌가? 이름이라는 것은 실질의 껍데기야. 나보고 껍데기가 되라는 말인가? 뱁새는 깊은 숲 속에 둥지를 틀지만 그것은 나뭇가지 하나만 필요로 할 뿐이고, 생쥐가 강물을 마시지만 그것은 배를 채우는 데서 그친다네. 자네는 돌아가 쉬게. 나에게 천하는 아무 쓸모가 없다네. 요리사가 요리를 못한다고 해서 축관祝官이 제사상을 타고 넘어가 요리사를 대신하지는 않는 법이네."[25]

장자는 분명히 거절했을 것이다. 왜냐하면 허유가 거절했기 때문이다. 그리고 더 중요한 것은, 그것은 그에게 있어서 전혀 유혹적인 것이 못 된다는 점이다. 그는 자기에게 궁극적으로 필요한 것이 무엇인지를 매우 분명히 알고 있었다. 초나라 위왕이 보낸 사신들을 만났을 때 그는 차라리 더러운 진흙탕 속에서 장난하며 노는 돼지가 되고 싶다고 했다. 「양생주」에서 그는 새장 속에서 길러지기를 바라지 않는 연못가의 꿩이 되겠다고 했다. 여기서는 뱁새와 생쥐이다. 뱁새는 결코 숲 전체를 소유하려고 하지 않고, 몸을 깃들일 수 있는 나뭇가지 하나에 만족한다. 생쥐 역시 강물을 모두 마셔 치우려고 하지 않고, 갈증을 해소하는 것으로 만족한다. 허유와 마찬가지로 장자 역시 천하를 가진 사람이 되고 싶어 하지 않았다. 그는 그저 세상 속에서 몸을 편안하게 둘 수 있는 곳을 찾고, 스스로를 군중 속에 파묻고 싶어 했다. 그러니 커다란 천하가 나에게 무슨 쓸모가 있겠느냐는 것이다.

장자는 물론 지나치게 천하를 혐오한 것은 아니었다. 그의 마음속에는 천하보다 더 큰 것이 있었다. 그는 그가 추구하는 소요하는 마음이 천하에 의해 속박되거나 제한되는 것을 두려워했다. 천자가 되는 것을 가지고 예를 들면, 그것은 결국 무엇을 위한 것일까? '실질' 때문일까? 천자로서의 즐거움을 즐길 수 없다면 무슨 별다른 실질이 있겠

25) 『莊子』 「逍遙遊」: "堯讓天下於許由, 曰, 日月出矣, 而爝火不息, 其於光也, 不亦難乎. 時雨降矣而猶浸灌, 其於澤也, 不亦勞乎. 夫子立而天下治, 而我猶尸之, 吾自視缺然. 請致天下. 許由曰, 子治天下, 天下既已治也. 而我猶代子, 吾將爲名乎. 名者實之賓也, 吾將爲賓乎. 鷦鷯巢於深林, 不過一枝. 偃鼠飮河, 不過滿腹. 歸休乎君. 予無所用天下爲. 庖人雖不治庖, 尸祝不越樽俎而代之矣."

는가? '이름' 때문일까? 그것은 실질에 비해 덜 중요한 문제인 것이다. 허유는 자기가 천자가 되어야 할 이유를 찾지 못했다. 요임금이 이미 대단히 잘 하고 있었던 것은 말할 필요가 없었지만, 만약 잘하지 못했다 하더라도 그게 자기와 또 무슨 관계가 있단 말인가?

우리는 유가의 입장에 서서 장자는 이 세계에 대한 책임감이 없다고 매우 쉽게 비판할 수 있을 것이다. 즉 "우주 안의 일이 바로 나의 일이다"[26]라는 말을 빌려 도덕적 자각을 결핍하고 있다고 비판할 수 있을 것이다. 그러나 장자의 생각은 처음부터 끝까지 개인의 생명에 입각하고 있다. 한 개인은 결국 자기의 삶을 선택할 권리가 있을까, 없을까? 당연히 있다. 비록 세계가 우리에게 너무 많은 제한을 주기는 했지만, 우리는 여전히 그러한 제한 속에서 숨 돌릴 공간을 찾을 수 있다. 우리는 부모와 자식 사이의 사랑이라든가 군주와 신하 사이의 도리 등을 거부할 수는 없지만, 확실히 권력 자체를 거부할 수는 있다. 생명과는 달리 권력은 선택할 수 있는 것이다. 우리는 받아들일 것인지 버릴 것인지 선택할 수 있고, 추구할 것인지 도피할 것인지 선택할 수 있다. 장자는 누군가가 권력을 누리고 권력에서 즐거움을 얻는 것을 결코 반대하지 않는다. 요임금의 말에서 암시하고 있듯이 천자는 어떤 의미에서는 확실히 해나 달, 시기 적절한 단비 등이 하늘을 비추어 주고 대지를 적셔 주는 것과 같은 존재이다. 따라서 만물로부터 숭

---

26) 양명학의 창시자 육구연陸九淵이 한 말에서 인용한 것이다. 원래 이 말은 육구연이 "우주는 바로 내 마음이고, 내 마음은 바로 우주이다. 우주 안의 일이 바로 나의 일이고, 나의 일이 바로 우주 안의 일이다(宇宙便是吾心, 吾心卽是宇宙. 宇宙內事乃己分內事, 己分內事乃宇宙內事)"라고 한 것을 일부분만 뽑아 온 것이다.

배를 받는 영광을 누린다. 요임금에 대하여 공자는 "오직 하늘만이 위대하고, 요임금만이 그것을 본받았다"[27]라고 속에서 우러나오는 찬미를 쏟아 낸 적이 있지 않은가? 장자는 어떤 의미에서는 이러한 평가에 동의한 것 같다. 그러나 이것이 그에게 요임금을 귀감으로 삼도록 할 수는 없었다. 그는 권력이 가지고 있는 눈부신 빛이 반사되어 되돌아올 것이라고 생각했고, 자기가 뿜어 내는 눈부신 빛 속에서 죽을 것이라고 생각했을 것이다. 이렇게 되느니 차라리 처음부터 이 눈부신 빛과 거리를 유지하는 편이 더 낫겠다 싶었을 것이다. 그는 눈부신 빛이 없는 곳, 깜깜한 곳으로 도망가 몸을 안전하게 하고 목숨을 부지하면서 자유의 즐거움을 누릴 수 있다.

여기서 우리는 막고야藐姑射라는 산을 발견한다. 그것은 세속적 세계와는 완전히 다른 별개의 세계이고, 얼음처럼 맑고 옥처럼 깨끗한 세계이다.

> 막고야산에 신인이 사는데, 그 피부가 얼음이나 눈처럼 맑고, 부드럽고 따스한 모습은 처녀와 같으며, 오곡을 먹지 않고 바람을 들이쉬고 이슬을 마시며, 구름을 타고 비룡을 몰아 세상 밖에서 노닌다. 신인이 정신을 집중하면 사물을 병들지 않게 하고 한 해의 곡식이 잘 익게 한다.[28]

---

27) 『孟子』 「滕文公上」: "惟天爲大, 惟堯則之."

28) 『莊子』 「逍遙遊」: "藐姑射之山, 有神人居焉, 肌膚若冰雪, 淖約若處子. 不食五穀, 吸風飮露. 乘雲氣, 御飛龍, 而遊乎四海之外. 其神凝, 使物不疵癘而年穀熟."

'막藐'은 머나먼 곳일 것이고, '산山'은 거리감을 더하는 동시에 특히 신인들이 높은 곳에서 아래를 내려다 보듯이 이 세계를 굽어본다는 느낌을 갖게 하는 말이다. 사실 신인들은 이 세계에 아예 흥미가 없고, 당연히 굽어보지 않을지도 모른다. 천자의 고고함과는 달리 신인의 고고함은 분명히 조금 싸늘하면서도 고울 것이다. 천자의 세계는 떠들썩하고 혼잡하며, 그 눈부신 빛 속에서 무수한 티끌과 먼지가 날아다니는 것으로 보인다. 신인의 세계는 독립되어 있고 차갑고 맑다. 거기에는 눈을 부시게 하는 빛도 없지만, 얼음과 눈에서 나온 청명함이 있다. 막고야에 대한 묘사를 통해 장자는 신인과 속인의 대립을 드러내려고 고심한 것 같다. 얼음이나 눈 같은 피부라든가, 처녀와 같이 부드럽고 따스하다는 것 등은 모두 인간 세상이 사람들에게 가져다주는 오염과 속박을 떠올리게 한다. 인간 세계의 올자兀者(형벌로 한쪽 발이 잘린 사람)들, 이상한 모양을 한 지리소 등과 같은 사람들은 또 어떻게 피부가 얼음이나 눈처럼 맑고, 처녀와 같이 부드럽고 따스한 모습이 될 수 있을까? 신인들은 오곡을 먹지 않고, 그들은 바람을 들이키고 이슬을 마신다. 그래서 장자처럼 감하후監河侯[29]에게 양식을 빌리러 갈 필요가 없다. 그들은 또 비틀비틀 걸어 다닐 필요가 없이 구름을 타고 비룡을 몰아 세상 밖에서 노닌다. 이 같은 맑고 경쾌한 느낌은 혼탁한 세상에서 살아가는 사람에게는 하나의 청량제가 아닐까?

신인이 세속의 혼탁함을 받아들일 수 없는 것과 마찬가지로 세속인도 신인의 경쾌함을 받아들이기 매우 어렵다. 맑고 경쾌한 느낌은 이

29) 『莊子』「外物」 참조.

탈과 버림, 즉 「대종사」에서 묘사한 좌망과 같이 몸을 버리고, 욕망을 버리고, 마음과 지각을 버리는 데서 오는 것이다. 그것은 마음이 만들어 내는 경지의 일종이다. 막고야가 실제의 세계에 결코 존재하지 않는다는 사실을 장자는 물론 알고 있었다. 그것은 신화 속에서 존재했을 것이다. 그러나 현재 그것은 오직 장자의 마음속에만 존재한다. 장자는 분명히 자기는 막고야의 신인처럼 외롭고 쓸쓸하다고 생각했을 것이다. 그러나 그것은 이 세계가 그를 배척해서가 아니라 그와 이 세계가 도무지 어울리지 않기 때문이었다. 그는 스스로 신인과 같은 생활, 즉 세속에서는 이해할 수 없는 생활을 선택했다. 견오가 고백한 것처럼 그가 신인의 전설에 대해 들었을 때 그의 반응은 '두려움'과 '사람들의 상식에 맞지 않다'는 것이었다.

> 견오가 연숙에게 물었다. "나는 접여에게서 어떤 말을 들었는데, 크기만 하고 사리에 맞지 않으며, 앞으로 나아갈 줄만 알고 (현실로) 돌아올 줄은 모르는 거야. 나는 그 말이 마치 은하수처럼 끝이 없다는 데 놀랍고 두려웠어. 사리를 크게 벗어나고, 사람들의 상식에 맞지 않았어."[30]

이것은 확실히 사람들의 상식에 맞지 않는다. 어디에 이와 같은 세계가 있겠는가? 그리고 사람들이 먹는 곡식이나 불에 익힌 것을 먹지 않는 그런 사람이 어디에 있겠는가? 그런 생활이 가능할까? 아니면

---

30) 『莊子』「逍遙遊」: "肩吾問於連叔, 曰, 吾聞言於接輿, 大而無當, 往而不返. 吾驚怖其言, 猶河漢而無極也. 大有逕庭, 不近人情焉."

정말로 크기만 하고 사리에 맞지 않으며, 앞으로 나아갈 줄만 알고 돌아올 줄 모르는 것일까? 물론 가능한 것이다. 가능할 뿐만 아니라 매우 진실한 것이다. 이것은 장자의 마음속에 있는 진실한 생활로서 몸과는 관계가 없다. 몸은 물론 이 세계를 떠날 방법이 없고, 그저 인간 세계의 육중함을 짊어지고 인간 세계의 더러움과 혼탁함을 받아들이지만, 마음은 민첩하고 얼음처럼 깨끗하며 티끌 하나도 묻지 않게 할 수 있다. 이런 생활이 세속에서는 이해될 수 없다는 것을 장자는 알고 있다. 세속적인 마음은 이미 일찍부터 오곡과 잡곡 속에 매몰되었다. 마음은 그것들로 채워져 다른 공간이 없어져 버렸다. 다른 것에 대해서 그들은 귀머거리나 장님과 같이 들어도 들리지 않았고, 보아도 보이지 않았다. 이때 그들이 신인에 대해 들었을 때 느낀 두려움이라든가 사람들의 상식에 맞지 않다는 느낌은 더할 나위 없이 정상적인 것이다. 그러나 그것이 무슨 의미를 가지고 있을까? 노자가 "최고의 선비가 도를 들으면 부지런히 실천한다. 중간에 속하는 선비가 도를 들으면 있는 듯 없는 듯 여긴다. 최하에 속하는 선비가 도를 들으면 크게 웃어 버린다. 웃지 않으면 도라고 하기에 부족하다"[31]라고 말하지 않았던가? 속인들의 비웃음을 받는 것이 신인에게는 고민거리가 되지 않을 뿐만 아니라 그것은 오히려 세속을 떠나 신의 경지에 들었다는 징표가 되기에 충분한 것이다.

비록 우화이기는 하지만, 그래도 우리는 이 "크기만 하고 사리에 맞

---

31) 『老子』 제41장: "上士聞道, 勤而行之. 中士聞道, 若存若亡. 下士聞道, 大笑之. 不笑不足以爲道."

지 않는"이라는 말이 나온 곳에 대해 조금 유의해야 할 것이다. 우화 속 인물의 설정과 배치는 분명히 아무 의미가 없다. 예를 들어 「인간세」에서는 세속적인 사람들의 모습을 좀 더 많이 차용하여 그들이 토론하는 문제에 더욱 어울리도록 했다. 신인에 관한 우화는 견오가 한 말에 따르면 접여에게서 들은 것이다. 이 접여라는 사람에 대해서 우리는 생소한 느낌을 가질 필요가 없다. 그는 미치광이로 유명하다. 노래를 부르면서 공자의 집 앞을 지나가던 이 미치광이는 인간 세상에 집착하는 공자의 태도가 몹시 잘못되었다고 생각했다. 이 점에 대해 공문孔門에서는 이미 다음과 같이 기록했다.

봉황이여, 봉황이여
덕이 어찌 그리 시들었는가?
지나가 버린 일은 바로잡을 수 없고,
다가올 일은 미리 좇을 수 없거늘.
그만두어라, 그만두어라.
지금 정치꾼들은 위험하다네.[32]

세속은 이처럼 더럽고 혼탁하며 암담한데, 우리는 왜 꼭 그 사이에서 급급해 하는가를 묻는 것이다. 이것은 한편으로는 공자에게 충고하는 것이고 다른 한편으로는 물론 장자의 독백인 것이다. 도연명이 「귀거래사」에서 "세상이 이미 나와 어긋나 있는데, 다시 말을 덧붙여 무

32) 『論語』「微子」: "鳳兮鳳兮, 何德之衰. 往者不可諫, 來者猶可追. 已而已而. 今之從政者殆而."

엇을 요구하겠는가"[33]라고 말했듯이 세상에 대해 요구하는 것이 없어야 비로소 미치광이의 자질을 갖게 되는 것이다. 세상에서 쓰여지기를 바라는 사람은 미칠 수 없다. 그들은 반드시 규범에 맞는 생활을 해야 하고, 사람들의 환영을 받음으로써 세상을 위해 필요한 도덕과 사회적 밑천을 획득해야 한다. 그러나 접여는 할 수 있었다. 이 때문에 그는 미치광이가 되었던 것이다. 이것은 물론 기자와 같은 거짓 미치광이가 아니었다. 거짓으로 미치는 것은 어쩌면 생존의 기교일지도 모르는데, 몸으로 더 많이 표현된다. 그러나 진짜 미치는 것은 생활 태도의 한 종류로서 주로 마음과 관계가 있다. 기교는 일시적인 것으로, 그것은 기심機心[34]의 표현이다. 태도는 영원한 것으로, 그것은 진심의 표현이다.

장자는 그런 광인이었을까? 세계에 대해 겉으로만 따르는 척하는 이 사람이 다른 사람에게 주는 느낌은 겁쟁이 같을지언정 분명히 용사는 아니다. 그러나 그것이 그가 광인이라는 데 지장을 끼치지는 않는다. 용사와 겁쟁이는 담력의 크기가 평가의 기준이 되는데, 장자는 마음이라는 것마저 없는데 어떻게 담력에 대해 논할 수 있을까? 겁쟁이나 용사라는 칭호는 그에게 적합하지 않다. 그러나 광인이라는 칭호는 적합하다. 미쳤기 때문에 너무나도 개의치 않는다. 공적이나 명예, 이

---

33) 陶淵明, 「歸去來辭」: "夫世旣與我相違, 復駕言兮焉求."

34) 옮긴이: 기심機心은 교활한 마음이라는 뜻으로 남을 속이거나 더 많은 이익을 얻으려는 의도를 가진 마음 상태를 가리킨다. 『장자』 「천지」에서 공자의 제자 자공子貢이 여행길에 힘들게 농사를 짓는 노인을 보고 기계의 사용을 권하자 노인은 기계를 사용하면 기사機事(교활하고 번잡스러운 일들)가 생기고, 기사가 생기면 기심機心이 생기며, 기심이 있으면 타고난 순수함이 사라진다고 비판한 데서 유래한 말이다.

익이나 재물 따위에 개의치 않고, 옳고 그름이나 비난과 명예 등에도 개의치 않고, 심지어는 자기 자신에도 개의치 않는다. 이런 상태에서 뒤로 물러서는 것은 연약한 것이 아니고, 앞으로 나아가는 것은 용감함의 표현이 아니다. 미쳤기 때문에 미친 말을 너무 많이 했다. 그가 말하는 방식은 미친 것이고, 그가 말하는 내용도 미친 것이다. 사실은 결국 그가 미친 마음을 가지고 있었기 때문이었다는 것이다. 미친 마음을 가지고 있어야 미친 사람(광인)이 될 수 있고, 미친 사람이어야만 비로소 미친 소리를 할 수 있는 것이다.

바로 이런 미침狂에서 장자는 자신이 세속과 대립적이라는 것을 표현했다. 그는 '무대無對'를 추구하는 과정에서 자기를 전체 세계와 대립시켜 갔다. 신인은 이 세계와 아무 관련이 없다. "신인과 그 사람의 덕은 장차 만물을 혼합하여 하나로 만들려는 것이다. 세상 사람들은 세상을 구원해 주길 바라지만, 신인이 무엇 때문에 애써 가며 천하를 자기의 일거리로 만들겠는가? 그런 사람은 사물이 상해를 입힐 수가 없으며, 홍수가 나서 하늘에 이르더라도 물에 빠지지 않으며, 큰 가뭄에 쇠와 돌이 녹아 흐르고 흙과 산이 타더라도 뜨거운 줄을 모른다. 이 사람은 먼지나 때, 쭉정이와 겨 같은 것을 가지고도 요임금이나 순임금을 만들어 낼 수가 있는데, 무엇 때문에 세상을 자기의 일거리로 삼겠는가?"[35] 이런 사람은 세계에 대해 속마음이 움직이지 않는 사람이고, 부동심不動心을 가진 사람이다. 그는 매우 자각적으로 자기의 느낌

35) 『莊子』「逍遙遊」: "之人也, 之德也, 將旁礴萬物以爲一. 世蘄乎亂, 孰弊弊焉以天下爲事. 之人也, 物莫之傷, 大浸稽天而不溺, 大旱金石流土山焦而不熱. 是其塵垢粃糠, 將猶陶鑄堯舜者也, 孰肯以物爲事."

을 감추기 때문에 그에게는 차가움도 없고, 뜨거움도 없고, 아름다움도 없고, 추함도 없다. 원래부터 풍부하고 다채로운 세계, 붉게 핀 많은 꽃들이나 푸르른 버들, 혹은 희로애락의 감정 등은 이 부동심 속에서 모두 하나로 통합되는데, 이 통합된 하나 역시 무無이다. 만물은 모두 사라진다. 그러나 해나 달이 하는 식으로 눈부신 빛 속에서 사라지는 것이 아니다. 그런 눈부신 빛 속에서 그것들(만물)은 여전히 먼지나 티끌로 날아다닐 수 있다. 장자의 빈 마음空心 혹은 미친 마음狂心 속에서 그것들은 그 무엇도 아니다.

어떤 점에서는 아직 거짓 미치광이와 비슷한데, 그것은 장자 식의 미침은 비록 만물을 '소멸' 시켜 버리지만, 그것이 주로 고려하는 것은 여전히 자기 방어라는 점이다. 장자가 신인에 대해 설명한 것 가운데 우리 마음에 맴돌고 있는 것, 이 때문에 우리 눈에 들어온 것 가운데 여전히 남아 있는 것은 "그런 사람은 사물이 상해를 입힐 수가 없다"라는 말이다. 이 간단한 말은 장자의 마음속 비밀을 드러내 보여 주고 있는 것 같다. 그는 본래 매우 취약하고, 그의 초월은 도피, 즉 인간 세상에서 입을 수 있는 상해로부터의 도피인 것 같다. 우리가 그 어떤 것에도 개의치 않고, 그 때문에 이 세계에 대해 아무것도 요구하는 것이 없을 때 이 세계는 여전히 우리를 적으로 간주할까? 아니다. 결코 그렇지 않을 것이다. 장자는 그런 사람은 세계로부터 잊혀지고, 비록 존재한다고 해도 존재하지 않는 것과 같다고 생각했다. 가깝게는 눈앞에 있지만 멀게는 하늘 끝에 있다. 그는 이른바 투명인간과 아주 비슷하다. 이 세계를 볼 수는 있지만, 이 세계는 그를 볼 수 없다.

그러나 만약 미친 것을 몸을 보존하는 것에만 관련이 있는 것으로 본다면, 장자를 너무 얕보는 우를 범할 수 있다. 우리가 위에서 언급한 것처럼, 미침은 진심의 표현이다. 이 진심은 때로 갓난아기의 마음赤子之心이라고도 하는데, 사실 그것은 신성神性이 깃든 곳이다. 미침 속에서, 미친 마음과 미친 말 속에서 우리는 일종의 추구를 발견할 수 있다. 그것은 바로 신성에 대한 추구이다. 이러한 추구는 바로 자기의 역량을 높이는 방법의 하나이고, 그것은 사람을 순화하고 세계를 순화하는 한 가지 힘이다. 어떤 의미에서 사람은 기형적인 태아이다. 아마 고대 신화가 확실히 사람의 본질을 반영할 수 있었을 것이다.

반인반수의 신령은 신과 사람과 동물을 하나로 결합시킨 것이다. 사람은 어쩌면 이러한 존재인지도 모른다. 그것은 신과 동물 사이에 끼어 있다. 반은 신이고 반은 동물이다. 그에 상응하여 사람은 몸(육체)과 마음(정신)으로 분열된다. 이 분열은 인간이 다른 삶, 즉 동물적이거나 신적이거나, 순수한 몸이거나 순수한 마음이거나 혹은 그것들의 중간인 삶을 선택할 수 있도록 규정한다. 사람은 동물로서의 쾌락을 누릴 수 있고, 신으로서의 환희를 누릴 수도 있다. 그것은 전적으로 우리의 선택에 의해 결정된다. 장자의 선택은 분명하다. 그의 선택은 신인에 대한 말 속에 드러나 있다. 신인은 여전히 사람이지만, 그는 사람이 가진 양면 중 신성의 일면을 충분히 체현할 수 있는 사람이다. 여기서 신화 속의 신인은 가장 훌륭하고도 가장 편리한 표현 소재가 된다. 신화 속의 막고야산, 이 신인이 사는 곳은 장자에서 신성이 깃든 장소이다.

신성에 대한 추구는 일종의 정신적 생활을 선택했음을 의미하고, 동물성의 포기를 의미하고, 또 몸에 대한 포기를 의미한다. 구름을 타고 비룡을 모는 것이 만약 몸이 그렇게 하는 것이라면, 바람을 타고 다니는 열자와 본질적인 구별은 거의 없을 것이다. 그러나 그들은 분명히 구별이 있다. 장자는 마음과 몸이 다르다는 것, 즉 그것들은 각각 무엇을 할 수 있고, 무엇을 할 수 없는가 등을 명확하게 의식하고 있었다. 구름을 타고 비룡을 모는 것은 마음의 일일 뿐이지 몸과는 아무 상관이 없다. 당연한 말이지만 몸은 속세의 밥 짓는 자욱한 연기 속에 파묻혀 있을 수밖에 없을지라도 마음은 하늘에 올라 안개 속을 노닐 수 있다. 그것은 다른 의미에서의 좌치坐馳, 즉 몸은 앉아 있되 마음이 밖으로 내달려 가는 것이다.[36] 그러나 이런 내달림은 결코 마음이 몸에 매몰되거나 만물 속에 매몰되도록 하는 것이 아니라, 마음이 몸과 만물로부터 벗어나도록 하고, 초월하도록 하고, 평안과 자유를 얻도록 하는 것이다.

무하유의 마을과 광막한 들판

모든 사람이 다 몸을 가지고 있는 것처럼 모든 사람은 다 마음을 가지고 있다. 몸은 천차만별로 다르지만 마음은 서로 같을 수 있다. 장자는 본심의 문제를 논의한 적이 전혀 없다. 그는 그런 문제에 대해 논의할 필요성을 못 느꼈다. 그러나 본심을 가지고 있든 아니든, 혹은 본심이 같든 아니든 상관 없이 긍정할 수 있는 한 가지 점은 사람들의 마음

---

36) 옮긴이: 좌치坐馳는 「인간세」에 나오는 말로, 몸은 앉아 있어도 마음이 밖으로 내달리는 것을 의미한다. 『장자』에서는 원래 고요한 평상심과는 반대되는, 온갖 욕망과 망상을 향해 내달리는 마음을 뜻하는 부정적인 의미로 사용된다. 그러나 여기에서는 오히려 좋은 의미로 사용하고 있다. 그래서 저자는 "다른 의미에서의 좌치"라고 한 것이다.

가짐은 같지 않다는 것이다. 이런 마음가짐의 차이는 우리가 어떤 사람이 될지를 결정하고, 우리가 어떤 형태의 삶을 원하는가를 결정한다. 우리는 기심機心을 일으키려고 할 것인가? 너구리를 예로 들어 보자. "몸을 낮추어 놀러 나오는 먹잇감을 기다리기도 하고, 동서로 뛰어다니면서 높은 곳이나 낮은 곳을 가리지 않다가 덫에 걸리거나 그물에 걸려 죽는다."[37] 그것은 의심할 것도 없이 기심을 발동했고 몸을 수고롭게 했다. 그런데 결과는 어땠는가? 세계의 거대함이나, 만물의 오묘함이나, 사람의 마음 헤아리기의 어려움이나, 인간의 욕망 채우기의 어려움 등에 대해서는 아마 십여 개의 기심을 가동한다고 해도 이해할 수 없을 것이다. 장보관章甫冠이 송나라에서는 불티나게 팔렸겠지만, 우리가 막상 그것을 가지고 월나라에 가서 큰돈을 벌려고 생각할 때, 우리는 깨닫게 될 것이다. 월나라 사람들은 원래부터 머리를 빡빡 깎고 몸에 문신을 하기 때문에 장보관이 아무 소용이 없다는 것을. 그때 우리는 기심의 한계를 발견하게 될 것이다. 요임금이 천자가 되자 세상이 태평해졌고 만백성이 그의 훌륭함을 칭송하여 확실히 마음이 만족스러웠다. 그러나 그가 막고야의 신선들을 만났을 때 그는 아마도 다른 느낌을 가졌을 것이다. 그는 확실히 다른 느낌을 가졌고, 장자가 말하듯이 까마득하게 천하를 잊어버렸던 것이다. 그는 천하나 천자의 지위는 결코 몸을 안전하게 하고 목숨을 부지할 수 있는 곳이 아니며, 어떤 공적이나 명예든 다 그와 같다는 것을 발견했을 것이다. 오늘 나는 잠시 몸을 맡길 만한 곳을 얻었거나 혹은 찾았다 하더라도, 그러나

37) 『莊子』 「逍遙遊」: "卑身而伏, 以候敖者. 東西跳梁, 不避高下. 中於機辟, 死於罔罟."

만약 내일 그것을 잃는다면 어떻게 할 것인가? 그러면 바로 집 잃은 개처럼 안절부절못하게 될 것이며, 몸을 안전하게 하고 목숨을 부지할 수 있다는 느낌이 조금도 없을 것이다.

사실 진정으로 몸을 맡길 수 있는 곳은 다른 데 있는 것이 아니기 때문에 밖에서 찾을 필요가 없다. 그것은 바로 사람의 마음속에 있다. 서로 다른 마음은 서로 다른 세계, 서로 다른 생활, 생명에 대한 다른 느낌 등을 만들어 낸다. 「제물론」에서 서술했듯이 다른 구멍은 바람 속에서 다른 소리를 낼 것이고, 다른 음악을 연주해 낼 것이다. 세계와 생명의 의미는 근본적으로 자기가 창조하고 부여하는 것이다. 의미는 형체를 가진 하나의 사물처럼 세계나 생명 속에 놓여 있는 것이 결코 아니며, 사람 앞에 저절로 그 모습을 드러낼 수도 없다. 그것은 마음이 만들어 낸 것이다. 똑같은 하나의 사물이라도 다른 마음 앞에서는 다른 모양을 드러낼 것이다. 이것이 바로 다른 의미이다. 예를 들면 손을 트지 않게 하는 똑같은 처방이라도 어떤 사람은 그것을 그저 세탁소를 운영하는 데만 사용했고, 어떤 사람은 그것을 사용하여 땅과 함께 제후로 임명받았다.

또 다른 좋은 비교는 다섯 섬이나 들어가는 큰 조롱박이다. 혜시가 볼 때 그것은 아무 쓸모가 없는 것이었다. 그 때문에 부숴 버리거나 한쪽에 버려둘 수밖에 없었지만, 장자가 볼 때는 강물에 띄우는 도구로써는 더할 나위 없이 좋은 것이었다. 그리고 자나 먹줄을 댈 수 없는 그 큰 나무는 비록 크기는 하지만 쓸모가 없었다. 그래서 목수는 그것을 한번도 돌아보려고 하지 않았다. 그러나 장자의 마음에서는 그 나무를 무하유無何有의 마을에 심거나 광막한 들판에 심어 놓고 아무것도 안 하면서 그 근처를 방황하거나 그 아래서 소요하다가 누워서 잠들 수 있었다. 이 얼마나 유유자적하는 것인가? 그곳에서 큰 나무는 도끼로 인한 상처를 걱정할 필요가 없다. 그것은 아무 쓸모가 없기 때문이다. 그러니 무슨 괴로운 것이 있겠는가?

큰 나무든 큰 조롱박이든 상관 없이 장자가 말한 것은 모두 큰 사람, 즉 큰 마음을 가진 사람이다. 큰 마음이란 나를 잊은 뒤의 마음으로서 세속에서 벗어나 신성神性을 추구하는 마음인 것이다. 이른바 무하유의 마을이나 광막한 들판은 결코 먼 곳에 있는 것이 아니고, 또 그것들은 결코 실재하는 공간이 아니다. 가령 우리가 이 황막한 곳에 도착한다면 커다란 나무 하나를 발견할 것이다. 만약 우리의 마음이 혼잡스럽거나 사물들로 가득 차 있다면 우리는 아직 소요를 얻을 수 없을 것이다. 무하유의 마을이 말하는 것은 어떤 심경에 불과하다. 그것은 세계를 잊고 자기를 잊고 난 뒤의 상태이고, 자기가 없고無己, 공적이 없고無功, 이름이 없는無名 이후의 상태인 것이다.

이러한 상태에서는 마음속에 사물이 없고無物, 마음속에 사람이 없고無人, 마음속에 자기가 없고無己, 모든 것이 사라져 버려 마음은 진정한 의미에서의 텅 빈 공간虛室이 된다. 그러나 우리는 결코 그것을 절대적 의미에서의 허무라고 보아서는 안 된다. 왜냐하면 이 텅 빈 공간에서 광명이 생겨날 수 있기 때문이다. 즉 이른바 텅 빈 공간에서 눈부신 빛이 나타나는 것虛室生白이다. 생명의 빛과 의미는 바로 여기에서 나오는 것이다. 우리는 원래 사라졌던 세계와 만물과 자기가 점점 나타나는 것을 발견할 수 있을 것이다. 처음에는 흐릿하다가 나중에는 갈수록 분명해질 것이다. 이것이 거듭남重生이다. 모든 것이 원래의 모습으로 보이지만, 모든 것이 다 다르다. 만물은 마음의 세례를 거쳐 원래 혼탁했던 것이 다 씻겨지고 맑고 향기로운 것만 남는다.

여기서 선종의 승려 청원青原惟信이 말한 다음과 같은 유명한 문장이 생각난다.

> 노승이 30년 전에 참선하지 않았을 때, 산을 보니 산이었고 물을 보니 물이었다. 나중에 이르러 참지식을 친견하고 깨달음에 들어섰다. 산을 보니 산이 아니었고, 물을 보니 물이 아니었다. 지금 쉴 곳을 찾고 나니 예전과 같이 산을 보니 산일 뿐이고, 물을 보니 물일 뿐이다.[38]

맨 처음의 "산을 보니 산이었고 물을 보니 물이었다"에서부터 중간의 "산을 보니 산이 아니었고, 물을 보니 물이 아니었다"를 거쳐, 마지막으로 "산을 보니 산일 뿐이고, 물을 보니 물일 뿐이다"에 도달했다. 하나의 원을 돌아 원래의 기점으로 되돌아온 것 같이 보인다. 그러나 사실 그 차이는 매우 크다. '이다是'와 '뿐이다只是'는 분명히 다르다. '이다'는 '실實'이고, '뿐이다'는 허공 속의 '실實'이다. '실'은 마음에 장애가 되지만, 허공 속의 '실'은 마음에 아무 장애가 되지 않는다. 산과 물은 당연히 그 산과 물이다. 그러나 사람에게 있어서의 의미는 분명히 다른 것이다. 이 의미는 똑같이 장자에 적용된다. 똑같은 하나의 세계라도 신성의 마음을 가진 사람과 세속적 마음을 가진 사람에게 있어 분명히 같지 않을 것이다. 이런 같지 않음은 마치 장자 자신이 혜시와 같지 않은 것과 같다. 「소요유」 마지막에는 장자와 혜시의 대화를

38) 『五燈會元』 卷第17, 『青原惟信禪師』: "老僧三十年前未參禪時, 見山是山, 見水是水. 及至後來, 親見知識, 有個入處. 見山不是山, 見水不是水. 而今得個休歇處, 依前見山只是山, 見水只是水."

두 단락에 걸쳐 기록하고 있다. 그 가운데 첫째 단락은 다음과 같다.

> 혜자가 장자에게 말했다. "위나라 왕이 나에게 조롱박 씨를 주었는데, 그것을 심었더니 다섯 섬을 담을 수 있는 크기로 자랐어. 물을 담았더니 들어 올릴 수 있을 만큼 견고하지 못해. 박을 갈라서 바가지로 쓰려고 했더니 넓고 평평해서 담기지가 않아. 엄청나게 크지 않은 것은 아니지만 나는 그것이 쓸모가 없어서 깨부수어 버렸어." 그 말을 듣고 장자가 말했다. "자네는 큰 것을 쓰는 데 서툴군. 송나라 사람 가운데 손을 트지 않게 하는 약을 잘 만드는 자가 있었는데, 대대로 헌 솜을 세탁하는 것을 업으로 하면서 살아왔지. 어느 날 한 나그네가 소문을 듣고 그 처방법을 100금에 사고 싶어 했지. (그 송나라 사람은) 가족들을 모아 놓고 의논하면서 말했지. '나는 대대로 헌 솜을 세탁했지만 벌어들이는 돈은 몇 금金에 불과하다. 지금 하루아침에 기술을 100금이나 받고 팔 수 있으니 그에게 내주자.' 이렇게 해서 나그네는 그 처방을 얻었고, 그것을 가지고 오나라 왕을 찾아가 설득했어. 마침 월나라에서 오나라를 침범하자 오나라 왕은 그를 장수로 임명했고, 겨울철에 월나라 군사들과 수전水戰을 펼쳐 월나라 군사를 크게 무찔렀어. 오나라 왕은 땅을 떼어 그에게 나눠 주었어. 이처럼 손을 트지 않게 하는 것은 한가지지만, 어떤 사람은 땅을 분봉 받고, 어떤 사람은 헌 솜을 세탁하는 일을 면하지 못하였으니, 그것은 사용하는 방법이 달랐기 때문이야. 지금 자네는 닷 섬들이 조롱박을 가지고서 어째서 그것을 물에 뜨는 큰 통으로 만들어 강호에 띄워 노닐 생각은 하지 못하고, 넓고 평평해서 담기지가 않는 것만 걱정한단 말인가? 자네는 마음이 꽉 막힌 사람일세."[39]

우화 속에서 또 우화를 말하고 있는데, 그것은 꿈속에서 또 꿈을 꾸는 것과 같다. 이것이 바로 장자이다. 그의 마음가짐은 항상 독특하다. 혜시와 다를 뿐만 아니라 아마도 거의 모든 사람들이 그와 다를 것이다. 자세히 생각해 보면 이렇게 하지 않으면 장자의 특별함과 위대함을 드러낼 수도 없을 것이다. 어떤 의미에서는 장자 자신이 바로 그 큰 조롱박 씨앗으로부터 자라난 다섯 섬들이의 방대한 대물로서, 그는 이 세속적 세계에 적합하지 않았을 것이다. 그의 방식에 따라 생활한다면 정말로 우리는 결코 부와 권력을 얻을 수 없을 것이다. 우리는 쓸모없는 사람으로 취급되어 한쪽에 버려질 것이다. 장자는 당연히 다른 사람의 생각에 개의치 않는다. 왜냐하면 그는 다른 사람이 이해할 수도 없고 또 발견할 수도 없는 다른 하나의 세계를 향유하고 있기 때문이다. 지식이 짧은 것小知은 지식이 많은 것大知을 이해할 수 없고, 수명이 짧은 것小年은 수명이 긴 것大年을 분명히 알 수 없다. 이것은 「소요유」에서 내내 강조하는 것이다.

세계는 무한한 것이고, 우리의 내심은 광대한 것이다. 그러나 우리가 눈앞의 '쓸모'에 마음을 온통 빼앗겨 버릴 때 혼잡스러워진 내심은 우리에게 세계의 한 부분만, 심지어는 부분의 부분만 보게 한다. 마치

---

39) 『莊子』「逍遙遊」: "惠子謂莊子曰, 魏王貽我大瓠之種, 我樹之成而實五石, 以盛水漿, 其堅不能自擧也. 剖之以爲瓢, 則瓠落無所容. 非不呺然大也, 吾爲其無用而掊之. 莊子曰, 夫子固拙於用大矣. 宋人有善爲不龜手之藥者, 世世以洴澼絖爲事. 客聞之, 請買其方百金. 聚族而謀曰, 我世世爲洴澼絖, 不過數金. 今一朝而鬻技百金, 請與之. 客得之, 以說吳王. 越有難, 吳王使之將, 冬與越人水戰, 大敗越人, 裂地而封之. 能不龜手, 一也. 或以封, 或不免於洴澼絖, 則所用之異也. 今子有五石之瓠, 何不慮以爲大樽而浮乎江湖, 而憂其瓠落無所容? 則夫子猶有蓬之心也夫."

손을 트지 않게 하는 약의 제조법을 알고 있었어도 대대로 헌 솜을 세탁하는 일만 해 오던 그 가족과 같다. 그들은 그 몇 푼의 돈에 너무 집착했기 때문에 결국 그 약이 다른 용도로도 사용될 수 있다는 사실을 잊고 있었다. 예를 들면 우리는 그것을 군왕에게 헌상할 수도 있고, 수군을 통솔하여 승리하게 함으로써 땅을 할양 받고 제후로 책봉될 수도 있는 것이다.

장자는 무엇을 말하고 싶었을까? 그것은 너무나 간단하다. 정말로 중요한 것은 사물이 아니라 마음이고, 마음가짐이라는 것이다. 똑같은 하나의 처방전이라도 사람마다 다른 마음가짐을 따르기 때문에 각기 다른 쓰임새가 파생하고, 이 때문에 서로 다른 효과가 나타나는 것이다. 물론 장자는 땅을 할양 받고 제후로 책봉되기를 바라지는 않았다. 그는 다만 자기의 주인이 되려고 했다. 그는 아마도 각각의 사람이 모두 손을 트지 않게 하는 자기만의 약을 가지고 있는데, 중요한 것은 우리가 그것을 어떻게 사용하느냐에 달려 있다고 생각했을 것이다. 누군가 쓸모없다고 생각하는 물건이라도 내가 볼 때는 어쩌면 매우 큰 용도가 있을지도 모른다. 바로 그 큰 조롱박과 같이 물을 담는 용기로는 사용할 수 없을지라도 큰 통으로 만들기에는 적합하기 때문에 그것을 타고 강이나 호수를 떠다닐 수 있었을 것이다. 유유자적하는 것, 그 얼마나 멋있는가?

큰 통은 물 위에는 뜨지만, 만약 그것이 육지 위에 있다면 어떠할까? 장자는 우리를 위해 쓸모없는 큰 나무를 준비하여 우리가 서늘한 바람을 쐬기 편하도록 해 주었다. 마지막 우화 하나를 살펴보자. 이것 역시 혜시와 장자의 두 번째 단락의 대화이다.

혜자가 장자에게 말했다. "우리 집에 큰 나무가 있는데, 사람들은 그것을 가죽나무라고 부르더군. 그 큰 몸통은 큰 혹으로 울퉁불퉁하여 먹줄에 맞지 않고, 작은 가지는 오그라지고 꼬여서 원이나 네모를 그리는 잣대에 맞지 않아. 그래서 길에 서 있어도 목수들이 거들떠보지 않지. 지금 자네의 말은 크기는 해도 쓸데가 없어. 그래서 뭇사람들이 모두 떠나가 버리지." 그 말을 듣고 장자가 대꾸했다. "자네는 살쾡이를 보지 못하였는가? 몸을 낮추고서 놀러 나오는 먹잇감을 기다리기도 하고, 동서로 뛰어다니면서 높은 곳이나 낮은 곳을 가리지 않다가 덫에 걸리거나 그물에 걸려 죽지. 그런데 저 긴털소는 그 크기가 하늘에 드리워진 구름과 같지. 이것은 크게 자랄 수는 있어도 쥐조차 잡을 수 없어. 그런데 자네는 큰 나무를 가지고 있으면서 그것이 쓸데없다는 것만 걱정하는데, 왜 그것을 무하유無何有의 마을에 심거나 광막한 들판에 심어 놓고 아무것도 안 하면서 그 근처를 방황하거나 그 아래서 소요하다가 눕거나 하지 않는가? 도끼날에 일찍 베어 없어지지도 않고, 다른 것들이 해를 끼치지 않을 것이니, 쓸데가 없는 것이 어찌 근심거리가 되겠나?"[40]

혜시는 계속 쓰임에 대해 신경을 쓴다. 그는 항상 사물을 어떤 기준에 따라 쓸모 있는 것과 쓸모없는 것으로 나눈다. 그리고 쓸모 있는 것

40) 『莊子』「逍遙遊」: "惠子謂莊子曰, 吾有大樹, 人謂之樗. 其大本擁腫而不中繩墨, 其小枝卷曲而不中規矩, 立之塗, 匠者不顧. 今子之言, 大而無用, 衆所同去也. 莊子曰, 子獨不見狸狌乎. 卑身而伏, 以候敖者. 東西跳梁, 不辟高下. 中於機辟, 死於罔罟. 今夫斄牛, 其大若垂天之雲. 此能爲大矣, 而不能執鼠. 今子有大樹, 患其無用, 何不樹之於無何有之鄉, 廣莫之野, 彷徨乎無爲其側, 逍遙乎寢臥其下. 不夭斤斧, 物無害者, 無所可用, 安所困苦哉."

만 좋아한다. 그가 볼 때 먹줄과 잣대에 맞지 않는 큰 나무는 분명히 쓸모없는 것이다. 그래서 비록 길가에서 자란다 하더라도 목수는 그것을 눈여겨 보지 않을 것이다. 그런데 장자의 주장이 바로 이 쓸모없는 큰 나무와 같다는 것이다. 장자는 이 점을 모두 부인하려 하지 않는다. 그 큰 나무로 목재를 만든다 해도 분명히 아무 쓸모가 없을 것이다. 그러나 만약 우리가 이 '쓸모 있는 것'에 대한 생각을 포기한다면 우리는 큰 나무를 무하유의 마을이나 광막한 들에 잘 놓아 두고, 그런 다음 그 아래서 놀거나 누워서 자면 그것은 우리를 위해 햇빛과 비바람을 막아 줄 것이다. 그래도 우리는 그것이 쓸모없다고 생각할 수 있을까?

쓸모없는 것이란 쓸모 있는 것이다. 사실 쓸모없는 것만 있어야 비로소 마음으로 하여금 몸에서, 그리고 사물에서 빠져나와 무하유의 마을에 도달하도록 할 수 있다. 그것은 아무것도 없는, 완전히 텅 빈 곳이다. 여기서 우리는 자유롭고 아무것에도 의지하지 않게 된다. 우리는 살쾡이처럼 기심機心을 발동하거나 죽을 때까지 이것저것 계산을 할 필요가 없다. 긴털소는 우리의 모델이다. 그것은 하늘에 드리워진 구름처럼 크지만 쥐 한 마리도 잡지 못한다. 못하는 것이 아니라 쥐를 잡으려는 마음이 없다. 그리고 또 바로 이런 마음이 없기 때문에 긴털소는 비로소 그만큼의 크기를 성취할 수 있는 것이다. 장자처럼 오직 만물의 속박을 받지 않아야만 끝없는 곳에서 노닐 수 있다.

무하유의 마을은 텅 비어 아무것도 없고 희미하며, 생동감 있고 막힘이 없다. 그러나 우리는 여전히 배후에 있는 육중함과 무기력을 발견할 수 있다. "도끼날에 일찍 베어 없어지지도 않고, 다른 것들이 해를 끼치지도 않을 것이니, 쓸데 없는 것이 어찌 근심거리가 되겠나?" 비록 무하유의 마을에 있다 하더라도 장자가 끝내 생각에서 떨쳐 버리지 못하는 것은 위협 받지 않는 생명이다. 이는 하나의 풍자와 같다. 그것은 무하유의 마을을 더욱더 바다의 신기루나 꿈속의 환상과 같게 한다. 깨어난 다음에 우리가 발견하는 세계는 여전히 번잡스럽고 부산하다. 그러나 우리는 아직 소요유할 수 있고, 그리고 이 세계가 번잡하고 육중할수록 우리는 더욱더 소요에 대한 갈망을 추구할 것이다.

八 · 응제왕

정치적인 의미에서 제왕은 오직 한 사람만 있다.
그러나 생명의 의미에서 각각의 사람은 모두 제왕일 수 있다. 후자의 의미에서의 제왕은
바로 자기를 노예가 아니라 생명과 세계의 주재자가 되게 하는 것이다.
사실 그것 자신에 대해서도 무슨 명령이라는 것이 없다.
그것은 다만 자신의 최초의 상태, 혼돈의 소박한 상태로 돌아갈 뿐이다.

순응 – 제왕의 자격

이제 우리는 『장자』 내편 일곱 편 중 마지막 편에 들어간다. 단순히 이 편의 이름만 본다면 장자는 제왕의 일에 흥미를 가지고 있었던 것 같다. 확실히 매우 많은 사람이 「천하」의 "내성외왕內聖外王"이라는 말을 기억하고 또 언급하며, 「응제왕」을 "외왕外王"의 표현으로 간주한다. 어떤 의미에서 이런 주장은 받아들일 만하다. 이미 우리가 살아가는 세계에 군주가 있고, 군주와 신하 사이의 도리 또한 천지 사이에서 어디로도 도망갈 수 없게 된 이상 우리는 당연히 그것과 대면해야만 한다. 이 때문에 군주에 관한 문제를 토론할 수 있다. 이러한 토론은 물론 치도治道(정치의 방법)에 주된 관심을 갖는 그런 몇몇 사상과는 다르다. 그것은 부득이한 경우에만 언급될 뿐이다. 이 때문에 생명이라는 주제와 절대 충돌하지 않는다. 실제로 이것은 생명이라는 주제 아래서의 '치도'에 대한 관심인 것이다. 정말이지, 어떤 전제적인 사회에서 누가 자기의 생명과 군주가 무관하다고 말할 수 있을까?

장자는 위衛나라 군주로 상징되는 잔인하고 포악한 군주를 자주 보았고, 그는 일반 사람과 마찬가지로 군주가 좀 더 이상적으로 바뀌기를 바랐다. 즉 자기에게뿐만 아니라 동시에 보통 사람들에게도 홀가분한 생존의 공간을 가져다줄 수 있기를, 그리고 더 이상 몸이 "백성들은 돌아갈 곳이 없었다"[1]라는 것과 같은 곤경에 빠지지 않아도 되기를 바랐다. 이러한 이상적인 군주를 그는 제왕이라고 불렀다. 이 명칭 자체는 어딘지 복고적인 감이 든다. 이 때문에 현실에 대해서도 비판적인 색채를 띤다. 전국 시기에 유행한 "황제왕패皇帝王霸"라는 이론에 근거하면 제왕은 역사적으로 이전에 출현하고 존재했던 것이고, 당시의 군주는 기본적으로 패霸였다. 패자霸者는 힘으로 사람을 복종시키는 자로서 그들은 자기의 의지를 다른 사람에게 강요하지만, 제왕은 분명히 그렇지 않았다.

그러나 내가 보기에는 장자의 '제왕'은 더 특수한 의미를 가지고 있다. 그 의미는 그의 생명 중심적 사고와 불가분의 관계에 있다. 그 점은 노자와는 다르다. 예를 들어 우리는 노자의 사상을 군인남면지술君人南面之術[2] 혹은 제왕술이라고 가볍게 정의해 버릴 수 있다. 그러나 장자는 그렇지 않다. 그는 분명히 제왕술에 흥미가 없었다. 정치적인 의미에서 제왕은 오직 한 사람만 있다. 그러나 생명의 의미에서 각각의 사람은 모두 제왕일 수 있다. 후자의 의미에서의 제왕은 바로 자기를 노예가 아니라 생명과 세계의 주재자가 되게 하는 것이다. 이런 의

---

1) 『莊子』「人間世」: "民其無如矣."

2) 옮긴이: 이 말은 『한서』「예문지」에서 반고班固가 도가를 설명할 때 처음 쓴 것으로, 줄여서 남면술南面術이라고도 부르는데, 주로 노자의 사상을 이렇게 말하는 경향이 있다. 이상적인 군주는 남쪽을 바라보고 앉아서 백관들의 의견을 듣고 그들을 관찰하기만 하며, 실제의 구체적인 정사는 모두 백관에게 맡긴다는 것이 이 설명의 핵심이다. 반고의 이런 해석과 같이 나중의 학자들 중 노자의 무위無爲를 이런 의미로 이해하는 경우도 많다.

미에서 우리는 제왕술에 관해서 검토할 수 있을 것이다. 그러나 그것이 가리키는 것은 자기와 세계 만물의 관계를 처리하는 태도와 방법인 것이다. 각각의 사람들은 모두 하나의 태도와 방법을 필요로 한다. 「응제왕」이 우리에게 알려 주는 것은 바로 제왕이 될 수 있는 태도와 방법이다.

편명을 이루고 있는 세 글자의 의미에 대하여 지면을 조금 할애해야 할 것이다. 왜냐하면 너무 많은 오해가 있기 때문이다. 가장 영향력 있는 곽상의 설명은 다음과 같다. "무심하게 저절로 변하는 것들에 맡기는 자가 마땅히 제왕이 되어야 한다."[3] 무심하게 저절로 변화하는 것들에 맡긴다는 것은 물론 맞다. 그러나 '응應' 자를 '마땅히'로 해석하는 것은 옳지 않은 것 같다. 「응제왕」에 "따르되 간직하지 않는다應而不藏"라는 말이 있는데, 이것이 '응應' 자의 본래 의미가 되어야 할 것이다. 사실 '응' 자는 순응을 나타내고, 따름因을 나타낸다. 그것은 오직 텅 비어 있음虛만을 전제로 해야 실현되는 것이다. 그러므로 이어서 "간직하지 않는다不藏"라고 말했다. 『관자』 「심술상」에서는 "텅 비어 있다는 것은 간직함이 없는 것이다"[4]라고 했는데, 간직하지 않아야 따를 수 있고, 또 자기의 생각이나 의지를 다른 사물에 강요하지 않게 된다. 여기서 우리는 사물에 대해 이익을 끼치지도 않고, 손해를 끼치지도 않으면서 그저 저절로 흘러가는 변화에 맡겨야만 한다. 이것이 바로 관자가 말한 '가만히 따르는 원칙靜因之道'이다. '응제왕'의 의미

3) 郭慶藩, 『莊子集釋』 제1책(中華書局, 1982) 287쪽: 夫無心而任乎自化者, 應爲帝王也.

4) 『管子』 「心術上」: "虛也者, 無藏也."

는 오직 따라야만 비로소 제왕이 될 수 있다는 것을 말한다. 이 때문에 장자에게 있어 제왕이 되거나 세계의 주재자가 되는 것은 패자霸者처럼 반드시 세계에 자기의 낙인을 찍는 것을 의미하는 것이 결코 아니다. 어쩌면 그것과는 상반될 것이다. 순응하고 따르면서 이 세계를 바꾸려고 하지 않아야 비로소 앞에서 말한 목적에 도달할 수 있다.

순응하고 따르는 것은 마음의 허정虛靜을 전제로 한다. 따라서 지식의 측면에서 말하면 이것은 바로 무지이다. 「응제왕」은 처음부터 무지의 문제를 제기한다. 이 편의 글은 "네 가지를 물었지만 네 가지 다 몰랐다"라는 우화로 시작한다.

> 설결이 왕예에게 물었는데, 네 가지를 물었지만 네 가지를 다 몰랐다. 설결은 그 때문에 팔짝팔짝 뛰면서 크게 기뻐하고 그 사실을 포의자에게 알렸다. 포의자가 말했다. "유우씨(순임금)는 태씨(복희)에 미치지 못한다. 유우씨는 인仁을 품고 사람들에게 그것을 요구하여, 그 역시 사람(의 마음)을 얻었지만 다른 사람을 틀렸다고 생각하는 데서 벗어난 적이 없다. 태씨는 누워 잘 때는 편안했고 깨어서는 느긋했으며 어떤 때는 자기를 말이라고 생각하는가 하면, 또 어떤 때는 자기를 소라고 생각했다. 그의 지혜는 실질적이었고 미더웠으며 그의 덕은 매우 진실했고, 다른 사람을 틀렸다고 생각한 적이 없다."[5]

5) 『莊子』「應帝王」: "齧缺問於王倪, 四問而四不知. 齧缺因躍而大喜, 行以告蒲衣子. 蒲衣子曰, 而乃今知之乎. 有虞氏不及泰氏. 有虞氏, 其猶藏仁以要人. 亦得人矣, 而未始出於非人. 泰氏, 其臥徐徐, 其覺于于. 一以己爲馬, 一以己爲牛. 其知情信, 其德甚眞, 而未始入於非人."

조금만 유의하면 '물음'으로부터 시작되는 이 우화가 물음의 구체적인 내용에 대해서는 언급하고 있지 않다는 사실을 발견하게 될 것이다. 이 현상은 우리에게 장자의 마음가짐에 대해 관심을 갖게 하기에 충분하다. 그가 우리에게 말하고 싶은 것은 무엇이었을까? 장자는 아마 문제의 내용이 무엇인가는 사실 중요하지 않고, 중요한 것은 문제에 대한 태도일 뿐이라는 점을 말하고 싶었을 것이다. 우리에게 어떤 질문을 하는 사람을 대할 때 우리는 어떤 태도를 보여야 할까? 우리는 선생의 신분으로서 그 앞에 서는 것을 좋아할까, 아니면 그 반대일까?

일반적인 상황에서 '물음'은 가르침을 요청하는 것을 뜻한다. 질문을 받은 사람은 흔히 선생의 태도를 취하기 쉽다. 우리가 익숙하게 알고 있는 유가가 바로 그렇다. 유가는 선생의 태도로 다른 사람 앞에 서기를 매우 좋아한다. 『논어』를 읽어 보면 가지각색의 질문을 볼 수 있는데, 그중에서 우리는 '알지 못한다不知'는 방식으로 대답하게 되는 질문을 하나 발견할 수 있을 것이다. 그러나 장자는 그렇지 않다. "네 가지를 물었지만 네 가지 다 몰랐다"라는 것은 질문을 받은 자가 그 문제에 대해 정말로 무지했기 때문에 대답할 수 없었다는 것을 의미한다. 그런데 내가 보기에 그것은 특히 '물음—대답'이라는 방식 자체를 거부하고 있는 것 같다. 이 때문에 대답하고 싶지 않았을 것이다.

뒤의 방식은, 말하자면 사실 '선생'이라는 신분을 거부한 것이다. 왕예는 선생이 되기를 바라지 않았는데, 그는 자기가 선생이 될 자격이 없다고 생각한 것 같다. 그것은 바로 「제물론」에서 어떤 사람도 심판(바로잡아 줄 사람)이 될 자격이 없다고 한 것과 같다. 그가 자격이 없는 것은 지식 등이 없기 때문이 결코 아니고, 지식 자체에 대해 철두철미하게 회의하기 때문이다. 우리는 정말로 사물을 이해할 수 있고, 다른 사람을 이해할 수 있고, 자기를 이해할 수 있을까? 사실 만약 우리가 사물에 대해 "모든 사람이 다 참이라고 인정하는 것은 없다"라는 것과, 사람과 사람 사이에는 서로 이해할 수 있는 길이 없다는 것을 정말로 믿는다면, 우리는 매우 자연스럽게 개체의 특수성에 대해 긍정과 자각을 갖게 될 것이다. 이 때문에도 자기를 선생이라는 자리에 올려놓기가 매우 어려워질 것이다.

선생이라는 신분에 대한 이와 같은 거부는 자기의 의지나 생각을 다른 사람에게 강요하는 것을 피하려는 것을 실질적인 내용으로 삼고 있다. 이것이 바로 「응제왕」에서 표현하려고 한 주제이다. 제왕은 물론 신하와 백성에 대한 통제를 의미하고 있다. 그런데 그런 종류의 통제는 어떤 방식으로 실현되는 것일까? 자기의 의지를 백성에게 강요함으로써 실현되는 것일까, 아니면 만물의 자연스러움에 맡겨서 실현되는 것일까? 장자가 접한 사상적 자원으로는 노자의 무위無爲가 있었고, 공자의 교화敎化가 있었고, 묵가의 겸애兼愛가 있었고, 법가의 법치法治가 있었고, 그리고 어쩌면 맹자의 인정仁政이 있었을 것이다. 이들 서로 다른 주장 가운데서 백성의 자연성을 따르라는 노자의 무위를 제외하면 그 나머지는 모두 '강요'의 의미를 가지고 있다.

법가의 강요는 명백하다. 법은 군주의 신분으로 제정한 규범으로서 백성들이 원하는가의 여부와는 상관 없이 모두가 반드시 준수해야만 하는 것이다. 유가는 조금 애매하다. 그들은 맹자가 "인의예지는 밖으로부터 나에게 스며들어 온 것이 아니라, 내가 원래부터 가지고 있던 것이다"[6]라고 말한 것처럼 규범을 인성 속의 고유한 것이라고 보는 경향이 있다. 이 때문에 유가는 규범을 사람에게 강제하는 것이 아니라고 말하며, 이것(규범)이 특히 백성들의 자각적 · 자발적인 요구인 것처럼 말하는 경향이 있다. 유가는 좀 더 부드러운 방식을 채택하는데, 그 방식은 바로 군주를 선생으로 바꾸는 것이다. 힘을 가지고 사람을 복종시키는 법가의 방식과는 달리 유가는 덕으로 사람을 복종시킨다. 그러나 사람을 복종하게 한다는 점에서는 양자에는 아무런 본질적인 구별이 없다.

장자에게 있어 진정한 문제는 왜 다른 사람에게 복종을 요구하는가 하는 데 있다. 이른바 복종이라는 것은 바로 다른 사람에게 자기의 생각을 받아들이도록 요구하는 것이다. 이것은 자기만 유일하게 정확하고 자기와 다른 모든 생각(혹은 방법)을 다 틀렸다고 말하고 있는 것과 같다. 마치 법가와 유가가 다르듯이 복종의 방식에는 굳센 것과 부드러운 것 등의 구별이 있을 것이다. 그러나 그 배후의 '다른 사람은 틀렸다' 는 마음은 둘 다 같다.

장자가 말한 유우씨는 비록 사람을 얻기는 했지만, "다른 사람을 틀렸다고 생각하는 데서 벗어난 적이 없다." 즉 그 역시 여전히 자기는 옳고 다른 사람은 틀렸다는 생각에서 벗어나지 못했던 것이다. 이 때문에 여전히 어떻게 해서 다른 사람들이 자기의 생각을 받아들이게 (그리고 달갑고 진정한 마음으로 받아들이게) 할까 하는 문제로 고민에 빠져 있었다. 유우씨의 마음은 텅 빈 것이 아니라 그 속에 인仁을 간직하고 있었고, 그는 인으로써 다른 사람을 묶어 두려고 했다. 그러면 장자가 추종하는 태씨는 어땠을까? 그는 "누워 잘 때는 편안했고 깨어서는 느긋했으며" 무심으로 변화에 그대로 맡기고 텅 빈 마음으로 세상에

---

6) 『孟子』「告子上」: "仁義禮智, 非由外鑠我也, 我固有之也"

서 노닐었다. 그는 다른 사람보다 뛰어나다고 생각하지 않았다. 이 때문에 다른 사람을 교화하고자 하는 충동이나 이유도 없었다.

유가는 항상 사람과 동물의 구별에 신경을 썼는데, 공자와 맹자와 순자 등이 모두 그렇다. 이런 구별의 의미는 유가 식의 교화를 받아들이지 않는 '사람'은 짐승의 부류에 포함시키기가 매우 쉽다는 데 있다. 그 전형적인 예로 묵자와 양주에 대한 맹자의 비판을 들 수 있다. "양주는 위아爲我(자기만을 위하는 것)를 주장하는데, 이는 군주를 무시하는 것이다. 묵자는 겸애兼愛(다른 사람을 차별 없이 사랑하는 것)를 주장하는데, 이는 아비를 무시하는 것이다. 아비를 무시하고 군주를 무시하는 것은 짐승이다."[7] 그러면 태씨는 어떤가? 어떤 때는 자기를 말이라고 생각하고, 어떤 때는 자기를 소라고 생각한다. 물론 그가 정말로 소나 말로 변한 것이 아니라, 실제로는 스스로 현명하다거나 스스로 잘났다는 생각을 제거했을 뿐이다. "그의 지혜는 실질적이었고 미더웠다"라는 것은 「대종사」의 "도는 실질이 있고 미더움이 있다"라는 것과 함께 놓고 보아야 하는 것으로, 모두 『노자』의 도에 대한 묘사에서 유래한 것이다. 이 때문에 "그의 지혜는 실질적이었고 미더웠다"라는 것은 바로 그가 도를 알았음을 말하는 것이다. 도道로 말미암아 매우 참된 덕을 갖게 되면 그 환중環中을 얻을 수 있고, 그 양행兩行을 알 수 있다. 이 때문에 시비를 따지는 마음이 없어져 버리고 다시는 남이 틀렸다고 말하지 않는다.

---

7) 『孟子』「滕文公下」: "楊氏爲我, 是無君也. 墨氏兼愛, 是無父也. 無父無君, 是禽獸也."

백성과 자연에 맡겨라

남을 틀렸다고 하는 상황에 이르거나 그로부터 벗어나는 것은 장자가 제시한 하나의 지표로 보인다. 「천하」에서 장자의 학설에 대해 설명할 때 이미 "시비를 따지지 않고 세속의 사람들과 함께 살았다"라고 말한 적이 있다. 여기서 말을 한 주체는 장자 자신이거나 세계 속에 살고 있는 어떤 보통 사람일 것이다. 시비를 따지지 않는다는 것의 목적은 작은 측면에서 말하면 생명을 보전하여 타고난 수명을 다 누리는 것이고, 큰 측면에서 말하면 양행兩行과 소요逍遙이다. 만약 군주로 바뀐다면 어떨까? 시비를 따지지 않는다는 원칙은 똑같이 유효하지 않을까? 그럴 것이다. 시비를 따지지 않는 것은 바로 이 세계에 대하여 하나하나 지적하지 않는 것이고, 자기를 이 세계의 주인이라고 생각하지 않는 것이다. 그가 설령 군주라 하더라도 마찬가지다. 다른 한 우화에서 장자는 '일중시日中始'라고 부르는 사람에 대해 묘사했다. 그 이름은 세계의 중심이라는 의미이며, 비추지 않는 곳이 없다거나 천하를 환하게 비춰 주고 있다는 뜻인 것 같다. 그가 말해 준 나라를 다스리는 방법은 다음과 같다.

> 군주의 자리에 있는 사람이 스스로 모범을 보이고 법도를 실천하면 누가 감히 듣지 않고 교화되지 않겠는가?[8]

---

8) 『莊子』「應帝王」: "君人者以己出經式義度, 人孰敢不聽而化諸."

군주는 자기의 의지에 따라 규범과 법도를 제정한 다음 백성들에게 그것을 준수하고 복종하기를 요구한다. 이런 강제적인 방법과 남에게 자기를 따르게 하는 것은 매우 명백하게 자기를 태양과 같은 '중심' 적인 위치에 두는 것이다. 다른 사람이 자기의 의견을 갖는 것은 허용되지 않는다. 만약 갖는다면 그것을 '교화해야化' 한다. 먼저 마음을 교화하는 것이다. 만약 마음을 교화할 수 없다면 몸을 교화해야 한다. 몸을 교화해야 한다는 위협에 직면해서는 마음이 비록 교화되지 않았다 하더라도 교화된 것처럼 가장할 수 있다. 그런데 이렇게 해서 정말 제왕이 될 수 있을까? 광인 접여의 말을 살펴보자.

> 그것은 위선이야. 그런 방법으로 천하를 다스리는 것은 마치 바다 속에 물길을 뚫으려 하고 모기에게 산을 짊어지게 하는 것과 같아. 성인의 다스림이 밖을 다스리는 것인가? (자기를) 바르게 하고 나서 행동하고, 자기가 충분히 할 수 있는 일을 확실히 하는 것일 뿐이야. 그리고 새는 높이 날아서 화살의 피해를 피하고, 생쥐는 제단 아래 굴을 깊이 파서 연기를 피우거나 구멍을 뚫고 들어오는 (침입자들의) 위험을 피하는데, (백성들이) 어찌 이 두 동물보다 무지하단 말이지?[9]

위선欺德이라는 것은 덕에 대한 멸시이고 진실한 인간 존재에 대한 멸시이다. 천하를 다스리는 데 있어 강제적 방식은 실제로 자기를 천

---

9) 『莊子』「應帝王」: "是欺德也. 其於治天下也, 猶涉海鑿河而使蚊負山也. 夫聖人之治也, 治外乎. 正而後行, 確乎能其事者而已矣. 且鳥高飛以避矰弋之害, 鼷鼠深穴乎神丘之下以避熏鑿之患, 而曾二蟲之無知."

만 명, 백만 명의 사람과 대립적인 위치에 올려놓는 것으로서, 그 난이도는 바다 속에다 물길을 뚫으려 하고 모기에게 산을 짊어지게 하는 것과 같이 가능하지 않다는 것이 분명하다. 성인이 국가를 다스린다는 것은 어떻게 하여 다른 사람을 바꿀 것인가를 생각하는 것이 아니라 자기의 위치를 올바로 정해 놓는 것이다. 한 사람의 통치자로서 반드시 알고 있어야 할 것은 우리가 계획한 것을 다른 사람이 그리 쉽게 받아들이지 않는다는 점이다. 화살의 피해가 우려되기 때문에 새는 높이 날아야 그것을 피할 수 있고, 연기를 피우거나 구멍을 뚫고 들어오는 위험이 우려되기 때문에 생쥐는 제단 아래에 깊은 굴을 파고들어가 산다. 사람이라면 어떨까? 군주로부터의 위협에 직면하여 어떻게 해야 할까? 자신의 뜻을 굽혀 온전함을 도모하기도 하고, 세상을 피하여 멀리 숨기도 하고, 깃발을 높이 들고 일어서기도 하고 …… 사람은 다른 방식을 선택하여 몸을 보전할 수 있다. 그러나 가만히 앉아서 개죽음을 맞지 않을 것은 분명하다.

장자가 볼 때 군주는 그냥 군주이지, 온 세상을 대표할 수 없고, 선생도 아니다. 이 세계는 풍부하고 다채롭다. 우리는 그것들이 일사불란하게 바뀌기를 바랄 수 없다. 이 때문에 가장 좋은 통치 방법은 다른 사람에게 자기를 따를 것을 강제하는 것이 아니라, 다음의 우화에서 말하듯이 사물의 자연스러움에 따르는 것이다.

> 천근이 은산의 남쪽에서 노닐다가 요수에 이르러 우연히 무명인을 만나 물었다. "천하를 다스리는 방법을 알려 주십시오." 무명인이 말했다. "저리 가라. 너는 천박한 사람이다. 무슨 질문이 그리도 불쾌하냐? 나는 지금 조물주와 친구가 되어 (노닐다가) 싫증이 나면 또 아스라이 날아가는 새

를 타고 육극 밖으로 나가 아무것도 없는無何有 마을에서 노닐다가 사방 끝이 없는 들판에서 쉴 것이다. 너는 또 무엇 때문에 천하 다스리는 일로 내 마음을 뒤흔들려고 하느냐?" 다시 묻자 무명인이 대답했다. "너의 마음을 담담하게 풀어 놓고, 기를 고요하게 고르고, 사물의 자연스러움에 따르고, 너의 사심이 끼어들게 하지 않으면 천하는 다스려질 것이다."[10]

단순히 이름만 가지고 말한다면 일중시日中始와 무명인無名人은 하나의 짝을 이룬다고 할 수 있다. 일중시가 권력과 타인에 대한 지배를 누리고 있을 때 무명인은 도리어 무하유의 마을에서 노닐고 다녔다. 천하를 다스리는 것과 관련된 문제는 그에게는 이미 불쾌한 일인데, 더군다나 직접 다스리는 것에 대해서는 어떻겠는가? 비록 천하를 다스리는 방법에 대해 몇 마디 한다 해도 역시 "너의 마음을 담담하게 풀어 놓고, 기를 고요하게 고르고, 사물의 자연스러움에 따르고, 너의 사심이 끼어들게 하지 않으면 천하는 다스려질 것이다"라는 정도에 불과할 뿐이다. 여기서 그는 '사심'에 대하여 직접적으로 거부하고 배척하고 있다. 이른바 사심(원문에서는 '私'—역자)이라는 것은 사리私利가 아니라 사의私意의 의미가 더 강하다. 통치자에게 있어 가장 중요한 것은 자기의 개인적 의사를 다른 사람에게 강요하지 않는 것이다. 이러한 생각은 노자가 말한 "성인에게는 정해진 마음이 없다. 백성의 마음으

10) 『莊子』「應帝王」: "天根遊於殷陽, 至蓼水之上, 適遭無名人而問焉, 曰, 請問爲天下. 無名人曰, 去. 汝鄙人也, 何問之不豫也. 予方將與造物者爲人, 厭則又乘夫莽眇之鳥, 以出六極之外, 而遊無何有之鄉, 以處壙埌之野. 汝又何帠以治天下感予之心爲." 又復問. 無名人曰, 汝遊心於淡, 合氣於漠, 順物自然而無容私焉, 而天下治矣."

로 자기의 마음을 삼는다"[11]라는 것과 약간 비슷하다.

노자와 장자는 물론 다음과 같은 점에서 차이가 있다. 노자는 천하를 다스리는 방법에 대해 흥미진진하게 이야기했고, 이 때문에 그의 철학은 군인남면지술君人南面之術[12]로 간주되었는데, 장자는 오히려 그것을 부득이한 일로 간주했다. 그의 이상은 조물주(자연)와 친구가 되는 것이고, 또 조물주와 함께 노닐면서 이 세속적 세계에서 벗어나는 것이다. 그는 "아스라이 날아가는 새를 타고 육극 밖으로 나가"려고 했는데, 이것은 「소요유」에서 언급한 막고야의 신인과 매우 비슷하다. 이때 세속의 권력이 그에게 무슨 의미가 있겠는가? 그러나 그것은 세상으로부터의 탈출이 결코 아니다. 세계는 도피할 수도 없고, 이 때문에 도피할 필요도 없는 그런 것이다. 사람이 해야 하는 것은 바로 이 세계 안에서 편안하게 있는 것인데, 이것은 이 세계로부터 어느 정도 떨어져 있을 것을 필요로 한다.

보통 사람에게 정치 권력은 있어도 그만, 없어도 그만인 것이다. 천하를 다스리는 것은 결코 타고난 책임이나 의무가 아니다. 그런데 만약 우리가 운이 좋아 천자나 군왕이라면 어떻겠는가? 우리는 백이나 숙제와 같이 오로지 도피만 선택하려고 할까? 아니면 우리도 천자의 자리에 편안히 앉음과 동시에 소요유를 누릴 수 있을까? 다들 잘 알고 있듯이 이것은 이미 곽상이 고민하던 문제, 즉 몸은 궁궐에 있으면서도 마음은 산속에 있는 것과 다름 없도록 하는 문제이다. 이것은 장자

---

11) 『老子』 제49장: "聖人無常心, 以百姓心爲心."

12) 옮긴이: 앞의 주 2를 참조할 것.

의 문제이기도 하지 않았을까? 곽상의 『장자』 주석을, 만약 『맹자』에 기록된 '따르는 것順'과 '해치는 것戕賊'의 비유[13]를 빌리면 어디에 속한다고 할 수 있을까? 아마도 사람마다 대답이 다를 것이다. 교활(兩行—저자)한 사람은 모든 대답을 빈 공간으로 남겨 둘 것이다. 그러나 「응제왕」에서 보면 장자는 비록 원하지는 않았고 또 매우 내키지 않았지만, 군주의 존재 및 그가 이상적으로 생각하는 군주의 모습에 대해 여전히 긍정하고 있다. 장자는 노담의 입을 빌려 다음과 같이 말한다.

> 밝은 왕明王의 다스림은 공적이 천하를 덮어도 자기가 하지 않은 것처럼 하고, 만물에 영향을 끼쳐도 백성들은 자기들이 (성왕에) 의지하고 있는 줄을 모른다. 공이 있어도 이름을 드러내지 않고 사물들이 스스로 즐거워하게 한다. 헤아릴 수 없는 경지에 서서 아무것도 없는 데서 노닌다.[14]

"공적이 천하를 덮는다", "만물에 영향을 끼친다" 등은 유가의 심중에 있는 "백성들에게 널리 베풀고 많은 사람을 구제할 수 있다"라는

---

13) 옮긴이: '따르는 것順'과 '해치는 것戕賊'은 맹자가 고자告子와 인간의 본성에 대해 논쟁하면서 사용한 말이다. 즉 고자가 인간의 본성性은 버드나무와 같고, 의義는 버드나무를 가지고 만든 술잔과 같다고 한 주장에 대해, 맹자가 고자에게 나무 술잔은 버드나무의 본성에 따라順 만든 것인지, 아니면 그 본성을 해치고 역행하여戕賊 만든 것인지 따져 묻는 과정에서 나온 말이다. 고자의 주장이, 나무 술잔이 버드나무의 본성을 해치거나 역행하여 만든 것과 같이 인의仁義 등도 인간의 본성을 해치고 역행하는 것이라는 입장임에 반해, 맹자는 나무 술잔은 버드나무가 가지고 있는 고유한 성질을 따른 것順이고, 인의 역시 인간의 본성에 따른 것이라는 입장이다.

14) 『莊子』 「應帝王」: "明王之治, 功蓋天下, 而似不自己, 化貸萬物, 而民弗恃. 有莫擧名, 使物自喜. 立乎不測, 而遊於無有者也."

성왕과 비교하면 어떤가? 글자만 보면 아무런 손색이 없다. 그러나 북극성처럼 뭇 별들의 절을 받는 유가 식 성왕의 영광스러움은 없다. 동시에 그와 같은 초췌함과 근심도 없다. 장자가 묘사한, 그리고 그의 마음속에 있는 밝은 왕은 "헤아릴 수 없는 경지에 서서 아무것도 없는 데서 노닌다." 아무것도 없기 때문에 사심이 없고, 자연에 맡기고 따를 수 있으며, 만물을 완성할 수 있다. 밝은 왕은 아무 일도 안 한 것처럼 보이지만, 그는 할 일을 다 했다. 왜냐하면 만물이 스스로 다 해 버리고 모두 자기를 완성해 버리기 때문이다. 이러한 '밝음明'은 마치 '어둠暗'처럼 보인다. 왜냐하면 그는 백성들 가운데서 시비是非나 선악善惡을 전혀 선별하지 않기도 하고, 또는 키나 몸무게에 대한 자기의 취향을 전혀 드러내지 않기 때문이다. 그는 무지한 사람과 같다. 이것은 일반인의 인상 속에 심어진 밝은 왕과는 다른 것 같다. 장자는 같은 우화 속에서 양자거陽子居의 입을 빌려 다음과 같이 말한다.

> 여기 어떤 사람이 있는데 메아리처럼 빠르고 강인하며, 만물을 훤히 꿰뚫고 있으며, 도를 배우는 데 게으르지 않습니다. 이와 같은 사람이라면 밝은 왕을 보좌할 수 있을까요?[15]

밝은 왕은 민첩하고 과감한 사람이어야 하고, 사물을 분명하게 감별할 줄 아는 사람이어야 하고, 도를 배우는 데 게으르지 않는 사람이어야 한다. 이것은 아마도 유가에서 창도한 지知·인仁·용勇 삼달덕三

---

15)『莊子』「應帝王」: "有人於此, 嚮疾强梁, 物徹疏明, 學道不倦. 如是者, 可比明王乎."

達德에 대응되는 것 같다. 그러나 그 가운데서도 가장 중요한 것은 '지'와 관련된 것이다. 공자에서부터 순자에 이르기까지 '가리고 있는 것蔽'을 없애는 일은 아래로는 서인에까지 해당하고 위로는 천자에까지 해당하는 공통의 요구였다. 가리고 있는 것을 없애야만 밝아진다. 순자는 그것을 대청명大淸明이라고 불렀다. 이런 상태에서 만물은 맑고 분명하게 그 구분을 드러낸다. 그런데 그렇게 해서 또 어쩌자는 것인가? 장자가 볼 때 이러한 밝은 왕은 성인과 비교해 보면 "번갈아 당번을 맡고 기술에 얽매여 살면서 몸을 수고롭게 하고 마음을 피곤하게 하는 사람"일 뿐이다.[16] 그들은 찬란한 무늬를 가진 호랑이나 표범, 행동이 민첩한 원숭이 등과 비교해 무슨 차이가 있을까? 후자는 자신들의 '밝음明' 때문에 붙잡힌다. 그렇다면 밝은 왕은 같은 운명이 되지 않을 수 있을까?

밝은 왕은 아마 붙잡히지 않을 것이다. 그러나 그들은 자신들의 '밝음'에 의해 붙잡힐 것이다. 따라서 그들은 진정한 암흑 속에 빠질 것이다. 그들은 만물을 잘 알고 있다고 생각하지만 정말로 잘 알고 있을까? 세속에서 말하는 밝음이란 겨우 사물의 구별에 관한 것, 즉 사물을 가지고 사물을 논하는 데만 관심을 가지는 것이다. 혜시와 같이 만물을 따라가서는 돌아올 줄 모르고, 덕에는 약하고 사물에는 강한 것이다. 그들이 말하는 '밝음'은 '가리고 있는 것蔽'이 되기에 충분하다. 장자가 볼 때 사물은 오직 그것이 본래 있는 곳, 즉 조물주 속에서만 이해될 수 있다. 이런 이해 속에서 세속적 밝음이 관심을 가지고 있는

16) 『莊子』「應帝王」: "胥易技係, 勞形怵心者也."

사물에 대한 구별은 일찌감치 연기처럼 사라져 버린다. 만물은 하나로 통하며 혼돈 속에서 자기를 완성한다. 이러한 '통함'은 '나뉘지' 않아야 진정한 밝음이고, 「제물론」에서 반복해서 말한 "타고난 밝음을 따르는 것보다 좋은 것이 없다"[17]인 것이다.

노담이 이해한(장자 역시 이해한) 밝은 왕과 양자거는 분명히 다르다. "밝은 왕의 다스림은 공적이 천하를 덮어도 자기가 하지 않은 것처럼 하고, 만물에 영향을 끼쳐도 백성들은 자기들이 (성왕에) 의지하고 있는 줄을 모른다. 공이 있어도 이름을 드러내지 않고 사물들이 스스로 즐거워하게 한다. 헤아릴 수 없는 경지에 서서 아무것도 없는 데서 노닌다." 이 밝은 왕은 조금도 밝지 않은 것처럼 보이고, 심지어는 좀 어둡고 캄캄한 것 같다. 그는 매우 많은 일을 하지만, 백성들은 자기들 스스로 이룩한 것이지 왕과는 아무 관계가 없다고 생각한다. 이러한 왕은 깊이 감추고 드러내지 않는다. 바로 『사기』 「노자전」에서 언급한 양가良賈의 "마치 빈 것처럼 깊이 감춘다深藏若虛"라는 것 역시 여기서 말한 "헤아릴 수 없는 경지에 서는 것"이다. "헤아릴 수 없는 경지에 서는 것"이 가능한 것은 바로 그가 아무것도 없는 데서 노닐 수 있기 때문이다.

---

17) 『莊子』 「齊物論」: "莫若以明."

호자와 계함 – 지와 무지의 대결

아마도 "헤아릴 수 없는 경지에 서는 것"이 무엇인지를 좀 더 보여 주기 위해서, 동시에 세속에서 말하는 밝음이 실은 캄캄한 것임을 보여 주기 위해 장자는 우리에게 계함과 호자의 우화를 들려준다. 전자는 신무神巫(신통한 무당)인데, 알려진 바에 따르면 그는 사람의 사생死生(죽을 것인지 살 것인지)과 존망存亡(계속 소유할 것인지 잃게 될 것인지)과 화복禍福(재앙을 당할 것인지 복을 받을 것인지)과 수요壽夭(오래 살 것인지 요절할 것인지) 등을 몇 년, 몇 달, 며칠까지 정확하게 알 수 있다고 한다. 그는 분명 "만물을 훤히 꿰뚫고 있는" 사람의 전형인 것 같은데, 그가 호자 앞에서 어떻게 하는지 살펴보도록 하자.

> 정나라에 신령스러운 무당이 있었는데, 계함이라고 한다. 그는 사람의 죽고 사는 것, 존망과 재앙이나 행운, 오래 살 것인지 일찍 죽을 것인지 등을 귀신처럼 연월일까지 꼭 집어 알아맞힌다. 정나라 사람들은 그를 보면 모두 도망가 버린다. 열자는 그를 보고서는 심취하여 돌아가 호자에게 그 사실을 말했다. "이전까지 저는 선생님의 도가 최고인 줄 알았으나 그런 경지에 이른 사람이 또 있습니다." 호자가 말했다. "나는 너에게 그 껍데기만 다 주고 알맹이는 아직 다 주지 않았는데, 너는 정말로 도를 얻었단 말이냐? 암컷은 많고 수컷이 없다면 어떻게 알을 낳겠느냐? 너는 도를 가지고 세상과 겨루려고 하면서 분명히 (네 속마음을) 내보였을 것이다. 그 때문에 다른 사람이 너의 관상을 볼 수 있게 한 거야. 시험 삼아 그를 데려와 나를 보여 주어라."
>
> 이튿날 열자는 그와 함께 호자를 만나러 갔다. (계함이) 나와서는 열자에

게 말했다. "아이고, 자네의 선생은 죽을 걸세. 살지 못해. 열흘도 안 남았어. 나는 이상한 것을 보았어. 젖은 재를 보았어." 열자가 들어가 눈물에 옷깃이 젖도록 울면서 그 사실을 호자에게 알렸다. 호자가 말했다. "아까 나는 그에게 지문地文을 보여 주었다. 멍한 상태에서 움직이지도 않고 그치지도 않는 거야. 이 때문에 아마 내가 생기를 막아 버린 것을 보았을 거야. 어디 다시 데려와 보아라."

그 이튿날 또 그와 함께 호자를 만나 보았다. (계함이) 나와서는 열자에게 말했다. "행운이야. 자네의 선생이 나를 만난 건! 좋아졌네. 완전히 살았어. 나는 그의 기가 막힌 것 속에서 움직임을 보았네." 열자가 들어가 그 사실을 호자에게 알렸다. 호자가 말했다. "아까 나는 그에게 천지의 변화天壤를 보여 주었어. 명리에 대한 생각이 마음속에 들어오지 못하고 생기는 발뒤꿈치에서 피어 나오지. 이 때문에 아마 나의 생명이 돋아나는 기운을 보았을 거야. 어디 다시 데려와 보아라."

그 이튿날 또 그와 함께 호자를 만나 보았다. (계함이) 나와서 열자에게 말했다. "자네 선생은 일정치 않아. 나는 상을 볼 수가 없어. 일정해지거든 다시 그의 상을 보기로 하지." 열자가 들어가 그 사실을 호자에게 알렸다. 호자가 말했다. "나는 아까 그에게 음양이 조화되어 막상막하의 형국을 이루는 상을 보여 주었어. 이 때문에 나의 균형을 이룬 생기를 보았을 거야. 고래처럼 큰 물고기가 몸을 돌려 물이 깊어진 곳이 연못이 되기도 하고, 멈추어 있는 물이 깊어져 연못이 되기도 하고, 흐르는 물이 깊어져 연못이 되기도 한다. 연못에는 아홉 가지 이름이 있는데, 이것들은 세 가지에 해당한다. 어디 다시 데려와 보아라."

그 이튿날 또 그와 함께 호자를 만나 보았다. (계함은) 선 채로 아직 자리를 잡기도 전에 망연자실 놀라 도망가 버렸다. 호자가 말했다. "쫓아가라.” 열자가 그의 뒤를 쫓았지만 미치지 못했다. 돌아와서는 호자에게 보고했다. “이미 사라졌습니다. 이미 놓쳐 버리고 따라갈 수 없었습니다.” 호자가 말했다. “아까 나는 그에게 나의 근본이 전혀 나타나지 않은 상태를 보여 주었다. 나는 그와 함께하면서 나 자신을 텅 비우고 따르기만 했다. 그는 내가 누구인지 무엇을 하는지 알지 못했을 것이다. 따라서 그는 나를 바람에 나부끼는 풀이라고 생각하고 또 바람에 출렁이는 물결이라고 생각했을 것이다. 그래서 도망간 것이다.”[18]

원래 무당의 잔재주는 모양象을 빌려 길흉을 예측하는 것이다. 예를 들어 거북점龜卜은 갈라진 무늬卜兆를 보고 점을 치는 것이다. 또 점서占筮 같은 것은 괘상卦象에서 벗어나지 않는다. 계함이 길흉화복을 예측하는 데 의지한 것 역시 모양의 범위를 벗어나지 못한다. 그런데 그가 보는 것은 사람의 모양이다. 사물의 시초物之初라든가 무하유의 마을에

18) 『莊子』「應帝王」: “鄭有神巫曰季咸, 知人之死生存亡, 禍福壽夭, 期以歲月旬日若神. 鄭人見之, 皆棄而走. 列子見之而心醉, 歸以告壺子, 曰, 始吾以夫子之道爲至矣, 則又有至焉者矣. 壺子曰, 吾與汝旣其文, 未旣其實, 而固得道與. 衆雌而無雄, 而又奚卵焉. 而以道與世亢必信, 夫故使人得而相女. 嘗試與來, 以予示之. 明日, 列子與之見壺子. 出而謂列子曰, 嘻. 子之先生死矣. 弗活矣. 不以旬數矣. 吾見怪焉, 見濕灰焉. 列子入, 泣涕沾襟以告壺子. 壺子曰, 鄉吾示之以地文, 萌乎不震不正. 是殆見吾杜德機也. 嘗又與來. 明日, 又與之見壺子. 出而謂列子曰, 幸矣. 子之先生遇我也. 有瘳矣, 全然有生矣. 吾見其杜權矣. 列子入, 以告壺子. 壺子曰, 鄉吾示之以天壤, 名實不入, 而機發於踵. 是殆見吾善者機也. 嘗又與來. 明日, 又與之見壺子. 出而謂列子曰, 子之先生不齊, 吾無得而相焉. 試齊且復相之. 列子入, 以告壺子. 壺子曰, 吾鄉示之以太沖莫勝. 是殆見吾衡氣機也. 鯢桓之審爲淵, 止水之審爲淵, 流水之審爲淵. 淵有九名, 此處三焉. 嘗又與來. 明日, 又與之見壺子. 立未定, 自失而走. 壺子曰, 追之. 列子追之不及. 反以報壺子曰, 已滅矣, 已失矣, 吾弗及已. 壺子曰, 鄉吾示之以未始出吾宗. 吾與之虛而委蛇. 不知其誰何, 因以爲弟靡, 因以爲波流, 故逃也.”

서 노니는 것을 추구하는 장자에게 그런 것은 분명히 하찮은 잔재주로서 이야기할 만한 것이 아니었다. 무당이 사람의 관상을 보는 것은 먼저 관상을 볼 수 있는 사람에 한정된다. 만약 관상을 볼 수 없는 사람, 예를 들면 어떤 사람의 관상이 이 세계와 같이 끝없이 변동하면서 멈추지 않는다면 무당이 더 이상 어쩔 수 있겠는가? 우화 속의 호자는 먼저 무당에게 죽음杜德機을 보여 주었고, 다시 그에게 삶善者機을 보여 주었고, 또 그에게 죽은 것도 아니고 산 것도 아닌 것衡氣機[19]을 보여 주었으며, 마지막으로 그에게 호자 자신의 근본이 전혀 나타나지 않은 상태未始出吾宗를 보여 주었다. 계속 변환하면서 가만히 있지 않는 호자 앞에서 신무는 제정신을 잃고 도망칠 수밖에 없었다.

세속적 밝음 가운데 신무 계함과 같은 사람은 헤아릴 수 없이 많을 것이다. 사실 신무는 바로 세속적 지식의 상징이다. 장자가 볼 때 세속의 지식은 만물에 대한 지식일 뿐이고, 그것은 만물의 고정된 한 면에만 집착하는 것이다. 이 때문에 처음부터 끝까지 어떤 고정된 모양의 범위 안으로 국한된다. 예를 들면 생기가 닫힌 '두덕기杜德機'를 보고서는 바로 죽었다고 생각하고, 다시 생기가 솟아나는 '선자기善者機'를 보

19) 옮긴이: 저자는 이 부분에 '衡氣機'가 아닌 '太沖莫勝'을 병기했는데, 이는 저자의 착각으로 보여 '衡氣機'로 바로잡는다. 이 문제는 아래에서도 계속 논의되고 있기 때문에 독자의 이해를 돕기 위해 다음과 같이 표로 정리해 보았다.

호자가 보여준 것	계함이 본 것
地文	杜德機
天壤	善者機
太沖莫勝	衡氣機
未始出吾宗	?

고서는 다시 살아났다고 생각하는 것 같은 것이다. 그들은 일면만 알고 전체를 알지 못하며, 경직된 것만 알고 변화는 알지 못하며, 단절만 알고 통하는 것은 알지 못한다. 지식은 안정된 것이다. 그러나 정말로 「제물론」에서 말한 것처럼 "앎의 대상은 매우 불안정하다."[20] 우리는 이 단편적이고 딱딱하게 굳어 버린 죽은 지식을 가지고 끝없이 변화하는 세계를 어떻게 이해하고 그에 적응할 것인가? "고래처럼 큰 물고기가 몸을 돌려 물이 깊어진 곳이 연못이 되기도 하고, 멈추어 있는 물이 깊어져 연못이 되기도 하고, 흐르는 물이 깊어져 연못이 되기도 한다. 연못에는 아홉 가지 이름이 있는데, 이것들은 세 가지에 해당한다." 아홉 개의 연못이 무엇을 가리키는지 알지 못한다 하더라도, 앞의 세 연못보다 훨씬 풍부하리라는 것은 분명하다. 세 연못의 이름은 의심할 것 없이 호자가 보여 준 네 가지 가운데 앞부분의 세 가지에 각각 대응하는 것이다. 흐르는 물이 깊어져 연못이 된 것은 두덕기에 해당하고, 흐르는 물이 깊어져 연못이 된 것은 선자기에 해당하며, 고래처럼 큰 물고기가 몸을 돌려 물이 깊어진 곳이 연못이 된 것은 형기기[21]에 해당한

---

20) 옮긴이: 여기에 해당하는 원문은 "其所知者特未定也"인데, 저자는 그에 대한 출전을 『장자』「제물론」으로 밝히고 있다. 그러나 『장자』「제물론」에는 지知 자 대신 언言 자로, 즉 "말로 언급되는 대상은 매우 일정하지 않다其所言者特未定也"로 되어 있으며, 언어의 불완전성에 대한 문제를 논의하는 가운데 나온다. 그런데 「대종사」에는 지식의 문제와 관련하여 "앎이라는 것은 대상이 있어야 옳음이 있는데, 그 대상은 매우 불안정하다夫知有所待而後當, 其所待者特未定也"라고 말하는 구절이 있다. 여기서도 지知 자 대신 대待 자로 되어 있기는 하지만 '언어' 보다는 '앎' 의 문제를 바로 논의하고 있다는 점에서 저자가 말하려는 것에 더 가까운 것 같다.

21) 옮긴이: 여기도 위에서와 같이 '태충막승' 이라고 하였으나 문맥으로 보아 '형기기' 가 맞기 때문에 바로잡는다.

다. 호자는 변화의 몇 가지 부분만 보여 주었을 뿐인데 계함은 이미 종잡을 수 없는 상태가 되어 버린 것이다. 만약 변화의 전부를 보여 주었다면 어떻게 되었을까? 심하게 말하면 만약 온 우주의 대변화에 대하여 계함과 같은 지식을 가진 사람은 그것을 파악할 수 있을까? 장자는 어땠을까? 대답은 물론 그는 매우 분명히 알고 있다는 것이다.

이 때문에 지식이라는 것은 믿을 만한 것이 못된다. 지식을 통해 세계를 보는 것은 우물 안에 앉아 하늘을 보는 것과 같다. 이런 '앎'은 바로 무지를 의미하고, 이와는 반대로 무지는 바로 진지眞知(참된 앎)를 의미한다고 할 수 있다. 진지는 한 사람이 사물에 대해 무궁무진한 지식을 가지고 있는 것이 결코 아니다. 오히려 이와는 반대로 어떤 의미에서 그것은 사물에 대한 지식을 망각한 뒤에야 도달할 수 있는 것이다. 「응제왕」의 첫 부분에서 언급된 "네 가지를 물었지만 네 가지 다 몰랐다"라는 것은 바로 진지에 대한 이러한 성질을 드러내 보여 주는 것이다. 진지를 가진 사람이 바로 진인이고, 즉 진정한 사람이다. 일반 사람들은 모두 지식화되었다. 이 때문에 모두 물화되었다. 그들은 사물에 의해 사물화된 것物於物이다. 오직 진인만이 사물 가운데서 빠져나올 수 있고, 사물의 속박으로부터 벗어나 직접 사물의 원래 상태로 되돌아갈 수 있다. 이 때문에 사물을 사물로 대할 수 있는 것物物이다. 이러한 사람이 바로 이 세계의 제왕이다. 왜냐하면 그는 이 세계를 지배하고 제어할 수 있지만 그 반대는 아니기 때문이다. 의미상으로 보면 세속적 의미의 제왕은 어쩌면 바로 이 세계의 노예인지도 모른다.

만약 '호자가 보여 준 네 가지'를 구체적인 우화 속에서 추출해 내서 일반적인 검토를 진행한다면 그것을 사물에서 도道로 들어가는 상승의 과정이라고 볼 수 있을 것이다. 먼저 지문地文이고, 다음은 천양天

壤, 태충막승太沖莫勝이며 마지막으로는 미시출오종未始出吾宗(나의 근본이 전혀 나타나지 않은 상태)이다. 이것은 「소요유」에서 말한 곤붕의 변화가 낮은 곳에서부터 높아지며 바로 구천에까지 박차고 올라갔던 것을 생각나게 한다. 지문은 땅의 형상이고 가까이서도 볼 수 있다. 천양은 하늘의 모양으로 멀리서 볼 수 있다. 태충막승은 허무한 상태로 상상할 수 있다. 미시출오종은 「제물론」에서 말한 "시작이라는 것이 있던 적이 없다는 것마저 원래 없다"[22]에 해당하는 것으로 순수한 무하유의 마음이며, 만물의 시초인 것이다. 그것은 이미 모양이나 형체로는 포착할 수 없다. 이 때문에 귀나 눈 그리고 마음으로 인식할 수 없다. 사물에 대한 지식은 그것 앞에서 무기력해진다. 이것은 그 상승 과정의 종점이고, 세속적 지식의 끝이다. 그러나 그것은 진지의 시작이다.

사물에 관한 지식과 도에 관한 지식은 한자리에 놓고 논의할 수 없는 것이다. 전자는 분별적이고 스스로 옳다고 하는 것이다. 후자는 통동적通同的이고 옳음도 없고 그름도 없는 것이다. 이 때문에 전자와 후자가 함께 만날 때 그것들 사이에는 전혀 어울리지 않는 것이 당연한 이치이다. 이러한 전혀 어울리지 않음은 계함과 호자 사이에 전개된 직접적인 대결과 같고, 자자의 태도는 물론 결말 부분에서 쉽게 간파할 수 있다. 이 우화에서 호자의 네 가지 보여 주기는 한편으로는 계함에 대한 조롱과 과시를 위하여, 다른 한편으로는 열자에 대한 지적과 안내를 위하여 설계된 것이고, 특히 독자에 대한 지적과 안내를 위해 설계되었다는 것은 당연하다. 계함이 도망간 것은 두 가지의 상징적

---

22) 『莊子』 「齊物論」: "未始有夫未始有始也者."

의미를 가진다. 분명하고 쉽게 발견되는 한 측면은 장자 사상에서의 무술巫術의 퇴장이다. 장자 사상을 논의할 때 당시는 아직 무술이 유행하던 시대였음을 잊어서는 안 된다. 가지각색의 기술, 즉 귀복龜卜에서부터 점서占筮에 이르기까지 모든 것들이 생활의 무대를 점령하였다. 그것들을 조작하는 구체적인 기교는 다르지만, 하나의 공통점은 서로 긍정할 것이다. 즉 그것들은 모두 '모양象'의 숭배자들이라는 점이다.

장자는 기술에 대해서 매우 잘 알고 있지만, 일고의 가치도 없는 것으로 생각한다. 포정이 "제가 좋아하는 것은 도입니다. 기술보다 윗길입니다"라고 말한 것과 같다. 기술이 아니라 도야말로 장자가 진정으로 관심을 가지고 추구하던 것이었다. 기술과 관련된 것은 사물일 뿐이지만 도는 그와는 다르다. 그것은 마치 포정 앞에 놓인 소처럼 사물을 풀어 없애 버릴 수 있다. (눈으로는 한 마리 소 전체가 들어오지 않지만) 이 때문에 무술巫術의 퇴장 배후에 숨어 있는 다른 하나의 측면은, 그것은 동시에 사물의 모양物象의 퇴장 및 사물의 모양에만 관심을 갖던 태도의 퇴장이기도 한 것이다.

사물의 모양은 변화하는 것이다. 우리의 감각 기관과 마음과 지각은 그것과 영원히 함께할 수 없다. 그것은 마치 아홉 개의 연못 가운데서 호자가 세 종류만 보여 주었을 뿐인데도 계함이 종잡을 수 없는 상태에 빠져 버린 것과 같다. 어떻게 해야 할까? 구체적인 사물의 모양을 초월하기 위해 장자는 독자에게 상승의 길을 따라 앞으로 나아가서 곧바로 만물의 원래 상태에 도달함으로써 이 세계에 대한 진정한 이해를 얻는다는 방법을 제시한다. 이러한 이해에서 만물은 사라진다(동시에 보존된다). 그것은 물론 정말로 사라지는 것이 아니라 만물이 해체되는 것이다. 즉 그것이 사람의 마음을 속박할 수 없도록 해체되는 것이다.

무위의 제왕

사물을 초월하거나 세계의 제왕이 되는 것은 결코 사물에 대하여 일종의 오만한 태도를 취하는 것을 의미하지는 않는다. 오히려 그것과는 반대로 「응제왕」의 편명이 암시하고 있듯이 '순응應' 해야만 비로소 제왕이 될 수 있는 것이다. 호자와 계함의 대결을 지켜본 뒤의 열자의 깨달음과 행동을 살펴보자.

> 그 뒤 열자는 스스로 애초부터 아무것도 배운 것이 없다고 생각하고 돌아와 삼 년 동안 밖으로 나오지 않았다. 그는 자기의 아내를 위해 밥을 짓고, 돼지에게 밥을 주면서 사람에게 밥을 주듯 했다. 세상일에 대하여 특별히 마음 기울이는 것도, 애정을 갖는 것도 없었고, 과거에 갈고 닦았던 것들을 모두 본래의 소박한 상태로 되돌리고, 우두커니 홀로 제 몸을 세우고 있었다. 세상사 혼란스럽게 돌아가도 자신의 참모습을 지키며 한결같이 그렇게 지내다가 생을 마쳤다.[23]

부부의 구별도 사라져 버렸고, 사람과 동물의 구별도 사라져 버렸고, 친소의 구별도 사라져 버렸다. 인위적인 모든 요소가 사라진 뒤 그는 가장 근본적이고 참된 상태로 되돌아갔다. 지식도 없고, 총명함도 없고, 마치 나무 조각처럼 보였다. 이것이 바로 「제물론」에서 말한 "몸

---

23) 『莊子』 「應帝王」: "然後列子自以爲未始學而歸, 三年不出. 爲其妻爨, 食豕如食人. 於事無與親, 彫琢復朴, 塊然獨以其形立. 紛而封哉, 一以是終."

은 정말로 마른 나무 같고, 마음은 정말 불 꺼진 재와 같다"[24] 혹은 「대종사」에서 말한 "몸을 잊고, 지혜를 잊는다. 몸을 떠나고, 지혜에서 떠나면 대통大通과 하나가 된다"[25]라는 것이다. 이러한 마음의 경지에서는 사물에 따르는 것은 저절로 그렇게 되는 일인 것이다.

무지한 마음은 실은 바로 텅 비어서 아무것도 간직한 것이 없는 마음인 것이다. 우리가 마음속에 무언가를 간직하고 있다면, 그것이 바로 우리의 한계가 된다. 예를 들면 이름(명예욕)을 간직하고 있다면, 우리는 바로 이름을 추구하는 마음을 갖는다. 일을 간직하고 있다면, 우리는 바로 공적을 추구하는 마음을 갖는다. 우리의 생명은 바로 공적과 이름의 지배를 받게 된다. 이 때문에 이 세계의 진정한 제왕이 되기 위해서, 사물에 지지 않고 사물을 이기기 위해서, 우리는 철저하게 비워야 한다. 장자는 말한다.

> 명예의 주인이 되지 말고, 모략의 창고가 되지 마라. 일의 책임자가 되지 말고, 지식의 주인이 되지 마라. 몸으로는 끝없는 것을 다 터득하고 마음을 풀어 놓되 아무 흔적이 드러나지 않도록 하라. 하늘로부터 받은 것을 남김없이 향유하되 이익에 눈 돌리지 말고, 텅 비우기만 하라. 지인의 마음가짐은 거울과 같다. 배웅하지도 않고 마중하지도 않으며, 따르되 간직하지 않는다. 그러므로 일을 맡으면서도 그로 인해 상처 입지 않는다.[26]

24) 『莊子』「齊物論」: "形固可使如槁木, 心固可使如死灰."

25) 『莊子』「大宗師」: "墮肢體, 黜聰明, 離形去知, 同於大通."

명예, 모략, 일, 지식 등 네 가지는 두 그룹으로 나눌 수 있다. 각 그룹에는 하나의 밖과 하나의 안이 있다. 모략을 통해 명예를 추구하고, 지식을 통해 일을 맡는다. 그런데 모략으로 정말 명예를 추구할 수 있을까? 지식으로 정말 일을 맡을 수 있을까? 계함은 모략과 지식을 가진 사람이다. 그런데 그는 변화하는 사물 앞에서 어떻게 했는가? 장자가 볼 때 명예와 일은 잊어버려야 할 것이고, 모략과 지식은 제거해야 할 것이다. 세계 앞에서 어떠한 기심機心도 간직하고 있어서는 안 된다. 이것 역시 비우는 것이다. 지인의 마음가짐은 바로 마음 쓰는 것이 없는 것이고, 이것이 가장 큰 마음가짐이다. 이러한 상황에서 마음은 거울과 같다. 사물은 있는 그대로 거울 속에 드러나되 결코 머물러 있지 않는다. 마음은 결코 어떤 것을 선택하지 않으며, 어떤 사물이든지 모두 거울에 나타날 수 있고, 물론 나타나지 않을 수도 있다. 그래서 텅 비우고 간직하지 않으면, 사물이 오고 그에 순응하는 것이다. 그리하여 우리는 "바다는 넓어 고기들이 뛰게 놓아 두고, 하늘은 높아 새들이 날도록 맡겨 둔다"[27]라는 즐거움을 체득할 수 있을 것이다. 이때 사람은 아무런 걱정 없이 거대한 변화 속에서 자유자재로 노닌다.

이것 역시 "아무것도 없는 데서 노닌다"라는 것이다. 이른바 '아무것도 없는 데' 는 이 세계에 아무것도 없다는 것을 말하는 것이 결코 아

---

26) 『莊子』 「應帝王」: "無爲名尸, 無爲謀府. 無爲事任, 無爲知主. 體盡無窮, 而遊無朕. 盡其所受乎天, 而無見得, 亦虛而已. 至人之用心若鏡, 不將不迎, 應而不藏, 故能勝物而不傷."

27) 옮긴이: 저자가 인용한 이 구절의 원문은 "海闊憑魚躍, 天高任鳥飛"이다. 많은 사람이 애송하고 민간에 널리 알려진 시구지만 작자가 누구인지는 분명하지 않다. 어떤 책에서는 "海闊從魚躍, 天空任鳥飛"의 형태로 인용하여 쓰기도 한다.

니다. 세계는 여전히 그 세계이다. 다만 그것을 보는 것이 마음의 걱정거리가 되는가, 아닌가 하는 것일 뿐이다. 마음에 아무런 걱정이 없으면 비록 세계가 있다 하더라도 없는 것이나 마찬가지다. 마음에 걱정이 있으면 비록 세계가 없더라도 있는 것이나 다름없다. 있음의 세계에서 사람은 그저 비틀비틀 걸어갈 뿐이다. 없음의 세계에서 사람은 비로소 자신의 소요유를 진행할 수 있다. 없음의 세계는 자기와 외물이 동시에 사라져 버려서 자기가 없고 외물이 없음을 의미한다. 물론 진정한(실존적 의미에서의) 사라짐은 아니지만, 사라짐의 일종이다.

물론 우리는 눈부신 빛이나 암흑 속에서 만물이 사라져 버린 것을 경험한 적이 있다. 우리는 또 마음속에서 만물이 사라져 버린 경험을 추가해야 할 것이다. 이것은 장자가 우리에게 준 경험이다. 이런 경험이 복잡하지 않도록 하기 위해서 필요한 것은 마음이 사라지는 것뿐이다. 마음이 사라져 버리면 만물은 마음속에 남아 있을 수 없고, 마음속에 어떤 흔적도 남길 수 없다. 이때의 마음이 바로 거울과 같다. 만물은 거울 속에서 모습을 드러내지만 양쪽 모두 늘어나거나 줄어들지 않는다.

마음의 사라짐은 물론 마음이 죽어 버리는 것을 말하는 것이 아니다. 그와는 반대로 이것은 바로 마음의 재생인 것이다. 마음은 사물이라는 바다 속으로 빠지지 않고, 사물에 의해 사물화되지 않고, 오히려 사물을 주재하게 된다. 그것은 바로 그것 자신이다. 그래서 그것은 자기의 명령만 듣고 사물의 명령을 듣지 않는다. 사실 그것 자신에 대해서도 무슨 명령이라는 것이 없다. 그것은 다만 자신의 최초의 상태, 혼돈의 소박한 상태로 돌아갈 뿐이다. 어떤 흔적도 없고, 어떤 것을 구별하려는 욕망과 요구도 없다. 그래서 만물의 한계가 마음속에서 사라져 버리고 하나의 '통합通' 과 '변화化' 라는 총체가 된다. 이것이 바로 '무궁無窮(끝이 없음)' 과 '무짐無朕(조짐이 없음)' 이다.

이러한 배경을 가지고 다시 혼돈 우화 속으로 들어가는 것이 바로 사리에 맞고 논리적이다. 마지막에 놓인 이 우화는 분명히 총결성을 지니고 있다. 이 편의 총결일 뿐만 아니라 전체 내편의 총결이기도 한 것이다.

> 남해의 제왕은 숙이고, 북해의 제왕은 홀이고, 중앙의 제왕은 혼돈이다. 숙과 홀은 수시로 혼돈의 땅에서 만났는데, 혼돈은 그들을 매우 잘 대접했다. 숙과 홀은 혼돈의 은혜에 보답할 방법을 의논했다. "사람들은 모두 일곱 개의 구멍을 가지고서 보고, 듣고, 먹고, 숨 쉰다. 그런데 이 혼돈만 없으니 그에게 구멍을 뚫어 줘 보자." 하루에 한 개씩 구멍을 뚫어 나갔는데 이레 만에 혼돈이 죽어 버렸다.[28]

인구에 회자되는 이 우화는 이미 역사상 무수한 방식으로 해독되어 왔다. 그것은 어쩌면 신화적 배경이 있는 것 같다. 학자들은 어렵지 않게 『좌전』에서 "혼돈混敦"이라는 이름을 발견했고,[29] 『산해경』에서 "빨간 불꽃처럼 붉다"는 혼돈을 발견했다. 그래서 그것은 신화학 연구의 중요한 소재가 되었다.[30] 그러나 우리의 관심은 그런 데 있지 않다. 우

---

28) 莊子』「應帝王」: "南海之帝爲儵, 北海之帝爲忽, 中央之帝爲渾沌. 儵與忽時相與遇於渾沌之地, 渾沌待之甚善. 儵與忽謀報渾沌之德, 曰, 人皆有七竅以視聽食息, 此獨無有, 嘗試鑿之. 日鑿一竅, 七日而渾沌死."

29) 『左傳』「文公」 18년조: "帝鴻氏有不才子 …… 天下之民謂之混敦."

리들의 관심은 이 우화를 「응제왕」의 마지막에 배치할 때 그 의미가 무엇이었을까 하는 점이다.

혼돈에게는 일곱 개의 구멍이 없다. 이 때문에 무지하고 무식하다. 장자는 일곱 개의 구멍을 줄곧 지식의 문으로 간주했다. 따라서 노자가 "구멍을 막고 문을 닫아라"[31]라고 말한 것과 똑같이 장자는 첫째 원칙으로 "귀로 듣지 말아라"[32]라고 말했고, 둘째 원칙으로 "귀나 눈을 안으로 통하게 하고 마음과 지각을 배제하라"[33]라고 말했으며, 셋째 원칙으로 "육체를 잠시 빌린 껍데기로 생각하고 귀나 눈을 사라질 흔적으로 여긴다"[34]라고 말했다. '껍데기寓'와 '흔적象'은 아직 있는 것 같지만 실은 없다. 일곱 개의 구멍은 없다. 정말로 없다. 일곱 개의 구멍이 없고, 지식이 없고, 마음도 없다. 이 때문에 선이라고 할 것도 없고 악이라고 할 것도 없다. 자기라고 할 것도 없고 남이라고 할 것도 없다. 온 세계는 혼연히 한 몸인 것이다. 어떤 구별도 없고, 마치 그 이름이 나타내고 있는 것처럼 중앙의 제왕은 뒤엉킨 혼돈일 것이며, 따라서 무심으로 변화에 맡기는 것일 것이다.

제왕에게 있어서 이것은 무위이기도 하다. 만물은 그에 상응하여 저절로 그렇게 되는 것이다. 무위 속에서 만물은 모두 각자의 방식으

---

30) 『山海經』「西次三經」: "天山 …… 有神焉, 其狀如黃囊, 赤如丹火, 六足四翼, 混敦無面目, 是識歌舞, 實有帝江也."

31) 『老子』 제52장: "塞其兌, 閉其門."

32) 『莊子』「人間世」: "無聽之以耳."

33) 『莊子』「人間世」: "徇耳目內通, 而外於心知."

34) 『莊子』「應帝王」: "寓六骸, 象耳目."

로 안정을 획득한다. 노자가 "나는 아무것도 하지 않아도 백성은 저절로 변화하고, 나는 가만히 있는 것을 좋아해도 백성은 저절로 바로 가고, 나는 아무것도 벌이지 않아도 백성은 저절로 부유해지고, 나는 아무 욕심이 없어도 백성은 저절로 순박해진다"[35]라고 말한 것처럼, 혼돈은 바로 이와 같다. 그것은 무심한 것이고 선행을 할 줄도 모른다. "천지는 인자하지 않고, 만물을 개허수아비로 여긴다."[36] 이것은 노자가 한 말이기는 하지만 장자도 동의할 것이다. 그러나 유심의 만물에게 혼돈의 무심은 호의적으로 보일 것이다. 위 우화에서 묘사한 남해의 제왕 숙과 북해의 제왕 홀은 바로 이와 같이 생각했다. 그들이 혼돈의 땅에서 만날 때 혼돈이 "매우 잘 대접한다"는 느낌을 받았었다. 이런 느낌은 그들 마음속에 은혜를 갚아야겠다는 생각을 낳게 했고, 그래서 일곱 개의 구멍을 뚫자는 생각에 따라 계획을 세운 것이다.

혼돈 우화에서 '뚫다鑿'는 말은 보기만 해도 소름끼친다. 우리는 한편으로는 숙과 홀의 노력을 느낄 수 있고, 다른 한편으로는 혼돈이 겪었을 고통을 느낄 수 있다. '뚫는 것'이 선이라는 이름으로 진행된 것은 분명하다. 혼돈은 보통 사람들과 다르다. 일곱 개의 구멍 중 하나도 없는 괴물이 어떻게 인간 세상에 발을 붙일 수 있었겠는가? 정상인이 불구자를 만난 것과 아주 비슷할 것이다. 대개 가엾다는 마음이 들 것이고, 아울러 그들이 건강하고 온전한 사람과 같아지기를 바랄 것이다. 숙과 홀은 혼돈이 일곱 개의 구멍을 갖기를 바랐고, 그것은 정말로

35)『老子』 제57장: "我無爲而民自化, 我好靜而民自正, 我無事而民自富, 我無欲而民自朴."
36)『老子』 제5장: "天地不仁, 以萬物爲芻狗."

더할 나위 없는 '선의'에서 나온 생각이었다. 우리는 유가의 "자기가 서고 싶으면 남을 세워 주고, 자기가 성취하고 싶으면 남이 성취하게 하라"[37]라는 말에 생각이 미치는데, 여기서 우리는 치열한 마음, 열정 등을 느낄 수 있다. 그런데 우리는 이러한 열정 속에 녹아들어 자아를 잃어버려도 될까? 혼돈과 같이 일곱 개의 구멍이 뚫린 뒤에는 어쩔 수 없이 죽는다.

혼돈은 숙과 홀의 선의에 의해 죽은 것이다. 그것은 마치 바닷새가 노나라 임금의 선의에 의해 죽은 것과 같고,[38] 사람들이 유가의 선의에 의해 고통에 시달리는 것과 같다. 어찌되었든 '뚫는다'는 것은 대상에 대한 모든 '난폭한' 변경을 의미한다. 그리고 그런 변경의 과정에서 우리는 항상 자기를 중심으로 남을 헤아리는 것, 자기를 모델로 하여 다른 사람을 빚어 내는 것 등을 피할 수 없다. 타자가 자기 혹은 자기의 그림자가 될 때 타자는 사라지고, 남는 것은 단조롭고 창백한

---

37) 『論語』「雍也」: "己欲立而立人, 己欲達而達人."

38) 『莊子』「至樂」의 다음 우화를 참조하라. "옛날 노나라 교외에 바닷새가 날아와 앉아 있었다. 노나라 임금은 그것을 친히 맞아들여 종묘 안에서 술을 대접하고 구소九韶라는 음악을 연주하여 즐겁게 해 주었으며 성대한 음식을 차려 대접했다. 그런데 새는 눈이 어지러워지고 근심과 걱정에 싸여 한 조각의 고기도 먹지 못하고 한 잔의 술도 마시지 못한 채 사흘만에 죽고 말았다. 그것은 자기를 기르는 방식으로 새를 길렀기 때문이다. 새를 기르는 방식으로 새를 기른 것이 아니다. 대개 새를 기르는 방식으로 새를 기른다는 것은 깊은 산속에 깃들게 하고, 모래톱에서 놀게 하고, 강이나 호수에서 헤엄치게 하고, 미꾸라지나 피라미를 먹게 하고, 무리들을 따르다가 쉬게 하고, 자연에 맡기고 따르면서 살도록 하는 것이다(昔者海鳥止於魯郊. 魯侯御而觴之于廟, 奏九韶以爲樂, 具大牢以爲膳. 鳥乃眩視憂悲, 不敢食一臠, 不敢飮一杯, 三日而死. 此以己養養鳥也. 非以鳥養養鳥也. 夫以鳥養養鳥者, 宜栖之深林, 遊之壇陸, 浮之江湖, 食之鰌鯈, 隨行列而止, 委蛇而處)."

세계뿐이다.

이 세계에 자기 혼자 남아 있을 때 나는 세계의 제왕이 된다. 그러나 내가 정말 제왕일까? 어쩌면 풍부하고 또 변화로 가득 찬 세계 속에서 나는 제왕의 즐거움을 좀 더 잘 체득할 수 있을 것이다. 여기에 도달하기 위해서는 '따르는 것' 외에 우리에게 다른 방법이 없다.

九 · 장자와 내편

『장자』라는 책은 사실 하나의 편篇일 뿐이다.
이뿐만 아니라 사실 한 장章일 뿐이고, 심지어는 한 구절일 뿐이다. 그 한 구절은 바로
"텅 빈 곳虛에 마음을 풀어놓는 것游心於虛"이다. 이른바 통한다는 것은 바로
하나로 통하는 것이다. 장자는 "천하를 통틀어 하나의 기가 있을 뿐이다"라고 말했다.
우리 역시 『장자』(내편)를 통틀어 하나의 구절이 있을 뿐이라고 말할 수 있다.

이 책을 읽으면서 독자들은 어쩌면 많은 의문이 들었을 것이다. 그 가운데 어떤 문제는 저자가 대답할 수 없는 것이거나 혹은 저자가 대답할 필요가 없는 것일 수도 있다. 그러나 문헌과 관련된 의문들, 예를 들어 우리가 왜 내편에 대해서만 검토하고 외편과 잡편은 포함시키지 않았는가 하는 것, 혹은 왜 「소요유」에서 시작하여 「응제왕」으로 끝나는 자연스러운 순서를 따르지 않고 꼭 「인간세」에서 시작해야만 했는가 등에 대해서는 저자가 반드시 대답해야 할 것이다.

내편의 저자

먼저 이 책에서 검토한 것은 장자 철학에 대한 것이지, 『장자』 철학에 대한 것이 아니라는 점을 분명히 해 두어야겠다. 이것은 우리가 주로 관심을 가지는 것은 사람이지, 책이 아니라는 것이다. 고대 중국에서 "장자와 『장자』" 등과 유사한 문제는 보편적인 것이었고, 사람과 그의 이름을 딴 책 사이에는 항상 복잡하고 간단치 않은 관계가 존재했다. 고대 사상 연구자들은 일반적으로 다음과 같은 하나의 전제를 받아들인다. "현재 전국 이전의 무슨무슨 자子의 책으로 이름 붙여진 것은 무슨무슨 자子 일파의 책으로 보아야지, 무슨무슨 자子 한 사람의 책으로 보아서는 안 된다. 예를 들어 『묵자』·『장자』라고 이름 붙여진 책들은 묵학총서墨學叢書 및 장학총서莊學叢書로 보아야지 묵자나 장자 한 사람의 저작으로 보아서는 안 된다."[1] 이 때문에 장자와 『장자』 사이에 등호를 붙일 수 없음은 분명하다. 그렇지만 『장자』를 떠난다면 우리는 영원히 장자를 알 수 없다. 이는 바로 『장자』에 대한 구분을 필요로 한다. 다행히도 『장자』에 대한 관행적 구분 방식이 역사상 이미 있었다. 예를 들면 내편, 외편, 잡편이 다르게 취급되는 것이 그것이다. 이런 구분의 내력에 대해서 우리는 영원히 알 수 없을 것이다. 그러나 그 속에는 장자와 『장자』를 구별하는 신비로운 비밀에 대한 이해가 숨어 있을 것이다.

내편은 특별하다. 이 특별함은 그것이 『장자』라는 책의 앞부분에 배치된 것을 가리킬 뿐만 아니라, 아주 많은 측면에서 드러나고 있다. 예를 들면 내편의 각 편의 편명은 모두 세 글자로 되어 있다. 이것은 각 편 처음에 나오는 글자를 가지고 건성으로 편명을 붙인 외편·잡편과 비교했을 때 다른 점이다. 내편의 이름들은 모두 해당 편의 대의를 개괄한 것이다. 그 밖에 내편 일곱 편의 구조는 또 그 자체가 마치 하나의 자족적으로 완성된 체계인 듯한 인상을 주고 있다. 이 점에 대해서는 나중에 다시 설명하겠다. 마지막으로 가장 중요한 것은 우리가

---

1) 馮友蘭, 『中國哲學史 上冊』(三松堂全集, 제2권, 河南人民出版社, 1988), 34쪽~35쪽.

앞에서 검토했듯이 내편 7편은 분명하게 하나의 주제—생명이라는 주제—를 둘러싸고 전개된다는 것이다. 이 주제는 우리가 『사기』와 『장자』 자체를 통해 이해할 수 있는 장자의 생활과 아주 부합된다.

우리는 아마도 과거와 현재의 매우 많은 사람들과 마찬가지로, 내편 7편은 장자의 작품이고 외편 · 잡편은 그의 후계자들에게서 나왔다는 것을 믿어야만 할 것 같다. 그들이 이미 대단히 많은 이유를 제시했지만, 우리는 또 우리만의 이유를 제시해야 할 것이다. 그렇다면 나는 「응제왕」 맨 마지막에서 언급한 혼돈 우화를 다시 자세히 살펴보고 싶다. 내편의 마지막에 놓인 이 문장에는 앞에서 설명한 사상적 내용에 대한 표현 외에 다른 우의寓意는 없는 것일까? 일곱 개의 구멍은 내편의 숫자와 딱 들어맞는데, 이것은 우연일 뿐일까, 혹은 의식적으로 그렇게 처리한 것일까? 만약 의식적으로 그렇게 처리한 것이라면 그 자체가 장자가 내편 일곱 편을 창작했다는 것을 뒷받침하는 증거가 될 수 있지 않을까?

『장자』에 대한 최초의 기록은 물론 「천하」에까지 소급된다. 왕부지王夫之는 그것을 「우언」과 함께 『장자』의 후서後序라고 보았다. 내가 볼 때 만약 그것이 후서라면 그것은 내편의 후서일 뿐 우리가 현재 보는 『장자』의 후서는 아닐 것이다. 먼저 「천하」에 담긴 장자 사상에 관한 설명을 다음과 같이 열거해 보는 것도 괜찮을 것이다.

> 잠잠하고 형체도 없는 것이 변화하여 가만 있지 않는다. 죽음과 삶은 천지와 나란히 함께하고, 신명과 함께 변해 간다. 어디로 가는지 까마득하고, 어디서 왔는지 쏜살 같은데, 만물을 모두 다 그 속에 포괄하고 있어도 되돌아갈 만한 곳이 없다. 옛날 도술 가운데 이러한 것이 있었는데, 장주가

그 학풍을 듣고 좋아했다. 그는 공허한 학설과 황당한 말과 끝없는 논리로 항상 자유분방하게 자기 뜻을 펼치면서 편견에 사로잡히지 않았고, 어느 한쪽의 견해를 가지고 자신을 드러내려 하지 않았다. 천하 사람들이 모두 미혹에 빠져 있다고 생각했기 때문에 그들과 정중한 말로 이야기할 수 없었다. 그래서 그는 치언卮言(무심하게 지껄이는 말)을 변화무쌍한 표현 수단으로 삼았고, 중언重言(옛사람의 말이나 일을 인용하여 말하는 것)을 입증의 증거로 삼았으며, 우언寓言(우화의 형식을 이용하는 것)을 널리 알리는 수단으로 삼았다. 그는 홀로 천지의 정신과 왕래하면서 만물에 대해 오만하거나 무시하지 않았고, 옳고 그름을 따지지 않았으며, 세속의 사람들과 함께 살았다. 그가 쓴 글은 독특하고 웅장하지만 완곡하여 남을 해치지 않는다. 그의 수사는 허구와 사실이 뒤섞여 일정하지 않지만 기이하고 볼 만하다. 그는 그 가득 찬 생각을 말과 글로 표현할 때면 멈출 수 없었다. 그는 위로는 조물주와 함께 노닐고, 아래로는 삶과 죽음을 잊고 시작과 끝이 없다고 생각하는 사람을 친구로 삼았다. 근본으로서의 도에 대한 그의 태도는 대담하고 탁 트였으며, 심원하고 자유분방했다. 도에 대한 탐구에서 그는 논리가 분명했고 최고의 경지에 도달했다. 비록 그의 변화에 순응하고 사물의 속박으로부터 벗어나는 설명에서는 그 논리가 끝날 줄 몰랐고, 제시하는 근거는 원래의 형태를 잃은 적이 없었지만, 사람들은 막막하고 깜깜하여 다 이해하지 못했다.[2]

「천하」에서 각 학파의 사상에 대해 평가할 때, 그 평가는 분명히 모두 그들의 저작에 의거한 것이다. 좀 더 익숙한 장자에 대해서도 물론 예외가 아니었다. 맨 앞부분은 대략적인 개괄이고, 그 뒤는 장자 문장의 풍격에 대한 묘사이다. 우리가 흥미를 느끼고 또 그 때문에 특별히 지적해 두어야 할 것은 뒷부분의 몇몇 구절은 모두 내편 7편의 어떤 편에 대응하고 있고, 우리가 현재 보는 순서에 따르고 있는 것 같다는 점이다. "홀로 천지의 정신과 왕래하면서 만물에 대해 오만하거나 무시하지 않았다"는 것은 분명히 「소요유」를 말하고 있다. 「소요유」에 "천지의 본질을 타고 육기의 변화를 몰아 끝없는 곳에서 노닌다"[3]라는 구절과 "구름을 타고 비룡을 몰아 세상 밖에 나가 노닌다"[4]라는 구절이 있지 않은가? "옳고 그름을 따지지 않았으며, 세속의 사람들과 함께 살았다"라고 말하는 것은 바로 옳음과 그름을 같게 생각하고 사물과 나를 통일적으로 보는 「제물론」이며, 그리고 어느 정도는 「양생주」 및 「인간세」 등과 관련이 있다. "그는 그 가득 찬 생각을 말과 글로 표현할 때면 멈출 수 없었다"라는 것은 독자에게 「덕충부」를 쉽게 떠올리게 한다. "그는 위로는 조물주와 함께 노닐고, 아래로는 삶과 죽음을 잊고 시작과 끝이 없는 것을 친구로 삼았다. 근본으로서의 도에 대한 그의 태도는 대담하고 탁 트였으며, 심원하고 자유분방했다. 도에 대한 탐구에서 그는 논리가 분명했고 최고의 경지에 도달했다"라는 것

---

2) 『莊子』 「天下」: "寂漠無形, 變化無常, 死與生與, 天地並與, 神明往與. 芒乎何之, 忽乎何適, 萬物畢羅, 莫足以歸, 古之道術有在於是者. 莊周聞其風而悅之, 以謬悠之說, 荒唐之言, 無端崖之辭, 時恣縱而不儻 , 不以觭見之也. 以天下爲沈濁, 不可與莊語, 以卮言爲曼衍, 以重言爲眞, 以寓言爲廣. 獨與天地精神往來而不敖倪於萬物, 不譴是非, 以與世俗處. 其書雖瑰瑋而連犿無傷也. 其辭雖參差而諔詭可觀. 彼其充實不可以已, 上與造物者遊, 而下與外死生無終始者爲友. 其於本也, 弘大而辟, 深閎而肆, 其於宗也, 可謂稠適而上遂矣. 雖然, 其應於化而解於物也, 其理不竭, 其來不蛻, 芒乎昧乎, 未之盡者."

3) 『莊子』 「逍遙遊」: "乘天地之正, 而御六氣之辨, 以遊無窮."

4) 『莊子』 「逍遙遊」: "乘雲氣, 御飛龍, 而遊乎四海之外."

은 「대종사」에 대한 좀 더 정확한 묘사이다. 여기서 '대大'와 '종宗'이라는 두 글자가 나타날 뿐만 아니라 "조물주와 함께 노닌다"와 "삶과 죽음을 잊고 시작과 끝이 없다고 생각하는 사람을 친구로 삼는다" 등의 설명은 좀 더 직접적으로 「대종사」 속의 문장에 근거하고 있다. "그의 변화에 순응하고 사물의 속박으로부터 벗어나는 설명에서는 그 논리가 끝날 줄 몰랐고, 제시하는 근거는 원래의 형태를 잃은 적이 없었지만, 사람들은 막막하고 깜깜하여 다 이해하지 못했다"와 '응應' 자는 직접적으로 「응제왕」이라는 편명과 호응되고, 막막하고 깜깜하다는 말은 또 혼돈을 연상케 한다. 「천하」에서 설명한 것이 내편 7편과 대응된다는 것은 단순한 우연은 아니지 않을까?

만약 우리가 이 사실을 근거로 추론을 계속해 나간다면, 내편은 장자 자신이 쓴 것이라는 설명이 좀 더 유력한 설득력을 갖게 된다. 그리고 「천하」가 쓰여질 때 내편은 책 한 권의 규모를 이루고 있었고, 그것들의 편명도 확정되어 있었을 것이다. 이것은 물론 후대 사람이 이 책의 규모를 계속 늘려 갔을 것이라는 점을 배제하는 것은 아니다. 그것은 우리가 그 밖의 책에서도 이미 자주 보았던 것과 같다. 『논어』를 예로 들어 보면, 맨 처음에는 단지 열 편의 규모였을 가능성이 크지만, 나중에 다섯 편을 추가했고, 그 뒤에 또 다섯 편을 추가했다.[5] 또 『맹자』는 원본은 일곱 편뿐이었지만 『한서』 「예문지」에 이르러서는 열네 편이 되었다. 사마천이 장자에 대한 전기를 쓸 때 그가 언급한 것은 이

---

5) 『논어』의 편집과 성립 등에 관해서는 졸고 『論《論語》的編纂』(『簡帛思想文獻論集』, 臺灣古籍出版社, 2001), 299~337쪽을 참고할 것.

미 내편에만 한정된 것이 아니었다. 「어부」, 「도척」, 「거협」 등의 편명이 이미 외편과 잡편에 나타나 있었다. "10여 만 자"라는 말은 『한서』 「예문지」에 기록된 52편이라는 것과 좀 더 부합한다. 오늘날 우리는 태사공(사마천)이 정말로 이 글들이 모두 그 장주莊周라고 불리는 사람의 손에서 나왔다고 생각했는지 어떤지는 알 수 없다. 그러나 곽상은 결코 그렇게 생각하지 않았음이 분명하다. 심지어는 예를 들어 상수向秀와 최선崔譔 등 기타의 주석가들도 그 속에 포함시킬 수 있을 것이다. 『장자』를 주석할 때 그들은 모두 그 가운데서 어떤 부분의 내용은 빼 버렸다. 예를 들면 곽상은 19개의 편을 빼 버리고 33개의 편만 남겨 두었는데, 이것이 바로 우리가 오늘날 보는 『장자』의 유래이다. 곽상이 책의 일부분을 빼 버린 이유는 다음과 같다.

> 학자는 본성을 이루게 하고 쉽게 알도록 하는 것을 덕목으로 삼아야지, 이단을 파고드는 것을 중시해서는 안 된다. 그러나 장자는 훌륭한 재능으로 세상에 이름이 났는데, 정말로 아름다운 글과 위대한 문장이기는 하지만 그의 올바른 주장은 마치 사실과 반대되는 것 같다. 그러므로 한 분야에만 뛰어난 학자는 그의 큰 뜻을 분명히 이해하지 못하고 함부로 이상한 이야기를 만들어 냈다. 예를 들어 「알역閼亦」, 「의순意循」을 필두로 「미언尾言」, 「유역游易」, 「자서子胥」 등의 편은 대개가 억지스럽고 잡스럽다. 이와 같은 편의 수는 10분의 3 정도이다. 어떤 것은 억지로 끌어다가 그럴듯하게 보이게 했고, 어떤 것은 현실과 너무 동떨어지게 하여 황당하게 만들었다. 어떤 것은 『산해경』과 비슷하고, 어떤 것은 꿈 풀이(해몽) 책과 비슷하다. 어떤 것은 『회남자』에서 따왔고, 어떤 것은 형명形名을 따지는 내용이다. 그런 것들이 훌륭한 문장 속에 섞여 있어 용과 뱀이 함께 어울려 있는 형

국이다. 게다가 말투가 비속하고 전체적인 생각과 배치되며 결국 아무런 깊은 뜻이 없고 공연히 알기 어렵게만 써서 그로 인해 영문을 모르는 후대 사람들을 곤란하게 만들고 있다. 지금은 세속의 유행에 빠져 버렸으니 그 속에서 장자 본래의 뜻을 어떻게 찾을 수 있겠는가? 그래서 모두 생략하고 남겨 두지 않는다. 이제 그 가운데서 중심 사상을 꿰뚫고 그것을 온전히 잘 드러내고 있는 부분만 뽑아 33편으로 만들었다.[6]

위 문장은 일본 가마쿠라鎌倉 시대의 고산사高山寺에 소장된 『장자』 잔초본殘抄本(손으로 베낀 필사본 중 남은 일부) 「천하」의 후발어後跋語에 보인다. 육덕명이 『경전석문經典釋文』 「서록敍錄」에서 인용한 곽상의 말과 비슷하기 때문에 이것을 곽상이 쓴 것이라고 확정할 수 있다.[7] 위 문장의 견해에 따르면 곽상은 『장자』 전체가 장자 한 사람에 의해 쓰여진 것이 결코 아니라고 생각한 것이 분명하다. 그래서 그는 대담하게 삭제해 버릴 수 있었던 것이다. 그 뒤의 사람들도 물론 같은 생각에 따라 『장자』에 대해 계속 의문을 제기했다. 예를 들면 소식蘇軾, 왕부지王夫之 등은 외편·잡편의 어떤 부분에 끊임없이 의문을 품었다. 그와 동시에 이런 의문 속에서 어떤 확신을 낳기도 했는데, 즉 장자는 내편

---

6) 郭象, 「莊子注後序」: "夫學者尙以成性易知爲德, 不以政異端爲貴也. 然莊子閎才命世, 誠多英文偉詞, 正言若反. 故一曲之士不能暢其弘旨, 而妄竄奇說. 若閼亦意循之首, 尾言遊易子胥之篇, 凡諸巧雜, 若此之數, 十分有三. 或牽之令近, 或遷之令誕, 或似山海經, 或似占夢書. 或出淮南, 或辯形名. 而參之高韻, 龍蛇並御, 且辭氣鄙背, 竟無深澳, 而徒難知, 似因後蒙. 令沈滯失乎流, 豈所求莊子之意哉. 故皆略而不存. 令唯哉取其長達致全乎大體者焉, 爲三十三篇者."

7) 崔大華, 『莊學硏究』(人民出版社, 1996), 46~47쪽.

만 창작했고 외편 · 잡편은 그의 후학들의 손에서 나왔다는 것이다.[8]

내편의 성격

우리는 역사 문제에서 공동의 인식에 도달하기가 매우 어렵다. 우리는 현대의 『장자』 해석자들 가운데서도 여전히 서로 다른 경향을 발견할 수 있다. 책 전체를 위주로 하여 내편 · 외편 · 잡편을 두루 관통하는 경향, 사람을 위주로 하여 내편과 외편 · 잡편을 엄격하게 구분하는 경향 등이 그것이다. 물론 어떤 문제를 처리할 때든 다 마찬가지지만, 우리는 불가피하게 각양각색의 조합된 태도를 접하게 될 것이다. 그것들은 외편 · 잡편의 분류 방법을 통해 한편에서는 어떤 편을 '장자'에서 도려내 버리고, 다른 한편에서는 어떤 편을 '장자'와 느슨하게 혹은 밀접하게 연결 짓기도 한다. 내가 볼 때 각각의 처리 방식은 장자와 『장자』에 대한 이해를 위해 모두 유익하다.[9]

나의 생각을 말하면, 내가 관심을 갖는 것은 그 사람과 그의 철학이다. 나는 이 사람은 "한 사람", 즉 일관성을 갖는 한 사람, 장자의 용어를 빌리면 "한 몸一體"인 사람일 것이라고 가정한다. 바꿔 말하면 그는 상대적으로 고정적인 생활 태도, 세계에 대한 이해, 말하기 방식 등등

---

8) 崔大華, 『莊學研究』(人民出版社, 1996), 64~65쪽.

9) 물론 그것은 결국 어떤 목적에 도달하려고 하는가에 대한 우리의 연구 혹은 해석에 달려 있다. 즉 한 권의 책이나 한 사람을 연구할 것인가, 아니면 일종의 철학이나 기타의 것을 연구할 것인가 등에 달린 것이다.

을 가지고 있었다. 이러한 가정은 어쩌면 근본적으로 성립할 수 없는 것일지도 모른다. 이에 반대하는 사람은 엄청나게 많은 자료를 제시하면서 사람이 잘 변한다는 것(나쁜 뜻이 아니라), 사람이 상황에 따라 함께 바뀐다는 것, 장자의 말을 빌리면 시대 상황과 함께 변하는 것與時俱化 등을 증명할 것이다. 이것은 철학자들에게서 드러나는 것 역시 매우 분명하다. 멀리 떨어진 것은 접어 두고, 현대를 살아 가는 철학자들 중 비록 장자가 "50세가 되도록 50번 변했다"라고 말한 것처럼 과장하지는 않는다 할지라도, 일관되게 행동했던 사람은 거의 없다. 갖가지 자료를 통해 우리는 그들의 사상적 변화의 궤적 및 그 궤적의 원인을 매우 분명하게 밝혀 낼 수 있다. 한 사람은 맹자에서 순자로 변할 수 있고, 다시 한비자로 변할 수 있다. 그가 어째서 '자기'에서 '자기의 후학'으로 변하지 못하겠는가?

그러나 변화 속에서 우리는 항상 변하지 않는 것을 발견할 수 있다. 그것은 가지각색의 변화 뒤에 있는 불변자일 수도 있고, 변화 사이에 있는 상대적 안정의 시기일 수도 있다. 우리의 글은 언제 쓴 것인가? 혈기가 성숙하기 이전인가, 혈기가 한창일 때인가, 아니면 혈기가 쇠진한 뒤인가? 맹자가 "뜻을 하나로 모으면 기를 움직일 수 있고, 기를 하나로 모으면 뜻을 움직일 수 있다"[10]라고 말한 것처럼 뜻과 기가 다르면 말하는 것이나 글 쓰는 것 역시 달라진다. 젊었을 때의 혁명가가 늙고 쇠약해지자 "시류와 함께 퇴보하여" 보수당으로 바뀐 예를 우리는 자주 보아 오지 않았던가? 그에 상응하여 "주紂라는 한 사내를 죽였

10) 『孟子』「公孫丑上」: "志壹則動氣, 氣壹則動志也."

다는 말은 들어 보았어도 군주를 시해했다는 말은 들어 보지 못했다"[11] 라는 그들의 격정에 넘치던 혁명적 문장도 "하늘은 변하지 않고, 도 역시 변하지 않는다"[12]라는 도를 옹호하는 언사로 바뀌게 된다. 그러나 그 두 가지는 서로 장애가 되는 것이 아니다. 그가 젊었을 때는 바로 혁명가였는데, 이는 사실이다. 그가 늙어 쇠약해졌을 때는 보수당이었는데, 이것 역시 사실이다. 각각의 본성은 한 시대에 머물러 있지만, 모두 영원으로 귀속된다.

내편에 대하여 만약 우리가 그것이 장자의 문장이라고 믿는다면 그것은 어느 시기에 나온 것일까? 『맹자』는 맹자의 혈기가 노쇠한 때에 제자들과 함께 쓴 것인데, 이는 사마천의 전기에서 볼 수 있다. 매우 유감스럽게도 사마천이 장자의 전기를 쓸 때 그에게는 이 방면에 대해 쓸 거리가 조금도 없었다. 그러나 그것은 우리가 추측과 탐색을 할 수 없음을 의미하는 것은 아니다. 사상 자체는 탐색, 즉 미지의 것에 대하여 탐색하는 것이다. 역사의 해석에 대해서도 마찬가지이다. 「제물론」에서도 혜시와 그의 아들에 대해 언급하지 않았던가?

> 소문이 거문고를 타는 것, 사광이 북채를 들고 악기를 두드리는 것, 혜자가 책상에 기대어 담론하는 것, 이 세 사람의 지식은 그 방면에서 거의 최고에 이르렀다고 할 수 있다. 그래서 말년까지 자기들의 일에 종사했다. 그들이 오직 좋아한 것은 다른 사람들을 뛰어넘는 것이었다. 그들은 자기들이 좋아한 것을 가지고 다른 사람들을 깨우치려고 했다. 깨우쳐서 될 것

---

11) 『孟子』「梁惠王下」: "聞誅一夫紂矣, 未聞弑君也."

12) 『漢書』「董仲舒傳」: "天不變, 道亦不變."

이 아닌데도 깨우치려 한 것이다. 그래서 (혜자는) 견백론에 빠져 생을 마쳤고, 그의 자식은 또 아버지의 문장을 이어받아 평생을 보냈는데, 죽을 때까지 아무것도 이룬 것이 없었다.[13]

장자의 가장 좋은 친구이자 동향인인 혜시는 장자와 나이가 비슷할 것이다. 대개 몸과 마음을 괴롭혔기 때문인지 혜시는 장자에 비해 조금 일찍 세상을 떠났다. 그래서 장자가 혜시의 무덤을 찾아갔다는 기록이 있다.[14] 위에서 인용한 문장에서는 비록 혜시의 죽음에 대하여 언급하지 않았지만, "말년까지 자기들의 일에 종사했다"라는 말은 이런 쪽으로의 연상을 가능하게 하고 있다. 소문과 사광은 물론 모두 옛날 사람이었다. 그들과 나란히 언급되는 혜시도 예외는 아닐 것이다. 이 때문에 여기서 그들 뒤의 사람인 자식이 아버지의 사업을 계승했다는 것을 특별히 언급했다. 우리가 이 사실을 기억한다면 우리는 「제물론」의 저자가 어린 애송이가 아니라 "책상에 기대어 하늘을 우러르면서 숨을 내쉬는" 이미 혈기가 쇠진한 사람이었을 것이라는 점을 인정

---

13) 『莊子』 「齊物論」: "昭文之鼓琴也, 師曠之枝策也, 惠子之據梧也, 三子之知幾乎. 皆其盛者也. 故載之末年. 唯其好之也, 以異於彼. 其好之也, 欲以明之彼. 非所明而明之. 故以堅白之昧終. 而其子又以文之綸終, 終身無成." * 옮긴이: 원문 "其子又以文之綸終"의 '其子'는 대개 '소문의 아들'로, '文之綸'은 '소문의 거문고'로 해석하지만, 이 책의 저자는 '其子'를 혜시의 아들을 가리키는 것으로 해석했다. 따라서 저자의 해석에 따라 번역했다.

14) 『장자』 「서무귀」에 다음과 같은 기록이 있다. "장자는 장례를 치른 뒤 혜자의 무덤을 찾아갔다. 그는 그를 따라 함께 간 사람들을 돌아보면서 말했다. …… 이 친구가 죽은 뒤로 나는 상대할 사람이 없어. 나는 함께 이야기할 사람이 없어(莊子送葬, 過惠子之墓, 顧謂從者曰,…… 自夫子之死也, 吾無以爲質矣, 吾無與言之矣)."

해야 할 것이다.

비록 외편·잡편의 말하기 방식과 말하는 내용을 고려하지 않고, 단순히 외편·잡편이 내편보다는 늦을 것이라는[15] 데서 출발한다 하더라도 그것들 역시 장자의 손에서 나왔을 것이라는 결론을 얻어 내기는 매우 어렵다. 내편이 혈기가 이미 노쇠한 장자의 작품이라면, 그렇다면 외편·잡편은 언제 적 것일까? 노쇠한 뒤 더 노쇠했을 때의 작품일까? 그렇지 않은 것 같다. 외편·잡편은 다른 정신, 즉 비판적이고 건설적인 정신과 철학에 대한 열망과 정치治道에 대한 미련 등으로 가득차 있고, 그런 것들로 약동하고 있다. 여기에는 내편과는 다른 곡조와 박자, 그리고 물론 연주 방식이 있다. 내편은 천뢰天籟(자연의 소리)이다. 갖가지 구멍들이 모두 소리를 내다가 마지막에는 적막에 휩싸인다. 외편·잡편은 한창 진행 중에 있는 콘서트와 같다. 다른 인물이 등장했다가 퇴장하고, 다시 새로운 인물이 등장한다.

형식적으로든 내용적으로든 내편은 모두 완벽한 예술품과 같다. 「소요유」는 북명과 남명으로 공연을 시작했고, 「응제왕」은 남해와 북해로 막을 내렸다.[16] 북쪽에서 남쪽으로 가고, 남쪽에서 북쪽으로 가

15) 내편이 외편·잡편에 앞선다는 문제에 대해서는 리우샤오간의 『莊子哲學及其演變』(中國社會科學出版社, 1987; 우리나라에서는 소나무출판사에서 『장자철학』이라는 제목으로 번역·출판되었음)의 관련 논의를 참고할 것.

16) 서립산徐笠山의 "북명과 남명, 남해와 북해 등 이것으로 시작해서 이것으로 끝났다. 북쪽에서 남쪽으로 옮겨 가면서 곤이 붕으로 변화하고, 남과 북이 중앙에서 서로 만나 혼돈이 죽었다(北冥南冥, 南海北海, 以此始亦以此終. 自北徙南而鯤鵬化, 南與北相遇於中央而混沌死)." 藏雲山房主人, 『南華大義懸解參注』(嚴靈峰 編, 『無求備齋莊子集成初編』 卷15, 臺北藝文印書館)라는 말을 참고할 것.

고, 마지막에는 혼돈으로 돌아간다. 혼돈은 일곱 개의 구멍이 없는데, 사람은 있다. 사람은 사람의 방식—창작의 방식이든 읽기와 이해의 방식이든 모두—으로 혼돈을 표현하려고 했다. 그래서 도구적으로 그에게 일곱 개의 구멍을 뚫어 줄 필요가 있었다. 그것은 일곱 편의 내편과 같다. 그런데 일곱 개의 구멍은 혼돈이 원래부터 갖고 있었던 것이 절대 아니라는 점을 잊어서는 안 된다. 그것은 다만 무언가를 표현할 때 필요한 방편적 수법이지 원래는 없었던 것이다. 따라서 진짜라고 생각해서는 안 된다. 만약 독자가 고집스럽게 일곱 편은 일곱 편이라고 한다면, 그것은 명목에 너무 집착하는 것이다. 이 일곱 편의 문장은 일곱 편이라고 볼 수 없다. 일곱 개의 편은 실은 한 편이다. 그것들은 원래 장자의 일심一心을 표현한 것이기 때문이다. 그것은 마치 포정이 소를 대하는 것과 같다. 그것은 한 마리 소 전체이면서 또 한 마리 소 전체가 아니다. 이 이치를 알면, 나뉨分과 모임合, 이룸成과 무너짐毁이 모두 같은 것이다. 나뉨은 이룸이고, 이룸은 무너짐이다. 모든 사물은 이룸도 무너짐도 없이 다시 하나로 통한다. 『열자』에는 하나가 변하여 일곱이 되고 일곱이 변하여 아홉이 되고 아홉은 다시 하나로 변한다는 말이 있다.[17] 이것은 여기에 인용하기에 매우 적합한 말이다.

그런데 숫자 7은 우연이 아닌 것 같기도 하다. 왜 6이나 8이 아니고 7일까? 우리는 또 『맹자』도 똑같이 일곱 편이었다는 데 생각이 미칠 수 있다. 옛날 사람은 숫자에 민감했다. 숫자는 일종의 질서를 의미했

---

17) 『列子』「天瑞」의 말로, 원문은 다음과 같다. "역易이 변하여 하나가 되고, 하나가 변하여 일곱이 되고, 일곱이 변하여 아홉이 된다. 아홉의 변화가 끝인데, 다시 변하여 하나가 된다(易變而爲一, 一變而爲七, 七變而爲九. 九變者, 究也, 乃復變而爲一)."

다. 예를 들면 일 년은 왜 11개월이 아니라 12개월로 나뉘어져 있을까? 한 달은 왜 20일이 아니고 30일일까? 이것들은 모두 각기 그 이유가 있다. 그 이유의 근원은 사람이 아니라 전적으로 하늘(자연)에 있다. 7은 분명히 일곱 개의 구멍과 관계가 있을 것이다. 일곱 개의 구멍이 있어야만 우리는 비로소 그가 어떤 사람인지 분별할 수 있다. 일곱 개의 구멍이 있어야 우리는 비로소 장자의 사상을 이해할 수 있는 방법, 즉 그는 결국 무엇을 말하려고 했고 어떻게 말했는지 등을 이해할 수 있는 방법을 갖게 되는 것이다.

내편들 사이의 관계

역사상 일찍부터 매우 많은 해석자들이 각기 다른 방식으로 내편들 사이의 관계를 설명했다. 이 점을 언급할 때 우리는 물론 성현영成玄英을 잊어서는 안 된다. 당나라의 법사였던 그는 『장자소莊子疏』와 그 밖의 작품으로 세상에 이름을 날렸다. 그는 『장자소』의 서언에서 『장자』의 내편 · 외편 · 잡편의 구분에 대해 아래와 같이 설명했는데, 그 속에서 그는 일곱 편의 차례에 대해 언급했다.

> 내편은 이치의 근본을 밝혔고, 외편은 그 구체적인 사실을 말했고, 잡편은 이치와 구체적 사실을 뒤섞어 설명했다. 내편이 비록 이치의 근본을 밝히기는 했지만 구체적 사실이 없는 것은 아니다. 외편이 구체적 사실을 설명하기는 했지만 매우 오묘한 이치가 있기도 하다. 그러나 가르칠 때와 편을 나눌 때는 많은 논의에 의거해야 한다.

그러므로 「소요유」로 초석을 다진 것은 도통한 선비는 지혜와 덕성이 밝고 뛰어나야 하고, 학식이 높은 경지에 이르러야 하고, 사물에 대해 소요해야 한다는 것을 말하려는 것이다. 그러므로 소요라는 것으로 이름을 지었다. 어느 것에도 의지하지 않는 성인은 변화의 기미를 거울처럼 비춰 주고 권교權敎와 실교實敎라는 두 가지 지혜에 밝다. 그러므로 온갖 상황을 다 제일齊一할 수 있다. 따라서 「제물론」을 그 다음에 두었다. 이미 손가락과 말이 하나의 천지일 뿐이고, 사물들을 뒤섞여 있는 하나로 보기 때문에 마음은 집중하고 담담하여 몸과 생명을 보전할 수 있게 된다. 그러므로 「양생주」를 그 다음에 두었다. 이미 선과 악 등을 모두 잊어버렸고, 이치와 마음이 구별 없이 모두 신비롭게 되고 변화를 따르고 그에 맡겨 버리니 인간 세상에 섞여 살 수 있게 된다. 그러므로 「인간세」를 그 다음에 두었다. 안으로는 덕이 원만하기 때문에 그 덕으로부터 떠날 수 있고 밖으로는 사물을 대할 때 이미 사물을 따라 올라가기도 하고 내려가기도 한다. 이처럼 안과 밖이 빈틈 없이 결합된다. 그러므로 「덕충부」를 그 다음에 두었다. 멈추어 있는 물은 흐르는 물의 표준이듯이, 사물을 대할 때는 무심해야 한다. 덕을 잊고 몸을 잊어 안팎의 결합이 최고에 이르면 만물을 만들어 낼 수 있다. 그러므로 「대종사」를 그 다음에 두었다. 옛날의 진정한 성인은 하늘을 알고 사람을 알았으며, 변화와 함께 공을 이루었다. 고요하기도 하고 순응하기도 하면서 만물을 제어했다. 그러므로 「응제왕」을 그 다음에 두었다.[18]

위의 이해에 따르면 내편 7편의 앞뒤 배열은 물론 우연적인 것이 아니다. 그 속에는 자연적으로 정해진 순서가 있다. 소요逍遙해야만 제물齊物할 수 있고, 제물해야만 양생養生할 수 있고, 양생해야 처세處世할 수 있다는 것 등과 같다. 이러한 이해는 결코 신선한 것이 아님은 분명하다. 우리는 그 이전에 이와 같은 문제에 대한 비슷한 이해가 있었는지의 여부에 대해서는 확실히 알 수 없지만, 다른 서적을 해석할 때 편과 장의 순서는 항상 해석자들이 유의하는 대상이었다. 가장 분명한 것은 역시 매우 이른 예인데 당연히 『주역』에 관한 것이다. 「서괘전」이 바로 64괘의 순서에 관한 해석이 아니던가? 64괘는 왜 건괘乾卦와 곤괘坤卦를 앞머리에 두고, 그 다음에 오는 것은 왜 둔괘屯卦와 몽괘蒙卦이며, 「하경下經」은 왜 함괘咸卦와 항괘恒卦로부터 시작되는가? 그리고 왜 기제괘旣濟卦와 미제괘未濟卦로 끝날까? 비록 그 대답을 믿지 않거나 혹은 어느 정도 의심을 품는다 하더라도 독자들은 모두 여기(「서괘전」)에서 분명한 대답을 찾을 수 있다. 경학자들은 다른 경전을 대할 때 자주 유사한 방식을 택하여 처리했다. 예를 들어 『시경』의 '사시四始'[19]라든가, 『춘추』의 앞머리의 '원元'[20] 등이 그것이다. 이것은 물론 다른 문

---

18) 成玄英, 「南華眞經疏序」: "內篇明於理本, 外篇語其事跡, 雜篇雜明於理事. 內篇雖明理本, 不無事跡. 外篇雖明事跡, 甚有妙理. 但立教分篇, 據多論耳. 所以逍遙建初者, 言達道之士, 智德明敏, 所造皆適, 遇物逍遙, 故以逍遙命物. 夫無待聖人, 照機若鏡, 旣明權實之二智, 故能大齊於萬境, 故以齊物次之. 旣指馬蹄天地, 混同庶物, 心靈凝澹, 可以攝衛養生, 故以養生主次之. 旣善惡兩忘, 境智俱妙, 隨變任化, 可以處涉人間, 故以人間世次之. 內德圓滿, 故能支離其德, 外以接物, 旣而隨物昇降, 內外冥契, 故以德充符次之. 止水流鑑, 接物無心, 忘德忘形, 契外會內之極, 可以匠成庶品, 故以大宗師次之. 古之眞聖, 知天知人, 與造化同功, 卽寂卽應, 旣而驅馭群品, 故以應帝王次之."

19) 옮긴이: 『시경』에서 '풍風', '소아小雅', '대아大雅', '송頌' 등의 첫머리에 나오는 시를 가리키는 말로서, 「관저關雎」는 '풍'의 시始이고, 「녹명鹿鳴」은 '소아'의 시이고, 「문왕文王」은 '대아'의 시이고, 「청묘淸廟」는 '송'의 시가 된다. 이 네 가지 시를 사시라고 한다. 「모시서毛詩序」에 따르면 사시는 왕도의 흥망성쇠가 비롯된 유래를 읊고 있다.

20) 옮긴이: 『춘추』에서 첫 해를 1년이라고 하지 않고 '원년元年'이라 부르는 것을 가리킨다.

헌의 해석에 영향을 끼쳤을 것이다. 성현영이 이러한 해석의 전통을 잘 알고 있었음은 분명하다. 그래서 그는 문헌의 구조 자체에 관심을 가졌던 것이다.

가령 이미 완성된 어떤 구조가 있고 명확한 순서가 있다 하더라도 우리는 그에 대한 유일한 해석이 출현하기를 기대할 수 없다. 해석은 영원히 가지각색일 것이다. 이것이 바로 해석의 본질이다. 명말明末의 승려 감산憨山 덕청德淸은 내편의 순서에 대해 다음과 같이 말했다.

> 장자는 책을 쓰면서 말에는 종지가 있고 일에는 주관자가 있다고 스스로 말했다. 대개 무언가 주제로 삼는 것이 있어서 아무렇게나 함부로 지껄이지 않았음을 말한 것이다. 내편과 외편으로 나눈 것은 그가 배운 것이 바로 내성외왕內聖外王의 도였기 때문이다. 이 대도를 마음에 얻으면 내성內聖이 된다고 한다. 더 이상 어쩔 수 없는 한계에 이르러서야 세상의 상황에 따르면 제왕이 되는 것이다. 그것은 바로 체體가 있고 용用이 있는 학문이지 헛소리가 아니다. 그리고 내편 일곱 편은 서로 연관된 순서를 가지고 있다. 「소요유」는 온전한 성인을 밝히는 것으로 이른바 크게 자라 변화하는 것을 성스러움聖이라고 한다. 바로 한 책의 핵심 주제이고 주장하고자 하는 취지이다. 다음으로 「제물론」은 온 세상과 고금의 사람들이 대도大道의 근원에 밝지 못하고 자기의 의견만 옳다고 하기 때문에 서로 간에 시비가 발생하였다는 것을 말하고 있다. 먼저 유가와 묵가의 상호 공격은 모두 대도를 깨닫지 못하고, 특히 한쪽으로 치우친 잘못된 학문을 스승으로 삼아 그것을 필사적으로 옳다고 생각하기 때문이다. 고집하면서 변화하지 않는 사람은 모두 그 진재眞宰를 알아보지 못하고 자기의 견해가 옳다고 헛되이 집착한다. 그래서 예나 지금이나 세상을 통틀어 큰 깨달음을 얻은

사람이 없고 결국 그것을 바로잡을 수 없게 된 것이다. 이 편은 세상 사람들이 어리석어 그로부터 벗어나지 못함을 슬퍼하는데, 모두 나의 사견에 집착한 잘못에서 비롯된 것이다. 다음으로 「양생주」에서는 세상 사람들이 어리석어서 진재를 몰아내고 혈육을 가진 육체를 나라고 집착한다는 것이다. 사람들은 자기 한 사람을 위해서 계획을 세울 줄만 알고, 공명功名과 이록利祿을 추구하여 제 몸을 기를 줄만 알며, 자신의 진재를 해치면서도 그것을 깨닫지 못한다. 이는 예나 지금이나 온 세상의 어리석은 사람들이 모두 정말 길러야 할 것이 무엇인지를 모르기 때문이다. 만약 자기의 생명의 주체를 기를 수 있다면 물욕으로 인한 해로움에서 초연히 벗어나 삶을 헛되이 하지 않을 수 있는 것이다. 생명의 주체를 기를 줄 안다면, 하늘은 진정으로 회복되고 도를 온전히 체득할 것이니 이것은 성인의 몸을 얻는 것이다. 다음으로 「인간세」에서는 세속의 학문을 언급하면서 세상의 일은 신경을 써 가면서 해내려고 해서는 안 되고, 쉽게 관여할 수 있는 것도 아니라고 한다. 만약 신경을 써서 명예를 추구한다면 재능을 믿고 함부로 행동하여 생명을 다치거나 잃지 않는 자가 없다. 안자顏子, 섭공葉公 같은 사람은 모두 목숨을 편안하게 하지 못하고 스스로의 능력을 알지 못하고 억지로 행동한 사람들이다. 반드시 성인과 같이 자기를 잊고 마음을 비워 세상에서 노닐면서, 더 이상 어쩔 수 없는 한계에 이르렀을 때 세상의 상황에 따라야 한다. 그러면 재난을 피할 수 있다. 세상일에 관여하면서 만나는 어려움으로 육체의 굴종이 모두 드러난다. 세상일에 관여하면서도 아무런 재앙도 당하지 않는 것이 바로 성인의 대용大用이다. 그 다음으로 「덕충부」는 성인이 몸을 잊고 지혜를 버리면, 체體와 용用이 모두 온전해지고 세상살이에 무심하면서 도와 더불어 노닐게 되는데, 그것이 바로 덕이 충만하다는 증거임을 밝혔다. 「대종사」는 위의 여섯 가지 의미를 총결한다. 도가 온전하고 덕이 완비되면 혼연히 뒤섞여 크게 변화하는 속에서 자기를 잊고, 공적을 잊고, 이름을 잊게 된다. 그들이 지인이나 신인이나 성인으로 불릴 수 있는 까닭은 반드시 이와 같아야만 만세에 이르도록 으뜸으로 모셔지고 스승으로 섬겨질 수 있기 때문이다. 그러므로 「대종사」라고 부른 것이다. 이것은 몸이 온전한 대성인으로서 내성內聖의 학문은 반드시 여기에 이르러 최고의 표준이 된다는 것을 뜻하는데, 이는 이른바 그 체體를 얻는 것이다. 만약 더 이상 어쩔 수 없는 한계에 이르러서야 세상의 상황에 따르면, 성제聖帝와 명왕明王이 될 수 있을 것이다. 그래서 「응제왕」을 다음에 두어 내편을 종결짓는 의미로 삼았다.[21]

---

21) 釋德清, 『莊子內篇憨山注』(臺灣健康書局有限公司, 1956): "莊子著書, 自謂言有宗, 事有君, 蓋言有所主, 非漫談也. 其篇分內外者, 以其所學, 乃內聖外王之道. 謂得此大道於心, 則內爲聖人. 迫不得已而應世, 則外爲帝爲王. 乃有體有用之學, 非空言也. 且內七篇, 乃相因之次第. 其逍遙遊, 乃明全體之聖人, 所謂大而化之之謂聖, 乃一書之宗本, 立言之主意也. 次齊物論, 蓋言擧世古今之人, 未明大道之原, 各以己見爲是, 故互相是非. 首以儒墨相排, 皆未悟大道, 特以所師一偏之曲學, 以爲必是, 固執而不化, 皆迷其眞宰, 而妄執我見爲是. 故古今擧世, 未有大覺之人, 卒莫能正之. 此悲世之迷而不解, 皆執我見之過也. 次養生主, 謂世人迷卻眞宰, 妄執血肉之軀爲我. 人人只知爲一己之謀, 所求功名利祿, 以養其形, 戕賊其眞宰而不悟. 此擧世古今之迷, 皆不知所養耳. 若能養其生之主, 則超然脫其物欲之害, 乃可不虛生矣. 果能知養生之生, 則天眞可復, 道體可全, 此得聖人之體也. 次人間世, 乃涉世之學問. 謂世事不可以有心要爲, 不是輕易可涉. 若有心要名幹譽, 恃才妄作, 未有不傷生戕性者. 若顏子葉公, 皆不安命, 不自知而强行者也. 必若聖人, 忘己虛心以遊世, 迫不得已而應, 乃免患耳. 其涉世之難, 委曲畢見. 能涉世無患, 乃聖人之大用也. 次德充符, 以明聖人忘形釋智, 體用兩全, 無心於世而與道遊, 乃德充之符也. 其大宗師, 總上六義, 道全德備, 渾然大化, 忘己忘功忘名. 其所以稱至人神人聖人者, 必若此, 乃可爲萬世之所宗而師之者, 故稱之曰大宗師. 是爲全體之大聖, 意謂內聖之學, 必至此爲極, 則所謂得其體也. 若迫不得已而應世, 則可爲聖帝明王矣. 故次以應帝王, 以終內篇之意. 至若外篇, 皆蔓衍發揮內篇之意耳." * 저자 주: 감산의 이 주장은 그가 주석한 「大宗師」의 첫머리에 보인다.

"말에는 종지가 있고 일에는 주관자가 있다"라는 말은 노자의 말이지 장자가 말한 것이 아니다. 감산의 위 문장은 불교적 냄새로 가득 차 있다. 예를 들면 '어리석음迷'과 '깨달음悟'이라든가 '아집我執' 등은 모두 전형적인 불교의 술어이다. 내편이 연관된 순서로 구성되어 있다고 논한 것은 이러한 순서에는 바꿀 수 없는 도리가 있다는 그의 생각을 드러낸 것이다. 예를 들어 「소요유」는 바로 주장하고자 하는 취지이고 이 책의 핵심 주제이다. 그래서 맨 앞에 위치한다. 「응제왕」은 더 이상 어쩔 수 없는 한계에 이르러서야 세상의 상황에 따르는 이치를 밝혔다. 그래서 맨 뒤에 배치되었다.

청대의 굴복은 『남화통南華通』을 썼는데, 내편의 구조에 대해 독특한 견해를 가지고 있었다.

이 일곱 편은 이른바 내편인데, 장자가 손수 바로잡은 것이다. 「소요유」는 이 책의 지향을 말한 것이다. 「제물론」은 지知를 밝혔다. 「양생주」는 힘써 실행하는 것이다. 「인간세」는 처세의 방법이다. 「덕충부」는 스스로에 대한 수양의 결실이다. 「대종사」는 내성內聖을 위한 최고의 공부이다. 「응제왕」은 외왕外王이 잘 할 수 있는 일이다. 한 권의 책은 한 편과 같기 때문에 더하는 것도 덜어 내는 것도 불가능하고, 뒤집거나 거꾸로 하는 것도 불가능하다. 곤鯤과 붕鵬이 큰 것은 고통의 뿌리가 없는 것이고, 짝을 잃고喪耦 나를 잃은 것喪我은 바로 인시因是와 물화物化 때문이다. 내 삶은 끝이 있지만 불이 전해 내려가는 것은 끝이 없다. 가서 형벌을 받는 것보다 어떻게 해서든 형벌을 피하는 것이 더 낫다. 보이는 것 없어도無形 마음으로 이루는 것心成은 타고난 것을 홀로 이루는 것이다獨成其天. 하늘이 하는 것은 운명인 것 같다. 네 가지를 물어도 다 모르는 것은 정말로 아직 구멍을 뚫지 않은 혼돈이다. 이것이 이른바 하나의 편篇이 하나의 장章과 같다는 것인데, 머리와 꼬리가 호응하며, 하나의 기가 관통하고 있다. 「소요유」는 큰 것은 곤란하거나 고통스럽지 않다는 것일 뿐이고, 「제물론」은 나我와 물화일 뿐이고, 「양생주」는 땔감이 다해도 불은 계속 이어진다는 것일 뿐이고, 「인간세」는 쓸모 없는 것無用은 형벌을 면한다는 것일 뿐이고, 「덕충부」는 아무 보이는 것 없어도無形 마음으로 이룬다는 것心成일 뿐이고, 「대종사」는 하늘에 통달하고達天 운명을 아는 것知命일 뿐이고, 「응제왕」은 무위의 다스림일 뿐이다. 이것이 이른바 한 편이 한 구절과 같다고 한 것인데, 용이 구슬을 희롱하고, 강이 뒤집히고, 바다가 솟구쳐 올라도 제방 위의 사물은 그저 지름 한 치 안에서 멈추어 있는 것과 같다. 그뿐만 아니라 지인至人은 자기가 없다는 것無己은 「소요유」의 핵심적 의미인데, 나를 잃고 물화物化하는 것은 자기가 없는 것의 최고 상태이다. 천군天君과 진재眞宰는 「제물론」의 참된 이치인데 생명의 주체가 끝없는 것이 바로 진재의 체體이다. 「인간세」는 양생의 외부 우환을 없애는 것인데, 심재心齋와 무용無用은 연독緣督(도를 따르는 것)과 같다. 「덕충부」는 처세를 내적 수양으로 통합하는 것인데, 마음을 풀어 놓는 것游心과 온화함을 이루는 것成和은 심재와 같다. 「대종사」의 지명知命과 달천達天은 타고난 것을 홀로 이룬다獨成其天는 것의 완전한 경지이고, 「응제왕」의 무위의 다스림은 좌망과 영녕攖寧(어지럽게 뒤섞임과 평정)의 찬란한 부분 중 일부를 조금 응용한 것이다. 이런 점에서 보면 한 부의 책은 한 장과 같다. 지인至人에게 자기가 없음無己은 본성의 실체가 비어 있는 것이다. 상아喪我와 물화物化는 비움虛과 공평함公의 최고 상태이다. 연독緣督은 텅 빈 데虛서 노니는 것이다. 심재心齋는 속을 비우는 것이고, 무용無用은 밖을 비우는 것이다. 덕충은 속을 가득 채우는 것인데, 그렇지만 속으로 보존하고 있으면서 밖으로 넘치지 않도록 하는 것이며, 본성의 조화를 교란하지 않게 하고, 사람의 영부靈府(마음)에 침입하지 않도록 하는 것으로서 비우는 것虛과 같다. 좌망과 영녕攖寧은 비움虛으로써 몸을 보전할 수 있는 방법이다. 헤아릴 수 없음不測과 아무것도 없음無有은 비움虛의 쓰임새이다. 내편 7편의 의미를 한 마디로 말하면, 텅 빈 곳虛에 마음을 풀어 놓는 것이다. 이런 점에서 보면 한 부의 책은 한 구절과 같다. 이와 같은 것은 어떤 의미를 갖는가? 대답은 모두가 다 구름처럼 통한다는 것이다. 천하의 문장은 지리멸렬하고 이상하고 변화가 많기 때문에 한 곳에 모아서 정리하거나 서로 소통할 수가 없었는데, 남화(장자)에 이르러 그쳤다. 그러나 여러 번 읽고 자세하게 음미해 보면 한 부의 책은 한 편 같고, 한 편은 한 장 같고, 한 장은 한 구절 같다. 이와 같이 서로 통하며, 다시 한 부의 책은 한 장과 같고 또 한 구절과 같음을 보게 된다. 이와 같이 그것들은 아주 잘 통한다. 그렇다면 천하의 오묘한 문장이라도 반드시 통하지 않음이 없을 것이니, 그것은 정말로 그럴 것이다.[22]

책 제목(『장자통莊子通』)이 보여 주듯이 저자가 추구하는 것은 『장자』에 통하는 것이다. 통한다는 말은 나뉨分 혹은 막힘隔과 상대된다. 이 때문에 가지각색의 나뉨과 막힘을 통하도록 할 필요가 있다. 이러한 나뉨과 막힘은 먼저 각 편, 예를 들면 이른바 일곱 편이다. 그러나 굴복이 말한 것처럼 한 권의 책은 사실 하나의 편일 뿐이다. 이뿐만 아니라 사실 한 장章일 뿐이고, 심지어는 한 구절일 뿐이다. 그 한 구절은 굴복이 보기에 "텅 빈 곳虛에 마음을 풀어 놓는 것游心於虛"이다. 독자는 이 한 구절의 개괄을 받아들이지 않을 수도 있다. 그러나 만약 장자에 '통하려고' 한다면, 확실히 그의 전체 문장을 하나의 구절로 압축해야 한다는 점에 대해서는 아마도 동의할 수 있을 것이다. 이른바 통한다는 것은 바로 하나로 통하는 것이다. 장자는 "천하를 통틀어 하나의 기가 있을 뿐이다"라고 말했다. 우리 역시 『장자』(내편)를 통틀어 하나의 구절이 있을 뿐이다라고 말할 수 있다.

만약 이러한 이해에서 출발한다면 일곱 개의 편은 각기 다른 각도에서 이 한 구절을 설명한 데 불과하다. 굴복은 물론 일곱 개의 편이 구별

---

22) 屈復, 『南華通』: "此七篇, 所謂內篇者也, 是莊子所手訂也. 逍遙遊者, 言其志也. 齊物論者, 知之明. 養生主者, 行之力. 人間世則處世之方. 德充符則自修之實. 大宗師者, 內聖之極功. 應帝王者, 外王之能事也. 所謂部如一篇, 增之損之而不能, 顚之倒之而不可者也. 鯤鵬之大卽是無所困苦之根, 喪耦喪我乃其因是物化之故, 吾生有涯而火傳則無盡也, 往而刑不如其僅免刑也, 無形而心成則獨成其天矣, 天之所爲者其命也夫, 四問不知眞未鑿之混沌也. 此所謂篇如一章, 首尾呼應, 一氣貫注者也. 逍遙遊只是大不困苦, 齊物論只是我與物化, 養生主只是薪盡火傳, 人間世只是無用免刑, 德充符只是無形心成, 大宗師只是達天知命, 應帝王只是無爲而治, 此卽所謂篇如一句, 如龍戲珠, 江翻海涌而阿堵中物乃止徑寸者也. 不寧惟是已焉, 至人無己, 逍遙遊之精義, 而喪我物化, 乃無己之至也. 天君眞宰, 齊物論之實理, 而生主無盡卽眞宰之體也. 人間世祛養生之外患, 而心齋無用猶緣督也. 德充符統處世於內修, 而游心成和猶心齋也. 大宗師之知命達天則獨成其天之盡境, 應帝王之無爲而治則坐忘攖寧之旭餘也. 由此觀之, 一部且如一章矣. 至人無己, 性體之虛也. 喪我物化則虛公之至矣. 緣督游於虛也. 心齋虛其內也, 無用虛其外也. 德充盡於實矣, 然內保而外不蕩, 不以滑和, 不以入於靈府, 猶之虛也. 坐忘攖寧則虛之所以立體, 不測無有則虛之所以致用也. 七篇之意, 一言以蔽之曰, 游心於虛而已. 由此觀之, 則一部且如一句矣. 若是者何也. 曰, 凡以雲通也, 天下之文, 其離奇變化而不可驟通, 至南華而止矣. 然熟讀而細玩之, 則見其部如一篇, 篇如一章, 且如一句, 如是其通也, 又見其部如一章, 且如一句. 如是其通之甚也, 然則天下之妙文, 而必無不通, 其信然矣." * 저자 주: 이 문장은 옌링펑嚴靈峰이 편찬한 『無求備齋莊子集成初編』(卷21, 臺北藝文印書館)에 근거한 것이다. * 옮긴이: 이 글은 『장자』 내편 중 각 편의 핵심적인 단어나 문장을 빌려다가 새롭게 구성하여 각 편의 내용과 전체의 내용을 요약하고 있다. 또 전체가 연관되어 있다는 논지를 강조하기 위해 다소 반복적으로 서술하고 있다. 핵심적인 용어들은 이미 앞의 장들에서 논의되었기 때문에 문장의 대의를 파악하기 위해 어떤 부분은 풀어서 번역하고, 어떤 부분은 전문 용어를 그대로 번역어로 사용했다.

된다는 것을 인정한다. 그래야 비로소 "「소요유」는 이 책의 지향을 말한 것이다. 「제물론」은 지知를 밝혔다. 「양생주」는 힘써 실행하는 것이다. 「인간세」는 처세의 방법이다. 「덕충부」는 스스로에 대한 수양의 결실이다. 「대종사」는 내성內聖을 위한 최고의 공부이다. 「응제왕」은 외왕外王이 잘 할 수 있는 일이다"라는 등의 설명을 할 수 있는 것이다.

굴복의 위와 같은 설명을 논평하면서 이원춘李元春은 다음과 같이 말했다. "한 책을 꿰뚫는 것은 이전의 주석가에게는 없었다." "외편에 대해 주석을 달지 않은 것이야말로 진정으로 통한 것이다." 이전에는 꿰뚫은 적이 없었다는 것은 물론 생각하지 못했음을 가리키는 것이 아니라, 말한 적이 없음을 가리키는 것이다. 외편에 대해 주석을 달지 않은 것은, 진정으로 통한 것이라는 주장은 어투는 비록 평범하지만 사람의 마음을 감동시킬 만하다. 이런 감동은 "내 마음에 찡하고 울리는 것이 있다"라는 일체감일 수 있고, "마치 나를 아프게 하는 것이 있는 것 같다"라는 괴리감일 수도 있다. 『장자』라는 책을 총체라고 생각하는 사람은 물론 이와 같은 말이 지나치고 무리한 것이라고 생각할 수도 있다. 그러나 굴복과 같이 장자는 내편만을 창작했다고 생각하는 사람은 바로 그와 같이 나눌 수 있다고 생각할 것이다. 「제물론」에서 "그러므로 이 때문에 풀줄기와 기둥, 문둥이와 서시, 엉뚱하고 이상한 것들이 모두 도에서는 하나로 통한다"[23]라고 말한 것처럼 장자의 도는 물론 모든 사물에 통할 수 있는 것이다. 그러나 독자로서의 우리의 마음은 어떤가? 설마 통하기 어려운 사물까지 포함하여 정말로 모든 사

23) 『莊子』 「齊物論」: "故爲是擧莛與楹, 厲與西施, 恢詭憰怪, 道通爲一."

물에 통할 수 있을까? 우리가 읽을 대상을 마주했을 때 정말로 통하는 태도는 바로 통하면 통하고, 나뉘면 나뉜다는 태도이다. 이것이야말로 진정한 통함이다. 나누어진 것을 억지로 통했다고 한다면, 비록 통했다고 말하더라도 실제로는 통하지 않은 것이다.

「인간세」 – 내편의 중심 고리

이것은 이미 반 정도는 주제에서 벗어난 이야기이다. 다시 내편 일곱 편의 관계에 대해 어떻게 이해할 것인가 하는 문제로 돌아가자. 우리는 이 자연적으로 정해진 순서, 즉 소요로부터 시작되는 순서에서 벗어나 새로운 이해를 찾을 수 있을까? 소요는 너무 뜬구름 잡는 소리 같이 보인다. 그것은 마치 하늘의 구름을 타고 하늘나라에 갈 수 있다는 것 같다. 그러나 그것은 종점이지 출발점이나 시발점은 아니다. 굴복이 "뒤집거나 거꾸로 하는 것도 불가능하다"라고 말한 것은 절대적일까? 만약 정말로 통한다면, 종횡縱橫이나 상하上下 어떤 방향으로든 모두 통할 것이다. 그것은 바로 명당의 숫자와 같다. 2와 8은 어깨가 되고, 4와 6은 발이 되고, 왼쪽은 3이고 오른쪽은 7이며, 머리 위는 9이고 발 아래는 1이며, 5는 중앙에 있다. 가로나 세로로 더해서 합계가 모두 15이다. 여기에는 어떤 고정된 기점이나 종점이 없다. 우리는 새로운 기점에서 장자를 이해하는 것을 시험해 볼 수 있지 않을까? 예를 들면 「인간세」에서 시작하는 것은 「소요유」에서 시작하는 것보다 훨씬 더 사실적이고, 훨씬 더 실제적일 것이다.

그래서 일명의 장운산방주인藏雲山房主人이 떠오른다. 이 지혜로운

『장자』 주석자는 『남화대의해현참주南華大義解懸參注』에서 아래와 같이 말하고 있다.

물음 : 내편은 제목이 있는 글인데 그래도 의미 있는 차례가 있는가?

대답 : 내편은 규칙적인 차례를 가지고 있다. 「소요유」는 『도덕경』의 첫 장을 계승하여 쓰여진 것으로 전도된 상태坎離에서의 회복으로부터 시작하여 지인至人 · 신인神人 · 성인聖人을 최고의 모범으로 삼아야 한다는 것을 설명했는데, 이것은 일곱 편 전체의 첫머리이다. 그러므로 그것을 머리로 삼았다. 「응제왕」은 유우씨有虞氏의 밖을 다스리는 것治外으로부터 시작하여 안을 다스리는 것治內을 설명하고, 안을 다스리는 것으로부터 시작하여 도의 역량을 다 터득하는 것에 대해 설명했다. 이는 첫 편의 "지인은 자기가 없고無己, 신인은 공적이 없고無功, 성인은 이름이 없다無名"라는 주제에 부응한 것이다. 이 때문에 이 일곱 편의 총결이 될 수 있다. 그러므로 그것을 꼬리로 삼았다. 「제물론」, 「양생주」, 「덕충부」, 「대종사」 등은 지知와 행行과 도道와 덕德을 사체四體가 되도록 분포시켰다. 「인간세」는 이 일곱 편의 중심에 위치하여 중심축 역할을 한다. 머리에서 꼬리까지 하나의 기가 관통하고, 사체의 혈맥이 연결되어 통하며, 중심부가 돌아가면서 온몸에 두루 영향을 미친다. 그것을 나누면 일곱 개의 편은 각기 하나의 편이 되고, 모으면 일곱 개의 편이 함께 하나의 편을 이룬다. 천만 번 돌고 도는 가운데서 둥글기도 하고 네모나기도 한 규범의 오묘함을 얻는데, 지극한 도에서 나온 지극한 문장이 아니면 그 어떤 것이 그렇게 할 수 있을까?[24]

처음 볼 때 이것은 성현영 등과 마찬가지로 내편의 차례가 정연하다는 것을 강조하고 있다. 차례가 정연한 이상 바꿀 수 없다. 그러나 여기엔 새로운 사상이 담겨 있는데, 그것은 바로 「인간세」가 내편의 중심축임을 강조한 것이다. 중심축이라는 것은 그것이 일곱 편의 가운데에 위치하고 있는 것만을 가리키지 않는다. 좀 더 중요한 것은 그것이 돌아가면서 온몸에 두루 영향을 미침으로써 사체의 혈맥이 연결되어 통하도록 하고, 머리와 꼬리가 하나의 기로 관통되도록 한다는 점이다. 나는 「제물론」의 '고리의 중심環中'이 생각난다. 설명에 따르면 그것을 얻은 자는 무궁한 변화에 따를 수 있는데, 바로 여기서 말한 "천만 번 돌고 도는 가운데서 둥글기도 하고 네모나기도 한 규범의 오묘함을 얻는다"라는 것과 같다. 「인간세」는 이와 같은 '고리의 중심環中'일까? 그런 것 같기도 하고, 아닌 것 같기도 하다.

장자가 소요를 추구했고 제물을 주장한 것은 다들 안다. 그런데 그는 왜 그렇게 했을까? 어떤 좋은 철학도 공허한 상상으로부터 나올 수는 없다. 생명을 주제로 하는 철학은 더욱더 그렇다. 생명에 관한 철학은 반드시 생존이라는 절실한 느낌으로부터 발생한다. 그것은 천국이나 지옥, 혹은 순수한 상상 속에서가 아니라 오직 인간 세상 속에서만 획득할 수 있다. 이러한 절실한 느낌은 세계에 대한 우리의 관점을 결

---

24) 「藏雲山房老壯偶談錄」(嚴靈峰 編, 『無求備齋莊子集成初編』, 卷15): "問, 內七篇旣爲有題目之文, 亦有次第可見乎. 曰, 內七篇次第井然. 逍遙遊繼道德經首章而作, 從坎離還返, 說到至人神人聖人爲極則, 此七篇之總冒. 故以爲首. 應帝王從有虞氏之治外, 說到治內, 從治內說到盡道之量, 是應首篇之知人無己神人無功聖人無名, 爲是得此七篇之總結. 故以爲尾. 齊物論養生主德充符大宗師, 以知行道德, 分布爲死體. 人間世恰在此七篇之中心, 以爲樞機. 首尾一氣貫注, 四體血脈通連, 中心運化周身. 分之則七篇各爲一篇, 合之則七篇共成一篇. 於千回萬轉之中, 得圓規方矩之妙, 非以至道爲至文, 其何能之."

정하고, 우리가 취하려고 하는 태도를 결정하고, 그것과의 관계를 우리가 어떻게 처리할 것인가를 준비하도록 결정한다. 그리고 지금 이 시간 인간 세상은 바로 장자 철학을 이해하는 열쇠가 된다.

'고리의 중심環中' 으로서의 「인간세」는 어떻게 돌아가면서 온몸에 두루 영향을 미치는 것일까? 장자의 표현을 빌려 말하면 양행兩行이다. 즉 그것을 중심으로 삼아 두 방향으로 나아가는 것이다. 한쪽은 「덕충부」, 「대종사」, 「응제왕」이고, 다른 한쪽은 「양생주」, 「제물론」, 「소요유」이다. 장운산방주인은 지知와 행行과 도道와 덕德으로 「제물론」, 「양생주」, 「덕충부」, 「대종사」 등을 개괄했는데, 한 편에 한 글자씩, 글자마다 잘 들어맞는다. 이른바 '양행' 이라는 사고방식을 따라 이해한다면, 「양생주」로부터 그 위쪽은 지知가 중심이 되고, 「덕충부」로부터 그 아래쪽은 덕德이 중심이 된다. 지는 없애려는 경향이 있다. 그래서 점점 더 비워 가다가 흐리멍덩한 데까지 이른다.

그것은 포정이 소를 잡는 것과 같다. 살아 있는 것을 죽었다고 말한다면, 실은 거짓말을 하고 있는 것이다. 덕은 가득 채우려는 경향이 있다. 그래서 점점 더 차다가 세상에 순응하는 데까지 이른다. 그것은 안회의 좌망과 같다. 사물을 잊어버리려면 자기를 잊어버려야만 한다. 그런데 세상에 순응하는 것과 흐리멍덩한 것 역시 순수하게 대립적인 것은 아니다. 흐리멍덩한 상태로 세상에 순응한다면, 세상에 순종적이기는 할망정 그것과 영합하지는 않는다. 세상에 순응하는 데서부터 시작하여 흐리멍덩한 데까지 이른다면 비록 본성이 조화를 이루더라도 밖으로 새어 나가지 않을 것이다. 이 세계에서 떠나지 않으면서, 또 진정으로 이 세계 속으로 들어가지도 않고, 이 세계에 섞이지 않으면서, 또 진정으로 떠나지도 않는 것이다. 이것이 바로 이른바 노니는 것이다. 섞이는 듯하고 떠나는 듯하며, 또 섞이지도 않고 떠나지도 않는다. 이것이 바로 「소요유」와 「응제왕」에서 표현한 종지이기도 하고, 일곱 편의 내편 전체에 일관된 것이기도 하다.

「인간세」를 중심축으로 삼아 돌아가면서 온몸에 두루 영향을 미친다면, 우리는 「양생주」의 칼날을 놀리고 남은 배후에서 바로 어찌할 수 없고 위태로운 세계를 발견하게 된다. 말하자면 거기에는 포정이 소를 잡을 때 밟았던 경쾌한 스텝만 있는 것은 아니다. 이 세계는 조심히 다가가 숨기도 하고 대응도 할 것을 우리에게 요구한다. 우리는 「제물론」의 나비와 장주의 물화物化 이야기의 뒤쪽에서 시비를 따지지 않고 세속과 함께 살아가는 부득이함을 발견한다. 말하자면 거기에는 훨훨 나는 즐거움과 흡족함만 있는 것은 아니다. 이런 부득이함은 우리에게 만물의 구별에 무심하기를 요구한다.

우리는 「소요유」에서 회오리바람을 타고 구만리 높이까지 올라간 대붕의 배후에서 새들이 높이 날아오르는 것은 때로는 화살의 위험을 피하기 위한 것이라는 점을 발견한다. 말하자면 세상을 내려다보는 느낌만 있는 것은 아니다. 이런 위험을 피하기 위해 우리는 세상사에 미련을 두어서는 안 된다. 우리는 「덕충부」에서 육체적 불구자의 배후에 있는 폭정과 피눈물을 발견한다. 말하자면 온화함을 이룬 덕이 안으로 가득 찬 것만 있는 것은 아니다. 외부의 세계에서 위안을 받지 못하기 때문에 자기 스스로 상처를 치료할 수밖에 없는 것이다. 우리는 「대종사」에서 아버지인가, 어머니인가, 하늘가, 사람인가 하는 애절한 흐느낌을 발견한다. 말하자면 물고기에게 강과 호수에서 서로를 잊는 자유자재와 대범함만 있는 것은 아니다. 무능력했기 때문에 그저 한결 같이 하늘에 따르기만 했던 것뿐이다. 우리는 「응제왕」에서 혼돈 우화는 사람들이 스스로 귀와 눈을 막아 버리는 것을 암시하고 있음을 발견한다. 말하자면 헤아릴 수 없는 곳에 서고 아무것도 없는 데서 노니는 신비스러운 느낌만 있는 것은 아니다. 물고기가 연못 깊숙이 숨듯이 깊이 숨어서 나타나지 않아야 형벌을 면한다는 것이다.

인간 세상은 항상 육중하다. 이 세계는 지구와 마찬가지로 인력을 가지고 있기 때문에 사람이 진정으로 비상할 수 없게 한다. 이러한 인력은 부모와 자식 사이의 사랑에서 발생하고, 군주와 신하 사이의 도리에서 발생한다. 좀 더 근본적으로 말하면 도피할 수 없고 또 항거할 수 없는 저 운명으로부터 오는 것이다. 처음부터 우리는 수동적이었고 어찌할 수 없는 존재였다. 우리는 매우 자주 우리가 이미 일찍부터 안배되어 있었다는 것을 알고 있다. 그렇게 한 것은 부모가 아니고, 군주도 아니고, 어떤 사람 혹은 사물의 의식적인 설계도 아니다. 그것은 운명에 의한 것이다.

나의 삶, 나의 죽음, 내가 태어나서 죽을 때까지의 과정 등 모든 것은 나에 의한 것이 아니다. 비록 우리는 종종 그런 것들이 자기의 선택과 결정에 의한 것이라고 생각하기도 하지만, 그렇지 않다. 사람이 어떻게 이렇게 살아갈 수 있을까? 노예나 꼭두각시 인형이나 어릿광대와 같이 주인이 아니다. 물론 꿈을 꿀 수 있다. 『열자』에서 매일 밤 꿈에 국왕이 되었다는 어떤 노예 이야기를 하지 않았는가? 그런데 그렇다 한들 또 어쩌란 말인가? 꿈에서 깨어났을 때의 신분은 여전히 노예인 것을. 만약 꿈이라면 우리에게 필요한 것은 영원히 깨어나지 않는 꿈이다. 즉 낮과 밤을 구분할 수 없어야 하고, 잠과 깨어남도 구분할 수 없어야 하며, 또 그 꿈은 항상 계속되면서 우리 자신이 꿈속을 헤매고 있다는 것을 결코 알지 못해야 한다. 그것은 정신의 꿈일 뿐이다.

그것은 이 평범한 세계를 떠나고 초월하도록 우리의 정신을 이끈다. 그래서 우리는 인간 세계에서부터 시작된 상승을 보게 된다. 즉 한 걸음 한 걸음씩 스스로 바람을 타고, 역량과 지혜와 덕성을 쌓고, 먼저 구름과 안개를 보고, 그런 뒤에는 그것과 접촉하고, 다음에는 운무는 보이지 않고 무하유의 마을과 광막한 들이라고 불리는 곳에 도착한다. 여기에는 시끌벅적함도 말다툼도 없고, 고통과 상처도 없다. 우리는 돌아다니는 것을 주저할 필요도 없고 작은 소리로 말할 필요도 없다. 여기에는 나 혼자뿐이다. 이 때문에 나는 여기의 주인이다. 만약 내가 원한다면 나는 자신을 제왕이라고 부를 수도 있다.

그런데 나는 정말로 제왕이 되었을까? 아니면 나는 아직 노예일까? 어쩌면 두 가지 다이거나 혹은 두 가지 다 아닐 것이다. 나의 몸은 여전히 인간 세상 속에 있고, 여전히 운명의 제약을 받고 있다. 이런 의미에서 말하면, 우리의 마음이 비록 대붕처럼 구만리 높은 하늘 위로 올라가 위에서 아래를 내려다보는 느낌을 몸소 느낄 수 있다 하더라도 우리는 여전히 노예인 것이다.

장자는 처음부터 끝까지 인간 세계에 뿌리박고 있다. 「인간세」를 중심축으로 삼는다면 우리는 처음부터 끝까지 생명들이 세계 속에서 발버둥치는 것을 보게 될 것이다. 장운산방주인이 말한 "텅 빈 곳에 마음을 풀어 놓는다"라는 것은 그의 이름처럼 여전히 너무 가볍다. 이것은 물론 장자의 일면, 극히 중요한 일면일 것이다. 그러나 또 다른 일면이 있다. 그것은 바로 현실 세계 속에서 "타고난 수명을 다하고" 싶은 희망일 것이다. 거의 모든 편에서 우리는 생명의 가장 깊은 층으로부터 우러나오는 장자의 함성을 들을 수 있다. 소요나 제물 등을 너무 강조하면 독자들은 종종 장자를 너무 대범하게 볼 것이다. 그러나 대범함의 배후에 있는 것, 그 육중하고 또 어찌할 수 없는 것이 더 중요하다. 바로 그 육중하고 어찌할 수 없는 것 때문에 대범함에 대한 추구가 있는 것이다. 그것은 계속 '묶여 있기結' 때문에 '풀려나기解'를 추구하는 것과 같다. 이것이 바로 우리가 장자의 사상을 이해하는 데 「인간세」부터 시작한 이유인 것이다.

후기

노자에서 장자로 넘어간 것은 매우 자연스러운 일이었을 것이다. 나의 박사학위 논문은 노자에 관한 것으로, 10년 전에 이미 타이완의 원진출판사文津出版社에서 『노자사상의 사관적 특색老子思想的史官特色』이라는 이름으로 출판되었다. 그러나 노자에서 장자로 넘어가는 데는 매우 많은 시간이 걸렸다. 『원학原學』 제4집(1996년)에 발표한 「마음의 소요와 몸의 순종心之逍遙與形之委蛇」이라는 논문은 내가 장자에 관해 쓴 첫 논문이다. 노자에 관한 가장 이른 논문으로부터 8년여의 거리가 있다. 베이징대학교에서 장자 철학 과목을 맡은 것은 그보다 훨씬 더 뒤의 일인데, 2001년 가을이 되어서였다. 그때 수강생은 주로 철학과 대학원생이었다. 그 뒤 2002년과 2003년의 가을 학기에 선택 과목으로 다른 학과의 학생들을 대상으로 강의했다.

『노자』를 읽으면 냉정해질 수 있다. 우리는 마음을 놓고 머리만 사용해도 충분하다. 그러나 『장자』는 항상 "가슴 두근거리는" 느낌을 일으킨다. 그래서 의식적으로든 혹은 무의식적으로든 자기를 그 안으로 들여놓는다. 이런 태도는 학술 연구에 있어서 매우 질책을 받기 쉽다. 그것은 객관성의 원칙을 위반한 것 같기 때문이다. 그러나 '객관'에 대해 객관적으로 대할 필요가 있다는 것이 나의 생각이다. 초목이나 기왓장을 대할 때 우리는 아무 감정 없이 혹은 초연한 태도를 취할 수 있을지 모른다. 그러나 피와 살을 가진 적이 있는 생명을 대할 때, 이 생명의 신선함에서 솟아 나온 정신을 대할 때 우리는 항상 감동을 받기 쉽다. 나는 항상 이렇게 생각한다. 즉 역사상 존재했던 사상, 특히 위대한 영향력을 가진 사상들, 그것들은 분명히 사람의 정신에 뿌리를 내리고 있고, 그것들은 인간 정신의 다양한 측면을 표현한 것이다. 이 때문에 정신의 역사를 대할 때, 그처럼 풍부하고 다채로운 주장들을 대할 때, 독자가 정신적으로 참여하는 것은 바로 기본적인 요구이자 전제인 것이다.

정신만이 다른 정신과 소통할 수 있는 것이지, 그저 눈이나 귀나 심지어는 뇌만 가지고는 부족하다. 대상에 들어가기 전에 절대적인 객관성을 유지해야 한다고 많은 사람들이 자주 이야기하고 있는 것을 나는 알고 있다. 예를 들면 주로 자연적 사물을 대상으로 하는 과학자 및 과학적 전통의 영향을 깊이 받은 사람들이 그러한데, 그들은 또 오직 그렇게 해야만 자기의 편견이 개입되지 않을 것이라고 생각한다. 그러나 나는 줄곧 이런 주장에 회의적인 태도를 가지고 있다. 우리가 대하는 것이 자연의 사물이 아니라 사람일 경우 특히 더 그렇다.

나는 구세대 학자들, 예를 들어 천인커陳寅恪(1890~1969) 등이 말한 "동정적 이해"를 더욱 좋아한다. 어떤 사람들은 동정이라는 이 말에 반감을 가지겠지만, 사실 거기에는 오해가 조금 있다. 동정은 바로 마음으로 마음을 헤아리는 것이고, 그것은 또 자기를 다른 사람의 처지에 놓고 그가 겪은 상황을 시뮬레이션하는 것을 말한다. 이렇게 해야만 비로소 다른 사람의 즐거움을 즐거워할 수 있고, 다른 사람의 슬픔을 슬퍼할 수 있으며, 그래야만 비로소 정신적인 융합과 묵계(말 없는 소통)에 도달할 수 있다. 몸을 밖에 두고 관여하지 않는다면 초연한 태도를 취할 수는 있을 것이다. 그러나 영원히 역사 속으로 들어갈 수도 없고, 역사의 진상을 이해할 수도 없을 것이다. 이 때문에 표면적 객관성은 어쩌면 실질적인 주관성을 양성해 낼 것이며, 그 반대도 역시 마찬가지일 것이다.

이렇게 말하고 보니 마치 원칙을 뒤집는 것 같고, 일반인들에게 오직 주관만이 객관에 도달할 수 있는 것 같다고 말하는 것 같다. 나는 추호도 그런 의도가 없다. 그런데 추호도 없다고 할 수만은 없다. 다만 우리는 그런 주장을 단편적으로 이해할 수만은 없다. 그것은 마치 어떤 대상을 놓고 허튼소리를 할 때, 그에 대해 좋은 혹은 나쁜 이해라고 판단할 어떤 기준도 없는 것과 같다. 그런 기준은 당연히 있어야 하고, 또 분명히 있다. 그것은 바로 그 책이고, 바로 그 속의 문장이다. 우리의 이해와 문장은 서로 어울리는 관계, 재료와 이해의 관계, 전제와 결론의 관계, 대상과 방법의 관계이다. 서로 잘 어울린다면 즐거운 느낌이 들 것이고, 그렇다면 우리의 이해는 바로 좋은 것이다.

자, 이제 마무리를 지어야 할 것 같다. 이 책을 완성한 뒤 관심을 돌려 노자를 정리해야 하지 않을까 한다. 물론, 박사논문과는 다른 '노자'가 되어야 할 것이다.

'장자 철학' 과목을 수강한 모든 학생들에게 감사해야 하겠다. 그들은 내가 이 책을 쓰게 한 동력의 하나였다. 그리고 여러 스승과 벗들에게도 감사한다. 그들의 관심과 격려 덕분에 나는 내가 장자와 다른 사람이라는 것을 발견할 수 있었다.

옮긴이의 글

•

새로운 시각으로 보는 장자, 그리고 『장자』

『노자』나 『장자』를 읽다 보면 한 가지 의문이 든다. 노자나 장자는 그렇게 언어를 부정하고, 지식을 부정하면서 무엇 때문에 그렇게 많은 말을 남겼을까 하는 것이다. 그래서 나는 가끔 농담처럼 말하곤 한다. 진정으로 도통한 사람들은 아무것도 남기지 않고 말 없이 사라져 버렸기 때문에 우리는 영원히 그들의 존재를 알 수 없다고. 지금 우리 앞에 남아 있는 『노자』라든가 『장자』 등 도가의 서적들은 아직 도통의 경지에 들어가지 못한 사람들이 남겨 놓은 것이라고 농담처럼 말하지만, 도가의 논리에 따르면, 특히 장자의 논리에 따르면 결코 틀린 말이 아니다. 그런데 도가의 대표적 인물인 노자나 장자가 이 정도로 단순한 사실을 몰랐을 리는 없을 텐데, 왜 굳이 책을 남겨 오늘날까지 전하게 했을까?

장자는 노자와 마찬가지로 진정한 도는 말로 표현할 수 없다고 생각했다. 즉 말로 설명하는 사람은 진정으로 알지 못하는 자이며, 진정으로 아는 사람은 설명할 수 없다고 했다. 이 말은 비단 도에만 해당하는 것이 아니다. 아무리 사소한 것에 대해서라도 말로 설명하면 이미 사실에서 벗어날 뿐만 아니라 사실을 왜곡하게 된다고 생각한 것이다.

도가에서 언어는 자신들이 추구하는 진리를 표현하기 위한 수단이 될 수 없다. 그러므로 문자로 기록된 것들은 알맹이가 없는 껍데기이고, 쓸모없는 찌꺼기이고, 실체가 없는 흔적일 뿐이라고 표현했다.

『장자』「천도」에는 '윤편 우화'라는 재미있고 의미심장한 우화가 한 편 실려 있다. 제齊나라의 임금 환공이 책을 읽고 있는데, 뜰 한켠에서 수레바퀴를 깎고 있던 노인이 갑자기 그에게 다가와 시비를 거는 내용으로 이 우화는 시작된다. 일흔을 넘긴 이 노인은 환공에게 지금 읽고 있는 내용이 무엇인지를 물었고, 환공은 성인의 말씀이라고 대답했다. 그러자 노인은 그것은 옛사람이 남긴 찌꺼기일 뿐이라고 빈정댄다는 내용이다. 요점은 노인이 자기의 경험을 예로 들면서 덧붙여 설명한 데 있다. 즉 자신이 몸소 익힌 기술을 자기 자식에게도 그대로 전해 줄 수 없는 것과 마찬가지로 옛사람들 역시 정말로 전해 주고 싶은 것은 전해 주지 못한 채 그저 찌꺼기만 남기고 갔다는 것이다.

장자가 말하는 알맹이와 찌꺼기의 논리는 바로 진리와 언어의 관계에 대한 것이다. 이는 여타의 학문 방법과 다르다. 우리가 상식적으로 알고 있는 학문의 방법은 개념, 정의, 가정, 증명, 법칙화, 예측 등이다. 이것들은 철저하게 언어와 논리에 의존하며, 초언어적이고 초논리적인 것은 모두 배제한다. 유가의 인의나 묵가의 겸애는 모두 나름의 논리와 설득 방식을 가지고 있다. 따라서 그들의 학설에 동의한다면 인의나 겸애를 실천하면 그만이다. 말하자면 유가나 묵가의 입장에서 볼 때 언어는 알맹이를 표현하는 수단이고, 책은 그런 알맹이들을 모아 놓은 창고인 셈이다. 그러나 이미 앞에서 말했듯이 도가의 사유에서 알맹이에 속하는 그 무엇은 언어로는 표현할 수 없는 것이다. 그렇다면 도가의 도에 대한 언급 역시 모순이며, 책은 옛사람이 남긴 찌꺼기라고 열심히 설명한 '윤편 우화' 역시 자기 모순이다.

그런데 재미있는 것은 장자는 이런 모순을 누구보다 잘 알고 있었다는 점이다. 그 모순은 그의 실존적 삶에서 온 것이다. 그는 문명을 비판하면서 문명 사회 속에서 살아야 했고, 사회와 정치 권력의 모순을 비판하면서도 그 사회를 떠날 수 없었다. 마찬가지로 언어의 한계를 지적하면서도 그 언어를 버릴 수는 없었다. 그러면 장자에게 있어서 언어라든가 책은 어떤 의미를 가지는 것일까? 비록 껍데기이고, 찌꺼기일지언정 그것은 자기 변명과 자기 표현을 위한 유일한 수단이었다. 즉 언어가 가진 한계는 언어를 통해서밖에 설명할 방법이 없는 것이고, 또 그것이 아니면 자기를 표현할 수 없었던 것이다. 아닌 게 아니라 신선처럼 말도 없이 소리 소문도 없이 살다가 흔적도 없이 사라져 버릴 수도 있었겠지만, 그가 추구한 삶의 방식 속에 이 사회를 완전히 떠나는 것은 포함되어 있지 않았고, 또 그럴 수도 없었다. 그는 신선이 아니라 사람으로서 살고 싶어 했다. 다만 보통 사람들처럼 그렇게 무언가를 위해 목숨을 희생하거나 물질적 혹은 비물질적인 그 무엇에 속박되어 살고 싶지 않았을 뿐이다.

세속적 삶을 비판하면서 세속을 떠날 수 없었고, 언어를 부정하면서 언어를 사용할 수밖에 없었던 장자는 그 모순적 상황을 어떻게 극복할 것인지 무척 고민했을 것이다. 『장자』는 장자의 이런 실존적 삶에 대한 고민의 결정체라고 할 수 있다. 경위야 어찌 되었든 장자는 『장자』라는 껍데기 혹은 찌꺼기를 우리에게 남겨 주었다. 장자는 「소요유」에서 자신의 사상 자체를 '쓸모없는 것'으로 규정한 혜시의 주장을 부정하지 않았다. 그러면 장자는 왜 우리에게 이런 아무 '쓸모없는' 찌꺼기나 알맹이 없는 껍데기 같은 책을 남겨 주었을까? 우리더러 어쩌라는 것일까? 그렇다. 사회적 영달이나 국가의 경영을 위한 것이라면 이 책은 쓸모없다는 게 장자의 생각이었을 것이다. 그렇다면 장자가 내세우는 그 어떤 가치, 예를 들어 생명의 보존이나 자유의 실현 혹은 마음의 평안을 위해서는 쓸모가 있다는 것일까? 만약 그렇다면 '윤편 우화'에서 추론 가능한 "모든 책은 다 찌꺼기에 지나지 않는다"라는 명제와 배치되는 것이 아닐까? 아니면 『장자』만은 찌꺼기가 아니라는 것일까? 장자의 논리에 따르면 『장자』 역시 찌꺼기이고 그 속에서 사용된 언어나 여러 가지 우화들 역시 껍데기일 뿐이다.

장자는 신선이 아니라 보통 사람이었다. 그 역시 우리처럼 현실 속에 발을 딛고 살 수밖에 없는, 겉보기에는 지극히 평범한 사람이었을 뿐이다. 우리와 다른 점이 있다면 사는 데 급급하지 않았다는 것이고, 흔적도 없이 사라져 버린 도통한 신선들과 다른 점이 있다면 요란 떨지 않았다는 것쯤일 것이다. 즉 그는 남들처럼 잘 먹고 잘 살겠다고 경쟁 속으로 뛰어들지 않았고, 혼자 고고하고 깨끗하게 웰빙하겠다고 산속으로 숨어들지 않았다. 겉모습만큼이나 평범한 삶 속에서 그는 자신이 원하는 삶을 살았던 것이다. 정신적 물질적으로 사방이 꽉 막힌 세속에서 막힘없는 삶을 산다는 것이 실은 홀로 산속에서 사는 것보다 몇 배나 어려울 수도 있을 것이다.

장자는 자연으로, 원래의 모습으로 돌아갈 것을 주장했지만, 여전히 우리들 편에 서 있었다. 그가 자기 모순임을 알면서도 굳이 도에 대하여 말하고, 책이라는 것을 남긴 것은 이 사회와 사람들에 대한 애착이 있었음을 증명하는 것이다. 그렇다면 찌꺼기나 껍데기로서의 『장자』와 인간 장자의 차이점은 무엇일까? 장자는 '깨달음'을 가진 사람이다. 즉 도를 깨달은 사람이다. 공교롭게도 그 '깨달음'은 말로는 설명이 안 되는 것이다. 즉 아무리 자세하게 깨달음의 내용을 설명한다고 해도 그것은 그저 설명일 뿐 '깨달음' 그 자체는 아닌 것이다. 윤편이 몸에 익힌 '기술'을 그 누구에게도 그대로 전수해 줄 수 없듯이 장자의 깨달음 역시 어느 누구에게도 고스란히 전수해 줄 수는 없다. 그의 깨달음은 그의 것이고, 따라서 그의 죽음과 함께 사라져 버렸다.

희망이 아주 없는 것은 아니다. 윤편이 '기술'을 익혔던 것처럼 윤편의 아들도 언젠가는 그와 같은 수준의 '기술'을 익힐 것이다. 그러기 위해서 윤편의 아들은 윤편으로부터 많은 설명을 듣고 부단히 연습을 해야 할 것이다. 마찬가지로 장자와 같은 '깨달음'을 얻고자 하는 사람도 언젠가는 그와 같은 깨달음을 얻을 수 있을 것이다. 그때 필요한 것이 바로 찌꺼기 혹은 껍데기로서의 『장자』인 것이다. 『장자』에서 말하는 것이 장자의 깨달음 그 자체는 아니지만, 깨달음으로 가는 방법을 기록하고 있기 때문이다. 윤편이 아들에게 말을 통해 기술을 가르쳐야 하듯이, 깨달음 혹은 도에 이르는 길도 결국은 말과 책이라는 수단을 이용할 수밖에 없다. 윤편이 죽음을 무릅쓰면서까지 환공에게 "책은 성인이 남긴 찌꺼기"라고 말한 것은 몸으로 익힌 것, 몸으로 깨달은 그 무엇이 있다는 것, 그리고 말로 표현할 수 있는 것보다 말로는 표현할 수 없지만 몸으로 익힌 그 깨달음이 더욱 중요하다는 것을 일깨우기 위한 것이었다. 찌꺼기라고 해서, 혹은 껍데기라고 해서, 그리고 쓸모없다고 해서 정말로 쓸모가 없는 것이 아니라는 점은 『장자』의 행간에서 충분히 읽어 낼 수 있다.

『장자』는 여러 가지 얼굴을 하고 있다. 그중에서 깨달음이나 도통으로 인도하는 안내서로서의 역할이 가장 중요한 측면이다. 도통이란 소요유, 즉 유유자적하게 사는 삶을 말하는 것이지, 신선이 되는 것을 말하는 것이 아니다. 이 책은 『장자』의 이런 측면에 주목하여 쓰여졌다. 그 가운데 개인의 내적 수양에 관한 문제를 중심으로 장자의 사상을 해석하고 있다.

이 책은 왕보王博의 『莊子哲學』(北京大學出版社, 2004)을 번역한 것이다. 중국어판 원본에는 장자의 사상을 주제로 하여 쓴 논문 세 편과 주요 개념을 간략하게 설명한 것 등의 부록이 실려 있지만, 한국어판에는 이 부록은 싣지 않기로 했다.

『장자』는 총 33편으로 구성되어 있는데, 그것은 다시 내편, 외편, 잡편 등으로 나뉜다. 이견이 전혀 없는 것은 아니지만 대개 내편에는 장자 사상의 원형이 반영되어 있고, 외편과 잡편은 장자의 후학들의 사상이 담긴 것이라는 견해가 거의 정설이다. 이 책은 '장자'라는 구체적 인물의 철학 사상을 밝히는 데 역점을 두고 있기 때문에 『장자』 중에서도 내편을 중심 텍스트로 삼고 있다. 서론격인 '장자의 사상 세계'를 포함하면 총 열 편으로 구성되어 있다. 그중 일곱 편은 『장자』 내편의 편명을 그대로 사용하고 있다. 그러나 내편의 원래 순서를 따르지 않고 「인간세」에서 시작하여 「양생주」, 「덕충부」, 「제물론」, 「대종사」, 「소요유」 등의 순서를 거쳐 「응제왕」으로 끝을 맺는다. 이처럼 내편의 순서를 다시 배열하여 설명한 것에는 '현실 속의 장자'가 처한 상황에서부터 출발하자는 의도가 반영되어 있다. 즉 장자 철학의 목적은 소요유 혹은 자기 자신의 주인이 되는 것(응제왕)이며, 그것은 여러 가지 수양의 과정을 거쳐야만 도달할 수 있다. 「양생주」, 「덕충부」, 「제물론」, 「대종사」 등은 각각 수양의 단계 혹은 과정을 의미하는 것으로 해석한 것이다.

저자 왕보는 『장자』 내편이 장자의 사상이 담긴 것이라는 기존의 애매한 입장에서 과감하게 벗어나 그것을 장자가 직접 쓴 것이라고 주장한다. 그리고 그는 각 편의 구성이 치밀할 뿐만 아니라 내편 전체가 하나의 완전한 예술품에 가까울 정도로 완벽한 것이라고 믿는다. 그는 이런 믿음을 바탕으로 하여 각 편에 대한 분석과 내편 전체의 유기적 연관성을 찾는 데 많은 노력을 기울였다. 그 결과 조금은 낯설게 보이는 내편의 재배열이 매우 큰 설득력을 얻는다.

많은 사람들이 알고 있듯이 『장자』의 모든 편들은 몇 개의 논설과 우화 등으로 구성되어 있다. 논설이든 우화든 각각의 문장은 서로 유사성을 가지고 있기는 하지만, 한 편 안에서 그것들의 배열 순서나 내용에 어떤 특별한 의미나 유기적 연관성이 없는 것으로 여겨졌던 것이 일반적이다. 예를 들어 「소요유」는 네 개 혹은 다섯 개의 크고 작은 독립된 문장들을 한데 모아 놓은 것 이상의 다른 의미가 없다는 것이 일반적인 생각이었다. 그러나 왕보는 이 책에서 『장자』 내편의 각 편을 구성하고 있는 각각의 문장들은 긴밀한 유기적 연관성을 가지고 있으며, 그 배열 순서도 충분한 이유가 있다는 것을 보여 주고 있다. 따라서 내편의 편명을 딴 일곱 개 장의 내용은, 해당 편의 주요 문장을 순서대로 인용하면서 설명하는 방식을 취하고 있다. 이것으로 그의 설명이 매우 강한 설득력이 있음을 발견하게 될 것이다.

이 책을 한마디로 평가하면, 『장자』 내편에 대한 새로운 해석과 깊이 있는 분석으로 학술적 성과를 이루었을 뿐만 아니라, 쉽고 유려한 필치로 독자들에 대한 배려도 잊지 않은 보기 드문 수작이라고 할 수 있다. 다시 말하면 이 책은 학술적 성과와 대중성 확보라는 두 마리 토끼를 잡는 데 성공한 책이라고 할 수 있을 것이다.

그러나 아쉬운 점이 아주 없는 것은 아니다. 이 책의 특징 중 하나는 장자 철학을 철저하게 '마음' 혹은 수양의 문제로만 파악하고 있다는 점이다. 그것은 장자 철학이 가지는 다양한 측면 중의 하나일 것이고, 또 어쩌면 가장 중요한 특징이라고 할 수 있을 것이다. 『장자』 내편뿐만 아니라 외편과 잡편에 속하는 모든 편들 가운데 무지와 무욕과 무심과 무기, 그리고 잊음과 비움과 버림과 따름이 강조되지 않는 편篇은 없다. 그것은 모두 내적인 마음의 문제, 개인적 수양의 방법과 내용을 이르는 말이다. 장자뿐만 아니라 그의 후학들에게 있어서도 그것은 대단히 중요한 문제였다. 저자도 지적했듯이 장자는 현실의 복잡한 문제들을 개인 한 사람이 어떻게 해볼 수 없다는 자각에서 차라리 그것들을 외면하고 나아가 자기 자신마저 잊어버리는 것을 하나의 해결책으로 삼으려 했음을 부정할 수 없다.

그러나 그것이 다는 아니다. '장자' 철학이 현실에 대한 개인의 무기력함(부득이함)만 강조하는 데 그친 것은 아니다. 장자는 만물과 자연이 끝없이 변화한다고 보았고, 우리의 삶과 죽음도 그 변화에 종속된다고 보았으며, 그런 변화는 그 누구도 거부할 수 없는 필연적인 것, 숙명적인 것으로 파악했다. 장자가 볼 때 자연의 필연적 변화에 대해 인간은 정말 무기력한 존재이다. 그러나 사회적 현실에 대해서까지 그렇게 생각한 것은 아니었다. 유가와 묵가에 대한 비판, 정치적 현실에 대한 참여의 거부 등은 사회와 제도에 대한 장자의 태도를 잘 보여 주는 예이다. 말하자면 소요유와 무용無用에의 추구는 자유분방하고 유유자적한 개인적 지향과 태도의 표현일 뿐만 아니라, 사회와 문명에 대한 거부의 몸짓이고 저항의 깃발인 것이다. 물론 저자가 이 점을 몰랐다고는 생각하지 않는다. 다만 초점을 흐리지 않고 주제를 부각시키기 위해 그런 문제에 대해서는 언급을 하지 않았을지도 모른다. 어쩌면 기우일 수도 있겠지만, 같은 전공자로서 이런 몇 가지 아쉬운 점을 지적하는 것이 저자나 독자에 대한 의무라는 생각이 든다.

이 책을 번역하면서 저자의 새롭고도 치밀한 여러 가지 해석에 감탄했고, 한편으로 내가 말하고 싶은 것을 내가 할 수 있는 것 이상의 명료한 논리로 설명하는 대목에서는 질투가 나기도 했다.

만약 시간이 없거나 이런 종류의 책을 사는 데 돈을 쓰기 아깝다고 생각하는 독자가 있다면, 적어도 제7장 「소요유」와 제8장 「응제왕」만이라도 읽어 볼 것을 권한다. 적어도 이 두 장을 읽는 데 들이는 시간 이상의 것을 얻을 수 있을 것이다. 물론 어느 편 하나 치밀한 분석과 유려한 필치로 인상적이지 않은 것이 없지만, 제7장과 제8장은 이 책의 결론과 같은 역할을 하고 있기 때문에 아무리 시간이 없더라도 이 부분만은 꼭 정독하기를 바란다.

왕보의 장자 강의

초판 1쇄 발행 2021년 6월 18일

지은이 왕보
옮긴이 김갑수
책임편집 정일웅 나희영 박하영
디자인 김슬기 최선영

펴낸곳 (주)바다출판사
발행인 김인호
주소 서울시 마포구 어울마당로5길 17(서교동, 5층)
전화 322-3885(편집), 322-3575(마케팅)
팩스 322-3858
E-mail badabooks@daum.net
홈페이지 www.badabooks.co.kr

ISBN 979-11-6689-019-2 03150